ANTROPOLOGIA DA RELIGIÃO, MAGIA E FEITIÇARIA

Dados Internacionais de Catalogação na Publicação (CIP)
(Câmara Brasileira do Livro, SP, Brasil)

Stein, Rebecca L.
  Antropologia da religião, magia e feitiçaria / Rebecca L. Stein, Philip L. Stein ; tradução de José Maria Gomes de Souza Neto. – Petrópolis, RJ : Vozes, 2023.

  Título original: The anthropology of religion, magic, and witchcraft
  Bibliografia.
  ISBN 978-65-5713-636-2

  1. Antropologia da religião 2. Religião 3. Religião e cultura
I. Stein, Philip L. II. Título.

22-118203   CDD-306.6

Índices para catálogo sistemático:
1. Antropologia da religião   306.6

Cibele Maria Dias – Bibliotecária – CRB-8/9427

ANTROPOLOGIA DA RELIGIÃO, MAGIA E FEITIÇARIA

REBECCA L. STEIN | PHILIP L. STEIN

Tradução de José Maria Gomes de Souza Neto

EDITORA VOZES

Petrópolis

© 2017 Rebecca L. Stein and Philip L. Stein.

Tradução realizada a partir do original em inglês intitulado *The Anthropology of Religion, Magic, and Witchcraft*, publicada por Routledge, membro do Taylor & Francis Group.

Direitos de publicação em língua portuguesa – Brasil:
2023, Editora Vozes Ltda.
Rua Frei Luís, 100
25689-900 Petrópolis, RJ
www.vozes.com.br
Brasil

Todos os direitos reservados. Nenhuma parte desta obra poderá ser reproduzida ou transmitida por qualquer forma e/ou quaisquer meios (eletrônico ou mecânico, incluindo fotocópia e gravação) ou arquivada em qualquer sistema ou banco de dados sem permissão escrita da editora.

CONSELHO EDITORIAL

Diretor
Gilberto Gonçalves Garcia

Editores
Aline dos Santos Carneiro
Edrian Josué Pasini
Marilac Loraine Oleniki
Welder Lancieri Marchini

Conselheiros
Elói Dionísio Piva
Francisco Morás
Ludovico Garmus
Teobaldo Heidemann
Volney J. Berkenbrock

Secretário executivo
Leonardo A.R.T. dos Santos

Editoração: Maria da Conceição B. de Sousa
Diagramação: Sheilandre Desenv. Gráfico
Revisão gráfica: Lorena Delduca Herédias
Capa: WM design

ISBN 978-65-5713-636-2 (Brasil)
ISBN 978-1-138-69252-7 (Reino Unido)

Este livro foi composto e impresso pela Editora Vozes Ltda.

Para Elijah.

Índice

Prefácio, 15

Agradecimentos, 17

1 O estudo antropológico da religião, 19
    A perspectiva antropológica, 20
        A abordagem holística, 21
        O estudo das sociedades humanas, 22
        Os Fore da Nova Guiné: um exemplo etnográfico, 24
        Duas formas de ver a cultura, 27
        Relativismo cultural, 28
        O conceito de cultura, 31
    O estudo da religião, 33
        Tentativas de definir religião, 34
        O domínio da religião, 37
        Abordagens teóricas para o estudo da religião, 38
        A base biológica do comportamento religioso, 44
    Conclusão, 48
    Resumo, 48
    Questões de estudo, 50
    Leituras sugeridas, 51
    Websites sugeridos, 51

2 Mitologia, 52
    A natureza dos mitos, 52
        Visão de mundo, 53
        Histórias do sobrenatural, 54
        A natureza dos textos orais, 56

Compreendendo os mitos, 60
Abordagens analíticas dos mitos, 61
Temas comuns nos mitos, 67
Conclusão, 72
Resumo, 73
Questões de estudo, 74
Leituras sugeridas, 74
Websites sugeridos, 75

3 Símbolos religiosos, 76
O que é um símbolo?, 76
Símbolos religiosos, 78
Arte sagrada, 81
O sarcófago do Senhor Pakal, 81
O significado da cor, 83
Tempo sagrado e espaço sagrado, 85
O significado do tempo, 85
Tempo e espaço sagrados na Austrália, 89
O simbolismo da música e da dança, 91
O simbolismo da música, 91
O simbolismo da dança, 94
Conclusão, 96
Resumo, 98
Questões de estudo, 99
Leituras sugeridas, 99
Websites sugeridos, 100

4 Ritual, 101
O básico da *performance* ritual, 101
Rituais prescritivos e situacionais, 102
Rituais periódicos e ocasionais, 103
Uma classificação dos rituais, 104
Pesquisando rituais, 104
Rituais tecnológicos, 105

　　　　Ritos sociais de intensificação, 108
　　　　Rituais de terapia e cura, 110
　　　　Rituais de revitalização, 113
　　　　Ritos de passagem, 113
　　　　Alterações do corpo humano, 120
　　Peregrinações, 123
　　　　A peregrinação huichol, 125
　　Obrigações religiosas, 125
　　　　Tabu, 126
　　　　Leis dietéticas judaicas, 127
　　Conclusão, 128
　　Resumo, 129
　　Questões de estudo, 130
　　Leituras sugeridas, 131
　　Websites sugeridos, 131

5　Estados alterados de consciência, 132
　　　A natureza dos estados alterados de consciência, 132
　　　　Entrando em um estado alterado de consciência, 133
　　　　A base biológica dos estados alterados de consciência, 137
　　　Exemplos etnográficos de estados alterados de consciência, 138
　　　　Rituais de cura dos San, 138
　　　　A Dança do Sol dos Cheyenne, 139
　　　　As Igrejas da Santidade, 141
　　　Estados alterados de consciência induzidos por substância psicoativa, 142
　　　　O rapé alucinógeno entre os Ianomâmi, 142
　　　　O tabaco na América do Sul, 143
　　　　O peiote na Igreja Nativa Americana, 144
　　　　A maconha entre os rastafáris, 145
　　Conclusão, 146
　　Resumo, 148
　　Questões de estudo, 148
　　Leituras sugeridas, 149
　　Websites sugeridos, 149

6 Especialistas religiosos, 151
　Xamãs, 152
　　Definindo o xamanismo, 152
　　O Xamanismo Siberiano, 155
　　O Xamanismo Coreano, 157
　　Curandeiros pentecostais como xamãs, 158
　　Neoxamanismo, 159
　Sacerdotes, 161
　　Sacerdotes zuni, 163
　　Sacerdotisas de Okinawa, 164
　　Padres da Igreja Ortodoxa, 165
　Outros especialistas, 166
　　Curandeiros e adivinhos, 166
　　Profetas, 167
　Conclusão, 168
　Resumo, 169
　Questões de estudo, 170
　Leituras sugeridas, 170
　Websites sugeridos, 171

7 Magia e divinação, 172
　A natureza da magia, 172
　　Magia e religião, 174
　　Regras da magia, 176
　A magia na sociedade, 178
　　Magia nas Ilhas Trobriand, 178
　　Magia entre os Azande, 181
　　Feitiçaria entre os Fore, 183
　　Magia wiccana, 184
　Divinação, 185
　　Formas de divinação, 186
　　Pesquisando técnicas de divinação, 186
　　Astrologia, 190
　　Divinação fore, 192

    Oráculos dos Azande, 192
    Divinação na Grécia antiga: o Oráculo de Delfos, 194
  O comportamento mágico e a mente humana, 196
    O pensamento mágico, 196
    Por que a magia funciona, 198
  Conclusão, 200
  Resumo, 200
  Questões de estudo, 201
  Leituras sugeridas, 202
  Websites sugeridos, 203

8 Almas, fantasmas e a morte, 204
  Almas e ancestrais, 204
    Variações no conceito de alma, 205
    Almas, morte e o além-túmulo, 206
    Exemplos de conceitos de alma, 208
    Ancestrais, 212
  Corpos e almas, 218
    Fantasmas, 218
    Os mortos-vivos: vampiros e zumbis, 221
  Ritos fúnebres, 227
    Rituais funerários, 227
    A destinação do corpo, 229
    Rituais funerários nos Estados Unidos do século XIX, 234
    Rituais funerários nos Estados Unidos da atualidade, 235
    Dias dos mortos, 237
  Conclusão, 239
  Resumo, 239
  Questões de estudo, 240
  Leituras sugeridas, 241
  Websites sugeridos, 242

9 Deuses e espíritos, 243
  Espíritos, 243

A visão do sobrenatural dos Dani, 244
Os espíritos guardiães e a busca pela visão entre os nativos americanos, 246
Jinn, 247
Anjos e demônios cristãos, 249
Deuses, 251
- Tipos de deuses, 251
- Os deuses Iorubá, 257
- Os deuses dos Ifugao, 257
- Deusas, 259
- Monoteísmo: concepções de Deus no judaísmo, no cristianismo e no Islã, 263
- Ateísmo, 267

Conclusão, 269
Resumo, 270
Questões de estudo, 271
Leituras sugeridas, 272
Websites sugeridos, 273

10 Bruxaria, 274
  O conceito de bruxaria em sociedades de pequena escala, 275
  - A bruxaria entre os Azande, 275
  - A bruxaria entre os Navajo, 279
  - Bruxaria: reflexo da cultura humana, 280
  - Bruxaria e a Aids, 281

  Crenças euro-americanas em bruxaria, 282
  - A conexão com as religiões pagãs, 282
  - A caça às bruxas na Europa, 284
  - A caça às bruxas na Inglaterra e nos Estados Unidos, 286
  - Caça às bruxas modernas, 290

  Conclusão, 291
  Resumo, 292
  Questões de estudo, 293
  Leituras sugeridas, 294
  Websites sugeridos, 295

11 A busca por um novo sentido, 296
   Adaptação e mudança, 296
      Mecanismos de mudança cultural, 297
      O Vodu haitiano, 299
      A Santeria, 301
   Movimentos de revitalização, 302
      As origens dos movimentos de revitalização, 303
      Tipos de movimentos de revitalização, 304
      Cultos ao Cargo (*Cargo Cults*), 305
      A Dança dos Fantasmas de 1890, 307
      A Igreja de Jesus Cristo dos Santos dos Últimos Dias (mormonismo), 309
   Neopaganismo e renovação, 310
      O movimento wiccano, 311
   Religiões de alta demanda, 313
      A questão dos "cultos", 313
      Características das religiões de alta demanda, 315
      Exemplos de religiões de alta demanda, 317
      Religiões dos Óvnis, 321
   Conclusão, 323
   Resumo, 324
   Questões de estudo, 325
   Leituras sugeridas, 325
   Websites sugeridos, 326

12 Religião, conflito e paz, 327
   Religião e conflito, 327
   O papel da religião no conflito e na violência, 328
   Fundamentalismo, 329
      Características dos grupos fundamentalistas, 330
   Religião e conflito: estudos de casos, 333
      A Revolução Iraniana, 334
      A Primavera Árabe, 336
      O caso da Hobby Lobby nos Estados Unidos, 336

Religião, terrorismo e paz, 337
    Conflito religioso e terrorismo, 338
    Religião e paz, 339
Conclusão, 341
Resumo, 341
Questões de estudo, 342
Leituras sugeridas, 343
Websites sugeridos, 343

Glossário, 345

Livros utilizados nesta tradução, 361

Índice remissivo, 363

Prefácio

Embora cursos sobre antropologia da religião sejam usualmente ministrados ao longo de quatro anos em especializações voltadas para graduados em antropologia, eles estão cada vez mais sendo ensinados nas graduações das faculdades, nas quais a ênfase não reside no treinamento de especialistas, dos quais ainda há poucos, mas sim na formação geral exigida nas ciências sociais e nas humanidades. Mais ainda, muito provavelmente será o único curso em antropologia que tais estudantes verão. Assim sendo, o professor tem não apenas a obrigação de debater os tópicos da religião, mas também de ensinar aos estudantes sobre a natureza da antropologia e apresentar seus princípios básicos.

Tivemos grande dificuldade em encontrar um livro-texto que fosse apropriado a esse tipo de curso. Existem três tipos de publicações. Primeiro as coletâneas, que frequentemente incluem artigos demasiadamente específicos para o estudante que está iniciando, e cujo maior problema está na inconsistência terminológica e conceitual à medida que se avança de capítulo a capítulo. O segundo são os livros-texto sobre antropologia da religião, mas esses parecem ser escritos para estudantes adiantados, já apresentados ao campo e, amiúde, densamente focados na teoria. Terceiro, há grande número de livros a respeito das grandes religiões, mais familiares, mas poucos que discutam as religiões de pequena escala, nas quais muito dos estudos antropológicos sobre religião foi realizado. Nosso objetivo ao escrever este livro foi introduzir o aluno universitário iniciante aos conceitos básicos que envolvem o estudo antropológico da religião, incluindo uma introdução à informação etnográfica a partir de um vasto espectro de sociedades e uma introdução básica ao campo da antropologia.

Uma das mais importantes decisões que tivemos de tomar durante a escrita foi sua organização e apresentação dos tópicos. A gama é ampla, e eles se sobrepõem em inúmeros momentos – todos têm sua abordagem preferida. Tentamos apresentar o material partindo dos conceitos básicos, seguindo então para os mais complexos – por exemplo, começamos com mito, simbolismo e ritual antes de prosseguirmos, posteriormente, para magia e feitiçaria.

Tentamos incluir uma boa quantidade de exemplos etnográficos com boa distribuição geográfica. Claro, muitos tópicos são associados aos estudos etnográficos clássicos, que foram incluídos. Mas também tentamos equilibrar a apresentação de uma vasta gama de culturas com a inserção de certas sociedades-chave, que reaparecem como exemplos de diversos tópicos ao longo do texto, conferindo alguma continuidade aos estudantes e um conhecimento mais profundo de um pequeno grupo de sociedades, as quais incluem os Navajo da América do Norte, os Ianomâmi da América do Sul, os Azande e os Iorubá da África, os Murngin da Austrália e os ilhéus das Trobriand, nas costas da Nova Guiné.

A redação de um manuscrito é uma grande e complexa empreitada. É um prazer vê-lo publicado, mas ao lê-lo em formato de livro e utilizá-lo em sala de aula, não raro os autores percebem coisas que poderiam ter sido feitas de outra forma, assim como têm ideias de novas searas a explorar. Continuamos fazendo bom número de mudanças nessa quarta edição. Algumas foram singelas: um pouco de reorganização, expansão ou contração deste ou daquele tópico específico, e um tanto de reescrita para aclarar certos pontos. Outras, porém, foram mais substanciais: adicionamos, por exemplo, um novo capítulo 12, no qual discutimos o fundamentalismo (antes parte do capítulo 11) e material novo sobre religião e conflito, violência e paz. Incluímos pequenas seções a respeito dos elementos apotropaicos encontrados em contexto arqueológico, crenças vampirescas da Nova Inglaterra, grandes deuses, e feitiçaria em Soweto, África do Sul.

Para auxiliar o estudante no aprendizado do material, dividimos cada capítulo em diversas seções, com diferentes níveis de cabeçalhos. Termos que aparecem no glossário foram colocados em negrito. Ao final de cada capítulo temos resumo, questões de estudo, leituras e websites sugeridos. Material adicional para alunos e professores está disponível no website www.routledge.com/cw/stein

Agradecimentos

Aproveitamos a oportunidade para agradecer aos muitos colegas acadêmicos que nos ajudaram na escrita deste texto, revisando o manuscrito e oferecendo conselhos e sugestões.

Katherine Bradford, Los Angeles Mission College

Nicola Denzey, Bowdoin College

Charles O. Ellenbaum, College of DuPage

Karen Fjelstad, Cabrillo College

Wendy Fonarow, Glendale College

Arthur Gribben, Los Angeles Mission College

Amy Harper, Central Oregon Community College

Barbara Hornum, Drexel University

William Jankowiak, University of Nevada, Las Vegas

Theresa Kintz, Wilkes University

Debra L. Klein, Gavilan College

Christopher Kovats-Bernat, Muhlenberg College

Lilly M. Langer, Florida International University

Phillip Naftaly, Adirondack Community College

Lesley Northup, Florida International University

Robin O'Brian, Elmira College

Lisa Raskind, Los Angeles Valley College

Cheryle Ross, Rio Hondo College

Terry N. Simmons, Paradise Valley Community College

Agradecemos também aos muitos revisores anônimos, tanto da Prentice Hall quanto da Routledge.

Gostaríamos de agradecer a todos da Routledge por sua assistência e apoio na redação deste livro. Também aos nossos alunos, que nos apoiaram – afinal de contas, este livro foi escrito para eles. Originalmente, o texto se baseava em notas de aulas para um curso de antropologia da religião, desenvolvido, ao longo de muitos anos, em diálogo com os estudantes. O manuscrito foi, então, utilizado como livro-texto, o que abriu oportunidade para que eles oferecessem seus comentários.

Por fim, desejamos agradecer aos nossos respectivos cônjuges, Robert Frankle e Carol Stein, por sua paciência, apoio e assistência.

1

O estudo antropológico da religião

Seres humanos levantam questionamentos sobre quase tudo no mundo, incluindo eles mesmos. De todas essas perguntas, as mais importantes são respondidas pelas crenças e práticas religiosas de um povo, o tema deste livro. Partindo de uma perspectiva antropológica, examinaremos as vidas religiosas de um vasto espectro de comunidades humanas.

O termo *perspectiva antropológica* pode significar muitas coisas. Uma orientação teórica (que será discutida mais adiante, neste capítulo), ou também uma abordagem que compara sociedades humanas ao redor do globo – contemporâneas e passadas, industriais e tribais. Diversos cursos e livros acadêmicos têm seu foco nas religiões mais bem conhecidas, aquelas praticadas por muitos milhões de fiéis e que são amiúde chamadas de "grandes religiões mundiais" – judaísmo, cristianismo, Islã, hinduísmo e budismo, dentre outras. Este livro expandirá seu objeto para incluir e analisar sistemas religiosos menos conhecidos, especialmente aqueles encontrados em comunidades tradicionais, de pequena escala. Ao fazê-lo, tanto buscamos por semelhanças quanto celebramos a diversidade.

Este livro não irá, simplesmente, descrever uma série de sistemas religiosos. Abordaremos o estudo da religião através da observação de tópicos específicos normalmente incluídos na definição antropológica de religião e da apresentação de exemplos ilustrativos destes mesmos tópicos advindos da literatura antropológica. Obviamente, é impossível expor os milhares de sistemas religiosos que existiram, ou ainda existem, no mundo, mas quando menos é possível oferecer uma amostra.

A perspectiva antropológica

O tema deste livro é a religião vista a partir de uma perspectiva antropológica. Mas, o que isso significa? O termo **antropologia** se refere ao estudo da humanidade, objeto esse, contudo, compartilhado com muitas outras disciplinas – sociologia, psicologia, história, ciência política, dentre outras. Assim, em que a antropologia é diferente desses outros conhecimentos?

Uma maneira pela qual a antropologia se difere de outras disciplinas é por ser um estudo integrado da humanidade. Os antropólogos estudam as sociedades humanas como somas sistemáticas de suas partes, todos integrados, uma abordagem a qual chamamos **holismo**. Muitas matérias podem, por exemplo, estudar o casamento, mas os antropólogos acreditam que uma compreensão verdadeira do tema exige a compreensão de todos os aspectos sociais, pois além de ser profundamente influenciado pela política e pelo direito, ética, economia, influencia, por sua vez, a história, a literatura, as artes e a música. O mesmo pode ser dito a respeito das crenças e práticas religiosas.

A natureza holística da antropologia é percebida em diversas divisões do campo. Antropólogos tradicionais citam a *antropologia dos quatro campos*, que são a física, a arqueológica, a linguística e a cultural. Hoje em dia, com o rápido crescimento e complexidade dos estudos antropológicos, os antropólogos estão cada vez mais se especializando e trabalhando com tópicos específicos. O conceito, frequentemente simplista, da antropologia como sendo o estudo integrado daqueles quatro campos está desabando, mas revisitá-los aproximará sua natureza essencial daqueles que estudam a disciplina pela primeira vez.

A **antropologia física** é o estudo da biologia humana e sua evolução. Antropólogos físicos interessam-se pela genética e pelos genomas; teoria evolucionária; a biologia e o comportamento dos primatas (grupo de animais que inclui macacos, símios e seres humanos); e a paleontologia, o estudo dos registros fósseis. Antropólogos com uma orientação biológica debatem as origens evolutivas e a neurobiologia da experiência religiosa.

A **arqueologia** é o estudo das pessoas conhecidas apenas pelos seus vestígios físicos e culturais; nos fornece conhecimento sobre as vidas de sociedades já extintas. Evidências de expressão religiosa podem ser vistas nas ruínas de antigos templos, na arte e nos escritos de gente que viveu em sociedades que desapareceram ao longo do tempo.

O campo da **antropologia linguística** volta-se para o estudo da linguagem, algo que, de acordo com diversos antropólogos, é uma característica tipicamente humana. Muito da prática religiosa é de natureza linguística, envolve a récita de palavras, e as crenças religiosas de um povo são expressas em seus mitos e literatura.

A **antropologia cultural** é o estudo das sociedades humanas contemporâneas e responde pela maior área dos estudos antropológicos. Os antropólogos culturais estudam a organização social de um povo, sua economia e tecnologia; organização política, casamento, vida familiar, a maneira como criam seus filhos etc. O estudo da religião é um objeto dentro do campo geral da antropologia cultural – em nossa análise da religião, contudo, iremos nos basear nos quatro subcampos.

A abordagem holística

Estudar holisticamente uma sociedade é uma tarefa assustadora. Exige grande disponibilidade de tempo – para observar o comportamento humano e entrevistar membros daquela sociedade. E como delimitar a abrangência de um projeto de pesquisa é algo fundamental, os antropólogos são conhecidos por seus longos estudos de pequenas e remotas comunidades. Na medida em que tais comunidades tornam-se progressivamente incorporadas a unidades políticas mais amplas, porém, os antropólogos estão se voltando mais e mais para a análise de sociedades maiores e mais complexas. E ainda assim, no interior de uma dessas sociedades mais complexas, eles mantêm um foco limitado: por exemplo, em um assentamento urbano, estudam companhias, hospitais, vizinhanças, gangues, clubes e igrejas específicos. Estudos antropológicos duram longos períodos de tempo e usualmente demandam do antropólogo que viva em meio à comunidade e que participe, até certo grau, das vidas das pessoas que estão sendo estudadas, ao mesmo tempo em que realizam observações objetivas, uma técnica de estudo conhecida como **observação participante**.

Os estudantes de antropologia são inicialmente introduzidos a pequenas comunidades, tais como bandos de **caçadores-coletores**, pequenas vilas **hortícolas** e grupos de **pastores nômades**. Familiarizam-se com as vidas dos ilhéus das Trobriand, nas costas da Nova Guiné, dos Navajo do sudoeste dos Estados Unidos, dos Ianomâmi no norte da América do Sul, dos Murngin da Austrália e dos San da África do Sul. Há quem se refira a tais sociedades como "primitivas", mas este é um adjetivo pejorativo, carregado de conotações negativas e de inferioridade. O termo **"de pequena escala"** é melhor; pois, quando utilizado, refere-se a comunidades relativamente pequenas, vilas e bandos que praticam a coleta, o pastoreio ou alguma forma de horticultura tecnologicamente simples.

Examinaremos também alguns aspectos das chamadas "grandes religiões mundiais" (como "primitivo", também o termo "grande" envolve um julgamento de valor) que incluem judaísmo, cristianismo, Islã e budismo. Elas se parecem na medida em que suas origens se baseiam nas vidas de indivíduos particulares, fundadores, como Moisés, Cristo, Muhammad e o Buda. Elas se espalharam por milhares de sociedades diferentes, e os números de seus fiéis contam-se aos milhões. Em contraste, as religiões de sociedades de pequena escala, tradicionalmente estudadas pelos antropólogos, em geral não são baseadas nas vidas de algum profeta ou fundador específico e tendem a se limitar a uma sociedade, ou pouco mais que isso, e seus seguidores vão das centenas aos poucos milhares.

Por que estudar essas religiões de pequena escala já que elas envolvem grupos humanos tão pequenos? Dentre as muitas questões que os antropólogos fazem sobre a humanidade estão as seguintes: existem características que podem ser encontradas em todas as sociedades humanas, a que poderíamos chamar de **universais humanos**? E quando observamos os universais (ou pelo menos elementos extremamente difundidos) quais os graus de variação? Voltando ao exemplo do casamento, é possível propor as seguintes questões: é encontrado em todas as sociedades humanas? Quais as diversas formas que assume? O mesmo pode ser questionado a respeito da religião, e para respondê-lo os antropólogos vão para o campo, estudam comunidades específicas e escrevem relatórios descrevendo-as. Questões sobre a universalidade e a variabilidade podem ser respondidas com base nas descrições de centenas de sociedades humanas.

Além disso, o objetivo da antropologia é estudar um amplo espectro de crenças e comportamentos humanos no intuito de descobrir o que é ser humano, algo mais bem atingido ao examinar fenômenos culturais, religiosos etc., numa grande variedade de culturas, com diferentes tamanhos e estruturas, incluindo a nossa própria. Diz-se frequentemente que o objetivo da antropologia é tornar o estranho familiar, e o familiar, estranho, e apenas através de comparações transculturais tal coisa é possível.

O estudo das sociedades humanas

A **etnografia** é o estudo descritivo das sociedades humanas. As pessoas que as estudam e escrevem etnografias sobre elas são antropólogos culturais – às vezes referidos como **etnógrafos**.

Mas nem todas as descrições de sociedades humanas são escritas por etnógrafos. Os arqueólogos, por exemplo, são aqueles que estudam os vestígios físicos e culturais de sociedades que existiram no passado, conhecidas hoje apenas pelas suas ruínas, enterros e lixo. Ainda assim eles são capazes, até certo ponto, de reconstruir as vidas daqueles que viveram em sociedades antigas. Algumas vezes, as únicas descrições que temos das vidas das pessoas são aquelas escritas em diários e relatórios de exploradores e administradores coloniais, e mesmo que estejam longe de ser completos ou objetivos, eles nos fornecem alguma informação.

Embora visitemos algumas sociedades que são conhecidas somente através dos seus vestígios arqueológicos, a maioria dos exemplos desse livro vem de sociedades ainda existentes, ou que existiram até um passado recente. Muitas delas foram visitadas e descritas pelos antropólogos entre começos e meados do século XX, e embora tenham sofrido transformações ao longo do tempo, como ocorre a todos os grupos, ou ainda que muitas delas tenham deixado de existir, os antropólogos falam delas no **presente etnográfico**, ou seja, são discutidas usando o tempo verbal presente, como quando foram descritas pela primeira vez pelos etnógrafos.

Ao longo deste livro apresentaremos exemplos da literatura etnográfica. Essas comunidades encontram-se em todo o planeta, incluindo algumas áreas bem remotas. Para entender melhor sua natureza e distribuição, podemos organizá-las em áreas culturais, uma área geográfica na qual sociedades tendem a compartilhar muitos aspectos culturais. Isso acontece porque esses grupos enfrentam desafios similares do meio-ambiente (e com frequência desenvolvem soluções semelhantes), e também porque os aspectos culturais desenvolvidos em um dado grupo espalham-se facilmente para outros grupos vizinhos.

Cada sociedade humana – e mesmo subgrupos no interior da sociedade – exibe características únicas. Os aspectos comuns que definem uma área cultural tendem a pertencer ao reino das atividades de subsistência e da tecnologia, uma resposta comum aos desafios do meio-ambiente, embora alguma similaridade em outras facetas da sociedade, incluindo a religião, também possa ser encontrada. Por exemplo, a área cultura da Califórnia, cujas fronteiras são um tanto diversas da unidade política dos dias de hoje, inclui um grupo de comunidades que exploram bolotas[1]. Estes frutos requerem processamento que demanda muitos estágios e muito equipamento, mas oferecem recurso alimentar abundante, nutritivo e passível de ser armazenado. Estas características permitem o desenvolvimento de

---

1. Frutos das árvores da família dos carvalhos (*Quercus*) [N.T.].

comunidades permanentes e semipermanentes, diferentemente daquelas majoritariamente desenvolvidas por coletores[2].

Para além da distribuição geográfica, existem outras maneiras pelas quais os antropólogos dispõem as sociedades. Um esquema frequentemente utilizado é organizá-las em termos de suas estratégias de subsistência, focando em como vivem e sobrevivem, e dentre as categorias mais comuns temos: caçadores-coletores, horticultores, pastores e agricultores. Claro, não são grupos precisamente definidos, mas antes divisões em um *continuum*: caçadores-coletores são povos sem qualquer forma de domesticação vegetal ou animal, que tendem a viver em pequenos grupos isolados e encontrados primordialmente em áreas de difícil cultivo. Os horticultores plantam sem fertilização, irrigação ou outras tecnologias mais avançadas. A subsistência básica dos pastores advém dos rebanhos de animais domésticos. Os povos que aram, fertilizam, plantam e irrigam suas colheitas são chamados de agrícolas, e desenvolveram comunidades relativamente amplas e com tecnologias mais complexas. Sociedades que compartilham a mesma forma de subsistência geralmente possuem outras características em comum, como padrões de assentamento, densidade populacional e a presença de especialistas.

Os Fore da Nova Guiné: um exemplo etnográfico

Nas seções anteriores, aprendemos alguns conceitos básicos da antropologia, tais como o holismo, e fomos introduzidos ao conceito de etnografia. Voltemos nossa atenção agora para um exemplo particular que irá ilustrar essas ideias.

A abordagem holística percebe o comportamento humano como um intrincado conjunto de ideias e comportamentos interativos. Ao examinar uma sociedade, é até possível começar por um problema particular que nos interessa, mas logo percebemos que, para sermos verdadeiramente capazes de entendê-lo, precisamos atentar para muitos outros aspectos da sociedade.

Um bom exemplo foi o estudo dos Fore, um grupo de cerca de 14.000 horticultores que vivem nas terras altas orientais da Nova Guiné (área cultural Melanésia). O problema que os trouxe à atenção do mundo ocidental foi de natureza médica, e sua solução valeu o Prêmio Nobel de Medicina a um dos pesquisadores.

---

2. Observem que usamos o presente etnográfico na descrição dessas culturas: os membros das tribos da Califórnia já não mais coletam e processam bolotas, e seu modo de vida é, em muito, similar às populações não nativas entre as quais eles vivem.

Quando o governo australiano contactou os Fore pela primeira vez, na década de 1950, descobriu-se que um número significativo de indivíduos sofria de uma doença específica e que estava exercendo um grande impacto na população: cerca de 200 pessoas morriam a cada ano, e as vítimas eram primordialmente mulheres e crianças.

A doença era caracterizada por uma variedade de sintomas, sendo os mais óbvios movimentos bruscos e tremedeira, dificultando a atividade motora planejada. O curso da doença durava cerca de nove meses, e ao final a vítima não tinha mais capacidade para ficar em pé ou sentar, comer ou beber água, e vinha a falecer. Os Fore a chamavam *kuru*, "tremer de medo" em sua língua.

A equipe médica que foi enviada para lidar com a doença buscou-lhe a causa, e como aparentava estar largamente confinada aos Fore, considerou que poderia ser genética ou advinda de uma toxina encontrada no meio-ambiente. Descobriu-se que a kuru resultava de um agente infeccioso chamado príon, mas como ele havia passado de uma pessoa para outra permanecia a grande questão. Teria sido através da água contaminada, pelo ar ou pelo contato sexual? A resposta para o enigma foi proposta pelos antropólogos: o canibalismo.

Era um costume dos Fore comer os corpos dos defuntos como parte dos rituais funerários – um aspecto de suas práticas religiosas. Eles eram levados para um campo abandonado, desmembrados pelos familiares, cozinhados, e os parentes próximos consumiam os pedaços. Como a cocção não destruía os príons, alguns deles entravam na corrente sanguínea através de cortes e feridas abertas e, eventualmente, chegavam ao cérebro – e muitos anos depois, a pessoa começava a sentir os sintomas. E porque mulheres e crianças, de *status* social inferior, tinham mais chance de comer os cérebros, eram igualmente mais propensas a desenvolver a doença.

A comunidade médica moderna possuía, agora, uma explicação para a causa da doença, como ela se transmitia de um indivíduo para outro. O governo tinha a "cura" para a epidemia: eliminar o canibalismo. Com o fim da prática, a kuru eventualmente desapareceu, embora ainda demorasse algum tempo, porque seu período de incubação era longo. Os próprios Fore, contudo, somente pararam de comer os corpos dos defuntos porque fazê-lo significaria passar um tempo na prisão, e não porque haviam aceitado a explicação científica. Pense quão difícil foi para os médicos convencê-los de que a kuru era causada por pequeníssimos príons invisíveis aos olhos – poder-se-ia muito bem falar de minúsculos espíritos perversos igualmente imperceptíveis aos olhos.

Os Fore conheciam a causa da doença, ao menos em seu mundo: era o resultado de feitiçaria, a forma perversa da magia, que discutiremos no capítulo 7. O **feiticeiro**, a pessoa que pratica a feitiçaria, roubaria algo que fizera parte ou tivera contato íntimo com a vítima, como um cacho dos cabelos ou um pedaço da roupa. O material, então, junto com algumas folhas, cascas de árvore e pedras, era amarrado num pacote e, após recitar um feitiço, o feiticeiro o colocava em terreno lamacento, e à medida que apodrecesse, a vítima desenvolveria os sintomas da doença. Essa crença influenciava o comportamento quotidiano, pois os indivíduos eram cuidadosos em esconder coisas que pudessem ser pegas e usadas no sortilégio.

Mas apesar dessa precaução, as pessoas continuavam a desenvolver a kuru, e nesse caso um **ritual divinatório** era usado para revelar a identidade do feiticeiro causador da doença. Como veremos no capítulo 7, muita gente lança mão de técnicas dessa natureza para revelar coisas que são difíceis, ou mesmo impossíveis, de serem conhecidas por outros meios. Uma vez que o feiticeiro fosse identificado, os Fore tinham muitas opções para conter sua atividade. Uma pessoa com kuru poderia, também, consultar-se com um curandeiro.

O fato da kuru atingir primordialmente as mulheres trazia consequências sociais significativas: diversos homens perdiam suas esposas para a doença, e a falta de mulheres significava que muitos deles não conseguiam encontrar outras. Além disso, homens viúvos e com filhos tiveram que realizar diversas tarefas domésticas tradicionalmente reservadas às mulheres, como a lavoura.

A etnografia dos Fore e a descrição da kuru ilustram o conceito do holismo. Do ponto de vista ocidental, começamos com um problema médico: uma doença. Depois, vemos como essa enfermidade fatal afeta vários aspectos da sociedade graças à morte das mulheres em idade fértil – algo que inclui o casamento, a família, a criação dos filhos, a agricultura etc. Da mesma forma, observamos como a sociedade tenta explicar e lidar com a doença através da religião. Uma descrição da kuru entre os Fore como um simples problema de saúde é incapaz de prover uma compreensão da doença.

Duas formas de ver a cultura

Podemos perguntar: qual a *causa* da kuru entre os Fore? Do nosso ponto de vista, uma resposta completa para tal questão inclui tanto fatores biológicos (o organismo causador da doença) quanto culturais (a prática do canibalismo). Para os próprios Fore, contudo, a resposta seria outra: a origem era a feitiçaria. Um aspecto adicional da abordagem holística é, precisamente, considerar ambas as perspectivas, a interna e a externa.

Um antropólogo – ou qualquer outro estudioso – não tem como ser totalmente neutro e objetivo ao descrever uma cultura. A observação, o registro e a análise envolvem o processamento de informações dentro da mente de alguém, e seu próprio *background* cultural, educação, formação, dentre outros fatores, hão de agir como filtros ou lentes que tingem aquilo que consideramos observações objetivas. Os médicos, usando um modelo clínico, buscaram pela causa da kuru através de técnicas aprendidas na universidade de medicina, baseadas num conjunto de postulados desenvolvido conforme o método científico. Ainda que fossem capazes de desvendar a causa biológica da enfermidade, a proteína príon, não conseguiram encontrar o meio de transmissão: a ciência médica identifica uma série de possibilidades, e nenhuma delas ofereceu uma explicação válida. Coube aos antropólogos, que observaram a situação de um ponto de vista holístico, antropológico, estabelecer a conexão entre a kuru e o canibalismo, embora tal vínculo tivesse de ser confirmado pelos procedimentos exigidos pelo método científico.

O médico e o antropólogo são estrangeiros que observam, veem a cultura Fore em termos de filosofia e teoria ocidentais. Falam dos Fore usando palavras que categorizam a experiência de um jeito específico, a que chamamos **perspectiva ética**. Essa perspectiva oferece vantagens: do mesmo modo como um amigo ou um terapeuta são capazes de perceber certos padrões na vida de uma pessoa que ela mesma pode não ter notado, um estrangeiro pode apontar padrões de comportamentos ou crenças de uma cultura que seus membros talvez ignorem. Da mesma forma, um antropólogo é capaz de aplicar um único modelo analítico consistente a muitas e diferentes sociedades sob estudo, o que lhes permite estabelecer comparações entre elas e, quem sabe, descobrir alguns princípios universais do comportamento humano.

Não obstante, os Fore entendem o mundo de um ponto de vista completamente diverso, utilizando categorias linguísticas e premissas básicas sobre a realidade que diferem profundamente das nossas. Para eles, a feitiçaria é a causa primeira da kuru, e isso faz sentido em sua cultura. Chamamos de **perspectiva êmica** àquela que busca compreender o mundo pelos olhos do povo estudado – e claro, a grande questão é: o quão bem-sucedidos podemos verdadeiramente ser nesse intento?

Relativismo cultural

Como você se sente diante da prática do canibalismo dos Fore? No processo de analisar diferentes sociedades, antropólogos amiúde observam comportamentos que parecem estranhos, quando não repulsivos. Crescemos em uma sociedade específica, e nossos próprios comportamentos, nossas próprias ideias, nos parecem ser naturais e corretos. É igualmente natural usar nossa sociedade como base para o julgamento e a análise de outras, uma tendência conhecida como **etnocentrismo**.

Os antropólogos perceberam, contudo, que uma compreensão verdadeira de outros povos não pode se desenvolver através de interpretações etnocêntricas. Considerar outros povos como primitivos, supersticiosos ou imorais tão somente tinge nossas observações, impedindo-nos de atingir qualquer grau de real compreensão sobre o comportamento e o pensamento humanos. Os antropólogos tentam permanecer neutros e aceitar os modos de vida de outras comunidades como apropriados para aqueles que nelas vivem, e descrever e compreender os costumes e ideias das pessoas sem julgá-las. Essa abordagem é conhecida como **relativismo cultural**, e sua proposta é estudar em que as pessoas acreditam, e não se aquilo em que elas acreditam é verdade.

Por exemplo, rituais funerários diferem de outros ritos em um aspecto fundamental: existe um defunto. Todas as sociedades possuem meios de dispor de um corpo, de uma maneira ou de outra. O enterro é bastante comum, mas existem muitas variantes, tais como: onde se localiza a cova, em que o corpo é enterrado, quais objetos acompanham o morto, e assim por diante. Os corpos também podem ser colocados dentro de árvores e deixados a apodrecer (posteriormente os ossos são recolhidos e enterrados); podem também ser cremados, e as cinzas mantidas em um recipiente, enterradas ou lançadas ao mar. Entre os Ianomâmi da Venezuela e do Brasil, os restos cremados são transformados em pó, e em diversos momentos após a morte do indivíduo, a família se reúne e prepara um purê de banana da terra no qual misturam um pouco das cinzas – e o bebem. E, claro, como vimos entre os Fore, existe o costume de comer o corpo.

A prática de beber os restos cremados ou comer carne humana certamente causaria horror a muitos de nós, e se ocorresse nas sociedades de muitos países (como nos Estados Unidos) levaria a algum tipo de reação – possivelmente alguma espécie de confinamento psiquiátrico. Já o costume do enterro, por sua vez, horroriza os Ianomâmi porque deixa o corpo apodrecer no solo: eles acreditam que a maior expressão de amor pelos seus entes queridos é fornecê-los um local de repouso definitivo no interior de seus próprios corpos. Seria esta prática imoral, perversa ou perigosa? A resposta a tal questão, claro, reside no interior das práticas culturais daquele grupo e na maneira como define quais comportamentos são corretos e apropriados.

Pós-modernidade

Podemos nos perguntar se é possível para alguém de uma determinada sociedade verdadeiramente conhecer e entender a vida das pessoas de outra. Desde a Renascença, estudiosos basearam seu conhecimento nas ideias de racionalidade, objetividade e razão, e a ciência foi percebida como meio para a descoberta do conhecimento, verdade e progresso. Tal forma de abordagem e compreensão do mundo foi chamada **modernidade**, e pensou-se que através dela a ordem poderia impor-se ao caos. Fundamentados nos princípios modernos, os intelectuais acreditaram ser possível conquistar um verdadeiro entendimento sobre todos os povos e sociedades.

A partir dos anos de 1980, o movimento **pós-moderno** teve um amplo impacto acadêmico que atingiu diversas disciplinas, e num contraste direto com as ideias da modernidade, refutou a possibilidade de se chegar a, ou a existência mesma de, um conhecimento "verdadeiro" sobre o mundo. Todo conhecimento é visto como um constructo humano, que precisamos tentar desconstruir. O pós-modernismo salienta as limitações da ciência, que o todo é maior do que a soma das partes, a existência de múltiplos pontos de vista e verdades, e a importância de estarmos cientes das nossas perspectivas e pré-concepções. E em oposição à ênfase moderna na ordem, vê as contradições e instabilidades como inerentes a qualquer grupo ou prática social.

A importância do pós-modernismo para a antropologia tem sido reforçar a noção das formas múltiplas de se ver o mundo (não existe um modo único, correto, de pensar ou agir), um desdobramento do conceito do relativismo cultural. Ele serve como lembrete de como os próprios etnógrafos podem influenciar seu trabalho de campo, resultando daí maior autoconsciência e cautela em relação às próprias posições e juízos prévios. Cada pessoa vê o mundo conforme as lentes de sua própria cultura; não podemos removê-las, mas sim conscientizarmo-nos delas.

Direitos humanos universais

Alguns antropólogos, contudo, questionam a abordagem de completa neutralidade representada pelo relativismo cultural e pela completa subjetividade da pós-modernidade e perguntam: existem direitos humanos básicos e padrões universais de comportamento? Este é um campo controverso, que frequentemente centra sua atenção em práticas religiosas de outros povos que podem incluir costumes como alterações físicas da genitália ou canibalismo.

O relativismo cultural é um dos conceitos básicos necessários à antropologia, e não deve ser posto de lado inadvertidamente. Nossa abordagem primeira a uma prática cultural, qualquer que seja ela, deve ser tentar compreendê-la em seu contexto – o sentido que possui para as pessoas daquela cultura. Após fazê-lo, contudo, é possível dizer: "entendo esta prática e o porquê dessa cultura realizá-la, mas ela é errada?" A dificuldade reside em saber onde estabelecer o limite, e critérios estritos precisam ser utilizados, alguns dos quais foram propostos por Robert Edgerton:

> Primeiramente, definirei [má adaptação] como a incapacidade de uma população, ou de sua cultura, em sobreviver à inadequação ou ao perigo de uma ou mais de suas crenças ou instituições. Segundo, diremos que existe má adaptação quando bastantes membros de uma população estiverem suficientemente insatisfeitos com uma ou mais de suas instituições ou crenças culturais, a tal ponto que a viabilidade de sua sociedade se encontre ameaçada. Por fim, consideraremos má adaptação quando uma população mantiver crenças ou práticas que prejudicam de tal maneira a saúde física ou mental de seus membros que estes não conseguem mais sustentar-se ou manter adequadamente seu sistema cultural e social[3].

É importante notar que os critérios se baseiam na sobrevivência da sociedade e em sua habilidade funcional, e não numa perspectiva externa de moralidade. Edgerton põe como exemplo os altos níveis de medo e estresse relacionados às crenças de feitiçaria em algumas sociedades, um tópico ao qual retornaremos no capítulo 10.

A prática asteca do canibalismo é um outro exemplo. Os astecas eram uma sociedade agrícola situada na área cultural da Mesoamérica, e em sua sociedade uma pequena elite usava do seu poder militar e religioso para conquistar grupos vizinhos. Eles exigiam tributo na forma de ouro e outros materiais preciosos dos povos vencidos, e tanto escravos quanto prisioneiros de guerra capturados eram sacrificados e comidos. Os benefícios da conquista destinavam-se quase exclusivamente à elite. Uma abordagem analítica dessa prática de canibalismo argumen-

---

3. EDGERTON, R.B. *Sick Societies: Challenging the Myth of Primitive Harmony*. Nova York: The Free Press, 1992.

ta que se tratava de uma adaptação a um ambiente pobre em proteínas, enquanto uma abordagem cultural-relativista apontaria, igualmente, que os sacrifícios eram realizados para apaziguar os deuses. Edgerton contesta ambas as explicações.

Edgerton salienta que o sacrifício e o canibalismo eram conduzidos com bem pouca preparação ritual – os corpos rolavam do alto dos templos escalonados para serem retalhados abaixo, de maneira muito semelhante ao que seria feito com a carcaça de um animal. A carne humana era considerada uma iguaria altamente desejável, de tal modo que guerras eram travadas com o objetivo principal de capturar vítimas humanas para o sacrifício.

Os impactos negativos não se resumiam aos grupos vizinhos. A elite asteca não compartilhava as benesses com a plebe, e mesmo quando combatiam no exército não o faziam como iguais: enquanto os nobres usavam capacetes, armaduras e escudos, os soldados comuns não tinham nenhum desses equipamentos. Como escreveu Edgerton, "não se pode negar os esplendores da cultura asteca, mas eles foram alcançados à custa de muitos, e majoritariamente para benefício de uns poucos poderosos"[4].

A despeito desse questionamento, o relativismo cultural permanece de suma importância para os antropólogos. Nossa primeira abordagem deve ser, sempre, tentar entender as crenças e comportamentos de uma cultura em seu contexto, apreender qual o sentido do mundo através dos seus olhos.

O conceito de cultura

Nos dois exemplos prévios, dos Astecas e dos Fore, observamos certo número de crenças e comportamentos específicos. Um antropólogo vivendo entre estes últimos por um período de tempo, por exemplo, registraria descrições de suas vidas de modo muito mais detalhado e cobriria muitos aspectos – casamento e família, criação dos filhos, caça e agricultura, comércio, tecnologia, organização política, folclore, e assim por diante. Está claro, portanto, que o *corpus* de suas crenças e comportamentos é bem diferente do nosso e que tais crenças e comportamentos compõem a **cultura** Fore.

Em antropologia, *cultura* é um termo técnico, não se refere às artes ou às "boas coisas da vida", e embora amplamente empregado e discutido, encontrar uma definição que seja aceitável para todos os antropólogos é uma tarefa difícil.

---

4. Ibid., p. 93.

Foi o antropólogo britânico Edward B. Tylor (1832-1917) quem primeiro utilizou o termo cultura em seu sentido antropológico. Em 1871 ele escreveu: "a cultura... é aquele todo complexo, que inclui o saber, a crença, as artes, a moral, as leis, os costumes, e muitas outras competências e hábitos adquiridos por um homem como membro de uma sociedade"[5]. Nessa definição, Tylor reconheceu que a cultura é um "todo complexo", uma referência ao conceito holístico, e observou que ela inclui costumes que as pessoas adquirem ao crescer em uma dada sociedade – ou seja, a cultura é aprendida.

Quando observamos um grupo de insetos sociais, como as formigas, vemos uma sociedade na qual os indivíduos se comportam conforme certas maneiras estereotípicas. Quando olhamos para um grupo humano também vemos certos comportamentos que parecem ser estereotípicos, repetitivos ou costumeiros. Contudo, para além da muito maior complexidade do comportamento humano, existe uma imensa diferença entre o comportamento das formigas e o dos seres humanos: o primeiro é inato, ou seja, codificado nos seus genes, parte de sua herança biológica. Ainda que alguns aspectos do comportamento humano sejam provavelmente inatos, seu comportamento é preponderantemente aprendido, passado de geração a geração, compartilhado por um grupo de pessoas. Enxerga-se a cultura na maneira como se vestem, como se saúdam, como cumprem suas tarefas, e como reverenciam seus deuses. As ações que são realizadas em um ritual, por exemplo, foram aprendidas com alguém, um parente ou um sacerdote, e assim passaram de uma geração para a seguinte.

Uma das consequências da transmissão social da cultura é que o comportamento humano é complexo e variável. Diferentemente da herança biológica, na qual as mudanças ocorrem lentamente e segundo os mecanismos da evolução biológica, padrões comportamentais aprendidos mudam rapidamente em resposta a condições que se transformam. Da mesma forma, a espécie humana, biologicamente bastante homogênea, exibe uma grande variedade de diferentes culturas.

Outro importante aspecto da cultura é que ela se baseia no uso de **símbolos**, entendimentos compartilhados a respeito do sentido de certas palavras, atributos ou objetos, tais como a cor vermelha que sinaliza "pare" nos sinais de trânsito. A conexão entre os dois é arbitrária – nada há nada de óbvio, natural ou necessário nela. Na maioria das sociedades ocidentais, por exemplo, o preto é uma cor associada ao luto, enquanto noutras culturas essa associação se dá com o branco, o vermelho ou mesmo o verde.

---

5. TYLOR, E.B. *Primitive Culture: Researches into the Development of Mythology, Philosophy, Religion, Language, Art and Custom*. Londres: J. Murray, 1871, p. 1.

A cultura é primariamente aprendida através de símbolos. A linguagem pode ser interpretada como uma cadeia de símbolos, e nós aprendemos, comunicamos e até pensamos através do seu uso. Os símbolos são, por óbvio, uma importante área de discussão para o estudo da religião: a cruz cristã, por exemplo, simboliza não apenas a religião em si, mas uma história e uma filosofia particulares. No capítulo 3 discutiremos a natureza dos símbolos e o papel que desempenham na prática religiosa.

Vendo o mundo

A ideia de cultura envolve muito mais do que a descrição atividades humanas. As pessoas também possuem diversos sistemas de crenças, percepções e compreensões sobre seu mundo e suas vidas.

A cultura confere sentido à realidade. Ainda que vivamos em um mundo físico, real, este é traduzido através da mente humana para um outro plano. Olhamos por uma janela e contemplamos uma alta montanha; para um geólogo, trata-se de uma estrutura feita de rochas e formada por meio de um processo natural. Se um hidrólogo estiver ocupado em trazer água para uma cidade desértica, a montanha é o lugar em que se encontram as neves. Para o biólogo, é o habitat de diversas plantas e animais, muitos dos quais podem estar em risco de extinção.

Para muitas outras pessoas, no entanto, a montanha é mais do que um objeto físico: ela pode ser a casa dos deuses, ou o lugar no qual as almas dos mortos se reúnem após a morte. As montanhas figuram com destaque em muitas histórias bíblicas, como por exemplo o Sinai, onde Moisés recebeu os Dez Mandamentos, ou o Ararat, onde a arca de Noé pousou. O Sl 121 diz: "Ergo os olhos para os montes, de onde virá o meu socorro?"[6] Outras montanhas sagradas incluem o Olimpo, onde viviam os deuses da Grécia antiga, e as quatro montanhas sagradas dos Navajo. Podemos considerar tais imagens como parte da imaginação de um povo, mas para essa gente da sacralidade dessas elevações pode ser tão real quanto a presença das rochas, neves e seres vivos.

O estudo da religião

O ponto de partida para qualquer debate é a definição do seu objeto de estudo – nesta instância, a **religião**. Mas que não restem dúvidas: a tarefa de definir

---

6. Todas as citações bíblicas deste volume provêm da *Bíblia Sagrada: Edição Pastoral* (São Paulo: Paulinas, 1990), salvo quando nota em contrário.

este termo é das mais difíceis. Devemos evitar o emprego tanto de definições excessivamente restritas quanto das demasiadamente vagas. Algumas das propostas eram de tal maneira restritivas que somente se aplicavam a algumas culturas e a alguns dos fenômenos que os antropólogos tradicionalmente situavam no campo do religioso; eram, amiúde, etnocêntricas, e só incluíam aquelas ideias consideradas "religiosas" para aquela cultura, frequentemente excluindo tópicos como a magia e a feitiçaria. Por outro lado, uma definição que seja por demais inclusiva ou vaga perde muito do seu sentido e aplicabilidade.

A despeito dessas dificuldades conceituais, a antropologia é uma ciência social, e a metodologia científica exige a definição terminológica. Precisamos usar uma **definição operacional**, na qual nossos termos são definidos de tal modo que possam ser observados, medidos e, portanto, estudados. Dito isso, qual seria uma boa definição operacional para *religião*? Podemos começar nos voltando para as várias formas pelas quais os estudiosos tentaram defini-la.

Tentativas de definir religião

Diversas definições de religião compartilham muitos dos elementos que incluímos em nossa definição de cultura. Talvez possamos defini-la como um sistema de crenças e comportamentos baseado num sistema simbólico, mas como distinguir crenças e comportamentos religiosos de outros aspectos da cultura? Afinal de conta, nós reconhecemos, por exemplo, crenças, comportamentos e símbolos específicos que definem processos políticos ou econômicos.

Definições analíticas focam na maneira como a religião se manifesta ou é expressa em uma cultura – um exemplo seria definir as religiões afirmando que suas práticas geralmente incluem rituais.

Por exemplo, Ninian Smart afirmou acreditar que existem seis dimensões da religião[7], quais sejam:

- A institucional (organização e liderança);
- A narrativa (mitos, histórias da criação, visões de mundo);
- A ritual (cerimônias de passagem, dentre outras importantes atividades ritualísticas);
- A social (sendo uma atividade de grupo que reúne as pessoas);

---

7. SMART, N. *Worldviews: Crosscultural Explorations of Human Beliefs*. 3. ed. Upper Saddle River: Prentice Hall, 1999, p. 8-10

- A ética (costumes, regras morais);
- A experimental (envolvendo experiências de uma realidade sagrada para além da experiência ordinária).

Definições funcionais focam naquilo que faz a religião, social ou psicologicamente. Os rituais, por exemplo, seriam um modo para reunir um grupo e levar conforto aos indivíduos. Dentre os teóricos que utilizaram definições mais funcionais de religião estão Karl Marx e Sigmund Freud, e os antropólogos Émile Durkheim e Clifford Geertz, que escreveu:

> religião é: (1) um sistema de símbolos que atua para (2) estabelecer poderosas, penetrantes e duradouras disposições e motivações nos homens através da (3) formulação de conceitos de uma ordem de existência geral e (4) vestindo essas concepções com tal aura de fatualidade que (5) as disposições e motivações parecem singularmente realistas[8].

Um dos problemas com as definições funcionais é que elas poderiam ser igualmente bem aplicáveis a crenças e comportamentos de natureza não religiosa. Outros percebem que tais definições são reducionistas, diminuindo a religião a meia dúzia de sentimentos e comportamentos que não são, em e de si mesmos, religiosos. Por essas razões, pode ficar difícil distinguir sistemas religiosos e não religiosos através de definições funcionais, o que não significa que as funções sociais e psicológicas são desimportantes – elas são, e o funcionalismo, como abordagem teórica para o estudo da religião (que discutiremos mais adiante), tem muito a oferecer. Como definição, porém, não é suficiente.

Uma **definição essencialista** da religião se volta para qual a sua natureza essencial, enfatiza o fato de que se trata do domínio do extraordinário – coisas além do comum e do natural. Com base nessa ideia, diríamos que a religião é um sistema de crenças e comportamentos que lida com a relação entre os humanos e o sobrenatural sagrado.

O termo **sobrenatural** se refere às coisas que estão "além do natural", entidades e ações que transcendem o mundo normal de causa e efeito que nós conhecemos. No mundo do sobrenatural coisas maravilhosas ocorrem: seres desafiam as leis básicas da natureza, os objetos se movem mais rápido que a luz, coisas pesadas voam e criaturas tornam-se invisíveis.

---

8. GEERTZ, C. *A interpretação das culturas*. Rio de Janeiro: LTC, 2008, p. 67.

Nem todos os fenômenos sobrenaturais, contudo, podem ser considerados religiosos. Tomemos como exemplo a lenda folclórica na qual um belo príncipe é transformado num sapo. É, sem dúvida alguma, um fato sobrenatural – príncipes não são tornados em anfíbios – mas só muito dificilmente, religioso. Para cuidar desse problema, adicionamos o termo **sagrado** à definição de religião, denotando uma atitude na qual o sujeito é digno de reverência e respeito.

Muitos teóricos têm definido a religião em termos do sobrenatural como as crenças religiosas essenciais a qualquer sistema religioso. Em 1871, Edward Burnett Tylor definiu a religião como **animismo**, a crença em seres espirituais (deuses, almas, fantasmas, demônios etc.). Já Melford Spiro, muito tempo depois, como "uma instituição que consiste de interações culturalmente padronizadas com seres super-humanos culturalmente pressupostos"[9].

O problema com as definições essencialistas é que frequentemente elas se tornam demasiado específicas, focando estritamente nos seres espirituais, por exemplo, ou se arriscam a ser excessivamente vagas se remeterem somente ao sobrenatural. Como ocorre com outras definições que já vimos, as essencialistas sozinhas podem não ser suficientes para pontuar áreas de grande importância no campo da religião.

Uma verdadeira compreensão da amplitude das práticas religiosas entre as sociedades irá se tornar mais clara à medida que avançamos na leitura deste livro. Nós te encorajamos a manter uma mente aberta e decidir sobre sua própria definição ao passo que adquirir mais conhecimento e entendimento. Como já discutimos previamente, contudo, em sendo um esforço no âmbito das ciências sociais, este texto necessita de uma definição operacional para prosseguir.

Uma definição simples para o termo religião seria algo muito desejável, mas a busca por uma terminologia que seja simples, mas também útil, permanece elusiva. Religião é um conceito construído pela mente humana que inclui um conjunto particular de crenças e práticas humanas. Como um construto social, é fortemente influenciada pela cultura e por fundamentos teóricos e filosóficos. As práticas incluídas sob sua rubrica variam de estudioso para estudioso, e as definições que focam em sistemas religiosos encontrados em grandes sociedades urbanas divergem consideravelmente daquelas encontradas em sociedades de pequena escala. Cada uma das definições previamente exploradas oferece pistas para importantes elementos da religião, mas *em si mesmas* permanecem incompletas.

---

9. SPIRO, M.E. Religion: Problems of Definitions and Explanations. In: BANTON, M. (ed.). *Anthropological Approaches to the Study of Religion*. Londres: Tavistock, 1966, p. 96.

Talvez seja melhor pensar na religião como um conjunto de crenças e práticas culturais que usualmente incluem algumas ou todas características de um dado conjunto básico. Embora não seja uma lista exaustiva, ela nos fornecerá uma definição operacional ao passo em que avançamos com nosso estudo dos sistemas religiosos. Essas características são as seguintes:

- A crença em seres antropomórficos sobrenaturais, como deuses e espíritos;
- Foco no sobrenatural sagrado, no qual *sagrado* remete a um sentimento de reverência e espanto;
- A presença de poder ou energia sobrenatural, encontrada tanto em seres sobrenaturais quanto em seres e objetos físicos;
- A *performance* de atividades rituais que envolvem a manipulação de objetos sagrados para se comunicar com os seres sobrenaturais e/ou influenciar ou controlar os eventos;
- Articulação com uma visão de mundo e um código moral através de narrativas e outros meios;
- Favorecimento da criação e manutenção dos laços sociais e dos mecanismos de controle social em uma comunidade;
- Fornecimento de explicações para o desconhecido e um senso de controle do indivíduo.

O domínio da religião

O debate sobre as definições salienta as perspectivas contrastantes ética e êmica. O próprio conceito de religião como uma categoria social distinta é ocidental, cujas culturas são divididas em domínios culturais bem definidos, tais como a política, a economia, a tecnologia e, claro, a religião. À medida que nos movimentamos durante o dia, passamos de um domínio para outro, mas ainda assim eles não se sobrepõem, ou o fazem apenas em pequeno grau. Quando vamos para o trabalho, por exemplo, podemos bater o cartão ou assinar a presença, pois o "trabalho" é um segmento distinto de nossas vidas, que podemos definir em termos de localização, atividade, relações com os colegas, e assim por diante. Como um domínio, a religião pode estar restrita a atividades bastante específicas, exercidas em lugares especiais durante períodos específicos – a missa do domingo de manhã, por exemplo. Quando usamos o termo religião, podemos imediatamente visualizar coisas como edifícios especiais (igrejas, templos, mesquitas), e especialistas de tempo integral (padres, rabinos) que realizam rituais religiosos.

Nossa análise da religião se torna mais difícil quando voltamos nossa atenção para sociedades mais tradicionais. Se observarmos sistemas religiosos de pequena escala aplicando as definições e conceitos desenvolvidos nas culturas ocidentais, provavelmente descobriríamos que neles certos elementos que consideramos partes vitais de nossos sistemas religiosos simplesmente não existem – *conforme os nossos termos*. Há quem tire desse fato que outros sistemas religiosos são "defeituosos", "incompletos", "primitivos", "falsos" ou "cheios de superstições". Claramente, tal atitude nos leva a conclusões altamente etnocêntricas que embaçam nossa habilidade em compreender os sistemas religiosos dos outros.

Quando estudamos sociedades tradicionais usando uma abordagem êmica (do interior), é possível que não exista um termo equivalente ao nosso conceito de religião, pois ela não está separada das outras dimensões, mas sim inteiramente integrada no tecido das crenças e comportamentos. Como escreveu Wilfred Cantwell Smith, "para o crente, eles são partes do universo; para o observador, são partes de uma religião"[10].

Abordagens teóricas para o estudo da religião

Da mesma forma como há diversas definições para religião, também existem inúmeras abordagens para o estudo do fenômeno religioso. Descreveremos aqui cinco abordagens que os antropólogos têm usado para estudar a religião: evolucionista, marxista, funcionalista, interpretativa e psicossocial.

A abordagem evolucionista

Esta abordagem centrava-se nas questões de quando e como a religião começara e foi desenvolvida em finais do século XIX, quando os conceitos de ciência, lógica e monoteísmo foram considerados como os pináculos das conquistas humanas. Os estudiosos de então enfatizavam o empirismo, ou observação e medição, afirmando que o único conhecimento real era o científico – fora dele, o saber era impossível.

A segunda metade do século XIX testemunhou a ascensão do conceito de uma evolução geral da cultura: acreditava-se, então, que a religião evoluiria naturalmente do simples ao complexo, uma consequência natural da natureza humana. O interesse na religião dos povos "primitivos" eclodiu da suposição de que

---

10. SMITH, W.C. et al. *The Meaning and End of Religion*. São Francisco: Harper, 1978.

eles representavam um estágio inicial da evolução cultural e que seria possível aprender sobre, e compreender, as raízes da religião das sociedades "civilizadas" através do estudo de povos "primitivos" ainda existentes.

Edward B. Tylor usou essa abordagem em seu livro *Primitive Culture* (1871)[11] e concluiu que todas as religiões possuíam a crença em seres espirituais: enquanto a dos "civilizados" cria em deuses e almas, a dos "primitivos" centrava-se em espíritos e fantasmas, um sistema primitivo de crenças a que chamou de animismo.

Tylor pensou que a crença em seres espirituais era a conclusão natural e universal alcançada por todos os povos através da observação do sono e dos sonhos, possessão e morte, durante os quais se supõe que a alma abandona o corpo, temporária ou definitivamente. E como os animais também estão vivos, também eles devem possuir almas que deixam seus corpos quando morrem. Todas as coisas vivas seriam animadas por almas, mas também as inanimadas, como as cachoeiras e as montanhas.

Numa tentativa de encontrar um cerne comum a todos os sistemas religiosos do mundo, Tylor não conseguiu perceber a imensa variabilidade que há entre eles, algo que se deveu em parte ao fato dele não ter ido ao campo e imergido na complexidade de uma cultura específica. Pelo contrário, ele confiou em relatos de exploradores, missionários e administradores coloniais, que descreveram, não raro de modo simplista e preconceituoso, os povos que encontravam em suas viagens.

Robert R. Marett desenvolveu o conceito de uma força sobrenatural mais simples, básica e antiga, à qual chamou de **animatismo**[12], que teria simplesmente brotado da reação emocional humana às forças da natureza. Essa crença em um poder sobrenatural e impessoal está bem articulado nas religiões da Polinésia e Melanésia, onde é referida como *mana*. No capítulo 7, discutiremos as ideias de um outro antropólogo da escola evolucionista, James Frazer, que escreveu extensivamente sobre a magia, uma categoria que considerava distinta da religião – ele via uma progressão natural nas culturas, desde a magia até a religião e até a ciência[13].

A abordagem evolucionária tem muitos críticos. Muitas das ideias encontradas nessa escola de pensamento são etnocêntricas – por exemplo, a proposição de Tylor de que a religião dos povos "primitivos" se baseava em espíritos e fantasmas,

---

11. TYLOR, E.B. *Primitive Culture...* Op. cit.
12. MARETT, R.R. *The Threshold of Religions*. Londres: Elibron Classics, 2005 [publicado pela primeira vez em 1909].
13. FRAZER, J.G. *The Golden Bough: A Study in Magic and Religion*. Nova York: MacMillan, 1922) [No Brasil, *O ramo de ouro*].

enquanto as mais "civilizadas" em deuses. Além disso, quaisquer ideias sobre a origem de uma prática cultural são, por óbvio, altamente especulativas. Embora a ideia de uma progressão cultural, com as sociedades ocidentais sendo mais "evoluídas" que as tradicionais de pequena escala, não seja mais empregada na antropologia, a questão geral da origem da religião permanece válida.

Não obstante, muitos antropólogos contemporâneos permanecem aplicando abordagens evolutivas – a história da sociedade humana, afinal de contas, testemunhou mudanças progressivas ao longo do tempo, dos caçadores-coletores aos horticultores, às sociedades agrícolas e, finalmente, às indústrias. Os estudiosos buscam por correlações entre essas mudanças e diversos aspectos da sociedade, incluindo os sistemas religiosos. As sociedades caçadoras-coletoras, por exemplo, são frequentemente caracterizadas por práticas xamânicas com praticantes de meio período, enquanto as estatais, por sua vez, têm especialistas em tempo integral, os quais podem integrar um sacerdócio altamente organizado.

A abordagem marxista

Outro influente teórico do século XIX foi Karl Marx. Como outros do seu tempo, ele era um crítico da religião, embora não reprovasse, como muitos haviam feito, a lógica religiosa em si, pois acreditava que refletia a sociedade que a havia criado, de modo que qualquer crítica à religião precisaria, antes de mais nada, ser uma crítica social. De fato, essa **abordagem marxista** da religião não pode ser entendida fora do espectro de sua abordagem à sociedade como um todo, posto que via a religião como uma construção social – mais especificamente, daqueles no poder.

Marx sentiu que a religião não refletia a consciência verdadeira do povo, mas sim uma enganosa, elaborada para distrair sua atenção das misérias de suas vidas, uma penúria entendida como o resultado da exploração das massas pelos donos do poder sob o sistema capitalista. Claro, a religião já existia antes do capitalismo. A visão básica de Marx é que surgira como uma consequência natural da experiência humana do sofrimento – que pode ter aparecido, no passado, como resultado da luta contra a natureza. Seu foco, contudo, se volta para o sistema capitalista, em que esta luta havia cambiado para o conflito entre os seres humanos. A religião é percebida tanto como um meio de compensação como uma maneira de fazer o povo aceitar a cultura capitalista, atitude contrária aos seus melhores interesses. Ele percebia, por exemplo, que a religião ensinava as pessoas a obedecer a autoridade como condição para atingir a felicidade futura através da salvação:

A miséria religiosa constitui ao mesmo tempo a expressão da miséria real e o protesto contra a miséria real. A religião é o suspiro da criatura oprimida, o ânimo de um mundo sem coração, assim como o espírito de estados de coisas embrutecidos. Ela é o ópio do povo. A supressão [*Aufhebung*] da religião como felicidade ilusória do povo é a exigência da sua felicidade real. A exigência de que abandonem as ilusões acerca de uma condição é a exigência de que abandonem uma condição que necessita de ilusões[14].

Os críticos de Marx apontam que numa sociedade normalmente não existe uma única e dominante ideologia, mas sim diferentes ideologias correspondentes a diferentes subculturas e classes.

A abordagem funcionalista

Contrariamente às escolas evolucionista e marxista, a abordagem funcionalista propõe as seguintes questões: o que faz a religião? Que papel desempenha nas sociedades? É capaz, por exemplo, de fortalecer a coesão social ao reunir os membros em rituais e prover uma fundação para as crenças comuns. Ou pode funcionar ao nível do indivíduo, amenizando as ansiedades pessoais ao apresentar explicações e sentidos.

Émile Durkheim, por exemplo, via a sociedade como algo problemático[15]: embora as sanções existam com o intuito de manter as pessoas na linha, ele considerava que somente elas não eram suficientes, e que a solução residia na **consciência coletiva**, um sistema de crenças que atuam na contenção do egoísmo natural dos indivíduos e na promoção da cooperação social. Representações coletivas, ou símbolos, são reflexos da consciência coletiva e são exibidas durante rituais, resultando na renovação do sistema de valores do grupo.

Tanto Durkheim quanto Alfred R. Radcliffe-Brown perceberam a sociedade como um organismo, no qual as partes agem para manter o todo[16]. Radcliffe-Brown também pensava que, para que a sociedade sobrevivesse, determinados sentimentos deveriam ser estimulados nas mentes das pessoas – qualquer coisa de grande valor social é percebida como possuindo poderes sobrenaturais, e quan-

---

14. MARX, K. *Crítica da filosofia do direito de Hegel*. São Paulo: Boitempo, 2010, p. 145, 146 [Publicado pela primeira vez em fevereiro de 1844].
15. DURKHEIM, É. *As formas elementares de vida religiosa*. São Paulo: Paulinas, 1989 [Publicado pela primeira vez em 1913].
16. RADCLIFFE-BROWN, A.R. Religion and Society. *Journal of the Royal Anthropological Society*, 75, p. 33-43, 1945.

to maior o valor, mais poderoso ele é. Assim sendo, os rituais funcionam para expressar os sentimentos básicos de uma sociedade e para passar essas ideias de uma geração a outra – a religião, portanto, é percebida como uma força social integrativa.

A abordagem da função desenvolvida por Radcliffe-Brown se dá em termos de uma parte contribuindo para a manutenção da sociedade como um todo, mas outro importante teórico da escola funcionalista, Bronislaw Malinowski, pensava de modo diverso: entender a religião e os outros fatores da sociedade na qualidade de respostas a necessidades humanas básicas. Em sua análise da magia, por exemplo, Malinowski afirmava tratar-se de um sistema lógico para o qual as pessoas se voltavam em tempos de incerteza ou de estresse emocional, atuando para prover controle e segurança num mundo repleto de adversidades.

A abordagem funcionalista permanece sendo utilizada até hoje, e retornaremos a ela em capítulos futuros, pois os pesquisadores reconheceram muitos fenômenos dos quais trataremos como apoio à saúde e à manutenção das sociedades ou dos indivíduos que a compõem. No geral, o fenômeno religioso funciona como provedor de respostas e explicações, e para indicar o curso das ações.

Mas a escola funcionalista tem os seus críticos. Alguns a percebem cometendo o erro da *reificação* (tratar algo abstrato como se fosse concreto e vivo): podemos, realmente, falar de instituições sociais como tendo necessidades e propósitos, tal e qual seres humanos? Outros também a percebem como *tautológica* (um argumento circular): sabemos que algo deve ser funcional porque existe, e se existe é porque é funcional. Será que toda instituição, toda prática cultural, tem mesmo uma função? Os historiadores da religião argumentam que analisar a religião em termos de funcionalidade implica que ela seja puramente ilusória, existindo apenas e tão somente para servir àquelas funções: enquanto alguns funcionalistas, por exemplo, veem-na como muleta para as massas, ou um jogo de poder da classe dominante, os historiadores enfatizam a experiência poderosa e vivida de uma realidade sagrada.

Outros ainda afirmam que, embora a abordagem funcionalista seja útil, há que se ter cuidado em termos de quais funções possíveis são logicamente válidas. Melford Spiro, por exemplo, afirma que, ao defender que determinada função é causa de um comportamento religioso, é preciso que os indivíduos daquela cultura reconheçam e busquem satisfazer a tal exigência, e que uma consequência funcional não intencional (reconhecida somente por estrangeiros) não pode ser considerada como causa.

A abordagem interpretativa

Clifford Geertz foi um antropólogo norte-americano que popularizou a seguinte metáfora: "a cultura é um texto que deve ser lido, e no qual os antropólogos leem significados"[17]. Parte de sua inspiração para esta **abordagem interpretativa** veio do trabalho do sociólogo Max Weber e do seu conceito de *verstehen* (ou seja, entender o ponto de vista do outro)[18], que se opunha ao funcionalismo mais popular de então. Geertz enfatizou que a tarefa de um antropólogo não era descobrir leis ou estudar origens e causas, mas sim tornar compreensível um sistema cultural através do estudo dos significados. Os antropólogos precisam buscar interpretar as "teias de significado" culturalmente importantes criadas pelos povos e das quais eles são prisioneiros. A antropologia interpretativa é capaz de descobrir e interpretar essas teias por intermédio de descrições etnográficas detalhadas.

A religião, em especial, é descrita como um sistema de símbolos que, reunidos, perfazem um todo, oferecem um mapa para as ideias, valores e o modo de vida de uma cultura, e provêm meios para interpretar o mundo. Geertz descreveu os símbolos como desempenhando um duplo papel: "modelos de" e "modelos para", posto que representam tanto a maneira como as coisas são quanto a direção da atividade humana. Argumentou que os símbolos religiosos estabelecem humores e sentimentos muito poderosos e ajudam a explicar a existência humana ao conferi-la de um sentido último. Estes símbolos afirmam conectar os humanos a uma realidade que, em diversos sentidos, é "mais real" que a vida quotidiana, conferindo, assim, à religião um *status* especial acima e além da vida normal.

Geertz percebeu que o estudo da religião precisava se desenvolver em dois estágios: primeiro uma análise dos sistemas simbólicos corporificados no interior dos símbolos religiosos; segundo, relacioná-los às estruturas sociais e aos processos psicológicos. Críticos apontaram que, em verdade, ele destinava muito mais tempo ao primeiro estágio que ao segundo.

A abordagem psicossocial

Esta abordagem do estudo da religião ocupa-se das relações entre cultura e personalidade e da conexão entre a sociedade e o indivíduo, cujo exemplo é o trabalho de Sigmund Freud[19]. Seu modelo da mente e seu conceito de mecanismos de defesa têm sido usados por ele próprio e por seus seguidores para expli-

---

17. GEERTZ, C.J. *A interpretação das culturas*. Rio de Janeiro: LTC, 1981 [Publicado pela primeira vez em 1973].
18. WEBER. M. *Sociologia das religiões*. Rio de Janeiro: Ícone, 2017.
19. FREUD, s. *O futuro de uma ilusão*. São Paulo: Companhia das Letras, 2014.

car fenômenos religiosos. Os mecanismos de defesa, por exemplo, são manobras psicológicas pelas quais distorcemos a realidade de maneira que nos auxiliem a evitar conflitos e reduzir ansiedade. Destas, a mais importante para nossa discussão é a *projeção*, na qual o sujeito é transposto e a emoção é projetada: "eu odeio X" torna-se "você odeia X". Antropólogos psicossociais acreditam que emoções individuais são igualmente projetadas a nível cultural.

O melhor exemplo desses estudos buscou transculturalmente por correlações entre diversas crenças e comportamentos. Um exemplo dessa abordagem usa a metodologia para levantar a hipótese de uma conexão entre as características parentais e as dos seres sobrenaturais. As experiências infantis são dominadas por figuras poderosas – os pais. As crianças constroem imagens parentais que permanecem consigo para o resto da vida, e quando adultos elas são projetadas em seres espirituais. Por exemplo, se os pais forem, em geral, afetuosos, espera-se que as divindades sejam consideradas da mesma forma. Mas correlação não significa causalidade, ponto que, junto com muitos outros, desafia a abordagem correlacional.

A base biológica do comportamento religioso

O que percebemos e pensamos como nossa realidade é, em verdade, uma criação de nossos cérebros. Nosso entendimento sobre aquilo que está "lá fora" se baseia em informações advindas de uma série de receptores, tais como olhos, nariz e língua. Os estímulos que captam adentram o cérebro e passam por processamentos antes de entrarem em nossas consciências. Por exemplo, o mundo claro, detalhado e tridimensional revelado pela visão é uma ilusão criada pelo nosso cérebro a partir de um amontoado de impulsos elétricos produzidos pelos fotorreceptores na retina de nossos olhos. A cor é a completa ilusão de algo que inexiste no mundo verdadeiro, mas é o modo como nosso cérebro representa as diferenças no comprimento de onda da energia eletromagnética.

Nem toda informação que entra em nosso cérebro vinda do exterior penetra nossa consciência: houve um paciente, por exemplo, que se tornara cego graças a uma série de derrames que destruíram completamente o córtex visual do seu cérebro, enquanto seus olhos e nervos óticos permaneciam saudáveis. A informação que entrava em seu cérebro através dos olhos era utilizada para que pudesse andar por um corredor cheio de objetos no chão sem que pisasse neles – seu cérebro sabia onde estavam os objetos, embora sua consciência não o soubesse[20].

---

20. ABBOTT, A. Blind Man Walking. *Nature News*, 22/12/2008 [Disponível em www.nature.com/news/2008/081222/full/news.2008.1328.html].

Este fato nos traz a seguinte questão: nosso cérebro cria realidades indistinguíveis do que quer que seja a "realidade"? Uma parte importante da religião são as experiências religiosas, que vão desde sentir-se bem a alucinações e revelações. Será que, por exemplo, ver um fantasma, viver uma experiência extracorpórea ou ser visitado por um anjo são realidades criadas pelo cérebro? A resposta é: sim.

No cérebro em meditação percebemos um aumento na atividade do lobo frontal, indicando concentração expandida, e um decréscimo na atividade do lobo parietal, região associada à orientação espaçotemporal das pessoas. As mudanças de atividade nessa área podem estar relacionadas ao desenvolvimento de experiências extracorpóreas ou a um sentido de distorção das fronteiras entre o eu e o outro. Num outro e intrigante campo de pesquisa descobriu-se que pacientes sofrendo de epilepsia do lobo temporal (quando as funções cerebrais ficam fora de controle) relatam seus ataques como intensas experiências religiosas.

É tentador associar sentimentos e experiências religiosos a um ponto específico no interior da estrutura cerebral – um módulo de Deus, talvez. A maior parte dos neurocientistas interessados na questão, contudo, entende as experiências religiosas como algo mais complexo, envolvendo mudanças em diversas regiões do cérebro.

Considerar as influências biológicas é parte da abordagem holística da antropologia, algo que consideraremos quando discutirmos fenômenos tais como estados alterados de consciência e experiências de quase-morte.

Crenças em seres espirituais

Outro aspecto da base biológica da religião é o impacto da maneira como o cérebro trabalha, cuja aplicação interessante é um fenômeno que parece comum a todos os sistemas religiosos: os conceitos de agentes causais sobrenaturais e **antropomórficos**[21] no ambiente. Cerne do conceito do animismo, a crença nos seres espirituais, já o introduzimos no começo deste capítulo.

Uma explicação para o desenvolvimento da crença em seres espirituais se baseia no conceito de **teoria da mente**, ou seja, a ideia de que as pessoas sabem, ou pensam que sabem, o que ocorre nas mentes das outras. Elas reconhecem, e amiúde se identificam, com sentimentos, desejos, medos e outras emoções percebidos em outros seres humanos. Considera-se a presença de uma teoria da mente como aquilo que nos torna humanos, ainda que evidências sugiram que é possível ha-

---

21. Coisas não humanas, mas que detêm características humanoides e se comportam como tal.

ver algum desenvolvimento dessa teoria em outros animais, ainda que em escala reduzida. É ela quem nos permite explicar os comportamentos alheios e prever o que os outros farão numa determinada situação, de modo que a teoria da mente é essencial ao desenvolvimento dos padrões sociais complexos.

Muitos estudiosos acreditam que o cérebro humano na verdade expande a teoria da mente às mentes dos animais e demais entidades vivas e não vivas, e que seria essa extensão que levou ao antropomorfismo e à atribuição de qualidades humanoides aos animais. A ideia de que entidades e forças não humanas possuem "mentes", intenções, emoções, e interagem com o mundo humano, é a base para o desenvolvimento da crença em seres espirituais.

Se seres antropomórficos sobrenaturais interagem com o mundo humano, então as coisas não acontecem simplesmente seguindo as forças da natureza, explicando assim os acontecimentos ocorridos fora da análise racional, além de fornecer os meios, os rituais, para influenciar, e talvez mesmo controlar, a natureza.

A evolução da religião

Com o crescente interesse em biologia e religião, têm sido propostas novas explicações para a origem da religião voltadas para a questão a partir da perspectiva da evolução biológica. Se os humanos possuem um mecanismo biológico para a religião, como ele evoluiu?

Explicações evolutivas não diferem muito das funcionais (satisfação das necessidades) que vimos anteriormente. Alguns cientistas evolutivos sugeriram que a religião evoluiu como um modo de suprir necessidades sociais tais como encorajar a cooperação entre indivíduos, reforçar laços de parentesco e impor ordem e estabilidade às sociedades. Outros se ativeram às necessidades emocionais e propuseram que, à medida que nós, humanos, nos tornávamos mais inteligentes e autoconscientes, a ansiedade seria uma resposta natural, pois uma vez que estamos cientes que existimos, apercebemo-nos de que vamos morrer e começamos a nos preocupar com a morte. A evolução de uma maior autoconsciência criaria uma espécie disfuncional, tomada pela ansiedade, não fora a evolução da religião como adaptação para lidar com a situação providenciando explicações e sentidos para a vida e para a morte.

Outros teóricos focaram na natureza da **cognição**[22] humana como explicação para a origem das crenças e experiências religiosas. A existência da religião é vista

---

22. Termo geral para processos do cérebro humano que incluem percepção, aprendizado, memória, formação conceitual e resolução de problemas.

não como resposta a um propósito, mas sim como subproduto acidental da maneira como o cérebro opera.

O cérebro humano parece ter duas formas diferentes, e inatas, de interpretar o mundo: uma diz respeito às coisas físicas, como as pedras; a outra, às psicológicas, como as pessoas. Interpretamos uma pedra se movendo no espaço e uma pessoa se movendo no espaço de modo bem diverso: somente a esta atribuímos intenções, crenças, objetivos, moralidade (ou falta de), e assim por diante. Esses dois sistemas parecem ser adaptações biológicas que nos auxiliam a lidar com coisas e com gente, mas agem de modo tão tortuoso que acabam estabelecendo as fundações para a religião.

Por exemplo: somos dualistas. Entendemos mente e corpo como duas entidades distintas e separadas, e apesar do que sabem os psicólogos sobre como o cérebro trabalha, intuitivamente sentimos que meramente ocupamos nossos corpos, sem que eles sejam verdadeiramente nossos. Esse sentimento estabelece os fundamentos para as crenças do corpo sem alma e da alma sem corpo: um defunto carece de uma alma; e é comum acreditar-se que uma alma sem um corpo sobrevive e possui uma outra existência, separada, após a morte, crença cuja extensão posterior incluiria também outros seres sobrenaturais, tais como os deuses.

A segunda maneira pela qual a cognição alimenta a evolução da religião é a tendência humana a extrapolar nosso sistema de compreensão social e inferir objetivos, metas, intenções e desígnios mesmo onde estes não existem. Atribuímos características humanas a uma gama fantástica de objetos inanimados, tais como o computador que parece quebrar de propósito justo no momento mais crucial do trabalho. Os humanos procuramos e encontramos padrões em eventos aleatórios – um teto de gesso que se assemelha a um rosto, ou a Virgem Maria que parece um sanduíche de queijo.

Como observou Pascal Boyer, embora os conceitos religiosos violem de fato algumas expectativas sobre o mundo, eles preservam outras tantas. Sua atenção se volta, em especial, para a natureza social dos seres humanos e as interferências que o cérebro produz para regular a interação social – ele aponta, por exemplo, que os deuses e outros agentes sobrenaturais são vistos como relativamente semelhantes aos homens em culturas do mundo inteiro, ainda que haja diferenças cruciais. Boyer observou que os deuses diferem dos humanos no momento em que têm acesso a toda informação possível que possui relevância numa dada questão em uma interação social.

Os deuses, contudo, são raramente oniscientes transculturalmente. A ideia de que Deus sabe que você está mentindo, por exemplo, parece mais natural que "Deus conhece o conteúdo de todas as geladeiras" – a não ser que dentro do seu refrigerador haja alguma coisa que você roubou. O ponto central da discussão de Boyer é que os conceitos sobrenaturais nada mais são que extensões das categorias cognitivas quotidianas e do modo como o cérebro humano processa informações. "As pessoas não inventam deuses e espíritos; elas recebem informações que as levam a construir tais conceitos", escreveu[23].

Conclusão

Como vimos em nossa discussão sobre a definição de religião e as diferentes abordagens ao seu estudo, o etnocentrismo pode ser, e tem sido, um grande impedimento ao desenvolvimento de uma verdadeira compreensão das crenças e práticas religiosas em outras sociedades. O objetivo da antropologia é ultrapassar o etnocentrismo na direção de uma abordagem do relativismo cultural, algo especialmente verdadeiro no estudo da religião. A abordagem antropológica – a maneira central de se observar a religião neste livro – há que estudar em que as pessoas acreditam e o que fazem com respeito ao sobrenatural sagrado, e não julgar se tais crenças e ações baseiam-se ou não numa verdade objetiva.

Embora o **agnosticismo** tenha ganhado a conotação de indecisão, o sentido original do termo é bem diferente: os agnósticos afirmam que a natureza do sobrenatural é incognoscível, ou seja, tanto é impossível provar a sua inexistência quanto sua existência. Neste livro não buscaremos provar ou refutar, mas simplesmente observar, ou nas palavras do filósofo Baruch Espinosa, escritas no século XVII: "tenho feito um esforço incansável para não ridicularizar, nem lamentar ou desprezar as ações humanas, mas sim para entendê-las".

Resumo

A antropologia é o estudo da humanidade. Os antropólogos estudam as sociedades humanas como todos integrados, uma abordagem conhecida como *holismo* e percebida no espectro mais amplo da antropologia, a qual é frequen-

---

23. BOYER, P. *Religion Explained: The Evolutionary Origins of Religious Thought*. Nova York: Basic Books, 2001, p. 161.

temente dividida nos campos da antropologia física, arqueologia, linguística e cultural. Esta abordagem requer que as sociedades sejam estudadas por longos períodos de tempo, durante dos quais o investigador vive em meio à comunidade e participa das vidas das pessoas sob estudo, uma técnica chamada observação participante, cujo produto final é uma etnografia, um estudo descritivo de uma dada sociedade humana.

Um observador externo a uma comunidade normalmente impõe o seu sistema de análise ao grupo sob estudo (perspectiva ética). É natural que se use da própria sociedade como base para interpretar e julgar as demais, uma tendência chamada etnocentrismo. Muitos antropólogos tentam ver o mundo pelos olhos daqueles que estudam (perspectiva êmica), descrevem e entendem os costumes e ideias das pessoas, sem julgá-los, uma abordagem chamada relativismo cultural. O objetivo é estudar em que elas acreditam, e não se aquilo em que creem é verdadeiro ou falso.

A cultura é um conceito central à antropologia. Em 1871 Tylor escreveu: "a cultura... é aquele todo complexo, que inclui o saber, a crença, as artes, a moral, as leis, os costumes, e muitas outras competências e hábitos adquiridos por um homem como membro de uma sociedade". Ela inclui todos os aspectos da experiência humana que são passados de geração em geração, dá sentido à realidade: vivemos em um mundo físico, real, mas nossas mentes o interpretam através de lentes culturais, chegando mesmo a criar novas realidades.

Religião é um conceito difícil de se definir quando tentamos incluir todas as sociedades humanas. Uma definição analítica se baseia na maneira como ela se manifesta ou é expressa na cultura. A definição funcionalista se ocupa do papel que a religião desempenha na sociedade. Por fim, uma definição essencialista busca por sua natureza essencial e destaca o fato dela ser o domínio do extraordinário. Nossa definição observa a religião como um conjunto de crenças e práticas que usualmente incluem um conjunto básico de características e emprega elementos de todas as três abordagens.

Existem muitas abordagens teóricas para o estudo da religião. A evolucionária, desenvolvida em finais do século XVIII, focava nas questões de quando e como as religiões haviam surgido, e como tinham evoluído do simples ao complexo, uma evolução vista como uma consequência natural da natureza humana. As religiões dos povos "primitivos" seriam vestígios de um estágio evolutivo mais simples e primitivo, e incluíam o animismo, a crença nos espíritos e fantasmas e numa força sobrenatural generalizada.

A abordagem marxista se baseia nos escritos de Karl Marx, que via a religião como uma construção daqueles no poder, pensada para desviar a atenção do povo para as misérias da vida – miséria esta entendida como resultado da exploração das massas pelos poderosos no sistema capitalista. Para Marx, a religião era tanto um meio de compensação quanto um modo se fazer o povo se conformar com uma cultura capitalista, ainda que tal atitude fosse contra seus próprios interesses.

A abordagem funcionalista pergunta: o que faz a religião? Malinowski, por exemplo, concluiu que as funções mágicas ofereciam controle e certeza em situações de insegurança. A abordagem interpretativa é associada a Clifford Geertz, que acreditava que a tarefa dos antropólogos era dar sentido aos sistemas culturais através do estudo dos símbolos. Ele descreve a religião como um sistema de símbolos que oferecem um mapa para as ideias, valores e o modo de vida de uma cultura. Os símbolos religiosos ajudam a explicar a existência humana ao conferir-lhe um objetivo último. A abordagem psicossocial se ocupa da relação entre cultura e personalidade, e da conexão entre sociedade e o indivíduo.

Muitos teóricos têm sugerido que a religião é um subproduto do funcionamento e da evolução do cérebro humano, órgão que possui a capacidade de criar novas realidades. A teoria da mente é a ideia que é possível saber o que está acontecendo dentro da cabeça de outra pessoa, o que leva à atribuição de qualidades humanoides a forças e entidades não humanas, base para o desenvolvimento da crença em seres espirituais – e assim inferimos objetivos, metas, intenções e desígnios em todo o universo.

Questões de estudo

1) Como é conduzido um estudo holístico de uma sociedade? De que maneira ele seria diferente do estudo de um tópico específico?

2) Podemos analisar sociedades humanas a partir de duas perspectivas: ética ou êmica. Você acha possível entender verdadeiramente uma sociedade que não a sua a partir de uma perspectiva êmica?

3) Como você avaliaria o equilíbrio entre o relativismo cultural e os direitos humanos? Você acredita ser possível permanecer neutro em seus julgamentos sobre todos os comportamentos vistos em uma sociedade de pequena escala?

4) Qual a diferença básica entre sociedade e cultura? Será possível usar ambos os termos como sinônimos?

5) Lembre-se de um ritual de que você tenha participado – uma cerimônia de casamento, por exemplo. Redija três breves descrições a partir de cada um dos seguintes pontos de vista: analítico, funcional, essencialista.

6) Um dos grandes debates nos estudos do comportamento humano é aquele entre a natureza (biologia) e o aprendizado (cultura). Você considera haver alguma base biológica para o desenvolvimento da religião nas sociedades humanas? Você acha que, algum dia, alguém descobrirá uma sociedade sem quaisquer práticas religiosas?

7) Alguns estudiosos consideram que a religião não é definível. Ludwig Wittgenstein escreveu: "às vezes exigimos definições não por causa do seu conteúdo, mas sim de sua forma. Nossa exigência é de natureza arquitetônica, e a definição um tipo de cumeeira ornamental que a nada sustenta"[24]. Disserte.

Leituras sugeridas

BOYER, P. *Religion Explained: The Evolutionary Origins of Religious Thought*. Nova York: Basic Books, 2007 [Um antropólogo cognitivo explicando a religião em termos dos processos quotidianos de pensamento].

LINDEN, D.J. *The Accidental Mind: How Brain Evolution Has Given Us Love, Memory, Dreams, and God*. Cambridge: Belknap, 2008 [Um neurocientista discute o funcionamento do cérebro humano e sua relação com a religião, entre outros temas].

PADEN, W. *Interpreting the Sacred: Ways of Viewing Religion*. 2. ed. Boston: Beacon Press, 2004 [Uma visão geral das abordagens teóricas da religião].

SAGAN, C. *The Demon Haunted World: Science as a Candle in the Dark*. Nova York: Ballantine Books, 2000 [Uma visão cética das crenças e fenômenos sobrenaturais].

WINKELMAN, M.; BAKER, J.R. *Supernatural as Natural: A Biocultural Approach to Religion*. Upper Saddle River: Prentice Hall, 2008 [Uma introdução ao estudo da religião com ênfase na evolução e na neurologia].

Websites sugeridos

http://www.portal.abant.org.br/ – Website da Associação Brasileira de Antropologia.

www.aaanet.org – Website da Associação Norte-Americana de Antropologia.

https://www.facebook.com/AnthroReligion/ – Página do Facebook da Sociedade de Antropologia da Religião da Associação Norte-Americana de Antropologia.

www.religioustolerance.org – Consultores da Tolerância Religiosa de Ontário.

---

24. WITTGENSTEIN, L. *Philosophical Investigations*. Trad. de G.E.M. Anscombe. Oxford: Blackwell, 1953, n. 217.

2

Mitologia

Um bom lugar para começarmos nosso estudo da religião é olhando para os mitos. Mitos são narrativas ou histórias religiosas que fornecem a base para as crenças e práticas religiosas. Eles contam as origens e a história do mundo e da criação dos primeiros seres humanos, e também prescrevem as regras da conduta adequada e articulam os princípios éticos e morais da sociedade. Alguns mitos existem como textos escritos, enquanto em sociedades ágrafas ocorrem como narrativas orais. Histórias religiosas também podem ser contadas através da arte, da música e da dança. Neste capítulo, discutiremos a natureza dos mitos e mostraremos diversos exemplos oriundos de vários sistemas religiosos.

A natureza dos mitos

Como aprendemos no capítulo 1, as vidas e experiências de um povo são vistas através da lente cultural que impõe sentido a seu mundo, no qual todos possuem um *corpus* de conhecimentos em que muitas coisas são entendidas e controladas. Não obstante, todas as pessoas experimentam, igualmente, algo que são incapazes de compreender ou controlar. Elas se questionam sobre a origem de seu mundo, buscam entender a interconectividade entre a humanidade e aquilo que a cerca, incluindo a paisagem física, as plantas e os animais que nela habitam, além de outros seres humanos e sociedades. Elas também questionam a existência e o significado dos desastres, das doenças e da morte.

Visão de mundo

A maneira pela qual as sociedades percebem e interpretam suas realidades é conhecida como sua **visão de mundo**: aquilo que os provém com o saber sobre o funcionamento de seu mundo, forma o modelo para o pensamento e a conduta e fornece-lhes um entendimento básico da origem e natureza da humanidade e sua relação com o mundo que a cerca.

Para que possamos entender melhor o conceito de visão de mundo, comparemos duas culturas: a Navajo e a Judaico-Cristã. Os Navajo são atualmente o maior grupo nativo-americano dos Estados Unidos, ocupando uma grande reserva entre o Arizona e o Novo México – muito embora a maioria do povo já tenha deixado esse território e viva em outros lugares.

Para os Navajo, a natureza existe, e os seres humanos são parte dela. Eles veem o mundo em termos de relações e conexões que ligam os diversos elementos que formam o mundo. Todos – terra, plantas, animais, pessoas, deuses – estão reunidos em um todo equilibrado e sistemático, e no âmbito do universo são elementos que se influenciam mutuamente e existem num estado de harmonia.

Para que o universo funcione – e para que o estado de harmonia se mantenha – as pessoas devem se comportar apropriadamente, como definido pela cultura Navajo. Falhas de comportamento trazem consigo desarmonia universal, algo que pode levar a desastres naturais, doenças e mesmo à morte. O objetivo de um Navajo é permanecer em harmonia com o universo, ou como eles mesmos dizem, "caminhar na beleza".

Enquanto os Navajo veem o ser humano como uma engrenagem no mundo natural, Judeus e Cristãos entendem seu mundo de modo um tanto diverso: nele, as pessoas ocupam um lugar muito especial no universo. Como podemos ler no Sl 8,5-9:

> O que é o homem, para dele te lembrares?
> O ser humano, para que o visites?
> Tu o fizeste pouco menos do que um deus,
> e o coroaste de glória e esplendor.
> Tu o fizeste reinar sobre as obras de tuas mãos,
> e sob os pés dele tudo colocaste:
> ovelhas e bois, todos eles,
> e as feras do campo também;
> as aves do céu e os peixes do oceano,
> que percorrem as sendas dos mares.

Claro está que o mundo foi criado para o benefício da humanidade, e que esta detém a autoridade, o direito, de explorar o mundo natural. Essa relação ativa com a natureza é vista nas tentativas de tentar controlá-la – barragens e sistemas de irrigação, por exemplo. Enquanto os Navajo veem a doença como uma manifestação de desarmonia e tentam trazer sua solução por meio de um ritual pensado para resgatar o equilíbrio, Judeus e Cristãos observam a causa e, via tecnologia médica, vão "consertá-la".

Histórias do sobrenatural

As pessoas descrevem o seu mundo e expressam sua visão de mundo através de histórias e outras expressões criativas, que incluem arte, teatro, piadas, pichações nas portas dos banheiros públicos, música popular e festivais. Nosso foco aqui se dará nas histórias contadas a respeito do mundo sobrenatural.

O que se segue é uma história de origem europeia, publicada pela primeira vez em 1823, compilada a partir de representações orais, e que tem sido contada e recontada inúmeras vezes, de modo que de um jeito ou de outro deve ser familiar ao leitor: *Branca de Neve*[25].

> A história de Branca de Neve começa com uma rainha má que é tomada pela fúria sempre que descobre haver alguém mais bonita que ela no reino. Ela acompanha seu *status* na arena da beleza através de um espelho falante, um tipo de instrumento divinatório (cf. capítulo 7) que pode ser usado para reunir informações sobre coisas e eventos de maneira sobrenatural (há que se reconhecer, por óbvio, que espelhos falantes não existem em nosso mundo empírico, natural). Branca de Neve é a enteada da Rainha Má, e à medida que cresce se torna mais bela que sua madrasta, que passa a vê-la como uma ameaça a ser eliminada. A rainha ordena a um caçador que mate a jovem, mas ele acaba se apiedando dela e a deixa escapar para a floresta. Ato contínuo, caça um javali selvagem e apresenta seus pulmões e coração para a rainha como se fossem de Branca de Neve, que então cozinha e come os órgãos como se fossem de sua enteada – um exemplo de canibalismo ritual. É possível que acreditasse que devorando os restos de sua rival, os elementos de beleza dela passariam para si.
> Branca de Neve escapa e vai morar com sete anões, mas a Rainha Má descobre através do espelho que ela permanece viva, e consegue finalmente matá-la usando uma maçã envenenada. Depois de muitos anos, Branca de Neve é descoberta por um príncipe, que a beija e a traz de volta à vida.

---

25. Temos aqui uma sinopse da história de Branca de Neve como recontada pelos autores, e sabemos que a maioria dos leitores é familiarizada com ela. Embora tenha sido contada e transformada ao longo das décadas, infelizmente alguns dos seus mais fascinantes elementos foram eliminados de versões mais recentes. Incentivamos o leitor a consultar as primeiras versões, muito mais interessantes que as variantes higienizadas mais frequentemente encontradas hoje em dia.

Ao lermos a história de Branca de Neve, entendemos claramente que possuía a função de entretenimento, especialmente infantil. Ainda assim, e como muitas dessas histórias, também carregam uma lição moral: nesse caso específico, somos apresentados aos males da inveja, da cobiça, e descobrimos o que pode acontecer a alguém que cultiva tais atributos (em uma versão primitiva da história, a Rainha Má é convidada para a festa de casamento de Branca de Neve, onde suas ações maléficas são reveladas. Ela é então obrigada a calçar um par de sapatos de ferro em brasa, com os quais ela dança até morrer).

Muito embora essa história fale de questões morais e contenha muitos elementos sobrenaturais (o espelho mágico, p. ex.), ninguém a classificaria como uma religiosa. Os anões não são sagrados, nem o espelho é santo. A ressurreição da bela donzela não a eleva a um *status* divino, e a história não relata ações de quaisquer deuses. Não é base para rituais religiosos, e não existem igrejas ou templos dedicados a Branca de Neve. Por fim, adultos não acreditam que se trate de uma narrativa verdadeira.

Histórias como essa, criadas para entreter, são chamadas de **contos folclóricos ou populares**. Elas têm lugar em um mundo ficcional, incluem elementos sobrenaturais e frequentemente contêm uma moral. Não raro, existem independentemente do tempo e do espaço (onde ficava o reino em que Branca de Neve morava? Há quanto tempo ocorreu a história?).

Em contraste com os contos populares, as **lendas** são vistas pelos membros da cultura como representando eventos que efetivamente aconteceram, ainda que algum floreio ocorra com frequência. Elas acontecem em um passado comparativamente recente e falam não somente de migrações, heróis e reis, mas também de histórias locais sobre tesouros enterrados, fantasmas e santos. Podem ou não incluir elementos sobrenaturais, e podem ou não ser consideradas santas. Talvez você conheça algumas dessas lendas: as cidades de Atlântida e El Dorado, os heróis Robin Hood e o Rei Arthur, George Washington cortando a cerejeira, e a história do Santo Graal.

Algumas lendas são comuns em nosso mundo contemporâneo, embora raramente as pessoas as vejam como tal. Conhecidas como **lendas urbanas**, elas são recontadas como se realmente tivessem acontecido, principalmente na internet ou nos tabloides. Algumas conhecidas lendas urbanas falam da mulher que secou seu cachorro no micro-ondas, dos crocodilos que vivem nos esgotos de Nova York, e de estranhos que dão doces envenenados às crianças no Halloween.

Mitos

Os **mitos** são histórias sagradas. Eles contam a origem do mundo e da humanidade, a existência e atividade dos deuses e espíritos, a criação da ordem no universo e a natureza da doença e da morte. Relatam as origens das tradições humanas e articulam os valores e as normas de uma sociedade, dizendo como se comportar e como distinguir o bem do mal.

As pessoas que contam os mitos consideram-nos como a narrativa de eventos reais, ocorridos num passado remoto, um mundo diferente daqueles no qual se vive hoje em dia. Não obstante, sabemos que os mitos têm relevância para a vida moderna, e são amiúde recontados em rituais religiosos. Como escreveu Lauri Honko:

> A reconstituição de um evento criativo, a cura operada por um deus no princípio dos tempos, por exemplo, é o objetivo comum do mito e do ritual, de modo que o evento é transferido para o presente e seu resultado (a cura de uma pessoa) pode ser uma vez mais atingido, aqui e agora. Da mesma maneira, a ordem do mundo, criada em priscas eras e refletida nos mitos, preserva seu valor como exemplo e modelo para as pessoas de hoje[26].

Embora o termo "mito" seja comumente utilizado em nossa sociedade com um sentido negativo – histórias mentirosas ou contadas por povos primitivos – não será esse o sentido que utilizaremos aqui. Os antropólogos e os folcloristas utilizam-no para referir-se a histórias religiosas sagradas, consideradas verdadeiras para os povos que as contam – e nesse sentido as histórias da Bíblia e os escritos do Corão são, ambos, mitos.

Essa distinção analítica entre diferentes tipos de narrativas é igualmente efetuada por muitos grupos culturais. Os ilhéus das Trobriand, por exemplo, reconhecem os *kukwanebu* (contos de fadas, histórias ficcionais contadas à noite para divertir), os *libwogwo* (lendas contadas para transmitir conhecimento e consideradas verdadeiras) e os *liliu* (histórias sagradas contadas durante a preparação para os rituais religiosos). Muitas sociedades distinguem as histórias verdadeiras (mitos e lendas) e as falsas ou anedóticas (folclore).

A natureza dos textos orais

Mitos podem ser orais ou escritos. Em sociedades letradas, os textos escritos podem formar a base do discurso e da análise intelectuais, bem como dos rituais.

---

26. HONKO, L. The Problems of Defining Myth. In: DUNDES, A. (ed.). *Sacred Narrative: Readings in the Theory of Myth*. Berkeley: University of California Press, 1984, p. 49.

Nas ágrafas (mas também em muitas sociedades letradas), os textos são recitados. A recitação é muito mais que a simples repetição mecânica do texto – trata-se de *performance*. Ao recitar, a pessoa pode se expressar de modo incomum, diverso da fala quotidiana: costumes, expressões faciais, posturas corporais e mudanças na qualidade da voz, tudo serve para criar uma experiência. Em algumas sociedades encontramos especialistas – os atores e os contadores de histórias – que memorizam e recitam textos.

Não raro, os textos orais são muito longos e complexos. Nem sempre são recitados como uma única e completa narrativa, e podem até não ser consideradas como uma entidade única. Segmentos específicos podem ser recitados em certos momentos e em circunstâncias particulares.

Uma das consequências da transmissão oral das histórias é que elas são amiúde alteradas, inconscientemente, a cada geração, resultando desse processo o fato de que diferentes versões do mesmo mito podem existir em diferentes famílias ou grupos de uma mesma sociedade. Existem, por exemplo, diversas versões da história Navajo da criação, cada uma delas coletada por um antropólogo específico que trabalhava com um ancião em especial – e embora tenham muito em comum, ocorrem imensas divergências.

Raymond Firth estudou os Tikopia (Área Cultural da Polinésia) e registrou diferentes versões de um mito sobre a construção do Templo de Rasofiroki, um edifício que se pensava existir tanto no plano material quanto no espiritual[27]. Acreditava-se que a construção real, que podia ser vista pelos olhos humanos, tinha um protótipo nos céus que fora erguido por um grupo de deuses irmãos. Na versão registrada por Firth em 1929, o mais velho deles, o Grande Deus, pede aos demais que lhe passem os pregos de ferro para que construísse o templo; mas, em vez de passarem o que lhes tinha sido pedido, entregaram casca de coco e cordas. Por fim, o Grande Deus desceu, pegou o ferro, e foi-se embora para a terra dos brancos. Em uma segunda versão, o templo foi construído na Inglaterra, e a deidade mais velha pede em inglês aos irmãos que lhe passem o ferro. Sem entender a língua estrangeira, eles continuam entregando materiais feitos de coco. Quando terminou, o irmão mais velho, revoltado, expulsou a todos, e eles seguiram para Tikopia em uma canoa. O ferro era algo relativamente recente àquela sociedade, e o mito da construção do templo parece ter-se transformado não apenas para acomodar esta novidade, mas também para dar conta de por que os europeus tinham acesso a ela e os Tikopias, não.

---

27. FIRTH, R. The Plasticity of Myth. *Ethnoligica*, 2, p. 181-188, 1960.

Ao serem escritas, contudo, as narrativas transmitidas de geração a geração tendem a ser bem estáveis no decorrer do tempo, especialmente se não forem traduzidas para outras línguas. Um bom exemplo é o Corão, base do Islã. Os muçulmanos acreditam que ele representa a palavra de Deus como revelada a Mohammed pelo Arcanjo Gabriel no começo do séc. VII d.C.: foi recitado para o profeta e de início repassado oralmente, mas não demorou para que fosse registrado em forma escrita. Como a palavra falada de Deus, os versos do Corão são recitados e decorados pelos fiéis, e como foi revelado em árabe, é nessa língua que é aprendido e memorizado ao longo de todo mundo islâmico (obviamente, existem traduções do Corão, mas não são utilizadas nos rituais. Já os comentários ao livro são feitos em línguas locais). Como as máquinas impressoras produzem milhões de cópias de um mesmo texto, todas idênticas no conteúdo, seu inteiro teor não apenas pode ser encontrado no mundo todo, mas também transmitido, perfeito, por gerações. Para os muçulmanos, essa imutabilidade é particularmente importante, pois acreditam que o texto verdadeiro existe no Céu e foi dado a Mohammed pelas revelações, e ele o memorizou impecavelmente, palavra por palavra. Desse modo, o Corão (palavra que significa "recitação") representa a transcrição perfeita da visão de Deus, e não pode ser transformado.

Gênesis

Muitos textos escritos têm suas origens em narrativas orais: o Antigo Testamento, por exemplo, originou-se possivelmente de narrativas orais que foram, eventualmente, compiladas. O folclorista Alan Dundes observa que textos como esse frequentemente incorporam mais de uma versão de uma dada história[28] – o Antigo Testamento, por exemplo, tem início com duas histórias da criação.

A primeira versão é contada em Gn 1,1–2,3 e começa com o mundo coberto por água ("as trevas cobriam o abismo e um vento impetuoso soprava sobre as águas"). Deus molda o mundo no curso de seis dias e descansa no sétimo. A ordem da criação dos seres vivos tem início com as plantas, às quais se seguem os animais e, por fim, os seres humanos, homem e mulher juntos ("os criou homem e mulher"). Essa história provém daquilo que os estudiosos bíblicos chamam de *fonte P* (Sacerdotal, *Priestly* em inglês), provavelmente escrita antes de 586 a.C., que contém muitos paralelos com o *Enuma Elish*, um mito mesopotâmico, e estabelece a origem e a importância sagrada do Shabat.

---

28. DUNDES. A. *Holy Writ as Oral Lit.* Lanham: Rowman & Littlefield, 1999.

A segunda versão está em Gn 2,4-2,10 e 2,15-23: em seu início o mundo era um deserto ("no campo ainda não havia brotado nenhuma erva: Javé Deus não tinha feito chover sobre a terra"). Em primeiro lugar, Deus "modelou o homem com argila do solo, soprou-lhe nas narinas um sopro de vida", chamou-o Adão e o colocou no jardim do Éden. A seguir formou todos os animais e os trouxe para que o homem os nomeasse a cada um. Por fim criou uma mulher, Eva, da costela de Adão. Essa história deve vir do que se conhece como *fonte J* (Javista) e deve ter sido compilada antes da primeira, entre 960 e 915 a.C.

As histórias do Gênesis são reflexos da visão de mundo judaico-cristã. Ambas são, em muitos sentidos, bastante patriarcais: por exemplo, a mulher, Eva, é derivada do homem, Adão. Nas sociedades ocidentais, os homens dominam as mulheres e muitas posições de autoridade, como o sacerdócio, são restritas a eles. Aqui o texto religioso age como um **mapa social** que explicita qual a adequada organização das relações humanas naquela cultura.

Gênesis expressa também a visão judaico-cristã no que tange à natureza, que parece basear-se em dois princípios: o primeiro, o universo é mecanicista, e os humanos, seus mestres; o segundo, os humanos são uma forma de criatura categoricamente diversa de todas as demais formas de vida.

As mudanças ocorrem nos textos escritos, mas em geral são deliberadas, consequência das traduções e do debate intelectual sobre os sentidos de uma palavra ou passagem específica. Em algumas tradições religiosas, como o cristianismo, o texto – no caso, a Bíblia – é usualmente encontrada traduzida, de forma a ser legível por qualquer membro alfabetizado da comunidade. Mas nem sempre foi assim: o Catolicismo como o conhecemos emergiu durante a Idade Média (entre 500 e 1500), quando após o colapso do Império Romano, na ausência de um governo centralizado e forte, a Igreja se tornou um poder religioso e secular, e durante esse período foi vista como a intermediária entre a humanidade e Deus – a mensagem divina chegava ao povo através dela. Pouquíssimas pessoas sabiam ler e escrever, e a Bíblia só estava disponível em latim, o que não era em si um problema, pois a Igreja existia para interpretar a palavra de Deus. Posteriormente, a Reforma Protestante iria enfatizar a Bíblia, e não a igreja, como a fonte para o verdadeiro cristianismo, e dentre as crenças centrais de Martinho Lutero, pioneiro da Reforma, estava que os leigos deveriam ler a Bíblia, significando que não apenas todos deveriam ser alfabetizados como o texto sagrado deveria ser vertido para as línguas locais.

Uma das mais famosas traduções da Bíblia foi encomendada pelo Rei Jaime I da Inglaterra e publicada em 1611. Conhecida como a "Bíblia do Rei Jaime", permanece sendo utilizada hoje em dia, embora muitos estudiosos do texto bíblico apontem o que consideram ser traduções imprecisas de certas palavras e passagens, oriundas do conhecimento e da atmosfera política dos inícios do século XVII.

A versão do Rei Jaime foi redigida no que se considera hoje como uma forma antiga de inglês. A língua muda com o tempo, e os textos religiosos que não a acompanharem utilizarão, mais cedo ou mais tarde, palavras e expressões que não mais fazem parte da fala quotidiana. Não, raro, os textos religiosos são escritos em uma forma "religiosa" da linguagem, com palavras e expressões que não mais fazem parte da fala quotidiana. Algumas sociedades chegam a possuir dialetos ou linguagens distintas, reservadas à recitação das narrativas religiosas. Considerem, como exemplo, esse trecho do Sl 8,4-5: "Quando contemplo os céus, lavor de vossos dedos, / A lua e as estrelas que criastes: / Que é o homem para dele vos lembrardes? / Ou o filho do homem para dele cuidardes?"[29] O uso da segunda pessoa do plural e dos tempos verbais a ela relacionados tornou-se incomum no português falado no Brasil, de modo que sua presença em uma narrativa frequentemente a caracteriza como sendo religiosa.

Existem hoje muitas versões modernas da Bíblia, tentativas de se criar traduções consideradas mais acuradas das variantes mais antigas ainda existentes da Bíblia escritas em uma linguagem moderna, mais fácil de ser lida e compreendida pelas pessoas. Muitos, porém, sentem-se desconfortáveis com essas traduções modernas, e continuam com a Bíblia do Rei Jaime exatamente por parecer mais "religiosa", algo que se assemelha às linguagens religiosas especiais, reservadas para as narrativas sagradas, encontradas em muitas sociedades. Interessante observar, porém, que existem traduções da Bíblia do Rei Jaime que buscam modernizar sua linguagem, sem perder as formas linguísticas religiosas.

Compreendendo os mitos

Os mitos existem em todas as sociedades humanas; têm sido coletados e analisados por inúmeros estudiosos, como antropólogos, folcloristas, e muitas orientações teóricas desenvolveram ferramentas para estudá-los e explicá-los.

---

29. Nas citações bíblicas, optamos por uma versão mais moderna, a *Bíblia Sagrada – Edição Pastoral*, como já especificamos anteriormente. Contudo, nessa citação, o autor quis demonstrar como a linguagem dos textos religiosos diverge da língua viva, falada. Por isso, escolhemos uma tradução mais antiga, a *Edição Barsa da Bíblia Sagrada*, de 1967. Adaptamos também os exemplos relativos ao inglês ("forms such as thy, hast, and thou were once commonly used words in English, but no longer") a formas do português falado no Brasil [N.T.].

Embora exibam um grau incrível de variabilidade, há com certeza certos temas recorrentes que se tornaram o foco da especulação intelectual. Nesta seção, veremos algumas das abordagens do estudo dos mitos, e analisaremos alguns dos temas comuns encontrados.

Abordagens analíticas dos mitos

A abordagem analítica dos mitos pode se dar sob diversas perspectivas: serão eles literais ou simbólicos? Se simbólicos, como esses símbolos devem ser interpretados? Como os mitos estão ligados ao restante da cultura? Eles desempenham funções, e se sim, quais? Eles refletem a maneira como opera a mente humana, como uma cultura específica opera, ou ambas? Muitas das diferentes formas de analisar as narrativas religiosas se baseiam em distintas abordagens teóricas do estudo da religião, vistas no capítulo 1.

Em busca das origens dos mitos no século XIX

A escola evolucionista da antropologia percebia uma progressão linear, desde as sociedades mais "primitivas" até as mais "civilizadas", e ao par dessa progressão propunha-se uma outra, similar, que ia da magia à religião e à ciência. Os mitos eram vistos como pertencentes ao período "primitivo", sendo substituídos pelos contos folclóricos até que, finalmente, se extinguissem de todo nas sociedades "civilizadas" (é importante reafirmar que os antropólogos não acreditam mais nessa linha evolucionária progressiva, ou que as culturas podem ser qualificadas em "primitivas" ou "civilizadas").

Os teóricos da escola evolucionista supunham que pessoas modernas em sociedades de pequena escala viviam e pensavam da mesma maneira que os habitantes das sociedades europeias primitivas. Eles compararam mitos encontrados em diversas culturas, buscando elementos comuns com os quais pudessem reconstituir uma suposta "forma original" do mito, da qual todas as demais teriam derivado. Acreditava-se que tal procedimento poderia ajudar a explicar aspectos intrigantes da moderna sociedade europeia.

O trabalho de James George Frazer (1854-1941) é um bom exemplo dessa abordagem: ele coletou o máximo possível de amostras de mitos e práticas mágicas ao redor do globo, publicando-as em um compêndio com treze volumes chamado *O ramo de ouro*. Embora os antropólogos modernos critiquem as informações contidas no livro por estar retiradas do seu contexto cultural, ele ainda é bastante lido. Como exemplo de sua abordagem comparativa, Frazer analisou a história da Queda do Homem no Gênesis voltando-se para mitos sobre a origem da morte em outras culturas:

> A História da Queda do homem no terceiro capítulo de Gênesis parece ser uma versão abreviada desse mito selvagem. Pouco falta para completar sua semelhança com os mitos similares ainda hoje narrados pelos selvagens em muitas partes do mundo. A principal, talvez única, omissão é o silêncio do narrador quanto ao consumo do fruto da árvore da vida pela serpente, e a consequente obtenção da imortalidade pelo réptil... Se minha interpretação da história estiver correta, coube ao método comparativo, após milhares de anos, preencher os vazios na tela antiga e restaurar, em toda sua crueza primitiva, as bárbaras e alegres colorações que a mão hábil do artista hebreu tinha atenuado ou descaracterizado[30].

Dos tempos de Frazer até agora, outros estudos descobriram que mito algum existe transculturalmente, mas que versões características de uma história podem ser encontradas em áreas específicas. Na África, por exemplo, os mitos da origem da morte gravitam em torno da falha em entregar uma mensagem, enquanto entre os nativos americanos o eixo central está no sujeito da morte.

Na virada para o século XX, tornou-se popular uma nova abordagem do estudo dos mitos, entendendo-os como derivados de práticas rituais primitivas. Baseados nessa ideia, os teóricos tentaram reconstituir esses ritos. Claro, essa abordagem não oferece uma resposta completa para a questão das origens, porque se o mito veio dos rituais, de onde estes vieram?

Essa abordagem encorajou a olhar para além do texto, a perceber as conexões que os mitos mantêm com as culturas nas quais foram encontrados. Ainda que hoje a relação estreita entre o mito e os rituais seja mais bem aceita, eles são percebidos mais em termos de expressões paralelas do que de derivações.

Trabalho de campo e análise funcional

Estudos iniciais sobre o mito e a religião, como os de Frazer, foram realizados por gente que lia mitos coletados por missionários, viajantes etc., no conforto de suas próprias bibliotecas. Esse cenário se transformou no século XX, quando uma nova ênfase no trabalho etnográfico de campo e na observação participante de antropólogos como Franz Boas e Bronislaw Malinowski.

---

30. FRAZER, F. *Folklore in the Old Testament*. Nova York: McMillan, 1923.

Muitos consideram Boas como o fundador dos estudos acadêmicos de antropologia nos Estados Unidos[31]. Ele percebia que a mitologia poderia ser lida quase como uma autobiografia escrita pela própria cultura, e como tal, usava os mitos como fontes de dados etnográficos sobre elementos tais como sistemas de parentesco, tipos de habitação, divisão do trabalho e técnicas de caça[32]. Posteriormente, alguns dos seus alunos modificaram essa abordagem, pois sentiram que os mitos eram mais do que reflexos literais do que acontece numa cultura. Foi o caso de Ruth Benedict e seu estudo da mitologia Zuni, que percebeu que os mitos são amiúde descrições idealizadas de coisas que não acontecem na vida real[33]. Boas, contudo, trouxe ao estudo antropológico do mito a importância de registrar os textos completos e relacioná-los ao restante da cultura.

Como Boas, Malinowski preferiu uma interpretação literal do mito – nenhum dos dois considerou a possibilidade do simbólico. Ambos também enfatizaram o estudo aprofundado de uma cultura de cada vez, em oposição à comparação transcultural. Como já discutimos no capítulo 1, Malinowski fundou a abordagem funcionalista da antropologia, que se afastou do interesse oitocentista sobre as origens do mito em direção à sua função em uma cultura. Sobre como os mitos são vistos como uma força que ajuda a manter a sociedade, ele escreveu:

> Estudado vivo, o mito, como veremos, não é simbólico, mas sim uma expressão direta do seu assunto; não é uma explicação a bem de um interesse científico, mas uma ressurreição narrativa de uma realidade primordial, contada em prol de profundas necessidades religiosas, ânsias morais, submissões sociais, ou mesmo exigências práticas. Nas culturas primitivas, o mito preenche uma função indispensável: expressa, realça e codifica a crença; preserva e reforça a moralidade; dá testemunho da eficácia do ritual e contém regras práticas para a orientação humana. É, pois, um ingrediente vital da civilização humana; não se trata de uma história inútil, mas de uma força ativa e trabalhosa. Não é uma explicação intelectual ou uma imagética artística, e sim um mapa pragmático da fé e da sabedoria primitivos[34].

---

31. Vale destacar a importância de Franz Boas para a intelectualidade brasileira: professor de Gilberto Freyre, suas ideias tiveram um grande impacto sobre o pensamento do antropólogo pernambucano [N.T.].
32. BOAS, F. *Race, Language and Culture*. Chicago: University of Chicago Press, 1969 [Em português uma edição dessa obra foi lançada em 1940].
33. BENEDICT, R.F. *Zuni Mythology*. 2 vol. Nova York: Columbia University Press, 1935.
34. MALINOWSKI, B. *Myth in Primitive Psychology*. Westport: Greenwood Publishing Group, 1954, p. 101.

Nos trabalhos de campo que realizou nas Ilhas Trobriand, Malinowski descreveu como os próprios ilhéus distinguiam entre contos, lendas e mitos. Estes últimos não são relatados como entretenimento ou para passar informação histórica, mas sim para explicar e justificar rituais religiosos, bem como regras morais e sociais. Por exemplo, antes da festa anual do retorno dos mortos nas Trobriand, mitos são contados para explicar por que as pessoas morrem, por que seus espíritos precisam abandonar a vila, e por que podem retornar uma vez ao ano. Os ilhéus também participam de extensas trocas cerimoniais, cujas regras (a mágica usada para preparar as canoas para viagem, ou mesmo as rotas escolhidas) são todas relacionadas a uma mitologia específica.

Os críticos da abordagem funcionalista apontam que ela se atém somente aos benefícios, e não às instituições ou práticas que podem ser opressivas ou exploratórias. Da mesma forma, o funcionalismo foca na construção do consenso e não, por exemplo, no conflito potencial causado pela competição entre as diversas versões do mito. Graças à ênfase no consenso e na função, essa abordagem não lida bem com a mudança cultural.

Análise estruturalista

Como o nome sugere, a análise estruturalista se atém às estruturas subjacentes ao mito, uma abordagem baseada no trabalho de Claude Lévi-Strauss, para quem os seres humanos tendiam a pensar e categorizar o mundo em termos de opostos binários, tais como o branco e o preto[35]. Tal divisão pode ser percebida transculturalmente nos mitos, como na análise realizada por Edmund Leach na estrutura da história do Gênesis[36], que contém exemplos de opostos tais como luz/escuridão, dia/noite, céu/terra, homem/animal e homem/mulher. Leach também observou que tais opostos são, frequentemente, mediados por uma terceira categoria, anômala, como "vida" e "morte" sendo mediados pela terceira categoria, a da "vida após a morte".

No trecho de Gn 1,4-8, que se segue, os opostos binários de luz e escuridão e de céu e terra são estabelecidos:

> Deus disse: "Que exista a luz".
> E a luz começou a existir.
> Deus viu que a luz era boa.
> E Deus separou a luz das trevas:

---

[35]. LÉVI-STRAUSS, C. *O cru e o cozido*. São Paulo: Cosac & Naify, 2004.
[36]. LEACH, E. Genesis as Myth. *Discover*, p. 30-35, mai./1982.

> à luz Deus chamou "dia", e às trevas chamou "noite".
> Houve uma tarde e uma manhã: foi o primeiro dia.
> Deus disse: "Que exista um firmamento no meio das águas
> para separar águas de águas!"
> Deus fez o firmamento para separar
> as águas que estão acima do firmamento das
> águas que estão abaixo do firmamento. E assim fez.
> E deus chamou ao firmamento céu.
> Houve uma tarde e uma manhã: foi o segundo dia.

A análise estruturalista dirige seu foco à estrutura, não ao conteúdo, das narrativas religiosas, demonstrando que as histórias que parecem muito diferentes na superfície podem ter uma estrutura interna similar. Podemos aplicar a análise estruturalista a uma história dos Gururumba da Nova Guiné (Área Cultural da Melanésia), em cuja cultura a oposição binária fundamental é aquela entre natureza e cultura. Podemos ver tal oposição sendo expressa de diversas formas no Mito Gururumba sobre a origem da mulher.

A partir dessa história, podemos notar que a dicotomia natureza *versus* cultura é relacionada às diferenças entre os sexos: as mulheres são parte da primeira, enquanto os homens são associados à segunda. A origem num ovo da primeira mulher, e suas muitas reversões a formas animais quando perseguida, claramente associam-na à natureza. A mulher selvagem só é culturalmente transformada pela agência do homem. A cana-de-açúcar, uma planta simbolicamente masculina, é usada para transformar a biologicamente inútil mulher em uma culturalmente útil esposa. Seu filho é o primeiro homem nascido de uma mulher, não inteiramente cultural, portanto, o que pode ser visto quando ele se transforma em um peixe. Ele não é um completo adulto, cultural ou biologicamente falando, até sua transformação final na casa dos homens, quando então ele mesmo se torna um transformador, tornando suas irmãs em esposas e outros homens em aliados sociais.

Os críticos do estruturalismo argumentam que se trata de uma abordagem sobejamente estéril do estudo da narrativa religiosa e, ao fim e ao cabo, desumanizante. Ela pode ser também excessivamente complicada, restringindo a análise mítica somente àqueles muito bem versados nessa abordagem.

Símbolos psicológicos no mito

Outra abordagem para a análise dos mitos os interpreta como sendo simbólicos e vêm este simbolismo como enraizado na psicologia humana, uma perspectiva fundamentada nos trabalhos de Sigmund Freud e Carl Jung.

Freud descreveu diversos mecanismos psicológicos de defesa, tal como a projeção, quando o próprio atributo inconsciente de alguém é percebido e reage em relação a alguma outra pessoa ou coisa[37]. Ele via os sonhos de um indivíduo como expressão simbólica dos desejos inconscientes, processo similar ao que ocorria com os grupos e seus mitos – que seriam, portanto, um tipo de "sonhos compartilhados". Freud também enfatizou a importância das experiências da primeira infância, como a natureza da relação entre pais e filhos, e propôs a existência de vínculo entre estas experiências e os sistemas adultos de projeção, como o mito. Embora tais processos, como projeção e simbolismo, fossem considerados universais, é de se esperar que o verdadeiro conteúdo simbólico variasse, assim como eram várias as condições infantis.

A narrativa mais associada à abordagem psicanalítica é a história grega de Édipo, o homem que, sem o saber, mata o próprio pai e casa com a mãe. Freud argumentou que essa história representa um profundo conflito psicológico vivido por todos os meninos, e por considerar esse caso como reflexo de questões universais do desenvolvimento, ele esperava que histórias semelhantes fossem encontradas transculturalmente. E de fato, em sua pesquisa Allen Johnson e Douglas Price-Williams acharam várias histórias semelhantes à de Édipo em culturas do mundo inteiro[38].

Em sua ênfase nos processos psicológicos humanos, o trabalho de Carl Jung[39] é semelhante ao de Freud, mas diferentemente deste, ele considerava que os mitos haviam brotado de algo além do inconsciente individual. Da mesma maneira que os indivíduos possuem uma mente inconsciente, Jung acreditava que os grupos humanos compartilhavam um **inconsciente coletivo**, elementos inatos do inconsciente manifestos por meio de sonhos e mitos, dentre os quais os mais importantes são chamados de **arquétipos**. Édipo é apenas um exemplo desses arquétipos; outros incluem o Trapaceiro, o Herói, o Órfão, o Buscador, o Destruidor, o Criador, o Sábio e o Bobo. Um outro exemplo é a Fênix, oriunda da história grega sobre o pássaro que retorna de suas próprias cinzas, uma história de renascimento. Uma narrativa familiar desse arquétipo é encontrada na Cristandade, na morte e ressurreição de Jesus Cristo.

---

37. FREUD, S. *The Future of an Illusion*. Nova York: Doubleday Anchor, 1953.
38. JOHNSON, A.; PRICE-WILLIAMS, D. *Oedipus Ubiquitous*. Palo Alto: Stanford University Press, 1991.
39. JUNG, C.; KERÉNYI, C. *Essays on a Science of Mythology*. Princeton, NJ: Princeton University Press, 1969.

Em parte porque os arquétipos junguianos são supostamente universais e pré-culturais, ele recebeu menos atenção dos centros antropológicos que Freud, cujas teorias são mais palatáveis ao relativismo cultural. Os antropólogos também têm criticado essa análise por raramente utilizar dados fora das fontes ocidentais.

Temas comuns nos mitos

Como vimos na discussão precedente, subjacentes à diversidade de narrativas encontradas nas mais diversas culturas, existem alguns elementos e temas comuns, e essas similaridades têm sido explicadas de maneiras diversas. A difusão, ou disseminação, de caracteres culturais de um grupo para outro é sempre uma explicação possível. Outras atentam à natureza comum da cognição e psicologia humanas – de que são bons exemplos os trabalhos de Freud e Jung, muito embora aquele percebesse as similaridades como advindas de experiências individuais compartilhadas, enquanto este tratava de um inconsciente coletivo universalmente compartilhado. Nesta seção, exploraremos algumas das histórias comuns encontradas em narrativas religiosas do mundo inteiro.

Os mitos das origens

Os mitos das origens respondem a uma das perguntas mais básicas da humanidade: quem somos? Por que estamos aqui? Qual a nossa relação com o mundo? Eles lidam com as questões fundamentais de identidade, pessoal e comunal, e são, geralmente, as mais sagradas das narrativas religiosas – ao fim e ao cabo, todas as demais são construídas no terreno preparado pelos mitos das origens.

Um elemento comum às histórias das origens é a metáfora do nascimento. Quando o poder criador sobrenatural é feminino, o nascimento é em geral espontâneo e independente. Quando masculino, é mais simbólico: o deus expele ou excreta o mundo, ou talvez sacrifique parte do seu próprio corpo para criá-lo: no trecho que se segue, da história de origem dos Bushongo, um povo banto da República Democrática do Congo (Área Cultural da Costa da Guiné), o deus macho vomita o mundo:

> No princípio, na escuridão, nada havia além de água. E Bumba estava só. Certo dia, Bumba sentiu uma dor terrível. Teve ânsia, se torceu, e vomitou o sol, após o quê a luz se espalhou sobre tudo. O calor do sol secou as águas, até que as fímbrias negras do mundo começaram a aparecer. Bancos de areia e recifes negros podiam ser vistos. Mas não

havia nada vivo. Bumba vomitou, então, a lua e as estrelas, e também a noite teve sua própria luz. Mas Bumba ainda sentia dores. Ele se contorceu novamente e nove criaturas vivas surgiram [o leopardo, a águia de crista, o crocodilo, o peixe, o relâmpago, a garça branca, o besouro e a cabra]. Por último vieram os homens[40].

Muitos mitos de origem têm início com a criação vinda do caos, da escuridão ou do abismo. A história que se segue vem dos Iorubá, uma sociedade da África Ocidental (área Cultural da Costa da Guiné):

> No começo o mundo era um Caos aquático e amorfo, nem mar nem terra, somente um deserto pantanoso. Sobre ele, no céu, vivia o Ser Supremo, Olorum, acompanhado por outros deuses, dentre os quais Orixalá, o Grande Deus. Olorum chamou Orixalá à sua presença e o ordenou que fizesse o mundo. Era o momento de criar a terra sólida, e para que cumprisse sua tarefa, a Orixalá foram dados um búzio cheio de terra mágica, um pombo, e uma galinha de cinco dedos. Orixalá desceu até o Caos e começou a organizá-lo: jogou a terra mágica em um pequeno trecho. O pombo e a galinha começaram a ciscar na terra mágica, e ciscaram até que terra e mar estivessem separados... Orixalá foi mandado de volta à terra para que plantasse as árvores, entre as quais a palmeira de dendê. Olorum fez a chuva cair do céu para aguar as sementes, que cresceram em uma grande floresta. No céu, Olorum começou a criar as primeiras pessoas. Elas foram moldadas do barro por Orixalá, mas somente Olorum, o Ser Supremo, poderia dar-lhes vida. Orixalá se escondeu na oficina de Olorum para espiar, mas Olorum sabia que ele estava lá, e lançou-o em sono profundo, de modo que somente ele sabe como dar vida a um corpo. Até hoje, Orixalá, com a ajuda dos pais, faz o corpo, mas somente o Ser Supremo é capaz de dar a vida[41].

Graças ao processo da difusão, certas áreas culturais compartilham elementos narrativos, de que é exemplo o ovo primordial como elemento das histórias de criação da Ásia, como podemos ver na história chinesa da origem:

> No começo não havia nada. O tempo passou e o nada se tornou alguma coisa. O tempo passou e essa alguma coisa partiu-se em dois: macho e fêmea. Esses dois produziram mais dois, e esses outros dois produziram Pan Ku, o primeiro ser, o Grande Homem, o Criador. Primeiro existia o

---

40. Breve citação da p. 44 do livro *Primal Myths: Creating the World*, de Barbara C. Sproul. © 1979, Barbara C. Sproul. Reeditado sob permissão de HarperCollins Publishers.
41. Excerto de *Parallel Myths*, de J.F. Bierlein. © 1994, J.F. Bierlein. Com a permissão de Ballantine Books, publicação da Random House, uma divisão da Penguin Random House LLC. Todos os direitos reservados.

ovo cósmico. Dentro do ovo era o Caos, e flutuando no Caos estava Pan Ku, o Inconcluso, o Embrião divino. E Pan Ku arrebentou o ovo, quatro vezes maior que qualquer homem dos dias de hoje e com uma enxada (ou martelo e cinzel) com a qual fez o mundo[42].

Um exemplo final dos mitos de origem é o mito da emergência, comum por toda a América do Norte. Os atos iniciais da criação ocorrem sob a terra, frequentemente organizada em uma série de camadas, sendo as inferiores as mais escuras e apertadas. À medida que a história avança, vai-se subindo de um mundo para outro, numa progressão evolucionária, pois atos de criação acontecem e conhecimento é transmitido a várias criaturas, incluindo os seres humanos. Por fim, eles emergem na superfície da terra.

Múltiplas interpretações foram atribuídas aos mitos de emergência. O submundo pode ser entendido como o ventre no qual ocorre a criação, e a emergência na terra como nascimento. Mas também como reflexo do ciclo vital do milho, que se inicia como uma semente no chão até emergir na superfície.

Um dos mitos de emergência mais bem conhecidos é o *Diné Bahane'*, a história da criação Navajo. Sua parte inicial tem lugar debaixo da terra, onde existem quatro mundos, cada um acima do outro. A história começa no primeiro, o mais fundo, e vai progredindo para cima. Frequentemente, algum perigo ou força destrutiva força as criaturas a escaparem por um buraco no céu em direção ao próximo mundo.

No quarto mundo encontramos as Pessoas Sagradas, seres imortais que viajam no arco-íris, seguindo o caminho dos raios solares, e são capazes de controlar os ventos e o trovão. Eles criam os primeiros humanos, Homem e Mulher, a partir das espigas de milho (milho, fubá e o pólen do milho desempenham importantes papéis nos rituais Navajo). A força vital vem do vento, que é comparado ao fôlego de uma pessoa.

Mitos apocalípticos

Muitos mitos encontrados em diversas sociedades narram a destruição catastrófica do mundo, um **apocalipse**. Essa destruição toma muitas formas, uma das quais o dilúvio, a que, certa vez, um discípulo de Freud explicou como relacionado a sonhos que ocorrem quando a pessoa está com a bexiga cheia. Uma

---

42. Breve citação da p. 201 do livro *Primal Myths: Creating the World*, de Barbara C. Sproul. © 1979, Barbara C. Sproul. Reeditado sob permissão de Harper Collins Publishers.

explicação alternativa reside no fato de que enchentes devem ser vivenciadas com alguma frequência, pois as pessoas precisam viver próximas a uma fonte d'água. O mito do dilúvio judaico-cristão é a história de Noé e sua arca, na qual Deus envia as águas para livrar a terra da maldade humana.

Em muitas sociedades vemos ciclos de criação e destruição: os antigos Astecas do México falam de quatro mundos que existiram antes do mundo presente, o quinto. A história que se segue conta a destruição do quarto:

> Durante a era do quarto sol, o Sol da Água, o povo ficou cada vez mais malvado, e ignorou a adoração aos deuses. Os deuses se enfureceram, e Tláloc, o deus da chuva, anunciou que iria destruir o mundo com uma enchente. Mas ele acabou encontrando um casal devoto, Tata e Nena, e o avisou do que estava por ocorrer. Ele os avisou a escavar um grande tronco, pegar duas espigas de milho – uma para cada um – e não comer mais nada.
>
> Assim, Tata e Nena entraram no tronco oco levando as duas espigas de milho, e começou a chover. Quando as águas recederam, eles pousaram em terra seca, e ficaram tão felizes, que pegaram um peixe e o comeram, contrariando as instruções de Tláloc. E só depois dos seus estômagos estarem cheios é que se recordaram da ordem de Tláloc.
>
> Tláloc, então, apareceu a eles e perguntou: "É assim que vocês me agradecem por ter salvo suas vidas?" E eles foram transformados em dois cachorros. Foi nesse momento, em que até mesmo as pessoas mais corretas eram desobedientes, que os deuses destruíram o mundo, inaugurando a presente era, do Quinto Sol[43].

Conquanto os exemplos anteriores falem de enchentes apocalípticas ocorridas no passado mitológico, nem todos os apocalipses envolvem dilúvios. Alguns tratam da predição de eventos futuros: um bom exemplo vem do Novo Testamento, do Livro do Apocalipse (21,1-9), que foca numa batalha ainda vindoura, terrena e espiritual, entre as forças do bem e do mal. O mito diz que o "Cordeiro" de Deus (que muitos consideram ser Jesus Cristo) salvará o seu povo de um tempo de grandes tribulações na terra, destruirá os malvados e abrirá uma era de paz na qual seu povo viverá na presença de Deus e do Cristo numa cidade celestial.

> Vi então. Um novo céu e uma nova terra. O primeiro céu e a primeira terra passaram, e o mar já não existe.

---

43. Excerto de *Parallel Myths*, de J.F. Bierlein. © 1994, J.F. Bierlein. Com a permissão de Ballantine Books, publicação da Random House, uma divisão da Penguin Random House LLC. Todos os direitos reservados.

> Vi também descer do céu, de junto de Deus, a Cidade Santa, uma Jerusalém nova, pronta como esposa que se enfeitou para o seu marido. Nisso saiu do trono uma voz forte, e ouvi:
> "Esta é a tenda de Deus com os homens.
> Ele vai morar com eles.
> Eles serão o seu povo
> e ele, o Deus-com-eles, será o seu Deus.
> Ele vai enxugar toda lágrima dos olhos deles, pois nunca mais haverá morte, nem luto, nem grito, nem dor.
> Sim! As coisas antigas desapareceram!"
> Aquele que está sentado no trono declarou: "Eis que faço novas todas as coisas". E me disse ainda:
> "Elas se realizaram.
> Eu sou o Alfa e o Ômega,
> o Princípio e o Fim.
> Para quem tiver sede, eu darei de graça da fonte da água viva.
> O vencedor receberá esta herança: eu serei o Deus dele, e ele será meu filho.
> Quanto aos covardes, infiéis, corruptos, assassinos, imorais, feiticeiros, idólatras, e todos os mentirosos, o lugar deles é o lago ardente de fogo e enxofre, que é a segunda morte".
> Depois disso, um dos sete Anjos das sete taças cheias com as últimas pragas, veio até mim e disse-me: "Venha! Vou lhe mostrar a esposa, a mulher do Cordeiro".

Muito do simbolismo e da história de revelação é familiar às pessoas, mesmo que não conheçam a fonte, incluindo os quatro cavaleiros do apocalipse, o cordeiro de Deus, os sete selos, a besta, a prostituta de Babilônia e satanás e o lago de fogo. Como veremos no capítulo 11, revelação é a base para muitos movimentos religiosos novos, pois os indivíduos interpretam acontecimentos modernos como aqueles preditos no mito.

Mitos do herói

Em seu livro *O herói de mil faces*, Joseph Campbell (1904-1987) descreveu a história da jornada do herói. O título se refere ao fato de que, embora existam milhares de diferentes **mitos de herói**, histórias envolvendo figuras heroicas, no mundo inteiro, todas elas seguem basicamente o mesmo argumento, ao que Campbell chamou de **monomito** e descreveu da seguinte forma: "Um herói vindo do mundo cotidiano se aventura numa região de prodígios sobrenaturais; ali encontra fabulosas forças e obtém uma vitória decisiva; o herói retorna de sua misteriosa aventura com o poder de trazer benefícios aos seus semelhantes"[44].

A jornada do herói é um tema comum encontrado em muitos mitos. Às vezes o herói se baseia numa pessoa real (cuja história foi idealizada), enquanto noutros casos não possui base alguma na vida real. O primeiro estágio da jornada é a partida: o herói, com frequência um jovem órfão, é expulso de sua comunidade por uma razão qualquer, como a destruição do seu lar por uma força sobrenatural. O segundo estágio, a iniciação, inclui o seu treinamento, quando aprende a manusear ferramentas sobrenaturais, como uma espada sagrada, sob a direção de um mestre, que frequentemente possui poderes sobrenaturais. No terceiro estágio, o retorno, ele volta e completa seu intento. O monomito é frequentemente encontrado em histórias das origens, nas quais o herói é responsável por trazer algum conhecimento aos humanos.

Sistemas religiosos inteiros podem se basear em mitos do herói: o budismo, por exemplo, tem seu fundamento na história do príncipe Sidarta Gautama, que levava uma vida bastante confortável no palácio de seu pai até tomar conhecimento da doença, do sofrimento e da morte, e do fato de que também ele estava sujeito a tais males. Deixando para trás suas posses mundanas, passa muitos anos vagando, jejuando e meditando; aprende tudo o que pode de vários professores, mas nada parece apaziguar sua angústia e seu vazio. Desesperado, ele resolve se sentar sob uma árvore Bodhi[45] até encontrar as respostas que vem procurando. Ele é atacado por Kama-Mara, o deus do amor e da morte, e o vence. Enquanto estava sentado embaixo da árvore, Gautama conquista sabedoria e iluminação, e passa a ser conhecido como o Buda, o "Iluminado".

A mesma estrutura do monomito é, também, frequentemente utilizada em filmes populares, como *Star Wars*, *O mágico de Oz*, *Matrix*, *O senhor dos anéis*, *Harry Potter e a pedra filosofal*.

Conclusão

As mais importantes questões levantadas pelos seres humanos – sobre a natureza da vida, da existência e da morte – são respondidas nas narrativas religiosas que contamos, que tanto explicam quanto estruturam o mundo de um dado

---

44. CAMPBELL, J. *O herói de mil faces*. São Paulo: Cultrix, 1997, p. 18.
45. Uma figueira dos pagodes. *Ficus religiosa* [N.T.].

grupo de pessoas. Ao examinar as narrativas religiosas, aprendemos muito sobre a visão de mundo de um determinado grupo, incluindo suas regras de comportamento moral. Mitos são histórias para serem vividas. Eles criam teias de sentidos que afetam as vidas das pessoas naquela cultura para muito além dos domínios da religião.

Enquanto exploramos outros tópicos em nosso estudo da religião, retornaremos com frequência à questão das narrativas religiosas, pois tais histórias formam, amiúde, o fundamento das práticas religiosas, algo que será particularmente importante nos dois próximos capítulos, sobre símbolos e rituais.

Resumo

A maneira como uma sociedade percebe e interpreta sua realidade é conhecida como visão de mundo. A visão de mundo fornece a compreensão de como o mundo opera, forma a base para o pensamento e o comportamento e oferece o entendimento básico da origem e natureza do gênero humano e sua relação com o mundo. As pessoas expressam suas visões de mundo em histórias.

Mitos são histórias sagradas que narram a origem do mundo e da humanidade, a existência e atividade dos deuses e espíritos, a origem das tradições humanas e a natureza da doença e da morte. Eles dizem como se comportar e como distinguir o bem do mal. Mitos são criados para recontar eventos históricos reais, que tiveram lugar em um passado remoto, e lançam as bases para as crenças e práticas religiosas.

Mitos podem ser tanto orais quanto escritos. As formas escritas tendem a ser bastante estáveis ao longo do tempo, e as mudanças que ocorrem normalmente são deliberadas, consequências de tradução ou do debate intelectual sobre o sentido de palavras ou passagens específicas. Os textos orais são recitados, e tal recitação possui, com frequência, características de *performance*. Uma das consequências da transmissão oral das histórias é que normalmente cada geração as altera de maneira inconsciente, o que explica a existência de diferentes versões de um mesmo mito em uma mesma sociedade.

Há muitas formas de se interpretar os mitos. A análise funcionalista os vê como forças que ajudam a manter a sociedade. A análise estruturalista foca nas estruturas subjacentes ao mito. A abordagem psicanalítica os percebe como expressões simbólicas de desejos inconscientes.

Certos temas básicos são comuns no mundo inteiro. Os mitos das origens fornecem respostas às questões: quem somos? Por que estamos aqui? Qual a nossa relação com o mundo? Essas histórias desempenham um importante papel em assentar as bases da visão de mundo de uma cultura. Um elemento comum é a metáfora do nascimento, na qual o mundo nasce de um deus ou deusa ou da criação pelo caos (escuridão ou abismo). Os mitos apocalípticos falam da destruição, passada ou futura, do mundo. Os mitos dos heróis sobre heróis da cultura que, através do conhecimento e domínio de certas habilidades, são capazes de realizar feitos maravilhosos.

Questões de estudo

1) A visão de mundo de uma sociedade inclui como aquela sociedade percebe o meio-ambiente e sua relação com ele. Você acha que duas sociedades com duas visões de mundo radicalmente diversas são capazes de chegar a um acordo sobre como lidar com questões relativas à exploração ambiental, tais como a exploração madeireira e a mineração?

2) Em nossa sociedade, permite-se que uma organização religiosa arme uma banca num campus universitário e distribua cópias da Bíblia. Em uma sociedade de pequena escala, um contador de histórias pode montar um "palco" no mercado local e se oferecer para contar histórias. Em que essas duas atividades são semelhantes e em que são diferentes? Como a transmissão de histórias religiosas diverge nessas duas sociedades?

3) Usando a história da criação Navajo e o Gênesis, mostre como uma narrativa religiosa pode oferecer um mapa social de uma dada sociedade.

4) Por que podemos considerar filmes como *Star Wars*, *O mágico de Oz*, *Matrix*, *O senhor dos anéis* e *Harry Potter e a pedra filosofal* monomitos? Que outros filmes ou programas de televisão são monomitos?

5) Em sua opinião, por que existem similaridades entre mitos encontrados em diferentes culturas?

Leituras sugeridas

CAMPBELL, J. *O herói de mil faces*. São Paulo: Cultrix, 1997 [Uma descrição do mito do herói em diversas sociedades ao redor do mundo].

LEONARD, S.; McCLURE, M. *Myth and Knowing: An Introduction to World Mythology*. Nova York: McGraw-Hill, 2003.

Ficção

ANAYA, R. *Bless Me Ultima*. Nova York: Grand Central Publishing, 2012 [Em uma história repleta de simbolismo, o crescimento de um menino no Novo México dos anos de 1940].

Websites sugeridos

http://pantheon.org/mythica.html – A *Encyclopedia Mythica* é uma enciclopédia de mitologia, lendas e folclore.

www.pitt.edu/~dash/folktexts.html – Uma extensa coleção de textos sobre folclore e mitologia.

www.sacred-texts.com – Arquivo digital de textos sagrados.

https://www.navajo-nsn.gov/ – Site oficial da Nação Navajo.

www.jcf.org – A Joseph Campbell Foundation.

www.pbs.org/wgbh/pages/frontline/shows/apocalypse/revelation/white.html – Para entender o Livro do Apocalipse.

3

Símbolos religiosos

Todos os animais se comunicam entre si, e na maior parte das vezes a comunicação é específica a uma tal situação. Um estímulo – como a visão de um estranho, de um predador ou de comida – pode provocar uma resposta de algum tipo: ameaça, fuga ou fome. A ocorrência, contudo, existe ali naquele dado momento, e a reação é uma resposta imediata a situações distintas.

Os humanos também encontram estranhos, predadores e comida, mas nossa resposta é mais complexa que aquela de outros seres vivos. Reagimos à presença de um estranho que se mete entre nós, mas ele pode ser um guerreiro inimigo, um mercador ou um monge – e como tal será apropriadamente tratado. A reação a um predador pode ser preparar uma lança para se defender, ou realizar rituais mágicos que afastem o perigo. Humanos sentem fome e respondem à presença de alimento, mas muitas comidas nutritivas e comestíveis são rejeitadas por causa de proibições culturais ou religiosas. Todos esses comportamentos envolvem comunicação, seja a narração de uma história, um ritual ou a articulação de interdições dietéticas.

A complexidade da comunicação humana é possível graças à nossa habilidade de criar e usar símbolos. Eles permitem às pessoas discutir tópicos abstratos, falar de coisas no passado, num futuro projetado, ou até mesmo num mundo sobrenatural. O mundo da religião é um mundo simbólico.

O que é um símbolo?

Comecemos pegando uma maçã com nossa mão. Sabemos ser uma maçã por sua forma, cor, cheiro, e sabemos o que fazer com ela. Muitos animais não humanos reagirão de maneira bem parecida a uma maçã: um cavalo, por exemplo, saberá (graças à forma, à cor e ao cheiro) exatamente do que se trata e poderá tomar a fruta da sua mão e comê-la. Nesse particular, humanos e outros animais são bem parecidos.

Mas, como humanos, podemos fazer coisas que os cavalos não podem. Podemos, por exemplo, desenhar um triângulo em um pedaço de papel e declarar que este triângulo azul representa uma maçã. Claro está que a figura não tem a forma, o sabor ou o cheiro da fruta, mas enquanto todos em nossa comunidade aceitarem a ideia de que um triângulo azul equivale a uma maçã, podemos utilizá-lo, em lugar da coisa real, para fins de comunicação. Se tivermos uma banca de fruta na feira livre, podemos colocar uma bandeira com um triângulo azul em cima de nossa tenda, e as pessoas saberão que ali são vendidas maçãs. É possível que recém-chegados não saibam que um triângulo azul equivale a maçãs, mas podemos contar a eles, e depois que se tornarem fregueses costumeiros, membros da nossa pequena comunidade, participarão de nosso sistema de comunicação. (Claro, um animal não humano pode ser treinado a responder a um triângulo azul, mas um humano cria o símbolo e realiza o treinamento).

Em nossa comunidade, o triângulo azul funciona como um símbolo, algo que vale por outra coisa. A maior parte dos símbolos não possui nenhuma conexão direta com a coisa a que se refere: a associação entre uma maçã e um triângulo azul é **arbitrária** – poderia muito bem ser um círculo amarelo ou um quadrado verde. Enquanto houver concordância em nossa comunidade quanto ao sentido do símbolo, poderemos nos comunicar uns com os outros usando símbolos ao invés de objetos reais.

Ser capaz de criar e usar símbolos é extremamente útil. Podemos usá-los para nos referirmos a coisas que não estão diretamente à nossa frente – um lugar distante, por exemplo, ou algo que pretendemos realizar no futuro. Podemos conversar sobre ir à quitanda para comprar maçãs, mesmo que não haja nenhuma maçã à vista. Ou também falar sobre frutas que jamais vimos ou experimentamos, como um durião do Sudeste Asiático. A essa habilidade de usar símbolos para remeter a coisas e atividades que estão longe do usuário chamamos **deslocamento**. E se descobrirmos uma nova fruta que ninguém jamais viu antes, podemos criar um novo símbolo, como um nome, para nos referirmos a ela, uma característica a que damos o nome de **abertura**.

Também usamos símbolos para valer por coisas mais complexas que simples objetos, como emoções ou conceitos filosóficos complexos que existem apenas em nossas mentes. Os símbolos são capazes de criar um mundo sobrenatural ou mitos sobre o passado. Ao discutir a linguagem, Joseph Church afirma que:

> [...] podemos manipular símbolos de maneiras impossíveis se usássemos as coisas que elas representam, chegando assim a novas e até criativas versões da realidade. [...] Podemos rearranjar verbalmente situações que, em si mesmas, resistiriam ao rearranjo [...] isolar elementos que, na realidade, não podem ser isolados [...] justapor objetos e eventos distantes no tempo e no espaço... e se quisermos, virar o universo, simbolicamente, de dentro para fora[46].

Em nosso exemplo inicial utilizamos como símbolo uma forma geométrica, o triângulo azul. Muitos símbolos são objetos físicos ou representações artísticas, mas eles não têm que ser físicos: a linguagem é um sistema simbólico no qual os símbolos são sons. A única razão pela qual a palavra *maçã* significa um tipo particular de fruta é porque quando aprendemos português memorizamos que a combinação de sons que forma aquela palavra vale por aquele tipo particular de fruta. Não existe nada de eminentemente "maçânico" no som da palavra maçã, tampouco na forma de um triângulo azul – na verdade, a fruta é conhecida por inúmeros outros nomes em outras línguas (*apple* em inglês, *manzana* em espanhol e *elma* em turco, p. ex.).

Símbolos religiosos

Símbolos são elementos importantes à prática religiosa, e os rituais religiosos orbitam em torno de símbolos e de sua manipulação: no hinduísmo, podemos nos aproximar de uma estátua que representa o deus Brama, que pode ser ritualisticamente banhada em leite e ganhar guirlandas de flores em seu pescoço. Pessoas das mais diversas áreas culturais usam máscaras para personificar deuses, como os Hopi do Sudoeste norte-americano ou os Dogon da África Ocidental. A pintura com areia dos Navajo, criada como parte de um ritual, se torna um portal para o mundo sobrenatural.

Claro, nem todos os símbolos são coisas físicas ou representações artísticas. As palavras, ditas e escritas, são elementos críticos do comportamento religioso. No ritual judaico, a Torá é retirada da arca com grande cerimônia para que seja lida. No Budismo Tântrico, do Tibete, palavras ou fórmulas possuem imenso poder espiritual, que cresce à medida que são mais e mais entoadas. Elementos da música e da dança e do espaço e do tempo também podem servir como símbolos. Começaremos a nossa discussão dos símbolos tratando de representações artísticas básicas.

---

46. CHURCH, J. *Languageandthe Discovery of Reality*. Nova York: Vintage Books, 1961, p. 95.

A suástica

Um símbolo como a suástica pode representar ideias muito complexas e comportar imensa ressonância emocional. A maioria dos norte-americanos e europeus, quando diante de uma delas, vivencia raiva ou desprezo, porque em 1919 o partido Nazista alemão adotou-a como seu símbolo e, por causa disso, tem sido associada aos terríveis eventos perpetrados pelos nazistas durante a Segunda Guerra Mundial. Com frequência, uma suástica pichada num muro é definida por lei como crime de ódio.

A suástica é um símbolo religioso encontrado em diversos sistemas religiosos. Em termos simples, é um conjunto de linhas organizadas em ângulos retos entre si, e enquanto tal não possui nenhum significado. Ela aparece em diversas versões – sentidos horário e anti-horário, por exemplo. Seu nome deriva dos termos sânscritos *su* ("bom") e *avasti* ("existir"), e na arte religiosa é associada ao hinduísmo, ao budismo e ao jainismo. Também é possível encontrá-la na arte antiga da Escandinávia e do Oriente Médio, e mesmo na arte cristã primitiva. Na maioria desses contextos ela tem um significado positivo, tais como prosperidade e boa sorte, mas em outras culturas o sentido é o oposto: chamada de sauvástica, significa escuridão, má-sorte e sofrimento.

A suástica é encontrada na arte Navajo, em que representa o *Whirling Log* ("tora giratória"), elemento de uma história encontrada no mito da criação: uma espécie de canoa escavada criada pelos deuses, cujo o símbolo representa o tronco com um mastro de apoio fixado por baixo. Aquele-Que-Ensina-A-Si-Mesmo, um herói da cultura, viajou nessa embarcação durante uma jornada épica, e o elemento é utilizado em diversos rituais, incluindo nos cantos da Noite e da Pena.

O pentagrama

O termo **pentagrama** pode se referir a qualquer figura com cinco-lados, mas é geralmente usado para se referir à estrela de cinco pontas, também chamada de **pentáculo**, que está entre os símbolos religiosos mais utilizados, tanto do ponto de vista histórico quanto do transcultural.

Alguns pesquisadores acreditam que tenha se originado como símbolo de uma deusa pagã, a quem teria sido associado porque seu fruto sagrado era a maçã. Se uma maçã é cortada pela metade no sentido do comprimento, suas sementes formam um pentagrama em cada lado. O símbolo também é utilizado pela ordem maçônica, que traça suas origens até Pitágoras e a Grécia antiga.

Ele também era associado às escrituras hebraicas, como um símbolo dos cinco livros do Pentateuco (a Torá), e os cristãos primitivos também o utilizaram numa variedade de sentidos, incluindo a representação das cinco chagas de Jesus e da estrela que profetizou seu nascimento. Foi somente durante a Caça às Bruxas (cf. capítulo 10) que o pentagrama tomou uma conotação maléfica e passou a ser referido como "o pé da bruxa". Essa associação se tornou mais forte no começo do século XX, quando os satanistas[47] o adotaram como seu símbolo: o pentagrama invertido, comumente exibido com a cabeça de um bode no centro.

Como ocorre com a suástica, há muita incompreensão a respeito do significado do pentagrama, advinda das várias associações que lhe foram feitas, mas mais recentemente o símbolo tem sido adotado pelos Wiccanos, membros de uma religião neopagã que revivem práticas religiosas pré-cristãs (e que será discutida com mais vagar no capítulo 11). Trata-se de uma religião politeísta, baseada na natureza, que enfatiza o uso de boa magia, sem fazer maldades. Para alguns deles, o pentagrama representa a terra, o ar, o fogo, a água e o espírito; para outros, os quatro pontos cardeais e o espírito. Muitos norte-americanos, contudo, associam o pentagrama ao mal quando veem alguém o usando.

Símbolos cristãos

A **cruz** é o símbolo mais claramente associado ao cristianismo, embora não tenha desfrutado de ampla aceitação até muitos séculos após o estabelecimento da religião. Um sarcófago no Vaticano (século V) possui uma das primeiras representações do Cristo crucificado: uma cruz grega (com os braços de igual tamanho) e o corpo de Jesus não é mostrado. Alguns cristãos primitivos chegaram, inclusive, a rejeitar sua utilização como símbolo do cristianismo graças às suas associações prévias com o paganismo – mais especificamente a cruz tau (em forma de T).

A cruz mais amplamente usada hoje em dia é a romana, mas existe considerável variação quanto à aparência exata do símbolo: as cruzes católicas romanas, por exemplo, são cenas da crucificação, completas com o corpo de Cristo. Já os protestantes não mostram o corpo porque enfatizam que Jesus levantou-se da cruz, logo não está mais lá. Uma cruz com uma chama dupla ao fundo é o símbolo da Igreja Metodista Unida, em que a cruz representa o Cristo e as chamas o Espírito Santo. A cruz da Igreja Ortodoxa possui três barras: uma para a inscrição, outra para os braços e a última para apoiar os pés.

---

47. Os satanistas serão discutidos no capítulo 10.

Mas, se a cruz não era o símbolo mais importante no início do cristianismo, qual era então? O peixe, e existem várias razões por que ele foi utilizado. Uma citada com frequência é que Jesus se referia aos apóstolos como "pescadores de homens"; a mais comumente aceita, contudo, é que as letras da palavra grega para peixe, *ichtus*, formam um **acróstico**, ou seja, uma palavra derivada da primeira letra de uma série de outras. No caso, *ichtus* deriva de *Iesous Christos Theou Uiou Soter*, "Jesus Cristo, de Deus o Filho, o Salvador". No início, quando os cristãos eram um grupo pequeno e perseguido, o símbolo servia como uma espécie de senha: alguém traçaria o primeiro arco do peixe na areia e, se a outra pessoa fosse também cristã, desenharia o segundo arco, completando a figura.

Arte sagrada

Ainda que a suástica, o pentagrama, a cruz e outros símbolos simples sejam representações importantes em seus respectivos sistemas religiosos, em geral eles são elementos encontrados em conjuntos mais complexos, as obras de arte. Imagine-se, por exemplo, adentrando uma grande catedral europeia, com seus imensos vitrais, estatuária e pintura, todos contendo uma miríade de símbolos, ou então caminhando em um templo budista na Tailândia, com suas múltiplas representações da figura do Buda, cada uma com seu próprio complexo de sentidos e referências.

O sarcófago do Senhor Pakal

Representações artísticas são amiúde utilizadas para ilustrar e suplementar textos religiosos. O que se segue é um exemplo arqueológico dos antigos Maias do sul do México, na área cultural da Mesoamérica. Ainda que a atual religião maia tenha muitos paralelos com sua versão antiga, estudos modernos são capazes de oferecer uma compreensão nada mais que limitada sobre a antiga arte maia. Se somos capazes de saber o que sabemos a seu respeito, é somente porque os antigos Maias construíram edifícios monumentais, talharam grandes obras de arte em rochas, desenvolveram um calendário complexo e possuíam um sistema de escrita. Nem todos os seus símbolos, porém, já foram decifrados, e muito ainda resta a ser aprendido,

Em 1949, o arqueólogo mexicano Alberto Ruiz Lhuillier trabalhava no Templo das Inscrições, no sítio de Palenque, e como a maioria dos templos maias, este fora construído no topo de uma grande pirâmide. Durante o trabalho, Lhuillier descobriu uma escada sob o piso, que levava a um recinto contendo um imenso sarcófago de pedra, ricamente entalhado com figuras e escrituras. Quando a tampa foi removida, descobriu-se o esqueleto de um homem, um dos grandes a reinar sobre a cidade de Palenque: seu nome era *K'inich Janahlo Pakal*, Pakal, o Grande, ou Senhor Escudo, morto aos 80 anos em 31 de agosto de 683, após um reinado de 67 anos.

Quando, no século XXI, olhamos para esse entalhe do século VII, especialmente se jamais vimos arte maia, provavelmente reconhecemos apenas alguns poucos símbolos – uma figura reclinada no centro, talvez, e um pássaro perto do topo. Claro, se fôssemos aristocratas maias vivendo no século VII, o sentido de todos os elementos seria conhecido: nossos pais nos teriam levado ao recinto do templo e mostrado os diversos motivos talhados na pedra e explicado seus significados. Como aristocratas, também teríamos, indubitavelmente, participado de aulas religiosas ou recebido instrução dos sacerdotes.

Um entalhe simbolizando o cosmos maia, encontrado na tampa do sarcófago do Templo das Inscrições em Palenque, México, tem muita importância para os pesquisadores modernos. Não é possível explicar todos os seus elementos, e nossas limitações de espaço nos impedem de oferecer uma explicação completa sobre aquilo que já sabemos, mas vamos examinar alguns dos elementos, exemplos de como as representações simbólicas são utilizadas para criar um mundo sobrenatural virtual.

Junto à base do entalhe existe a imagem de uma serpente esquelética, a "Serpente-Osso-Branco", cujo crânio foi partido e aberto. Suas mandíbulas escancaradas formam o portal que conecta o mundo dos vivos a Xibalba, o mundo dos mortos. Vemos Pakal no momento de sua morte, descendo pelas mandíbulas da serpente enquanto passa de um mundo para o outro.

Atrás da figura de Pakal, como que crescendo das mandíbulas da serpente, está a Árvore Cósmica, o eixo central do mundo, cujas raízes jazem no submundo; em seguida vem o Mundo Médio, onde habitam as pessoas; por fim, as partes superiores da árvore chegam aos céus. Muitas das representações dessa parte superior representam constelações e corpos celestes: aquilo que parecem ser galhos que terminam em serpentes do focinho quadrado, flores e outros símbolos, por exemplo, são a Via Láctea. O pássaro empoleirado no alto da árvore é o companheiro de um dos deuses envolvido na criação do mundo – sabemos disso porque os diversos símbolos entalhados na ave, como o colar e a "fita" em seu bico.

O entalhe mostra Pakal descendo em direção ao submundo, onde passará por uma série de julgamentos seguida de sua ressurreição como um deus. Associada a ele está uma vasilha cerimonial que contém o símbolo que representa o sol – como ele, que vai para Xibalba ao se pôr e ressuscita ao amanhecer, assim também Pakal vai ao submundo e dele retornará divinizado. Após a sua morte, os sacerdotes teriam entrado em um estado alterado de consciência (cf. capítulo 5) e contactado o seu espírito – de fato, ao lado da escadaria que leva à sua tumba está um cachimbo feito de tijolos, um **psicoduto**, através do qual o espírito de Pakal segue da tumba para o santuário do templo durante os rituais.

O significado da cor

Como vimos no sarcófago do Senhor Pakal, a arte religiosa pode ser bastante complexa. Existem muitos importantes elementos na representação artística, e a cor é um deles. Ainda que hoje vejamos estátuas e relevos romanos e maias em mármore branco ou da cor de rocha, sabemos que, no tempo em que foram feitos, eles eram cobertos de tinta.

As cores possuem significados culturais. Nos casamentos ocidentais, as noivas usam branco, uma tradição iniciada com as bodas da rainha Vitória, da Grã-Bretanha, com o príncipe Albert, em 1840. A sabedoria popular irlandesa dita o seguinte:

Casou-se de branco, escolheu bem.

Casou-se de vermelho, é melhor estar morto.

Casou-se de amarelo, vergonha, vergonha.

Casou-se de azul, verdadeiro é o amor.

Casou-se de verde, uma vergonha de ver.

Casou-se de preto, há de montar numa foice.

Casou-se de pérola, há de viver em problemas.

Casou-se de marrom, vai viver fora da cidade.

Esses sentidos não se aplicam, necessariamente, a outras culturas – por exemplo, às vezes o branco é evitado por ser associado à morte. Na China, as noivas usam vermelho.

Muitos estudiosos têm estudado a terminologia da cor. A língua inglesa possui 11 cores básicas – red, orange, yellow, green, blue, purple, brown, pink, black, white, e gray[48] – aquelas que as crianças aprendem na pré-escola. Da mesma forma, definimos cores de maneira mais precisa ao combiná-las entre si (vermelho-alaranjado) ou agregando termos específicos (como lavanda ou turquesa).

Todas as pessoas em todas as sociedades (com a exceção daquelas que possuem algum tipo de daltonismo) veem todo o espectro das cores, mas esse espectro não é dividido em unidades naturais. Todas as linguagens têm recursos para dividi-lo em categorias arbitrárias descritas por formas linguísticas. Não obstante, o número verdadeiro de termos das cores básicas e de como o espectro visível é, efetivamente, dividido, varia de cultura para cultura. Em geral, as linguagens das sociedades industriais tendem a ter um número maior de cores básicas em comparação àquelas faladas por sociedades menos complexas.

O nome de uma cor, azul, por exemplo, é um símbolo. Nesse caso, a palavra azul se refere não a um objeto físico, mas a um segmento particular do espectro das cores, ou, como um físico definiria, um comprimento de onda da luz. Quando se pede a falantes de diferentes línguas para identificar uma gama de cores coberta por um termo de cor específico, percebemos uma grande variação. Os símbolos, como a terminologia das cores, são arbitrários e aprendidos, partes de uma tradição cultural. Uma pedra daquela cor não tem importância não apenas para os joalheiros, mas também para a religião: entre os Navajo, "o azul é a cor da realização celestial e terrena, da paz, da alegria, do sucesso, e do sustento vegetal"[49].

A terminologia das cores iorubá

A língua dos Iorubá da Nigéria (área cultural da Costa da Guiné) possui somente três nomes básicos para cores, cada um dos quais cobrindo uma parte bem maior do espectro que as palavras inglesas: *funfun* equivale a branco, prata e cinza claro; *pupa*, a vermelho, rosa, laranja e amarelo escuro; *dúdú*, preto, azul, roxo, verde, marrom escuro, marrom avermelhado e cinza escuro.

No inglês (como em outros idiomas), as cores evocam emoções. Diz-se que uma pessoa está azul de tristeza, vermelha de raiva, verde de inveja e quando se acovarda que amarelou. Também os Iorubá associam as cores a temperaturas e temperamentos específicos: funfun, por exemplo, é ligada ao frio, à idade e à sabedoria; pupa evoca calor; e dúdú, escuridão e calor.

---

48. Vermelho, laranja, amarelo, verde, azul, roxo, marrom, rosa, preto, branco e cinza.
49. REICHARD, G.A. *Navaho Religion: A Study of Symbolism*. Princeton: Princeton University Press, 1977, p. 206.

O mundo sobrenatural dos Iorubá é povoado por muitos seres espirituais chamados *orixás* (que serão mais bem discutidos no capítulo 9), cujo rei é Obatalá, uma divindade ética e caridosa e ligada à *funfun*, da sabedoria e do respeito. Os objetos a ele associados frequentemente têm a cor branca, e eventualmente ele é chamado de "Rei do Pano Branco". Em contraste, a Xangô associa-se a *pupa*: o senhor do trovão e do relâmpago, orgulhoso e temperamental, seus objetos são comumente vermelhos. Oxóssi, por sua vez, o introvertido e instável deus da caça, está vinculado à *dúdú*, verde e azul. O mensageiro dos deuses é um orixá chamado Exu-Elegbá, intermediário entre os vivos, os ancestrais e as divindades. Primeiro entre os deuses a se dirigir nos rituais, suas representações têm normalmente as cores preta ou branca – ou ainda, na terminologia Iorubá, *funfun* e *dúdú* – um contraste que revela sua imprevisibilidade. Entalhes, pinturas e bordados que representam Exu têm, primariamente, duas cores, e um Iorubá, diante de uma tal obra, é capaz de identificá-lo em parte pelas cores que vê sendo utilizadas.

Tempo sagrado e espaço sagrado

Os símbolos também são utilizados para criar realidades sagradas: mundos sobrenaturais, espaços e divisões do tempo sagrados.

O significado do tempo

Todos os exemplos de símbolos examinados até agora foram coisas que somos capazes de ver diretamente como parte de algum esforço artístico físico, seja uma forma ou uma cor, mas nem todas as coisas simbólicas são físicas: as pessoas também manipulam simbolicamente as entidades, e o exemplo que usaremos é o manejo cultural do tempo.

O que é o tempo? As pessoas o veem como feito de unidades recorrentes baseadas em eventos físicos observáveis: o movimento do sol pelo céu, as fases da lua, e a passagem das estações. É igualmente possível dividir em etapas essas unidades, de modo que um dia pode ser dividido conforme a posição do sol (manhã, tarde e noite). Em termos astronômicos, esses eventos recorrentes representam a rotação da Terra em seu próprio eixo (o dia), a jornada da lua em volta do planeta (um mês) e a jornada do planeta em volta do sol (um ano). As atividades humanas são organizadas conforme partes específicas do dia e certas fases do ano.

Os humanos também criam unidades temporais que não são baseadas em fenômenos astronômicos reais, como a rotação da terra, unidades essas que parecem arbitrárias: nossa cultura possui uma semana de sete dias, mas por que não de cinco, como em algumas partes da América Central e da África? Ou de dezesseis, como entre os Iorubá da Nigéria? A semana de sete dias ocidental é derivada das culturas do antigo Oriente Médio, e talvez tenha vindo da divisão do ciclo lunar de aproximadamente vinte e oito dias em três quartos. Dito de outra forma, conceitos como a "semana" são símbolos não físicos que valem por períodos de tempo específicos, muitos dos quais não existem no mundo real, mas apenas na mente humana.

O tempo é um fator essencial para os rituais religiosos, muitos dos quais são realizados em certos momentos, amiúde como parte de um ciclo cerimonial. Como veremos na próxima seção, não é incomum que o tempo possua um importante significado simbólico.

A visão maia do tempo

A passagem do tempo teve uma profunda significância para os antigos Maia do México e América Central: eles desenvolveram diversos sistemas de marcação que, ao se cruzarem uns com os outros, formavam um calendárico complexo. Como muitos povos, eles tinham um sistema calendário baseado no ano solar, com cerca de 365 dias. Cada um desses anos foi dividido em dezoito meses de cinco dias; cada mês tinha um nome, e cada dia, um número. Um dia específico era nomeado por uma combinação de sua posição numérica no mês e no nome do mês, exatamente como fazemos.

O sistema solar é uma unidade natural, determinada pelos movimentos do sol no céu ao longo do ano. Os Maias, contudo, desenvolveram uma segunda espécie de ano, com 260 dias, elaborado a partir de um ciclo de vinte nomes-dias e um segundo ciclo de treze números, ambos interconectados, como os dentes de duas grandes engrenagens, de modo que uma mesma combinação de nome-dia e números ocorria a cada 260 anos.

Os dois calendários corriam simultaneamente, e um dia específico era nomeado a partir da sua posição neles dois, de que resultavam 18.980 combinações diferentes de dias. Demorava cinquenta e dois anos para passar por todas essas combinações e recomeçar novamente, e o fim desse ciclo de cinquenta e dois anos, e o começo do seguinte, marcava um importante evento cerimonial na vida religiosa maia. Embora não tivesse base astronômica, o ciclo era parte daquela cultura e de como se entendia o mundo. E isso era apenas o começo: diversos outros ciclos eram reconhecidos, tal como aquele baseado nos movimentos do planeta Vênus no céu.

Logo, para os Maias cada dia, desde os princípios dos tempos, era único, e designado por uma sequência de notações baseada em diversos calendários. Quando nascia uma criança, ela era levada a um sacerdote que usava a designação do dia do nascimento para prever seu futuro. Eventos importantes, em especial aqueles concernentes ao governante, eram programados para cair em dias considerados particularmente auspiciosos. Para os Maias, então, o tempo era muito mais do que um fluxo contínuo de dias e anos: ele possuía um significativo sentido religioso.

Rituais e calendários nas modernas religiões mundiais

Atualmente, nas modernas religiões mundiais, existem muitos exemplos da importância do tempo e do calendário. Muitos rituais são realizados conforme um tempo cíclico, os chamados **rituais periódicos**, e frequentemente comemoram o aniversário de importantes eventos da história daquela religião. Dada a importância de estabelecer corretamente a data das celebrações, muitas religiões continuam a usar calendários mais antigos do que o comumente utilizado no mundo ocidental.

No Islã, o Ramadã é o nono mês do calendário islâmico, no qual o Corão foi enviado dos céus para Mohammed. É um tempo de devoção e contemplação, durante o qual os muçulmanos enfrentam diversas restrições em suas vidas diárias, como não comer nem beber durante as horas do dia. Depois do pôr do sol, eles quebram o jejum com uma oração e uma refeição. A *Laylat-al-Qadr* (Noite do poder) é celebrada na noite do vigésimo sétimo dia do Ramadã, quando Muhammad recebeu pela primeira vez a revelação do Corão. Segundo o livro sagrado, esta também é a noite em que Deus determina o curso dos acontecimentos mundiais no ano que se inicia. O fim do jejum, e do Ramadã, é celebrado durante três dias no *Eid-al-Fitr* (celebração do fim do jejum).

O calendário islâmico é lunar: cada mês tem início com a primeira lua crescente, de modo que sua duração não corresponde igualmente à do ano solar – é cerca de 11 ou 12 dias mais curta. Como resultado, o começo do Ramadã muda de ano a ano: em 2017, ele começou em 27 de maio; já em 2020, em 24 de abril. Uma das consequências dessa disparidade é que, quando o Ramadã cai durante o inverno, o tempo do jejum é relativamente mais curto e o clima mais fresco, muito diferente do que acontece quando cai durante o verão.

Um outro exemplo de rituais periódicos regulados por calendários antigos é o *Yamim Nora'im* (Dias da Reverência), ou as grandes festividades judaicas, observadas durante um período de dez dias entre o primeiro e o décimo dias do mês de Tishri, o sétimo do calendário judaico. O *Rosh Hashanah* (ano-novo) marca o começo desse período, e o *Yom Kippur* (Dia do Perdão), o seu final. Eles são considerados os mais importantes de todos os feriados judaicos, e os únicos puramente religiosos, sem qualquer base em eventos históricos ou naturais.

As grandes festas judaicas são um tempo de penitência e oração, durante o qual os judeus devem refletir sobre seus pecados contra Deus e pedir-Lhe seu perdão. No Rosh Hashanah Deus julga as pessoas e registra seu julgamento no Livro da Vida, mas existe um período de prorrogação até o Yom Kippur, quando o Livro é finalmente fechado e selado – o Yom Kippur em si é um dia de jejum e oração.

O calendário judaico também é lunar, mas para evitar que os feriados variem em demasia, um décimo-terceiro mês é acrescentado a cada dois ou três anos. Em alguns anos, dias extras são acrescidos para evitar que o Yom Kippur caia num Sabbath. Dessa forma, as maiores cerimônias são mantidas dentro de específicas estações do ano.

Na Igreja Cristã Primitiva, a celebração da Páscoa coincidia com a do *Pessach* judaico, já que a última ceia havia sido um *sêder*[50], e era celebrada na primavera, mas como diferentes comunidades judaicas marcavam a celebração com algumas diferenças, a igreja tentou estabelecer a celebração conforme o calendário (o Juliano, baseado nas reformas promovidas por Júlio César), mas ainda assim a data continuava a se afastar mais e mais a cada ano. Por fim, em 1582, o papa Gregório XIII decretou um novo calendário, reformado, que usamos até hoje (e é chamado Gregoriano).

Demorou muitos séculos para que esse novo calendário fosse aceito em toda a Europa e no Novo Mundo. A Grã-Bretanha e o Império Britânico, incluídas aí as colônias americanas, adotaram o calendário gregoriano em 1752 – naquele ano estava onze dias fora de sincronia com o juliano, resultando daí que quando a mudança ocorreu, à quarta-feira, 2 de setembro de 1752, seguiu-se a quinta-feira, 14 de setembro de 1752. Muitas pessoas ficaram insatisfeitas em ter seus aniversários perdidos desse jeito.

Outros tempos, não relacionados a um calendário específico, podem ter relevância religiosa. Um exemplo comum é o período após um falecimento. No judaís-

---

50. Jantar cerimonial judaico em que se recorda o êxodo do Egito.

mo, esse tempo de luto é chamado *Shiva* e começa tão logo os enlutados tenham retornado do cemitério e dura por sete dias, durante os quais eles ficam em casa e não participam de nenhuma de suas atividades normais, como trabalho ou escola. A família e os amigos os visitam, frequentemente trazendo consigo comida.

Tempo e espaço sagrados na Austrália

Os sistemas religiosos dos aborígenes australianos são focados em expressões do tempo e do espaço sagrados, e para compreendê-los precisamos examinar o conceito de **totemismo**. Em termos simples, um **totem** é um símbolo ou emblema de unidade social, quando se diz haver uma relação especial entre um grupo ou indivíduo e o seu totem, o qual muitas vezes, mas não todas, é um animal. A cultura norte-americana possui vários desses emblemas, encontrados principalmente nos esportes (os mascotes) e nos negócios (as marcas). Muitos nomes de times advêm de animais – ursos, buldogues, águias, panteras –, e a escolha do mascote por um time com frequência reflete aquelas características animais consideradas importantes para os jogadores durante as partidas. Apesar disso tudo, pensar no totem apenas como mascotes e marcas, como veremos, é demasiadamente superficial.

O termo *totem* vem da língua Ojibwa, do Canadá, em que a palavra *ototeman* pode ser traduzida como "ele é meu parente", referindo-se a uma espécie animal específica, conhecida como totem, que é associada aos clãs Ojibwa, um tipo de grupo de parentesco. Os clãs são nomeados segundo os totens.

Totemismo e o Tempo do Sonho

Possivelmente, os exemplos mais bem conhecidos de totemismo vêm dos grupos aborígenes australianos. O sistema totêmico possui muitos componentes, como símbolos totêmicos, mitos e paisagens sagradas.

Em contraste com locais sagrados isolados, que são com frequência destino de peregrinações, os povos indígenas vivem numa paisagem sagrada: os lugares descritos em seus mitos existem em seu próprio mundo físico – riachos, cavernas, montanhas – e suas histórias de origem narram a criação dessa paisagem e das plantas, animais e pessoas que nela habitam.

Os mitos de criação dos aborígenes australianos têm início num passado obscuro, durante o Tempo do Sonho, com a criação de uma terra sem atributos, desprovida de montanhas, rios e planícies. Apareceram, então, criaturas sobrenaturais, surgidas de dentro da terra ou, entre os grupos costeiros, em jangadas. Eles viajaram pelo mundo, criando-o como o conhecemos hoje – o mundo físico, com as plantas, os animais e os seres humanos – bem como os costumes que regem a vida das pessoas. Depois disso, abandonaram a face da terra ou se transformaram em algum objeto da paisagem, como uma rocha ou morro. Os lugares associados a seres mitológicos específicos são, hoje, espaços sagrados que desempenham importantes papéis nos rituais religiosos. A paisagem em que vivem os aborígenes é, portanto, uma tela na qual sua mitologia está escrita, e cujos aspectos mais diversos servem para definir a natureza da humanidade.

As histórias do Tempo do Sonho estabelecem especiais relações entre humanos e animais, pois ambos descendem do mesmo ser sobrenatural, que não era nem humano nem animal, de modo que o laço de parentesco se estende ao mundo animal e a todo o resto das criaturas vivas e da paisagem: são os totens da comunidade. Qualquer espaço específico, um olho d'água ou um monte, pode estar associado a uma história em particular e ser considerado parte da herança religiosa de um grupo singular.

Dentro de uma comunidade, diferentes grupos compartilham diferentes totens: eles existem para bandos, clãs, sexos, e até para indivíduos, e reclamar um deles para si traz consigo obrigações especiais. É aceitável para outros membros da comunidade, mesmo seu cônjuge e filhos, comer do totem, mas não para você, por causa da relação especial compartilhada com a espécie totêmica. Membros de um grupo totêmico possuem responsabilidades, tais como realizar cerimônias religiosas, inclusive iniciáticas, além de muitas outras regras que compõem a relação especial entre um indivíduo, ou grupo, e o seu totem.

As filiações totêmicas também organizam as sociedades australianas: clãs específicos associam-se a totens específicos. Existem regras que regulam os casamentos, normas complexas que definem a filiação de uma criança, bem como os comportamentos sociais adequados entre as diferentes classes da parentela.

A determinação da filiação totêmica de uma criança pode ser complicada: em alguns grupos, valem as regras de parentesco; em muitos outros, considera-se a gravidez como resultado de um espírito totêmico, que talvez resida em um olho d'água, ter penetrado o ventre de uma mulher. O marido e os anciãos irão inquiri-la para determinar qual espírito de qual grupo totêmico a penetrou, e a partir daí a filiação da criança será determinada. Em alguns grupos, a identidade do espírito é revelada ao pai em sonho. Após a morte, a alma do indivíduo retorna para o poço totêmico.

Em algum momento, os meninos são iniciados à maturidade, segundo ritos que envolvem o aprendizado de conhecimento ritual, incluindo a habilidade de olhar e manusear objetos totêmicos. Esses ritos envolvem também algum tipo de alteração do corpo, como a circuncisão ou a retirada de um dente. Ao visitar lugares sagrados descritos nas histórias do Tempo do Sonho, feridas no corpo são reabertas ou abrem-se novas, e se permite que o sangue flua sobre os objetos sagrados.

A cultura aborígene australiana possui uma rica tradição de arte simbólica religiosa, que inclui a disposição de pedras, decoração de objetos sagrados, pinturas em casca de árvore e arte rupestre. Espaços sagrados, em particular cavernas e abrigos rochosos, são decorados com pinturas e entalhes, alguns com 30 mil anos ou mais, feitos por homens para representar criaturas totêmicas, objetos e eventos, enquanto outros teriam sido completados pelos seres totêmicos durante o Tempo do Sonho – alguns, inclusive, representam alguns desses seres que se transformaram em pedra ou em pinturas numa parede.

O simbolismo da música e da dança

A música e a dança desempenham papéis relevantes nos rituais religiosos, mas até que ponto estão presentes, porém, varia bastante: alguns ritos incluem somente um cântico, enquanto outros têm *performances* elaboradas de um mito, com cantos e danças que podem ser consideradas tanto símbolos quanto como histórias contadas através dos movimentos e dos sons.

O simbolismo da música

A música é um elemento-chave do ritual, seja quando simplesmente estabelece o tom de uma cerimônia, ou quando se torna o veículo primário pelo qual histórias religiosas são narradas e que as pessoas se comunicam com os deuses. Ela desempenha inúmeras tarefas durante os rituais religiosos e é utilizada para ensinar, expressar ou engendrar estados emocionais, produzir estados alterados de consciência, agradar aos poderes sobrenaturais ou manter contato com eles.

Um importante papel desempenhado pela música é facilitar a memorização: em sociedades ágrafas, enormes quantidades de narrativas precisam ser recordadas, e qualquer um que tenha precisado decorar um texto em prosa na escola sabe como isso é difícil. A poesia é mais fácil de memorizar por ter ritmo e rima, e as letras de músicas ainda mais. Por causa disso, histórias e preces são frequentemente entoadas ou cantadas.

Claro, a música também cria o ambiente para o ritual: o órgão solene de um funeral, um coro entoando um cântico medieval ou o regozijo de um hino gospel, todos ilustram esse poder da música para dar o tom às cerimônias. Mas também a usamos da mesma maneira com propósitos seculares: compare a trilha sonora que você escolheria para estudar com aquela que selecionaria para uma festa com os amigos ou para uma noite romântica – sabemos quando devemos estar felizes, tristes ou assustados com base na música que ouvimos.

Muitos dos primeiros missionários cristãos compreendiam essa influência da música, e levaram consigo pianos e órgãos para as áreas mais remotas do globo – é possível que tenham tocado um pequeno órgão numa igreja simples, de pau a pique, no meio da floresta tropical. Mas eles supunham que os vários tipos de música que produzimos refletiam emoções e sentimentos universais.

Um hino sombrio tocado em um órgão reflete a tristeza de um funeral, enquanto um hino gospel exaltante expressa a alegria da proximidade com Deus. Podemos supor que músicas euro-americanas religiosas, militares ou de amor evocarão a mesma resposta emocional em todas as sociedades ao redor do mundo, mas, em verdade, elas são amiúde incapazes de atingir seu intento com não ocidentais, enquanto musicalidades vernáculas nativas não comovem estrangeiros. O sentido da música, claro, é simbólico, e como tal é parte das tradições aprendidas de uma cultura.

Percebendo esse fato, muitos missionários e músicos contemporâneos estão compondo músicas tradicionais e importando tradições musicais tribais, um caso de **sincretismo**, a fusão de elementos de duas culturas diferentes. Temos, por exemplo, a conhecida composição *Missa Luba*, uma missa católica cantada em latim, mas estruturada e acompanhada por elementos e instrumentos musicais da tribo Congo da República Democrática do Congo (antigo Zaire). Tambores africanos, canções aborígenes australianas e flautas nativo-americanas, dentre outros, foram todos integrados a experiências musicais modernas.

Música no ritual

A música desempenha importantes papéis nas vidas dos caçadores-coletores. Nos anos de 1950, Colin Turnbull estudou os pigmeus Mbuti da Floresta Ituri, no Congo, e registrou sua música. Eles cantam durante todo o dia, e os caçadores, caminhando na densa floresta tropical, usam o canto como forma de manter contato entre si. Os !Kung San do Botsuana usam a música durante seus rituais de cura: diversas vezes por ano eles se reúnem à noite em volta da fogueira e começam a cantar. Alguns membros do grupo (homens, principalmente) começam a dançar em volta dos cantores e entram num estado alterado de consciência conhecido como *!kia*, quando então movem-se em torno do fogo postando as mãos em cada um dos indivíduos, num ritual de cura.

Em algumas culturas, os próprios sons musicais (produzidos vocal ou instrumentalmente) podem ser interpretados como sobrenaturais. Encontramos um exemplo disso entre os Tuva (área cultural da Sibéria), para quem o poder espiritual encontra-se na natureza. Esses espíritos manifestam-se tanto por intermédio de aparições físicas quanto por sons, feitos por eles ou através da interação com os humanos, tais como o barulho da água corrente ou o eco da voz humana em um penhasco. A maneira para se entrar em contato com os poderes sobrenaturais é imitar seus sons – as cavernas, por exemplo, são espaços de poder sobrenatural e podem ser utilizadas para contactar os espíritos da terra. Igualmente interessante é o tipo de sons vocais usados pelos Tuva, conhecidos por uma técnica conhecida como *xöömei*, "canção gutural", em que um único vocalista é capaz de produzir dois tons distintos ao mesmo tempo.

Instrumentos musicais são elementos importantíssimos à música, e uma gama inacreditável deles pode ser encontrada ao redor do mundo. É possível dividi-los em quatro grupos. Os **idiofones** são instrumentos que são batidos, chacoalhados ou esfregados, tais como chocalhos, sinos, atabaques, reco-recos, rombos, marimbas e xilofones.

Membranofones são instrumentos que incorporam uma pele ou membrana esticada, como os tambores. Os **cordofones** têm cordas tesas que podem ser dedilhadas, beliscadas, tocadas ou friccionadas, como as harpas, cítaras e violinos. Por fim, temos os **aerofones**, em que o ar é soprado por ou através de algum tipo de duto, como um tubo. São exemplos apitos, gaitas, didjeridus, flautas e trompetes.

Para algumas culturas o som produzido por instrumentos musicais tem significado religioso. O exemplo mais bem-conhecido da literatura antropológica são o didjeridu dos aborígenes australianos e o molimo dos pigmeus da Floresta Ituri. Ambos são aerofones bem simples, em essência nada além de tubos compridos, normalmente feitos de madeira, cujos sons, acredita-se, provêm dos espíritos. Homens iniciados tocam esses instrumentos fora das vistas das mulheres e crianças, a quem dizem se tratar das vozes dos espíritos – somente durante os ritos de iniciação é que a verdadeira natureza dos sons é revelada aos jovens.

A música desempenha um importante papel na África, onde é associada aos ritos religiosos e às histórias. Os ritmos são altamente desenvolvidos e, em contraste com as tradições euro-americanas, a harmonia e a melodia são secundárias. Membranofones são instrumentos relevantes: tocam-se diversos tipos de tambores, que não raro são combinados em grandes conjuntos percussivos.

O simbolismo da dança

O uso da dança não é comum nos rituais religiosos ocidentais, mas em muitas outras tradições ela é um meio importante para representar simbolicamente o mundo sobrenatural e para narrar histórias. Claro, ela não ocorre isolada: normalmente executada sob acompanhamento musical, envolve amiúde a enunciação, ou canto, de palavras e a manipulação de símbolos físicos, tais como vestimentas e máscaras, cenários e adereços.

A cultura consiste de comportamentos tradicionais, padronizados. Podemos definir a dança como um sistema de movimentos tradicionais e padronizados que envolvem todo o corpo ou, algumas vezes, apenas partes dele, como as mãos, e são simbólicos na medida em que possuem significados culturalmente determinados. Personagens de histórias conhecidas são identificados pelos seus movimentos característicos (como seu jeito de andar ou de mover os braços) bem como pelas suas fantasias, maquiagem e máscaras. Em sociedades que não possuem sistemas de escrita, a dança se torna um veículo importante para a narração de histórias sagradas para a comunidade: entre os havaianos nativos, por exemplo, dançarinos da hula contam as histórias dos deuses e deusas.

Os Kwakwaka'wakw da área cultural Costa Noroeste (América do Norte) dizem que uma linhagem familiar humana foi criada quando o ancestral do grupo desceu à terra, tirou sua máscara e se tornou humano. Para eles, as máscaras de animais entalhadas são uma importante forma de arte religiosa, frequentemente usadas por dançarinos recontando importantes histórias míticas. A dança, porém, vai muito além de contar histórias: pode funcionar também como oferenda, pois muitas divindades gostam de ser entretidas. Os dançarinos também podem se tornar veículos do poder sobrenatural: durante o ritual, os mascarados Kwakwaka'wakw, por exemplo, transformam-se nos seres cujas máscaras estão usando.

Em muitas culturas, deuses e espíritos entram no corpo humano e se apossam dele. Os movimentos específicos durante a possessão identificam a entidade dentro do corpo e podem estabelecer contato entre a divindade e os participantes humanos. No Vodu, por exemplo, a possessão é uma parte fundamental dos rituais, durante os quais se entoam cânticos para invocar alguma divindade em particular. Quando ela chega, possui o dançarino – o humano como um cavalo no qual a entidade cavalga é uma metáfora recorrente. Qual dos deuses apossou-se um participante é algo que pode ser deduzido pelos seus movimentos e ações (discutiremos mais detalhadamente a religião Vodu no capítulo 11).

No início da história do Islã, um grupo bastante interessado nos aspectos místicos da religião separou-se e formou um grupo distinto, os Sufis, e um dos seus místicos mais importantes foi um homem chamado Mevlana Rumi, que viveu no século XIII, no Sultanato Seldjúcida de Rum. Ele fundou a Ordem Mevlevi e reavivou a prática dos rodopiantes: usualmente chamados pelos ocidentais de "dervixes rodopiantes": seus membros usam longas túnicas que levantam à medida que os dançarinos, com os braços erguidos para o alto, continuam a girar. Com esse ato, eles buscam tornar-se um só com Deus.

Os Tewa, um grupo de um Pueblo da área cultural do Sudoeste, dizem dançar para "buscar", "reconquistar" ou "renovar" a vida. Diversas referências simbólicas a esse tema podem ser encontradas nos movimentos dos dançarinos, nas vestes que usam e nas canções que cantam. Eles erguem seus braços simbolizando arco-íris ou nuvens; as longas borlas de suas roupas representam a chuva; arranjos de cabeça tecidos contêm representações de flores de abóbora ou padrões de nuvens bordados. As canções que acompanham as danças fazem referência à aurora, à juventude, às flores e ao milho vicejando. Os Tewa praticam a agricultura num meio-ambiente muito árido, de modo que as referências à chuva e aos itens a ela associados (nuvens, trovão e arco-íris) são importantes símbolos da vida.

As danças dos Tewa geralmente acontecem em espaços abertos (*plazas*), nas quais os intérpretes podem estar em contato com a terra. Eles se organizam em longas linhas paralelas, e se movem em uníssono, ao ritmo de um ou mais tambores. Eles podem cantar ou ser acompanhados por um coro próximo. Antes da dança, os participantes preparam uma **kiva**, um cômodo subterrâneo que possui como entrada um buraco no teto. Quando a dança está prestes a começar, eles emergem da kiva e seguem para o espaço aberto, uma referência simbólica à origem dos Tewa, que conta como as primeiras pessoas emergiram do submundo para o mundo presente.

Conclusão

Para concluir nossa discussão sobre o simbolismo, precisamos reunir diversos conceitos que exploramos até agora. Frequentemente, símbolos baseiam-se em episódios específicos recontados nos mitos e representam uma visão de mundo específica. Um caso que já discutimos é a prática Tewa de começar as danças emergindo de uma kiva, simbolizando a emergência de dentro do submundo no começo dos tempos. Reexaminaremos mais alguns outros símbolos que já discutimos para explorar as conexões entre símbolos, mito e visão de mundo.

Sangramentos formavam uma parte importante dos rituais religiosos maias: o sarcófago do Senhor Pakal contém simbolismo de sangue, e a razão para tanto pode ser encontrada na história de origem narrada no documento conhecido como *Popol Vuh*, um livro do século XVII que reconta a história dos Maias. Nele, aprendemos que a razão por que os deuses criaram as pessoas foi para que tivessem criaturas vivas que os adorassem, e enquanto se preparavam para criá-las, os deuses dizem:

> [...] para que sejamos invocados,
> para que sejamos sustentados,
> para que sejamos lembrados
> pela gente criada, pela gente formada,
> pela gente entalhada, pela gente formada.
> Que assim se faça[51].

Este trecho reflete a visão de mundo dos Maias, em que existe uma relação recíproca entre o povo e seus deuses. O mundo foi criado de um sacrifício divino, mas só continuará existindo se os Maias, por seu turno, sacrificarem para os deuses: entendia-se a fumaça produzida pelos tecidos empapados de sangue como alimento para as divindades.

A imagem de Pakal descendo ao submundo para que renascesse também remete a uma passagem do *Popol Vuh*, a história dos gêmeos Hunahpu e Xbalanque, que perturbaram os Senhores da Morte jogando bola. Eles foram convocados ao Xibalba para participar de uma série de julgamentos, mas usando da esperteza foram capazes de derrotar os Senhores da Morte e conseguiram renascer.

Outrossim, o simbolismo da cruz cristã se baseia na história da crucificação de Jesus Cristo encontrada na Bíblia, e também expressa uma visão de mundo: que a morte de Jesus oferece a oportunidade para a salvação:

---

51. *PopolVuh – O esplendor da palavra antiga dos Maias-Quiché de Quauhtlemallan: aurora sangrenta, história e mito*. São Paulo: Ubu, 2019, p. 127. Tradução crítica e notas de Josely Vianna Baptista.

> Quando chegaram ao chamado "lugar da Caveira", aí crucificaram Jesus e os criminosos, um à sua direita e outro à sua esquerda. E Jesus dizia: "Pai, perdoa-lhes! Eles não sabem o que estão fazendo!" Depois repartiram as roupas de Jesus, fazendo sorteio[52].
>
> Um dos criminosos crucificados o insultava dizendo: "Não és tu, o Messias? Salva a ti mesmo e a nós também!" Mas o outro o repreendeu, dizendo: "Nem você teme a Deus, sofrendo a mesma condenação? Para nós é justo porque estamos recebendo o que merecemos; mas ele não fez nada de mal." E acrescentou: "Jesus, lembra-te de mim, quando vieres em teu Reino." Jesus respondeu: "Eu lhe garanto: hoje mesmo você estará comigo no Paraíso"[53].
>
> "Pois Deus amou de tal forma o mundo, que entregou o seu Filho único, para que todo o que nele acredita não morra, mas tenha vida eterna[54].

Um outro exemplo da conexão entre símbolo, mito e visão de mundo é o Yin-yang, baseado na visão de mundo taoista, da importância atribuída ao equilíbrio e à harmonia. Taoistas acreditam existir duas forças interagentes no universo, *yin* e *yang*: a primeira é o elemento feminino, associado ao frio, à escuridão, à maciez e a terra; o segundo, masculino, vincula-se ao calor, à luz, à dureza e aos céus. São ambos opostos, mas mutuamente dependentes e precisam estar em equilíbrio. Acredita-se que estejam presentes todos os aspectos do mundo, e cada um guarda dentro de si a semente do seu oposto, que há de se expandir até se tornar o outro.

Numa antiga história chinesa da criação, yin e yang estavam dentro do ovo cósmico, até que a luta entre os elementos opostos fez partir a casca. Pan Ku, algumas vezes referido como o "filho de yin e yang" ou "gigante da mitologia chinesa", emergiu do ovo e começou a criar o mundo – em algumas versões usando uma enxada, em outras um martelo e um cinzel. Mas a criação não se completou até a morte de Pan Ku, quando então seu corpo dá origem a diversos elementos: seu crânio transforma-se na abóbada celeste; sua carne, o solo da terra; seus ossos tornam-se rochas, e seu sangue, os rios; seu fôlego gera os ventos; seus olhos, o sol e a lua. Por fim, as pulgas e parasitas do seu corpo tornam-se os ancestrais dos modernos grupos humanos.

Essas conexões entre símbolo, mito e visão de mundo continuarão a ser importantes na medida em que adicionarmos mais um elemento à mistura: o rito.

---

52. Lc 23,33-34
53. Lc 23,39-43
54. Jo 3,16

No próximo capítulo, discutiremos os rituais e o modo como são intimamente conectados a símbolos, mitos e visões de mundo.

Resumo

O símbolo é algo que vale por alguma outra coisa. Ele nos permite falar de algo que não está imediatamente adiante de nós e criar nossas próprias realidades. Importante elemento da prática religiosa, o cerne dos rituais religiosos repousa na manipulação simbólica.

Símbolos podem aparecer de muitas formas. A linguagem é simbólica por natureza, pois diversos sons falados são usados para criar combinações que contêm sentido. Mas não existe nada do referente que seja inerente na combinação de sons – seu significado é parte de uma tradução cultural. A recitação de narrativas religiosas é um elemento significativo das práticas religiosas. Ideias religiosas também podem ser expressas em arte que contenha muitos simbólicos elementos. Muito da representação artística é arbitrária, na medida em que a natureza do símbolo nem sempre comunica seu significado. Exemplos simples são a suástica, o pentagrama e a cruz. Ainda que um estrangeiro possa ter alguma dificuldade em entender uma obra de arte religiosa, o mesmo não ocorreria a um membro daquela cultura específica.

Também o tempo e o espaço são tratados simbolicamente. Muitas unidades de tempo, como a nossa semana e os diversos ciclos do tempo maia, são arbitrárias e contam o tempo com sentido profundo. Sistemas de calendário existem como uma maneira de organizar simbolicamente o tempo e para regular rituais periódicos. Também o espaço é repleto de significado simbólico, especialmente quando os eventos mitológicos são percebidos como ocorrendo na paisagem. Essa paisagem sacralizada é parte do sistema totêmico encontrado entre os Aborígenes australianos.

Música e dança são igualmente simbólicas, componentes importantes do rito religioso. Elementos musicais sugerem emoções e possuem sentidos simbólicos. Aquilo que é considerado música religiosa em uma comunidade pode não ser numa outra. A dança, composta por música, movimento, vestimentas e máscaras, cenários e adereços, é amiúde utilizada para contar histórias religiosas em sociedades em que tais narrativas não foram registradas por escrito. Todos esses exemplos – linguagem, arte, música e dança – interagem para fornecer ricas experiências religiosas.

Questões de estudo

1) Marcas e logotipos são exemplos de símbolos importantes nas sociedades capitalistas. Escolha alguns exemplos e mostre como expressam uma emoção particular, ou uma ideia sobre o produto que anunciam.

2) Historicamente, os símbolos podem ser muito poderosos e evocar fortes emoções. Isso é especialmente verdadeiro para os símbolos religiosos. Elenque alguns símbolos religiosos e políticos e descreva os papéis que desempenharam na história humana.

3) Em todas as culturas, cores possuem sentidos. Como elas são utilizadas para atribuir sentido em nossa sociedade? Aponte algumas das regras sociais que determinam o uso da cor em nossa sociedade (p. ex., as noivas usam branco). Você conhece alguma diferença no sentido das cores em outras culturas?

4) Como o totemismo e o conceito do Tempo do Sonho funcionam como um mapa cultural paras as culturas aborígenes australianas? Como essas culturas reagiriam à presença de culturas não aborígenes, como a representada pelos missionários?

5) Muitas organizações norte-americanas são identificadas com animais. Por exemplo, universidades e times de futebol americano profissionais são frequentemente associados a um mascote, geralmente algum tipo de animal. Quais os animais normalmente usados nessas situações? Por esses animais, e não outros? Quando você vai a uma partida, quais as atividades ocorrem à volta do mascote animal? E qual a diferença entre essas ações e um totem australiano?

6) Descreva o papel da música na cultura contemporânea. Em quais situações é possível encontrar música sendo tocada? E quais as músicas tocadas nessas situações?

7) Escolha um símbolo religioso que seja familiar a você e descreva seu significado. Como ele está conectado aos mitos e à visão de mundo da cultura que o produziu?

Leituras sugeridas

BADO-FRALICK, N.; NORRIS, R.S. *Toying with God: The World of Religious Games and Dolls*. Waco: Baylor University Press, 2010 [Este livro se dedica aos jogos e bonecos religiosos, e à mistura entre símbolos religiosos e cultura popular].

DRESSER, N. *Multicultural Celebrations*. Nova York: Three Rivers Press, 1999 [Um manual sobre a correta etiqueta para celebrações em diversas tradições étnicas nos Estados Unidos, útil numa sociedade multicultural].

LIUNGMAN, C.G. *Dictionary of Symbols*. Nova York: Norton, 1991 [Uma das muitas compilações de símbolos, uma ferramenta útil de referência].

OBEYESEKERE, G. *Medusa'sHair: An Essay of Personal Symbols and Religious Experience*. Chicago: University of Chicago Press, 1984 [Um antropólogo psicológico examina o uso dos símbolos pelos ascetas do Sri Lanka].

Ficção

ANAYA, R. *Bless Me Ultima*. Nova York: Grand Central Publishing, 2012 [Em uma história repleta de simbolismos, o crescimento de um garoto no Novo México de um menino no Novo México dos anos de 1940].

Websites sugeridos

http://symbols.net – Uma listagem abrangente dos websites que lidam com símbolos em diversos contextos, inclusive o religioso.

www.planetgast.net/symbols – Símbolos na arte e arquitetura cristãs.

www.cem.va.gov/hmm/emblems.asp – Departamento de Assuntos dos Veteranos de Guerra dos Estados Unidos: emblemas de crenças para colocação em lápides e marcos governamentais.

www.ridingthebeast.com/articles/colors – Cor, simbolismo e significado na Bíblia.

www.webexhibits.org/calendars/calendar.html – Uma exibição online de calendários de todos os tempos, incluindo o maia.

www.mayacalendar.com/mayacalendar.html – Uma discussão sobre o calendário maia no website do Maya World Studies Center.

http://guides.lib.washington.edu/ethnomusicology – Uma lista de websites relacionados à etnicomusicologia, música folclórica e world music da Universidade de Washington.

https://folkways.si.edu/ – Smithsonian Folkways disponibiliza ampla variedade de registros de música étnica.

http://sounds.bl.uk/ – Arquivo de gravação de sons (British Library) fornece acesso a uma imensa variedade de gravações de músicas do mundo inteiro.

4

Ritual

Soa o alarme do relógio. Relutante, você sai da cama e começa sua rotina matinal, que pode incluir tomar um banho, barbear-se ou maquiar-se, ler o jornal e comer o seu café da manhã. Provavelmente você faz sempre as mesmas coisas na mesma ordem, todo santo dia – ou pelo menos nos dias úteis. A essa sequência de eventos recorrente e padronizada podemos chamar de **ritual**.

O termo ritual pode se referir a qualquer sequência repetitiva de atos. Os psicólogos o utilizam quando desejam aludir a uma atividade repetitiva compulsiva, como lavar as mãos dezenas de vezes todo dia. Uma aula pode ter início com um ritual de fazer a chamada e dar avisos. Quando o ritual envolve a manipulação de símbolos religiosos – tais como preces, oferendas e leitura de literatura sagrada – é chamado de **ritual religioso**.

O básico da *performance* ritual

De certa maneira, um ritual se parece com uma peça teatral. Uma peça consiste de atores, palavras, cenários e adereços, apresentados conforme o roteiro, e reflete a cultura de uma sociedade e sua visão de mundo.

Um ritual religioso público também consiste de atores (xamãs e sacerdotes, p. ex.), palavras (uma prece, um feitiço ou um sermão, talvez), cenários (como um altar), adereços (velas, livros religiosos ou máscaras) e pode igualmente conter música e dança. Rituais de menor escala, como os realizados por um xamã provocando a cura, também possuem muitos desses elementos, mesmo que, nesse caso, a semelhança com uma peça não seja tão grande. Claro, o ritual religioso é muito mais do que uma peça: seu objetivo primeiro não é entreter (ainda que sejam uma importante forma de entretenimento em algumas sociedades) e a audiência é uma participante ativa.

Dois dos elementos mais básicos das práticas religiosas são o ritual e o mito, e não raro ambos estão estreitamente ligados: frequentemente, o ritual se baseia em um mito, na medida em que as diretivas para a sua *performance* estão contidas no mito. Existe algum debate sobre quem veio primeiro. O mito é refletido no ritual; outros rituais são reencenações suas.

A mitologia de uma sociedade compõe-se de histórias que refletem a visão de mundo que a subjaz. Embora somente alguns na comunidade sejam capazes de articular de maneira filosófica ou teológica os temas fundamentais e os fundamentos de seu sistema religioso, todos conhecem o mito de sua religião e aceitam as verdades básicas do sistema religioso. O mesmo ocorre com os rituais.

Muitos, mas não todos, os rituais são públicos e envolvem uma comunidade inteira, de um modo ou de outro. As atividades rituais simbolizam as crenças particulares e os valores daquela comunidade e são um veículo pelo qual conceitos básicos (como a definição do bem e do mal e a natureza apropriada das relações sociais) são introjetados no grupo.

Diferentemente de outras formas de discurso (ler este livro ou ouvir uma música, p. ex.), as pessoas que participam de um ritual usualmente são familiares com ele e com seu significado. Talvez tenham lido um comentário, ou frequentado a escola dominical em que o assunto foi discutido, de modo que a participação assinala uma aceitação pública das regras fundamentais da religião. O simples fato de as atividades que têm lugar durante o ritual serem bem-conhecidas e aceitas confere um senso de estabilidade à sociedade e implica um sentido de unidade social. Da mesma forma, como seus elementos são repetidos em intervalos regulares, acabam por imprimir um sentido de validade e sacralidade ao sistema religioso.

Rituais prescritivos e situacionais

Existem muitos termos que podemos usar para descrever os rituais. Eles podem ser, por exemplo, **prescritivos** ou **situacionais**. Os primeiros exigem a *performance*, uma exigência que pode estar estabelecida em um texto religioso ("Lembre-se do dia de sábado, para santificá-lo"[55]), pela demanda de uma divindade ou de uma autoridade religiosa, ou mais simplesmente baseada na tradição.

Outros são realizados por causa de necessidades específicas de um indivíduo ou uma comunidade e são chamados rituais situacionais, ou **rituais de crise**, sur-

---

55. Ex 20,8

gidos espontaneamente, ou em momentos de angústia. Uma comunidade pode realizar um ritual para um grupo de homens e mulheres que estão seguindo para a guerra ou outra atividade perigosa qualquer: rituais situacionais aparecem no mundo todo como resposta a atividades terroristas; alguns simples como desfraldar uma bandeira, outros mais complexos, tais como montar altares informais onde as pessoas depositam flores, acendem velas e deixam fotografias. Muitas igrejas, templos e mesquitas organizam rituais situacionais específicos para atender às urgências de suas comunidades.

Rituais periódicos e ocasionais

Outra maneira de descrever os rituais é identificá-los como sendo realizados regularmente (parte de um calendário religioso) ou quando do surgimento de uma necessidade específica (como um casamento ou uma morte). Os primeiros são chamados **periódicos** ou **calendáricos**, os segundos, **ocasionais**. As classificações dos rituais entre prescritivos ou situacionais e periódicos ou ocasionais são distintas, de modo que uma dada cerimônia – uma missa de domingo, por exemplo – é tanto prescritiva quanto periódica.

Rituais periódicos podem ocorrer uma ou várias vezes ao dia, como é o caso das preces diárias (*salat*) islâmicas (os muçulmanos oram ao alvorecer, ao meio-dia, no meio da tarde, ao anoitecer e à noite, como ordenado pelo profeta Muhammad, o que faz das orações um ritual prescritivo também). Rituais periódicos podem acontecer semanalmente, como o acendimento das velas entre os judeus, que ocorre toda sexta-feira ao anoitecer para marcar o início do Sabbath, ou a celebração da Missa de Domingo entre os católicos. Existem também celebrações anuais, como a Páscoa, o Pessach e o Ramadã.

Outro exemplo de ritual periódico é o Diwali, o Festival das Luzes, uma das mais importantes celebrações da Índia. Originalmente, tratava-se de uma festividade hindu, mas seu público ampliou-se e agora é celebrado como um feriado público no país inteiro, durante a noite mais escura (a lua nova) do mês de Kartik, quando se acendem lamparinas a óleo e fogos de artifício. O Diwali está relacionado a uma série de importantes eventos místicos: um deles é o retorno de Rama, sua esposa Sita, e seu irmão, Lakshmana, ao seu reino, Ayodhya, após um exílio de quatorze anos. Para festejar a sua volta, o povo teria iluminado suas casas com as lamparinas a óleo, e as luzes do festival simbolizam a eliminação da escuridão espiritual.

Originalmente, o Diwali esteve muito provavelmente ligado à estação da colheita. Diversos rituais periódicos estão alinhados às fases do ciclo agrícola, base para a periodicidade de diversos rituais religiosos nos calendários judaico e católico, por exemplo, e dentre os quais os mais importantes são vinculados aos tempos do plantio e da colheita.

O Pessach é a celebração judaica que relembra o êxodo do Egito; muitos historiadores, contudo, acreditam que, em sua origem, fosse também um festival agrícola da primavera, algo que pode ser observado em várias das comidas simbólicas associadas à *Sêder*, a ceia ritual, como a salsa. Exatas sete semanas após o Pessach vêm o *Shavuot*, também conhecido como *Yom Habikkurim*, a Festa das Colheitas, ou das Primícias, que comemora tanto o início da colheita do trigo quando a recepção dos Dez Mandamentos por Moisés no Monte Sinai.

Rituais ocasionais são aqueles realizados por motivos específicos, quando da emergência de uma situação que demanda sua realização. Muitos são associados à natureza e ao seu impacto no ciclo agrícola e incluem o controle de pestes e insetos e a atração da chuva, quando tais ameaças põem em risco as plantações. E são igualmente associados a eventos importantes na vida de um indivíduo, como nascimento, casamento e morte.

Uma classificação dos rituais

Nosso próximo passo é agrupar os objetos de nosso estudo, nesse caso os rituais, em um número manejável de categorias, algo que pode ser bem difícil dada sua grande variação, o que torna qualquer classificação inevitavelmente arbitrária. Aqui discutiremos muitos dos diversos tipos de rituais usando algumas das categorias desenvolvidas por Anthony F.C. Wallace[56].

Pesquisando rituais

Cada tipo de ritual possui seu próprio objetivo e existe no âmbito de seu próprio contexto religioso e cultural. Na seção seguinte, exploraremos a maioria dos rituais encontrados na classificação de Wallace.

---

56. WALLACE, A.F.C. *Religion: An Anthropological View*. Nova York: Random House, 1966.

Rituais tecnológicos

Os **rituais tecnológicos** são aqueles que tentam influenciar ou controlar a natureza, especialmente naquilo em que o bem-estar e as atividades humanas são afetados. O sucesso ou fracasso das empresas humanas (como caçar, pescar ou cultivar) jaz sob a influência dos caprichos naturais: a caça pode não aparecer, os peixes podem não morder a isca, e a falta de chuva pode provocar o colapso de uma safra. Como tais eventos afetam a sobrevivência mesma de todo um povo, todas as sociedades tentam influenciar ou mesmo controlar a natureza, para que o êxito de suas caçadas, pescas e plantios seja garantido. Exemplos desses rituais incluem os ritos de intensificação dos caçadores-coletores, os Protetivos e os Divinatórios.

Ritos de intensificação dos caçadores-coletores

A função dos **ritos de intensificação dos caçadores-coletores** é influenciar a natureza na busca por comida. Embora o termo se refira às atividades de caça e coleta, eles também se estendem a outras atividades econômicas, tais como a pesca, o pastoreio e a pecuária, e incluem tanto rituais periódicos, para seguir os ciclos sazonais, quanto ocasionais, realizados em resposta a alguma crise, como a falta de chuva. Também podem dar início à caça de alguma espécie animal quando de suas migrações periódicas por um território tradicional. No começo de uma expedição de pesca, são realizados para garantir o sucesso na localização dos peixes. Acompanham a preparação do solo, o plantio das sementes, a proteção da plantação contra animais e inimigos atmosféricos, e a colheita.

Entre as populações caçadoras-coletoras, o começo de um tempo em que determinados alimentos selvagens estão disponíveis é frequentemente marcado por um ritual. Num nível prático, esses rituais servem para controlar o consumo daquele alimento: a coleta prematura de um dado tipo de fruta, por exemplo, pode afetar negativamente a disponibilidade de sua quantidade total. Eles também reafirmam os direitos privativos de determinadas unidades sociais a certas comidas e áreas de caça e coleta, e são frequentemente chamados de cerimônias "dos primeiros frutos" ou "das primícias". Entre os Cahuilla (deserto do sul da Califórnia), indivíduos podem ser enviados para recolher pequenas quantidades de alimento, às quais se acrescentam provisões dos estoques de inverno, e durante três dias e três noites os membros de cada grupo de parentesco comem porções dos víveres, numa cerimônia de graças ao sobrenatural pela providência de comida.

A fertilidade é um tema central nesse grupo de rituais, seja pela brotação e o crescimento bem-sucedidos das colheitas na primavera, ou pelo nascimento de animais selvagens, sem os quais as pessoas passariam fome e a sociedade desapareceria. Quando se consegue boa caça, realizam-se rituais para agradecer aos animais que se deixaram capturar.

Os Lakota são uma tribo nativo-americana vivendo no que hoje é o centro-norte dos Estados Unidos. No começo do século XX, caçavam bisões, mas hoje, como as manadas selvagens desapareceram das planícies, eles cuidam de manadas cativas desses animais, e a venda de sua carne é uma importante fonte de renda. Eventualmente, algum animal incontrolável precisa ser abatido, algo feito à bala, e não mais com arco e flecha; depois de o matarem, os caçadores reúnem-se à volta do animal morto e realizam um pequeno ritual para agradecê-lo por se deixar matar, assegurando assim o sucesso da continuidade da empreitada.

Os Inuit vivem na costa ártica e dependem das focas para sua sobrevivência; para eles o sucesso de uma caçada depende da benevolência de Nuliajuk, a Mãe do Mar. Se costumes importantes forem negligenciados, ela pode colocar inúmeras dificuldade no percurso dos caçadores, como tempestades, blocos de gelo se partindo ou, ainda, manter as focas fora do alcance. Os Inuit acreditam que Nuliajuk está no máximo da satisfação quando seu cabelo está penteado, e o mau-comportamento das pessoas é interpretado como nós em sua cabeleira. No mito de criação Inuit, os dedos da deusa foram decepados e as juntas tornaram-se focas; sem os dedos, porém, ela não pode, sozinha, cuidar do cabelo, cabendo então ao xamã visitá-la em casa, no fundo do mar, penteá-la e acalmá-la.

Na crença tradicional Inuit, as focas têm alma, e muitos costumes de caça e rituais são pensados para lhes demonstrar respeito. Este é o caso da prática de muitos grupos de pôr água fresca na boca de uma foca morta antes de esquartejá-la: para alguns grupos, um animal que teve de beber terá mais inclinação a retornar como uma nova foca para um novo gole d'água, mas a crença geral é que a água acalmaria o espírito do animal.

Nas palavras de um Inuit, Peter Irniq, "os Inuit eram respeitosos com as focas. Meu pai costumava pegar uma delas e a colocava dentro do nosso iglu. Antes que minha mãe tirasse seu couro, colocava um pedaço de gelo na própria boca para que derretesse e deixava a água cair na boca da foca. Ela dizia que tal procedimento garantia que as outras focas sob o gelo não teriam sede. Ela fazia isso todas as vezes. Era uma crença espiritual, realizado por respeito aos animais"[57].

---

57. PELLY, D.F. *The Sacred Hunt.* Vancouver: D&M Publishers, 2001, p. 28.

Rituais protetivos

Existem inúmeros perigos em potencial durante atividades de risco. Imagine viajar em um pequeno grupo, em uma pequena canoa escavada num tronco, até o oceano, sem terra à vista, em busca de peixeiros produtivos, e sem recursos verdadeiros para prever o tempo para além de algumas poucas horas, se muito. Os **rituais protetivos** geralmente acompanham essas situações e podem ser prescritivos na medida em que são rotineiramente realizados na véspera de uma jornada perigosa ou, ocasionalmente, em resposta a uma tempestade em formação.

Eles são executados para proteger a segurança dos indivíduos envolvidos numa tarefa perigosa, e também como resposta a ameaças inesperadas ao sucesso de uma empreitada econômica, que podem incluir infestação de insetos ou pestes que ameaçam destruir uma colheita, cheias e secas, doenças entre os animais de um rebanho, dentre muitas outras crises potenciais, tantas que chega a ser impossível enumerá-las.

As jornadas comerciais dos ilhéus das Trobriand, nas costas da Nova Guiné, são perigosas e envolvem muitas precauções, como garantir a navegabilidade das canoas no mar e o desejo por tempo bom. Estas viagens eram acompanhadas por um grande número de rituais: o capitão não apenas era um *expert* em navegação e previsão do tempo, mas também um especialista em rituais, realizando-os ao longo de todo percurso. Por exemplo, há rituais para antes da canoa ser lançada, para expulsar o peso excessivo dela, para deixá-la mais navegável e veloz – em parte deixando as outras embarcações mais lentas.

Rituais para a proteção dos barcos no oceano aberto são comuns entre navegantes: os Vikings inauguravam uma nova embarcação "ensanguentando a quilha", um ritual de sacrifício humano no qual uma pessoa era amarrada à quilha do barco para que fosse esmagada durante o lançamento. O costume ocidental de batizar um navio quebrando nele uma garrafa de champanhe carrega em si a ideia de uma bênção divina, e a pessoa que perfaz o ritual passa a ter uma relação especial com a nave.

Rituais protetivos são igualmente usados em outros meios de transporte: entre os Iorubá da Nigéria (África Ocidental), Ogum é o deus do ferro, e mais recentemente foi associado também aos carros e caminhões. É comum que taxistas decorem seus veículos com os símbolos do deus e que ofereçam o sacrifício de um animal em sua honra para serem protegidos.

Com alguma frequência, não se busca efetivamente o controle. A previsão de eventos naturais que afetam o sucesso dos esforços econômicos pode levar a medidas preventivas, sejam elas técnicas (a construção de uma cerca para manter os animais selvagens fora do campo) ou rituais. Tais cerimônias auxiliam a comunidade na escolha do melhor momento para plantar e do melhor lugar de caça ou pesca. Aos ritos que buscam informações chamamos de rituais divinatórios (a divinação será discutida com mais vagar no capítulo 7).

Ritos sociais de intensificação

O próximo grupo de rituais serve para manter o funcionamento normal de uma comunidade, e são conhecidos como **rituais ideológicos**. Eles esboçam os códigos do comportamento devido, definem bem e mal, moralidade e imoralidade, e articulam a visão de mundo de uma comunidade. Eles ajudam as pessoas e a comunidade a atravessar tempos de mudança e de crise, facilitam o correr ordeiro da sociedade, e tendem a ser conservadores, sancionando a ordem social.

Um tipo importante de ritual ideológico são os **ritos sociais de intensificação**. Muito familiares, são usualmente prescritivos e periódicos, incluindo a ida semanal à igreja no domingo (encontrada na maioria das denominações cristãs), os rituais do *Sabbath* judaico e as preces diárias (*salat*) muçulmanas. Incluem também grandes festividades anuais, como a Páscoa cristã e o *Rosh Hashanah* judaico. Elementos frequentemente encontrados em ritos de intensificação nos são bastante familiares: a leitura de partes de um texto sagrado, um sermão (comentário a alguns aspectos do texto sagrado ou a uma crise corrente, ou ainda debates de questões morais) e as orações à divindade.

Alguns rituais possuem aspectos que permitem classificá-los em mais de uma categoria, de que são um bom exemplo os rituais funerários, que são tanto ritos de passagem para o indivíduo falecido (discussão na próxima subseção) quanto de intensificação para os que ficaram. A morte é um tempo de crise no grupo, e os funerais agregam as pessoas e reafirmam a existência daquele grupo e dos seus valores, algo que pode ser visto com mais clareza quando examinamos as cerimônias fúnebres envolvendo a morte de um chefe ou rei. A morte afeta a comunidade inteira e abre as portas a um período de potencial instabilidade, pois na ausência de um líder forte corre-se o risco das lutas intestinas. Inimigos podem tirar proveito tanto do vácuo da liderança quanto das atenções voltadas para a morte.

Entre os Swazi (área cultural Complexo do gado da África Oriental), a morte de um rei tem o poder de precipitar uma grande crise: a prosperidade da nação está ligada à saúde e virilidade do monarca, e no curso de sua vida ele deve evitar todo contato com a morte. Não deve visitar uma tumba, tocar em um cadáver, e só deve chorar a morte de um ente querido por poucos dias. Os indivíduos vivendo em sua propriedade são removidos de casa quando estão muito doentes, para que não morram na presença real. A morte do rei é mantida em segredo até que um conselho familiar aponte seu herdeiro, e só após a instalação do sucessor é que têm lugar os funerais. Seguindo-se ao período de luto, realizam-se cerimônias para rejuvenescer e revitalizar a nação Swazi.

Outro exemplo de um rito social de intensificação em cerimônias funerárias é a prática judaica de recitação do *kaddish*, conhecida como a prece do luto, mas cujas variações são recitadas em diversas outras situações – a prece em si não diz nada sobre morte ou luto. Trata-se da reafirmação da fé em face de uma grande perda, e começa dizendo:

> Que o Seu grande Nome seja exaltado e santificado no mundo que Ele criou conforme Sua vontade. Que Seu reinado durante nossas vidas e nossos dias e durante a vida de toda a Casa de Israel, rapidamente e em breve. [...] Que Seu grande nome seja abençoado para sempre e eternamente[58].

Da mesma forma, a simples prática de reunir-se na residência do falecido após os funerais pode ser vista como a reafirmação de importantes laços grupais.

Oferendas e sacrifícios

Uma das funções dos ritos sociais de intensificação, bem como de outros rituais, é se comunicar com a divindade; uma maneira de fazê-lo é através da oração, outra são as **oferendas** e **sacrifícios**. Elas podem ser entendidas de várias formas: presentes (ou mesmo subornos), ou trocas econômicas com o intuito de influenciar o sobrenatural, o qual, em retorno, responderá com chuva, cura, sucesso econômico, e assim por diante. Claro, não se trata de coerção, e a deidade é livre para rejeitar as ofertas.

Em muitas sociedades, a reciprocidade desempenha um importante papel nas relações sociais: ocasiões relevantes, como casamentos, são celebradas com festas e oferta de presentes. Nessas sociedades, esse tipo de comportamento é projetado no mundo sobrenatural, onde uma relação harmoniosa e mutuamente vantajosa será expressa em termos de reciprocidade mútua entre os humanos e seus deuses.

---

58. Disponível em http://culturahebraica.blogspot.com/2018/04/kadish-abencoado-em-portugues-oracao.html

A diferença essencial entre sacrifícios e oferendas é que nos primeiros há derramamento de sangue, ou seja, um animal ou mesmo um ser humano é morto. Todas as demais ofertas são oferendas. O item ofertado é, em geral, um objeto de algum valor econômico, e sua oferta envolve algum tipo de esforço econômico para o indivíduo ou o grupo que a realiza, o que a torna especial ou mesmo sagrada. Algo do valor econômico, contudo, pode ser recuperado quando, por exemplo, comida ofertada em um altar é posteriormente consumida pelos oferentes. Claro, tal coisa não ocorre quando a oferenda é destruída ou enterrada.

Sacrifícios humanos

A sociedade asteca (área cultural da Mesoamérica) era baseada na agricultura e altamente estratificada. Eles acreditavam que a vida do Sol estava prestes a acabar, algo que tentavam evitar oferecendo a comida sagrada de que necessitava o sol: sangue. Sacrifícios humanos em larga escala compunham uma parte importante da religião asteca.

Um ritual teria início com um período de quatro (ou múltiplos de) dias de preparação, durante os quais os sacerdotes fariam jejum e ofertariam itens como comida, tecidos e incenso. O ritual em si seria precedido de uma procissão dramática, na qual os participantes, elaboradamente paramentados e acompanhados por músicos, caminhariam até o templo do sacrifício. Todos os rituais importantes envolviam sacrifícios animais ou humanos.

As vítimas sacrificiais humanas eram chamadas *in ixiptla in teteo*, personificadores das divindades, conforme a crença de que elas haviam sido transformadas em deuses. Elas seriam banhadas, danças especiais lhes seriam ensinadas e usariam trajes específicos para encarnar a divindade à qual seriam sacrificadas. Uma vasta gama de técnicas era utilizada para os sacrifícios, incluindo decapitação, afogamento, estrangulamento, flechas, combates e lançamento desde lugares altos. Comumente, a vítima subia pelas escadarias do templo até a pedra sacrificial (*techcatl*), onde então seria segurada por quatro sacerdotes enquanto o sacerdote do templo cortava seu peito para remover o coração ainda batendo, o chamado "fruto precioso do cacto da águia", que seria oferecido ao sol como alimento. Quanto ao corpo, eventualmente seria rolado escadas abaixo, desmembrado, esfolado e comido.

Rituais de terapia e cura

Dentre todas as tragédias que podem recair sobre um povo, as doenças e os acidentes que levam à incapacidade ou morte talvez sejam as mais perturbadoras e disruptivas. Todos os povos possuem teorias sobre as causas das moléstias e dos reveses, e desenvolvem técnicas (como os rituais) para lidar com elas.

Existem diversos métodos para lidar com mortes e acidentes que são mais técnicos que religiosos: muitos curandeiros tradicionais, por exemplo, sabem consertar ossos, e vários dos produtos vegetais administrados como remédios tiveram seu valor medicinal comprovado. O estudo antropológico das plantas medicinais faz parte da **etnobotânica**, e pesquisas desse campo levaram ao desenvolvimento de diversas drogas terapêuticas. As propriedades farmacológicas de alguns elementos vegetais são conhecidas há séculos, como a dedaleira (*Digitalis*), usada para tratar problemas cardíacos. Mais recentemente, a droga taxol, obtida da casca e das folhas do teixo do pacífico[59], tem sido usada no tratamento do câncer de ovário – tradicionalmente, as tribos nativas da Costa Noroeste tratavam diversas doenças com remédios derivados dessa árvore.

Diversas enfermidades não podem ser tratadas pela tecnologia, especialmente em sociedades tradicionais. Teorias várias sobre as doenças deram origem a muitos tipos de curas, dentre as quais os rituais. Os rituais que visam a cura são chamados **terapêuticos** e estão entre os mais importantes a ser encontrados numa sociedade, e o modo de sua realização varia a depender da causa da doença, geralmente descoberta através de divinação. Algumas causas sobrenaturais das doenças e os seus tratamentos serão mais bem discutidos nos últimos capítulos.

Os Navajo

Como discutimos no capítulo 2, a visão de mundo Navajo salienta a importância do equilíbrio e da harmonia: quando há desequilíbrio, algo de ruim (normalmente a doença) acontece. São geralmente as ações humanas que causam o desalinho, e a natureza específica da transgressão irá determinar como a enfermidade há de se manifestar. Há entre os Navajo especialistas distintos para o diagnóstico e o tratamento: o primeiro é realizado pelos *tremblers*[60] (usualmente mulheres); o segundo, pelos curandeiros (homens, mais comumente).

A família inteira (ou mesmo toda a comunidade) se reunirá para o ritual terapêutico, que demora de um a nove dias. Orações, remédios, cânticos e ervas, além de pinturas com areia (*ikaah*, que significa "a reunião dos deuses"), são utilizados

---

59. *Taxus brevifolia* [N.T.].
60. Literalmente, "trêmulos" ou "tremedores". A tradução do livro de Donald Sander, *Os Navajos e o processo simbólico de cura* (Summus, 1997) usa o termo "diagnosticadores" [N.T.].

para restaurar o equilíbrio e a harmonia, curando assim a enfermidade. Eles acreditam que se uma oração é oferecida com boas intenções e é correta em todos os detalhes, os deuses precisam atendê-la – e se não o fizerem, deve ter havido alguma imperfeição na pintura ou na cerimônia.

A pintura com areia representa um trecho específico da complexa mitologia navajo: usualmente, é a história de um herói que encara algum infortúnio, mas que com ajuda alheia, geralmente de um ser sobrenatural, se recupera e aprende a tratar do problema nos outros. Essa história é recontada em longos e complexos cânticos, algo que demonstra, mais uma vez, a relação entre ritual, mito e visão de mundo.

Rituais antiterapêuticos

Os rituais **antiterapêuticos** visam provocar doenças, acidentes ou mortes. Quando dirigidos contra um membro da própria comunidade, trata-se de um comportamento claramente antissocial, e o responsável precisa ser identificado (normalmente através de divinação), contido e punido. Quando voltados para um inimigo, contudo, podem dar apoio a um objetivo da sociedade. Entre os Ianomâmi do norte da América do Sul, as guerras são combatidas com lanças, arcos e flechas, mas também com atividades que enviem espíritos causadores de enfermidades aos corpos dos rivais.

Um ritual antiterapêutico dos Fore da Nova Guiné foi descrito no capítulo 1: um feiticeiro toma algo ligado à vítima, como um pedaço de roupa, coloca num pacote, recita um encantamento e o coloca no chão lamacento e frio – como resultado, a vítima adoece com a *kuru*.

Um dos exemplos mais bem conhecidos de ritual antiterapêutico talvez seja a cerimônia de apontar ossos, encontrada entre os aborígines australianos, algumas vezes referida como um **ritual de maldição**. O indivíduo que conduz o ritual pega um osso de canguru, faz a ponta de um lado e fura um buraco no outro, pelo qual passa um cacho do cabelo da vítima e o segura dando um nó. A seguir, à vista pública, aponta o osso para a vítima – a seguir vemos o que acontece então:

> Um homem que descobre que um osso foi apontado para si por um inimigo é, sem dúvida, algo triste de se ver. Ele anda agastado, com os olhos voltados para o apontador hostil e suas mãos levantadas como que se protegendo do instrumento letal, que ele imagina estar perfurando seu corpo. Suas bochechas empalidecem, seus olhos ficam opacos, e a expressão de sua face torna-se horrivelmente distorcida... Ele tenta

gritar, mas normalmente o som para na garganta, e tudo o que se vê é espuma sair de sua boca. Ele se desequilibra, cai para trás, fica no chão, e por algum tempo parece estar desmaiado, mas logo depois começa a se contorcer como se estivesse em mortal agonia, cobre o rosto com as mãos e começa a gemer. Após algum tempo, se recompõe e se arrasta até sua *wurley* (cabana), e daí em diante adoece e choraminga, se recusa a comer, e se mantém distante das atividades quotidianas da tribo. E a não ser que chegue alguma ajuda, na forma de um contrafeitiço administrado pelas mãos de um *Nangarri*, curandeiro, sua morte é apenas uma questão de tempo[61].

Rituais de revitalização

Os **rituais de revitalização** são associados a momentos de revivificação, que incluem movimentos nativistas (que visam a eliminação dos costumes estrangeiros e um retorno ao modo de vida nativo) e messiânicos (que envolvem a participação de um salvador divino feito humano de carne e osso). Esses rituais são normalmente associados a movimentos sociais e se desenvolvem num contexto de rápidas transformações culturais. Discutiremos com detalhes esses rituais no capítulo 11.

Ritos de passagem

Entre os rituais mais estudados pelos antropólogos estão os **ritos de passagem**, um tipo de ritual ideológico. Uma sociedade consiste de um certo número de indivíduos relacionados uns aos outros e que interagem entre si de formas complexas. Podemos pensá-la como sendo composta por uma série de categorias, cada uma das quais definida em termos de comportamento adequado, direitos e obrigações, e relações mútuas. A cada uma dessas categorias chamamos *status*, cujos exemplos incluem mãe, marido, professor, ferreiro, prefeito e sacerdote. Obviamente, uma única pessoa pode ocupar múltiplos *status*: pode ser uma mãe, uma esposa e uma professora, a depender do contexto. Aqui utilizamos o termo *status* para nos referirmos a uma categoria social, e não à situação relativa de cada categoria dentro da sociedade – para tal fim, usa-se o termo **posição (rango)**.

---

61. BASEDOW, H. *The Australian Aboriginal*. Adelaide: Preece, 1925.

Quando alguém muda seu *status* – torna-se adulto, se casa, conquista uma profissão ou ocupa um cargo público – altera sua relação com outros membros da sociedade. Tais mudanças podem exigir que o indivíduo se vista de uma nova maneira, altere a sua fala e se comporte de outro modo em relação a certas pessoas. Empreender mudanças assim pode ser difícil, e elas são, amiúde, marcadas e facilitadas por ritos de passagem.

Os ritos de passagem imprimem as mudanças no *status* social de um indivíduo nas mentes dos participantes e asseguram a aprovação ou legitimação da comunidade. Em uma sociedade letrada, como a nossa, tudo de que se precisa é de um pedaço de papel: um casal pode voar para Las Vegas ou ir até o cartório mais próximo e se casar numa cerimônia simples, sem a presença da família ou de outros membros da comunidade. É a certidão de casamento, e não a cerimônia, que estabelece a legalidade da mudança de *status* e insere o evento no registro legal de alguma unidade política. Não é esse o caso em comunidades ágrafas, nas quais se exigem testemunhas e a participação da família e da comunidade. Na cultura ocidental, muitos casais optam por se casar desse mesmo jeito.

Alguns ritos de passagem são bem familiares, como aqueles que marcam a progressão de uma pessoa no ciclo da vida. Todas as culturas têm nomes para descrever as fases da vida – criança, adolescente, adulto, idoso etc. Essas divisões, contudo, são mais formais ou nítidas em algumas sociedades do que em outras, e à medida que alguém passa de uma categoria para a seguinte, o evento pode ser marcado por um ritual.

O ciclo da vida começa com as cerimônias do nascimento, pensadas para garantir a segurança e o bem-estar do recém-nascido que, através desses rituais, se torna parte integral da comunidade. Em sociedades com altas taxas de mortalidade infantil, porém, a apresentação da criança à comunidade pode ser adiada: ela pode ser mantida em isolamento e considerada uma não pessoa até que tenha sobrevivido a um determinado período de tempo. Em sociedades tradicionais, o bebê pode ser apresentado à família e a outros membros da comunidade, receber um nome, talvez ser passado pela fumaça de uma fogueira e ter cordões atados ao pulso para que não caia doente. Exemplos de cerimônias do nascimento em nossa sociedade são o batismo, quando a criança se torna membro da comunidade católica, e a **circuncisão**, quando um bebê do sexo masculino se torna parte da comunidade judaica.

A próxima grande transição é da infância à vida adulta. As cerimônias do crescimento incluem a primeira comunhão e a crisma, as festas de quinze anos[62],

---

62. Especialmente importantes no México, onde são conhecidas como *quinceañeras*.

bar mitzvahs e *bat mitzvahs*[63]. Outras importantes cerimônias do ciclo da vida são os ritos de casamento e morte. Além disso, os ritos de passagem marcam a iniciação em grupos sociais (como as fraternidades) ou cargos políticos ou religiosos (a posse de um presidente ou a coroação de um monarca).

A estrutura de um rito de passagem

Um rito de passagem que você já deve conhecer bem é o casamento, que consiste, em verdade, de uma série de rituais realizados durante um certo período de tempo. Embora haja consideráveis variações, existe um padrão geral que pode ser encontrado em quase todos os casamentos e que usaremos para discutir esse rito de passagem.

Os antropólogos identificam três fases num típico rito de passagem. A primeira, a **separação**, na qual o indivíduo é removido do seu *status* antigo. Em alguns rituais ocorre uma separação abrupta da comunidade, enquanto noutros vai se dando aos poucos, durante um período de tempo mais longo.

A fase da separação em um casamento é, na verdade, uma série de eventos que ocorrem durante o período anterior à cerimônia. Um ciclo matrimonial característico pode começar com uma festa de noivado, a que se segue uma variedade de atividades de planejamento e preparação, que frequentemente envolve especialistas em casamentos. Embora tais atividades sejam normalmente consideradas meramente práticas ou logísticas, não raro assumem características ritualísticas na medida em que assumem a forma de atividades tradicionais: escolher o vestido da noiva e as roupas dos demais participantes; selecionar os convites e enviá-los aos convidados; publicar uma lista de presentes, ir a chás-de-panela e aos ensaios da cerimônia e do jantar formal. O evento final da separação se dá quando a noiva caminha pela nave da igreja, dá adeus aos parentes e, em algumas tradições, é formalmente "dada" ao noivo pelo pai, mãe ou outro parente próximo.

A segunda fase é a da **transição**, durante a qual ocorrem diversas atividades para gerar a mudança de *status*. Em muitos casamentos, esta fase, que é a cerimônia em si, dura de alguns minutos até mais de uma hora, algo relativamente curto quan-

---

63. "Marca a maioridade religiosa de meninos (bar) e de meninas (bat). Eles atingem essa marca aos 13 anos de idade. Elas, aos 12. A tradução literal do termo é 'filho (filha) do Mandamento'. Segundo a tradição judaica, a origem do bar mitzvá está na Bíblia, na passagem em que Levi, um dos filhos de Jacob, ganha o direito de portar uma espada pela primeira vez (Gn 34,5). De acordo com as fontes judaicas, Levi tinha, então, 13 anos" [Disponível em https://www.conib.org.br/glossario/bar-mitzva-e-bat-mitzva/] [N.T.]

do comparado aos ritos de passagem encontrados em outras sociedades, nas quais a transição pode durar meses ou mesmo anos.

Encerrando a fase da transição, o oficiante da cerimônia de casamento amiúde apresenta o novo casal à congregação como Sr. e Sra., dando início, assim, à fase final, a **incorporação**, durante a qual o casal reentra na sociedade normal, mas já em um novo relacionamento. Essa fase inclui uma festa ou recepção para festejar o casamento, e geralmente dura algumas horas, embora em muitos grupos seja consideravelmente mais longa. Após a recepção existem diversas atividades adicionais, como exibir os presentes e escrever cartões de agradecimentos.

Tudo isso pode ser intimidante e muito caro. Obviamente, um casal pode se dirigir ao cartório mais próximo, realizar uma cerimônia rápida e pular boa parte das atividades tradicionais, mas muitos noivos e suas famílias não aceitam arranjos desse tipo, e além do casamento tradicional realizam outras celebrações para reafirmar a união, como uma recepção ou mesmo uma segunda cerimônia de casamento, assistida pela família e amigos íntimos.

Rituais de amadurecimento

Um tipo de ritual que frequentemente assume grande importância nas sociedades tradicionais são os ritos do crescimento, que marcam a transição da infância para a vida adulta. Um bom exemplo é aquele que acompanha a **menarca**, ou primeira menstruação de uma garota. Embora seja apenas mais um evento fisiológico no âmbito de um complexo ciclo de eventos ao qual chamamos puberdade, que dura alguns anos, trata-se de um acontecimento definido e facilmente observável.

E por ser a puberdade tão bem marcada nas mulheres, frequentemente o ritual é mais voltado ao indivíduo do que a um grupo de garotas de uma só vez. Quando uma menina avisa à sua mãe que sua menstruação chegou, pode ser o início da fase da separação: entre os Ianomâmi da América do Sul, ao menstruar pela primeira vez a menina é escondida num recinto simples, construído no canto de sua habitação. O período de transição dura três dias, durante os quais ela senta no chão e come bem pouco, raspa sua cabeça e remove seus adornos, num esforço de parecer o mais feia possível. Isso é feito para evitar que espíritos maus a seduzam e a levem, deixando para trás apenas seu corpo sem vida. Ao final do período, se limpa, coloca novas vestes e ornamentos, e é incorporada à comunidade, um membro feminino adulto do grupo.

Cerimônias femininas de amadurecimento também podem ser grupais, e nesse caso o ritual normalmente ocorre muitos anos antes do início da puberdade para garantir que seja completado antes da menarca.

Geralmente, os rituais de iniciação dos meninos são mais complexos do que os das meninas, e como não há entre eles um evento psicológico claramente definido que marque o início da puberdade, o tempo certo para a iniciação masculina é basicamente arbitrário. Normalmente acontecem em grupos, nos quais os garotos de uma comunidade que atingiram uma certa idade são periodicamente reunidos para passar juntos pelo ritual.

As cerimônias de iniciação masculinas são usualmente caracterizadas pelas fases relativamente curtas de separação e incorporação: a primeira pode ser bastante abrupta – como quando dançarinos mascarados arrancam os meninos de suas famílias sem qualquer aviso. Já a incorporação pode ser, mais simplesmente, a reintrodução dos garotos na comunidade, agora ocupando seu novo *status* de homens, seguida de uma festa.

Transição e liminalidade

Os iniciados no estágio de transição, especialmente naqueles que duram um período significativo de tempo, estão numa situação fora do ordinário; eles abandonam a identificação e o lugar previamente ocupados na sociedade, mas ainda não assumiram os compromissos do seu novo *status*. Sua posição ambígua e o fato de estarem marginais à sua sociedade – amiúde em sentido literal, quando são removidos para um local específico fora da vila – são simbolicamente representados.

Uma metáfora bastante comum para um rito de passagem é o ciclo de morte e renascimento, em que a separação é simbolizada pela primeira e a incorporação pelo segundo. O período entre esses dois extremos é um tempo de mistério, durante o qual o iniciado passa por uma metamorfose e vai de um tipo de ser humano para outro. Tal e qual a transformação de um inseto dentro do casulo, essa transformação é misteriosa, logo as atividades relacionadas à fase transicional podem ser escondidas das vistas de mulheres e meninos não iniciados.

Iniciados no âmbito desse período de transição estão em um estado liminal. A **liminalidade** é o estado de ambígua marginalidade durante o qual acontece a metamorfose, e como tal é simbolicamente representado por certo número de atributos característicos.

Uma importante característica do estado de liminalidade é resumida pelo termo **communitas**: estado no qual não apenas existe um senso de igualdade, mas em que o simples fato de um grupo de indivíduos estar passando junto pelo processo já acarreta uma sensação de comunidade e camaradagem. É isso o que ocorre durante o *Hajj*, em que todos os peregrinos usam as mesmas vestes brancas e realizam os mesmos rituais, independentemente da renda ou estrato social. O senso de pertencimento transcende a tremenda diversidade étnica dos peregrinos, oriundos de todas as partes do mundo.

Em muitas sociedades tradicionais, os meninos que são iniciados juntos formam laços fortes e normalmente permanecem amigos próximos para o resto da vida. Em algumas sociedades africanas, esses homens comporão um grupo formal conhecido como **grupo etário**, transversal aos demais, como clãs e linhagens, e que cria solidariedade entre grupos que frequentemente se opõem entre si. Os grupos etários servem a muitas funções e podem funcionar como repartições sociais relevantes, como as unidades militares.

Membros de um grupo etário podem mover-se juntos através de diversas **classes etárias**, que são *status* específicos definidos pela idade, como "guerreiro" ou "idoso". É possível pensarmos num sistema de classes etárias como a classificação de indivíduos conforme suas idades. Indivíduos ou coletividades de um grupo etário irão mover-se ao longo de uma série de classes etárias durante suas vidas, uma distinção que é mais complexa que a simples transição da infância à vida adulta, e é comum que ritos de passagem marquem a entrada em cada classe etária.

O rito de passagem apache

A cerimônia de amadurecimento das meninas apache (área cultural Sudoeste) ocorre anualmente, a cada mês de julho, e dura quatro dias (mesma duração da criação), e no curso da cerimônia, as garotas são vistas como reencarnações da heroína da cultura, a Mulher Pintada de Branco. Para os Apaches, ela apareceu criança, vinda do leste, cresceu até tornar-se adulta, e durante esse tempo foi associada ao sul. Quando envelheceu, foi vinculada ao oeste, a direção para onde seguem aqueles que morrem, e já muito velha foi associada ao norte. Após a sua morte, contudo, ela voltou a aparecer como uma jovem no leste, de modo a simbolizar o ciclo vital feminino. As jovens usam vestes especiais contendo muitos itens simbólicos da Mulher Pintada de Branco.

Há cantos e danças todas as noites: a primeira refere-se ao primeiro dia da criação, e assim por diante, até a última noite, quando então é realizado o ritual de puxar o sol, que exige planejamento e cronometragem rigorosos. Seus especialistas, os cantores, entoam quatro canções de puxar o sol, movendo suas mãos pintadas com símbolos solares, e quando o último verso do canto é entoado, eles erguem as mãos sobre suas cabeças. Quando a última nota for cantada, o sol nasce por sobre as montanhas, e os cantores podem abaixar as mãos.

Completado o ritual, as garotas correm de volta para os lugares onde ficaram durante os quatro dias, mas ninguém as vê fazendo isso porque quatro grandes postes que foram erguidos no começo da cerimônia são derrubados, e todos se voltam para o local do barulho. Da próxima vez em que elas forem vistas, já serão mulheres, e como um componente final, uma menina cantora se aproxima de outra menina e recita a genealogia dela. Os Apache são uma sociedade matrilinear, que traça sua linearidade a partir das mulheres. A cantora coloca três bocados de comida na boca da menina, e um quarto bocado é colocado por sua madrinha, simbolizando que ela será alimentada todo tempo por todas as mulheres da sua tribo.

Ritos de passagem seculares

Existe um bom número de ritos de passagem seculares, além de outras atividades não religiosas que possuem muitas de suas características. Um deles é o treinamento militar básico, que compartilha diversos dos elementos dos ritos de amadurecimento das sociedades tribais. Os recrutas são fisicamente removidos para um local isolado e especial, o quartel, onde se despem de suas roupas civis, cortam o cabelo e recebem uniformes padronizados. As especializações ocupacionais civis e as origens socioeconômicas tornam-se irrelevantes. O treinamento em si contém diversos dos atributos transicionais, inclusive o desenvolvimento da *communitas*, a igualdade, a completa obediência, a aceitação da dor, dentre muitos outros elementos da liminalidade. A formatura marcaria o começo da incorporação. Existe, porém, uma grande diferença entre a formação militar e os rituais de amadurecimento tribais: encerrado o treinamento, os indivíduos normalmente retornam aos *status* que ocupavam antes do alistamento, e passam por um período de reajuste durante o qual descartam sua identidade militar.

Outro exemplo é a experiência de um paciente dando entrada em um hospital: a separação começa ao entrar, quando o paciente tira suas roupas normais e veste um uniforme "padrão". Os procedimentos médicos representam transições, na medida em que o indivíduo é, de uma forma ou de outra, transformado. Algumas das experiências se assemelham a um estado de liminalidade, e a alta representa a incorporação. Diferentemente dos ritos de passagem típicos, contudo, o processo raramente resulta em uma mudança permanente de *status* reconhecida pela sociedade, a não ser nos casos de incapacidade definitiva.

Alterações do corpo humano

Todas as pessoas possuem imagens culturais de si mesmas, que servem para separá-las do restante do mundo animal. A aparência física serve para distinguir socialmente os indivíduos em relação a atributos como gênero, idade, *status* social e ocupação, bem como ao pertencimento a grupos etários e sociais. Muitos rituais envolvem alterações temporárias do corpo humano, como quando ele é pintado para simbolizar que o indivíduo está em um estado liminal. As mudanças de *status* através de ritos de passagem são amiúde marcadas com transformações no trajar e nos cabelos, que assinalam o novo *status* do indivíduo.

Outras alterações do corpo humano são mais perenes: o processo de produção da alteração cria um cenário no qual o indivíduo precisa passar por um procedimento doloroso. Ser apto a ter o corpo cortado, furado, tatuado ou escarificado sem demonstrar sofrimento é, com frequência, um elemento crítico dos ritos de passagem. A vivência e a aceitação da dor é um elemento importante da liminalidade, e essa dor pode desempenhar um papel no desenvolvimento de um estado alterado de consciência (capítulo 5), aspecto importante de uma experiência ritual.

Tatuagens e demais alterações permanentes

A mais antiga evidência já descoberta de tatuagem foi descoberta no corpo de Ötzi (o Homem do Gelo): encontrados em 1991, seus restos mortais ficaram enterrados sob uma geleira por 5.300 anos. Suas tatuagens parecem ter sido feitas furando a pele e esfregando carvão nas feridas, e uma análise recente identificou um total de 61 tatuagens simples, como linhas e cruzes. Obviamente, não é possível saber com certeza a razão das tatuagens; muitas delas, porém, estão situadas em ambos os lados das costas e sobre articulações que mostram algum grau de degeneração, de modo que talvez tenham sido criadas como parte de algum ritual terapêutico.

A história das tatuagens em sociedades europeias e norte-americanas mais recentes pode ser ligada às viagens do capitão James Cook, no século XVIII: muitos dos marinheiros de sua expedição tatuaram-se durante a estada no Taiti – a própria denominação descende da palavra taitiana *ta-tau*, que significa "marcar ou golpear". A prática envolve furar ou cortar a pele para depois introduzir na ferida um pigmento, e embora nas sociedades ocidentais contemporâneas isso seja feito com equipamentos eletrônicos, o princípio permanece o mesmo.

As implicações sociais da tatuagem na sociedade ocidental têm variado: em alguns momentos foi uma mania entre a aristocracia e membros de certos grupos, como marinheiros, bandidos e prisioneiros, e nesse contexto servia como marca de identidade social. Noutras têm sido uma forma de expressar insatisfação com a ordem social, uma maneira de distanciar-se da sociedade convencional. Elas também servem a objetivos religiosos, quando alguém marca um símbolo sagrado ou a lembrança de um ente querido permanentemente na própria pele.

A **escarificação** está estreitamente ligada à tatuagem, e é frequentemente encontrada em populações de pele escura, nas quais as tatuagens não ficam visíveis. Nessa técnica, um trecho da pele é levantado e cortado, e algum material (como cinzas) é esfregado para encorajar a produção de escaras (cicatrizes). Há também o **branding** (marcação), em que as marcas são produzidas por queimaduras.

Outra alteração corporal comum são as perfurações: muitas mulheres e homens ocidentais furam os lóbulos de suas orelhas para colocar brinco. O furo pode ser alargado para inserir um plugue, ou é possível colocar pesos para que a orelha seja esticada. Algumas sociedades perfuram o lábio inferior e inserem uma placa redonda. As pessoas também furam seus narizes, sobrancelhas, línguas, mamilos e mesmo as genitálias. Uma mulher conservadora pode furar suas orelhas para ostentar brincos de diamantes, enquanto sua filha rebelde coloca *piercings* no nariz ou na sobrancelha, num ato simbólico de rebelião. Um jovem da Amazônia pode ter suas orelhas furadas como parte de um ritual de amadurecimento.

Algumas sociedades consideram dentes brancos como semelhantes aos dos animais não humanos, e para criar uma fronteira em relação a eles podem arrancar alguns dentes, limá-los nas mais diversas formas ou colori-los, em geral de preto. Outras partes do corpo podem ser removidas, usualmente a articulação de um dedo. Os ossos do crânio de bebês são relativamente moldáveis e podem ser deformados sob pressão. Algumas vezes, alterações dessa natureza são resultados involuntários de diversas práticas, tais como o achatamento da nuca provocado pelos porta-bebês (*cradleboards*). Em outras sociedades, como os Maias, as cabeças dos recém-nascidos em altas castas sociais são deliberadamente distorcidas para alterar sua forma.

Incisões genitais

A circuncisão, remoção do prepúcio peniano, é comumente encontrada em diversas culturas: no judaísmo, dá-se à cerimônia o nome de *Berit Mila* (ou mais simplesmente, *bris*). Berit significa "aliança", e Mila, "corte", de modo que o procedimento corta (no sentido de marcar) a aliança com Deus. Trata-se de um ritual prescritivo, baseado em Gn 17,9-12:

> E Deus continuou falando a Abraão: "Quanto a você, observe a aliança que faço com você e com seus futuros descendentes. E a aliança que eu faço com você e seus futuros descendentes, e que vocês devem observar, é a seguinte: circuncidem todos os homens. Este será o sinal da aliança entre mim e vocês. Quando completarem oito dias, todos os meninos de cada geração serão circuncidados; também os escravos nascidos em casa ou comprados de estrangeiros, que não sejam da raça de vocês.

A circuncisão é realizada por um especialista no ritual, o *mohel*, e inclui também a atribuição formal de um nome à criança. No caso das meninas, a cerimônia se chama *Brit Bat* (ou Aliança das Filhas) e se restringe à nomeação.

A circuncisão também é comum no Islã, embora nele ocorra geralmente mais tarde, frequentemente por volta dos 7 anos, muito embora a idade possa variar desde logo após o nascimento até o período da puberdade – e neste caso em especial, se torna um verdadeiro ritual de amadurecimento.

Em diversas outras culturas encontramos modificações no pênis, uma das mais conhecidas talvez seja a **subincisão**, em que a parte inferior do órgão é cortada e a uretra é deixada aberta. O comprimento do corte varia, e em certos casos é ampla o suficiente para bifurcar a ponta do pênis. Algumas populações aborígenes australianas consideram tal aparência como simbólica de uma divindade serpente; em outras, a subincisão é reaberta periodicamente para provocar sangramentos rituais.

Intervenções até certo ponto análogas à circuncisão podem ser igualmente encontradas em mulheres de diversas culturas. Geralmente conhecidas como circuncisão feminina ou mutilação genital, elas ocorrem em diversas formas: nas mais simples, remove-se o capuz clitoridiano (semelhante ao prepúcio masculino), ou mesmo um pedaço do próprio clitóris. Em alguns casos, retiram-se também os pequenos lábios, a chamada **clitoridectomia**. As formas mais extremas são chamadas **infibulação**: na infibulação faraônica, encontrada em muitas regiões do nordeste africano, são removidos todo o clitóris, os pequenos e grandes lábios, e o tecido restante é costurado, deixando um pequeno espaço para a passagem da urina e do fluxo menstrual. Essa cirurgia impede o intercurso sexual e é uma exigência para o casamento – a ferida é reaberta para a realização do coito.

A mutilação genital pode ocorrer às adolescentes como parte de um rito de passagem, mas em geral é executada muito antes. O procedimento é entendido como protetor da honra familiar e regulador da sexualidade feminina. Embora muitas mulheres que passam pela cirurgia acreditem que ela está prescrita no Corão, a prática não se encontra no livro sagrado muçulmano – na verdade, ela antecede tanto o Islã quanto o cristianismo, e também é praticada em algumas comunidades cristãs.

Muitas organizações internacionais, incluindo a ONU, trabalham para eliminar essa prática: por um lado, ela é vista como um problema de saúde pública, especialmente porque a cirurgia é frequentemente realizada em condições de higiene precárias, por indivíduos sem treinamento médico apropriado e técnicas cirúrgicas, e está associada a infecções, infertilidade e mesmo a mortes. Mas também se trata de uma questão de direitos humanos, uma violência imposta às mulheres e meninas.

Outro elemento no debate sobre a mutilação genital faz eco à discussão do relativismo cultural, que vimos no capítulo 1. A prática é um componente essencial a diversas culturas religiosas, incluindo o judaísmo e o Islã, que operam circuncisões masculinas. Aquilo que, para uma comunidade, é a expressão de uma crença e de uma cultura, para outra pode ser violação dos direitos humanos fundamentais. As grandes questões que se impõem são: onde traçar a linha? E quem está apto a traçá-la?

Peregrinações

No capítulo 2 vimos histórias que falam da criação da terra e da humanidade. Lemos, especialmente, as histórias de criação do Gênesis e dos Navajo: uma das diferenças que existem entre essas duas histórias é que a primeira se passa em uma localidade que não pode ser identificada em um mapa moderno, ou visitada por turistas. O Jardim do Éden pode ser um lugar sobrenatural, ou sua localização pode ter se perdido – de um modo ou de outro, está bem distante da paisagem próxima ao povo que lê a narrativa.

Inversamente, os Navajo vivem em meio à paisagem da criação, e no curso de seus movimentos pelo mundo eles apontam para montanhas, córregos e formações rochosas mencionados em seus mitos. A paisagem é uma lembrança constante de seu passado mitológico, passado esse com que eles interagem diariamente.

Todas as religiões estão associadas a lugares sagrados, mencionados em suas histórias sagradas e ligados a importantes eventos passados. Os muçulmanos têm a Caaba, em Meca; os judeus, o Muro das Lamentações em Jerusalém, cidade em que os cristãos encontram locais nos quais ocorreram passagens da vida de Jesus; os budistas possuem relíquias do Buda abrigadas em templos específicos; os hindus, o Rio Ganges. Todos relevantes pontos fulcrais para a prática religiosa.

Existem também lugares sagrados onde eventos milagrosos ocorreram em tempos mais recentes: no México, conta-se a história de um nativo batizado na Igreja Católica em 1525 e conhecido pelo nome cristão de Juan Diego (canonizado em 2002). Segundo a lenda, em 1531 uma imagem da Virgem Maria lhe apareceu e deixou sua aparência na capa que ele usava, hoje abrigada na Basílica de Nossa Senhora de Guadalupe, na Cidade do México. O local se tornou um grande lugar sagrado, e muitas pessoas o visitam pelos mais diversos motivos, dentre os quais a cura para doenças.

Às jornadas aos lugares sagrados, chamamos frequentemente de **peregrinações**. O mesmo termo pode se referir a uma série de rituais associados a uma sequência de espaços sagrados. Em termos da nossa classificação de rituais, cada ritual da sequência é um rito social de intensificação, embora rituais terapêuticos também possam estar incluídos. De fato, o objetivo de uma peregrinação pode ser a busca pela cura de uma enfermidade.

Um dos locais de peregrinação mais bem conhecidos do mundo cristão é a cidade de Lourdes, na França, onde de fevereiro a julho de 1858, Bernadette Soubirous testemunhou um total de dezoito aparições da Virgem Maria em uma caverna próxima à cidade. Hoje, muitos católicos vão até a gruta em busca de curas para suas doenças.

Amiúde, uma peregrinação pode ser entendida como um rito de passagem. Uma jornada dessa natureza pode ser uma exigência religiosa, e a pessoa que a realizou pode ter atingido um novo *status* ou posição na comunidade. A experiência de ter participado de uma peregrinação pode incluir as três fases, começando pela separação (deixando o lar até um lugar sagrado, ou o começo da jornada em direção a diversos lugares). Durante os rituais que acontecem nestes espaços sagrados, o peregrino se encontra em um estado liminal, característico da fase de transição. Por fim, o indivíduo reentra no mundo quotidiano, não raro com algum símbolo que demonstra sua participação na peregrinação.

Peregrinações envolvem também a visita a certos sítios relacionados. Um dos exemplos mais conhecidos de peregrinações, e certamente aquele que reúne um dos quantitativos mais amplos de participantes, é o Hajj islâmico, que envolve a visitação prescrita a uma série de lugares sagrados, com atividades rituais específicas ocorrendo em cada um deles.

A peregrinação huichol

Os Huichóis são uma população nativa americana que vive na Sierra Madre Ocidental, México Central (área cultural da Mesoamérica), e um elemento-chave de suas tradições religiosas é a jornada anual de quase 500 quilômetros até Wirikuta, uma área situada a leste de suas vilas. Trata-se de um percurso sagrado, uma reencenação da jornada dos Antigos, seus ancestrais míticos, ocorrida durante a criação do mundo.

Durante a estação seca, entre outubro e fevereiro, pequenos grupos de peregrinos, cada um deles guiado por um xamã, deixam suas vilas e vão até Wirikuta. Eles coletam e preparam diversos objetos para a viagem, como velas, pequenas pinturas com fios, moedas e arcos especiais. Cada peregrino assume o papel de um dos antigos, algo que é mais do que uma mera representação, pois eles efetivamente se transformam nas divindades que representam. O xamã que lidera o grupo se torna o Avô Fogo.

À medida que seguem a pé (ou, atualmente, também usando ônibus ou caminhões), os Huichóis visitam certos lugares sagrados, como olhos d'água e cavernas, e em cada um deles a história da jornada dos Antigos e sua visita àquele espaço sagrado é contada. Eles fazem oferendas, recitam preces e realizam rituais de intensificação.

Por fim, eles chegam à terra sagrada, onde encontram o peiote, ou mezcal, um pequeno cacto sem espinhos, chamado "a pegada do veado". Após a realização de oferendas e de ser ritualisticamente morto, o cacto é coletado e consumido. O vegetal contém um alucinógeno (a mescalina), e os Huichóis acreditam que, ao comê-lo, passam a ver o que os deuses veem (o uso de alucinógenos em rituais religiosos é discutido no capítulo 5).

Obrigações religiosas

Existe um certo número de atos rituais religiosos que são usualmente realizados por um indivíduo ou por um pequeno grupo, como uma família: um cristão dá graças a Deus antes de comer; um judeu que entra num edifício beija a mezuzá, pequeno receptáculo preso à moldura da porta e que contém alguns versos da Torá; um budista acende uma vela em um santuário caseiro.

Existem outras obrigações cerimoniais que, embora não envolvam atividades rituais óbvias, implicam uma série de obrigações implícitas em relação a diversos objetos, comidas e atividades específicas encontradas quotidianamente. Por exemplo, todas as culturas possuem alimentos que são servidos somente em ocasiões especiais; outras que podem ser proibidas para todos membros da comunidade, ou para somente alguns de seus membros em períodos específicos.

Tabu

Em uma sociedade, alguns objetos e pessoas podem ser proibidos, a que chamamos de **tabu**, um termo que também se refere a formas inapropriadas de comportamento interpessoal. Frequentemente descritas em termos de poluição, elas atrairiam desonra, má sorte, ou um outro tipo qualquer de resultado negativo para um indivíduo que tenha tido contato com algo ou alguém que seja tabu.

Coisas sagradas podem ser consideradas como possuidoras de poder sobrenatural e, portanto, proibidas à maioria dos indivíduos. O contato com o sobrenatural pode ser perigoso: os sacerdotes precisam realizar rituais para preservar a si mesmos e a comunidade contra tal ameaça. Não se trata de um risco malicioso, mas sim neutro, como a eletricidade: se você puser um dedo molhado na tomada, vai levar um choque que poderá, inclusive, matá-lo. A eletricidade não é má, mas sim poderosa, e quando adequadamente manuseada pode iluminar nossas casas, fazer funcionar as máquinas, e assim por diante.

Um dos objetos mais sagrados na Torá é a arca que carrega as tábuas de pedra do Monte Sinai até Jerusalém, onde foram colocadas no Templo. Sua jornada não foi simples, e muitos dos episódios ocorridos no percurso ilustram o quanto era perigosa. Não se tratava de mero objeto sagrado: Deus havia decretado que somente a Aarão e seus descendentes era permitido tocá-la. Em certa ocasião, quando o carro de boi que levava a arca entrou na via calçada de Nacon, o animal que o puxava tropeçou, e um dos seguidores, Oza, estendeu a mão para evitar que o objeto caísse no chão. Em que pese suas boas intenções, "então a ira de Javé se inflamou contra Oza, e Deus o feriu por causa de sua falta; e Oza morreu aí mesmo, junto à arca de Deus"[64]. Noutras palavras, a morte não foi o resultado de uma ação perversa (na verdade, tentar aparar a arca era uma boa atitude), mas o contato com um objeto tão sagrado, sem o ritual que o preparasse resultou na morte de Oza.

A resposta à quebra do tabu é mais automática que uma decisão divina. Às vezes não há nada que se possa fazer para salvar o indivíduo que violou o tabu, mas há também meios rituais para reparar a situação.

---

64. 2Sm 6,7

Mana e tabu na Polinésia

O conceito de tabu polinésio pode ser percebido na etiqueta que ronda os chefes, relacionada, mais uma vez, à ideia de que coisas com poderes sobrenaturais são consideradas perigosas e devem ser evitadas. Na Polinésia, a esses poderes dá-se o nome de **mana**, uma força impessoal sobrenatural que se concentra em alguns lugares específicos da paisagem, em certos objetos e em determinadas pessoas.

Em alguns casos é possível que um indivíduo adquira e saiba manipular o mana explorando assim uma fonte de poder, e que possa usá-la para objetivos específicos. Não raro, um ser sobrenatural o atribui a alguém: o mana vem dos deuses, e o chefe, como um seu descendente direto, possui a maior quantidade dele, vindo em seguida seus parentes, e assim por diante, conforme a hierarquia. O mana flui de uma coisa para outra, mas parte do trabalho do chefe é ser um reservatório e um condutor desse poder.

Como os chefes são grandes concentradores de mana, porém, eles constituem uma ameaça involuntária àqueles à sua volta, que possuem menor poder; existem, pois, numerosos tabus destinados a proteger os mais fracos: é tabu não apenas tocar na pessoa do chefe, mas como sua força perpassa tudo o que ele toca, é igualmente perigoso usar sua mobília, ou mesmo seu fogo para cozinhar algo. Em certos lugares, o chefe chega a ser carregado em uma liteira, porque se andasse por um caminho, este se tornaria perigoso, ou tabu, para o povo em geral.

Leis dietéticas judaicas

Muitas culturas possuem complexos sistemas de proibições dietéticas, aplicáveis a uma comunidade inteira ou a indivíduos de particular idade, gênero ou posição social.

A *Kashrut* é a lei judaica que se refere às comidas que podem ou não ser consumidas, e como devem ser preparadas. A palavra vem da raiz etimológica hebraica *Kaf-Shin-Resh* ("apropriado", "adequado", "correto"), de onde procede também o termo mais comum, *kasher*. As comidas kasher são aquelas que seguem as leis da *Kashrut*, enquanto aquelas que não as seguem são chamadas *treyf*. Embora já se tenha tentado compreender estas regras em termos de regulações sanitárias primitivas, os judeus as seguem pelo simples fato de estarem prescritas na Torá, sem que nenhuma outra razão seja necessária (regras dietéticas semelhantes são encontradas no Islã, em que os alimentos permitidos são *halal* e os proibidos, *haram*).

As regras *kasher* incluem o consumo exclusivo de mamíferos terrestres que têm casco e ruminam ("Vocês poderão comer todo animal que tem o casco fendido, partido em duas unhas, e que rumina"[65]) – eis por que comer porco é proibido.

Mesmo os animais cujo consumo é permitido precisam ser abatidos conforme ritual, o *shechitah*, realizado por um especialista, o *shochet*. O abate ritual é feito através de um corte rápido e profundo na garganta do animal, feito com uma faca perfeitamente afiada, método visto como o mais humano possível. Da mesma forma, garante a drenagem rápida e completa do sangue, que também é uma regra *kasher*. Essa proibição é a única para qual a Torá atribui uma razão: a vida do animal está contida em seu sangue ("Onde quer que vocês habitem, não comerão sangue de aves, e nem de animais domésticos. Quem comer qualquer espécie de sangue será eliminado do meio do seu povo"[66]).

Muitas dessas obrigações servem para prover uma identidade social a um grupo, distinguindo claramente aquela comunidade dos seus vizinhos; prestam-se, igualmente, para separar subgrupos no interior de uma sociedade multicultural. Alguns indivíduos de um determinado grupo, por exemplo, podem usar determinadas vestimentas (um turbante ou qualquer outra forma de cobrir a cabeça) ou alterar a aparência de seus corpos (deixar crescer a barba, p. ex.) para marcá-los como componentes daquele grupo específico. Comportamentos distintos e proibições dietéticas funcionam também como símbolos de uma identidade comunitária e como barreiras à integração entre diferentes unidades sociais. Se não é possível comer com alguém, fica difícil engajar-se em interações sociais próximas, definindo assim fronteiras religiosas e mantendo-as intactas.

Conclusão

Nestes últimos capítulos, introduzimos muitos conceitos básicos ao estudo da religião, tais como visão de mundo, narrativas, símbolos e rituais. À medida que avançamos na leitura e discutimos novas ideias e práticas, é importante ter em mente como esses elementos diversos relacionam-se entre si. No capítulo anterior, discutimos a conexão entre visão de mundo, símbolos e narrativas religiosas; neste, adicionamos à mistura o ritual.

Definimos um ritual religioso como um ato repetitivo, formalizado, que envolve a manipulação de símbolos religiosos. No capítulo 3, discutimos como os

---

65. Lv 11,3
66. Lv 7,26-27

símbolos religiosos baseiam-se, amiúde, em episódios específicos recontados em narrativas religiosas e que eles representam uma determinada visão de mundo. Num outro patamar, vimos que não raro os rituais são reencenações de, ou remetem diretamente a, narrativas religiosas específicas. Citando alguns poucos exemplos, vimos que as pinturas de areia Navajo representam importantes histórias religiosas; que a peregrinação huichol retoma os caminhos dos Antigos como relatados nas histórias religiosas; e que o ritual judaico do *Pessach* (Páscoa) se baseia no livro bíblico do Êxodo.

O ritual em si é um componente fundamental da prática religiosa; ele expressa importantes visões de mundo através da recontagem de narrativas sagradas e da manipulação de símbolos fundamentais. A participação em um ritual é usualmente um evento grupal e constitui a expressão não apenas das crenças do grupo, mas também de sua solidariedade. No próximo capítulo, durante a discussão dos estados alterados de consciência, ampliaremos a questão sobre o importante impacto psicológico dos rituais. Nas palavras de Anthony Wallace, "o ritual é a religião em ação, o fio da navalha... É o ritual que alcança aquilo que a religião se propõe a fazer"[67].

Resumo

Um ritual religioso é uma sequência repetitiva e formal de atividades que envolvem a manipulação de símbolos sagrados, tais como orações, oferendas e a leitura de literatura sagrada. Frequentemente, baseiam-se em, e são sancionados por, mitos que articulam a visão de mundo subjacente a uma cultura, princípios esses que estão engastados nos próprios rituais realizados por uma sociedade. Os rituais prescritivos são aqueles cuja realização é exigida por alguma autoridade religiosa; os situacionais respondem a uma necessidade específica de um indivíduo ou comunidade. Os periódicos figuram em um calendário; os ocasionais atendem a necessidades específicas.

Existem muitos tipos de rituais. Os tecnológicos tentam controlar ou influenciar a natureza, como os ritos de intensificação dos caçadores-coletores, que influenciam a natureza durante a busca por alimentos; os protetivos servem para proteger os indivíduos durante alguma atividade perigosa ou imprevisível; há também os divinatórios. Os terapêuticos visam a cura; os antiterapêuticos, causar

---

67. WALLACE, A.F.C. *Religion: An Anthropological View.* Op. cit., p. 102.

doença e morte. Os ideológicos operam para manter o funcionamento normal de uma sociedade e incluem o conhecido rito social de intensificação (que reforça crenças e valores religiosos e sociais) e o rito de passagem (que marca os movimentos do indivíduo de um *status* para outro), que abrange rituais de nascimento, crescimento, casamento e morte, além dos seculares, como formaturas, posses e coroações. É possível identificar três fases no rito de passagem: separação, transição e incorporação.

Além desses, existem muitos outros pequenos rituais e obrigações que são exigidos dos seguidores de uma religião particular, dentre os quais se encontra o conceito de tabu. Coisas e pessoas-tabu são normalmente separadas da sociedade e consideradas sagradas.

Questões de estudo

1) Rituais são uma parte importante da vida acadêmica, sejam as cerimônias de formatura ou as calouradas. Quais são os rituais realizados em sua escola? Existe algum ritual em seu lugar de trabalho? Como você os classificaria?

2) Com alguma frequência, desastres precipitam rituais religiosos. Descreva algumas das atividades que se seguiram a alguma tragédia que você conheça (o 11 de setembro, p. ex.). Que tipos de rituais foram realizados? A que funções serviram?

3) Discuta um rito de passagem de que você participou. Identifique e descreva as três fases.

4) Quando um paciente dá entrada em um hospital, suas roupas e objetos pessoais são retirados e ele é tratado de modo bem diverso daquele de fora do hospital. Você acredita que a internação em um hospital pode ser considerada um rito de passagem? Se sim, é possível identificar as três fases?

5) Como a vida adulta é definida em nossa cultura? Em que momento alguém é considerado adulto? Existem um ou vários ritos de passagem que marcam essa transição? E a falta de um marco formal pode complicá-la?

6) Muitas religiões exigem obrigações rituais específicas. Como elas funcionam em sociedade? Como influenciam as relações interpessoais entre membros de diferentes afiliações religiosas?

7) Se for possível, observe indivíduos de um grupo religiosos específico. Descreva as diferenças nos trajes e nos demais comportamentos. Você as consideraria como obrigações?

Leituras sugeridas

PLOTKIN, M.J. *Tales of a Shaman's Apprentice*. Nova York: Viking, 1993 [A história da busca de um etnobotânico por novos remédios na Amazônia].

SAITOTI, T.O. *The Worlds of a Maasai Warrior*. Berkeley: University of California Press, 1988 [Uma autobiografia de um Maasai da Tanzânia].

SHOSTAK, M. *Nisa: The Life and Words of a !Kung Woman*. 4. ed. Cambridge: Harvard University Press, 2000 [A história de vida de uma mulher !Kung do Deserto do Kalahari, sul da África, contada em suas próprias palavras e nas do autor].

Websites sugeridos

http://tahtonka.com/religion.html – Artes, humanidade e cultura nativo-americanas.

https://oukosher.org/espanol/que-es-el-kosher/ – Leis dietéticas kasher (em espanhol).

https://www.haj.gov.sa/en – Website oficial do Ministério do Hajj, Reino da Arábia Saudita.

5

Estados alterados de consciência

A religião é um sistema de crenças e comportamentos que lida com a relação entre os humanos e o sobrenatural sagrado. Em sua interação com esse mundo, um indivíduo pode viver experiências que transcendem o ordinário, como um transe ou uma alucinação. Tais vivências são subjetivas; manifestam-se em um nível psicológico e emocional. Essas emoções oscilam do medo e da ansiedade a uma sensação generalizada de bem-estar, até uma profunda experiência em que a pessoa se sente em associação com uma entidade ou poder sobrenatural, como um espírito ou uma divindade. Experiências e emoções dessa natureza são importantes elementos das práticas religiosas.

A tais experiências, chamamos de estados alterados de consciência. Numa definição mais singela, trata-se de quaisquer estados mentais reconhecidos (quer pelo indivíduo, quer pelo observador) como diversos do normal. O sonhar acordado e a sensação advinda de ter tomado bebidas alcoólicas um pouco além da medida são exemplos de estados mentais que podem ser subjetivamente identificados pelo indivíduo e/ou vistos pelos observadores como sendo diferente do estado mental, alerta, normal do indivíduo. Embora todos possam experimentar algum grau de estado alterado de consciência, tanto em contextos religiosos como nos não religiosos, em muitas culturas eles são encorajados e interpretados como importantes experiências religiosas.

A natureza dos estados alterados de consciência

A definição de um estado alterado de consciência é subjetiva e inclui uma vasta gama de fenômenos. O específico estado mental vivenciado e a intensidade dessa experiência dependem de certo número de fatores, tais como: a causa responsável pela indução do indivíduo no estado alterado; o contexto da experiência; as expectativas individuais e sociais; e a condição física e mental do indivíduo.

Entrando em um estado alterado de consciência

Os estados alterados de consciência podem ser provocados por diversos fatores fisiológicos, psicológicos e farmacêuticos, muitos dos quais ocorrem em práticas religiosas, recebendo interpretações.

Jejum

O **jejum** é o ato de abster-se de comidas e bebidas durante um certo período de tempo. O mesmo conceito pode incluir outras proibições, como em relação ao intercurso sexual e ao fumo. Existe grande variedade na natureza do jejum: em algumas sociedades, inclui todo tipo de comidas e bebidas, enquanto noutras a água é permitida. Há ainda aquelas que restringem um tipo específico de alimento, como a carne.

Jejuar leva a uma alteração na química corporal. Em resposta à ausência de ingestão de alimentos durante um longo período, o organismo se volta para meios alternativos de produção de glicose para poder funcionar. Quando as reservas de gordura acabam, o corpo começa a consumir proteínas. A sensação da fome normalmente desaparece após uns poucos dias.

As alterações na química corporal se aceleram com o jejum intenso e prolongado, e o jejuante exibirá os aspectos clínicos da fome. Sintomas severos da inanição, incluindo a morte, já foram registrados durante jejuns religiosos, embora sejam resultados raros e impróprios. Como a maioria dos jejuns dura apenas um ou dois dias, ou envolve alguma ingesta de alimentos ou bebidas durante o período, os sintomas da inanição raramente se desenvolvem. Já nos jejuns intensos, os aspectos psicológicos exibidos incluem o comportamento crescentemente errático e agressivo, diminuição nas competências, alucinações. Sinais ligados à desidratação incluem fadiga, letargia, confusão e tontura. Vemos então que o jejum é capaz de levar a estados alterados de consciência.

As pessoas manifestam diversas reações ao jejum em contextos religiosos. Claro, além dos aspectos fisiológicos e psicológicos, as expectativas culturais desempenham um importante papel. Jejuar é frequentemente entendido como um sacrifício a alguma divindade e comumente acompanha rituais religiosos. Pode ser um elemento importante na preparação de especialistas religiosos, uma forma de disciplina. E também acompanha ritos de expiação, um ato de purificação.

Diversas ocorrências de jejuns aparecem na Bíblia, no Antigo Testamento bem como no Novo. Moisés jejuou durante quarenta dias e quarenta noites enquanto esteve na montanha com Deus. Também Jesus, durante semelhante período, no deserto.

O calendário judaico possui vários dias de jejum, o mais conhecido durante o Yom Kippur (Dia do Perdão), o mais sagrado do calendário, quando os judeus jejuam do pôr do sol de um dia até o pôr do sol do outro, uma abstinência que inclui todas as comidas e bebidas (inclusive a água), e também outras proibições, como ter relações sexuais e tomar banho. O jejum é parte do processo de alcançar o perdão.

O jejum é encontrado em algumas denominações cristãs, mas em outras não. Ele acompanha a comunhão nas igrejas Católica e Ortodoxa, nas quais significa abster-se de alguns alimentos, não de todos. Há imensa variação entre as igrejas Protestantes, e com frequência está mais relacionada a uma experiência espiritual pessoal do que ser parte de um ritual. Algumas seitas budistas jejuam, e entre os hindus é um aspecto ritualístico importante.

O jejum durante o mês do Ramadã, o nono do calendário islâmico, é um dos pilares do Islã, e inclui a abstenção de comidas, bebidas, sexo e fumo do nascer ao pôr do sol. Esta prática é vista como um movimento do indivíduo para mais perto de Deus, graças ao abandono das coisas agradáveis. E como a comunidade jejua unida, as pessoas se aproximam e desenvolvem um senso mais aprofundado de identidade.

A dor sagrada

Os estados alterados de consciência também podem ser resultado da dor, um tema comum nas tradições religiosas. Pode significar uma punição, como no legado cristão de Eva parindo em sofrimento ("Vou fazê-la sofrer muito em sua gravidez; entre dores, você dará à luz seus filhos"[68]) ou as consequências de um *karma* ruim entre os hindus. A dor pode ser entendida como purificação, como entre os ascetas e os monges que infligem sofrimento à própria carne nesta vida para evitar maior tormento para a alma na vida futura. Trata-se, às vezes, de um inimigo, ou mesmo de uma arma, como a batalha de Cristo na cruz. Por fim, a dor pode ser transformativa, ou fonte de um poder sobrenatural – ela purifica e é usada para conseguir o exorcismo.

Certos níveis de dor possuem qualidades analgésicas (como quando o dentista balança seu lábio antes de aplicar uma injeção de novocaína, ou quando se esfrega o cotovelo após tê-lo batido em algo duro). Ela também é capaz de pro-

---

68. Gn 3,16

vocar estados de euforia, porque o corpo naturalmente produz opiáceos, e pode estar relacionada a experiências de dissociação ou transe, efeito esse ao qual os sacrifícios voluntários a que se submetem os ascetas e os iniciados xamânicos podem ter alguma relação. É esse o mesmo objetivo de muitos dos participantes de subculturas ocidentais de modificações corporais que praticam a suspensão (pendurar-se em ganchos enfiados na pele).

Em nossa sociedade tendemos a ver a dor como uma experiência individual, ou mesmo isolacionista. O sofrimento religioso, contudo, é amiúde compartilhado e eventualmente vicário[69]: o cristianismo oferece muitos exemplos da importância deste sofrimento, dentre os quais a paixão de Cristo na cruz, a existência do inferno e as execuções públicas de bruxas e hereges. Alguns indivíduos sentiram dores localizadas em áreas do corpo correspondentes às chagas de Jesus, marcas essas que algumas vezes são conhecidas como **estigmas**.

Diversos rituais usam o sofrimento, seja ele autoinfligido ou provocado por outrem. Alguns ritos funerários, por exemplo, incluem a automutilação por parte dos enlutados (capítulo 8). A dor autoinfligida é igualmente efetiva porque, antes de realizar o ato, as pessoas geralmente estão mais focadas, concentradas nele. É possível que tenham passado por um período de purificação pregresso, que pode ter incluído jejum ou privação do sono.

Entre os antigos maias, os governantes masculinos usariam pequenas lâminas de obsidiana para furar o prepúcio dos seus pênis, enquanto as mulheres furariam suas línguas e passariam cordões pela abertura, frequentemente contendo espinhos. O sangue verteria em tiras de papel deitadas em uma vasilha cerimonial que, depois de encharcadas, seriam queimadas como oferenda. A dor intensa e a perda de sangue eram interpretados como a entrada dos deuses e ancestrais na presença dos governantes.

No capítulo 4, examinamos os ritos de passagem, que incluíam os rituais de amadurecimento. Estes frequentemente incluíam tatuagens, escarificações e circuncisão, e como muitas dessas operações são dolorosas, a capacidade de suportar a dor tornou-se um elemento fundamental nesses rituais. Não raro, o sujeito adentra num estado alterado de consciência no decorrer desses processos dolorosos, algo que torna possível suportar a dor a que está se submetendo.

---

69. "Quem se comisera participa no sofrimento alheio, toma sobre si sofrimento alheio, sofre por outros, entrando em sua comunhão e carregando seus fardos. Este sofrimento solidário, vicário, e remidor por meio de vicariedade é o sofrimento de Deus" (MOLTMANN, J. *O caminho de Jesus Cristo*. Petrópolis, Vozes, 1996, p. 244-245) [N.T.].

Da mesma forma, a dor é intimamente ligada à emoção e ao senso de si. Nas modernas práticas médicas ocidentais, ela é frequentemente entendida como disruptiva e devastadora para a vida e o senso de si de alguém, isolando o indivíduo em seu próprio universo privado. Não obstante, ela pode ser igualmente vivida como cura e transformação: nesses casos, é vista como catalisador para o fortalecimento do senso de si de alguém. Ao invés de isolar, a experiência da dor pode reforçar as conexões do indivíduo tanto com o mundo social quanto com o sobrenatural. Exemplos perfeitos das mudanças na identidade ocorridas através das experiências de dor são a possessão e o exorcismo, ambos os quais serão discutidos em capítulos posteriores.

A peregrinação (cf. capítulo 4) com frequência envolve a dor sagrada, que pode ser interpretada como um sacrifício, imitação do sofrimento de uma divindade, penitência, teste etc. Uma vez mais, dores dessa natureza estão relacionadas a estados alterados de consciência, de que é exemplo a peregrinação a Sabari Malai, no sul da Índia. Essa jornada segue os passos do deus Senhor Ayyapan, filho de Shiva, e seu encontro com um demônio feminino, a quem derrotou. Os peregrinos comprometem-se com celibato, alimentação moderada, andar descalços e dormir no chão. Durante mais de sessenta quilômetros, eles pisam descalços por sobre pedras afiadas e areia quente, uma dor vista como parte essencial da peregrinação, cujo objetivo é unir-se a Ayyapan. Segue-se uma descrição feita por E. Valentine Daniel da experiência da dor nessa peregrinação:

> Há quem diga "andarei neste lado, ou naquele", ou então "veja! Um trecho de grama. Andarei por lá. Isso me fará sentir melhor, ainda que o trecho não tenha nem sequer um metro". Durante essa fase, é possível distinguir entre a dor causada pelas bolhas sob as unhas daquelas nos calcanhares. Ou por outra, é possível discernir a dor provocada pelas bolhas onde quer que elas estejam, e a dor advinda dos músculos das canelas e dos tendões... A dor de cabeça provocada pelo sol do meio-dia e o peso da *iru muti*[70] pode ser distinguida daquela resultante das tiras da sacola mordendo os ombros.
>
> Cedo ou tarde, contudo, todos os diferentes tipos de dor parecem se fundir... A experiência da dor aguça a consciência de si mesmo (ego) como a vítima, e o exterior (raízes, pedras, areia quente, sem distinção) como os agentes do sofrimento... Com o tempo, a dor deixa de ter um elemento causativo, e o ego é obscurecido ou eliminado porque não tem nada

---

70. Bolsa de pano com duas abas [N.T.].

que o contraste ou enfrente... Existe uma "sensação" de dor, óbvio, mas ela não possui um agente, um tempo, um comparativo... A dor é a única sensação pertencente ao presente eternal[71].

A base biológica dos estados alterados de consciência

Participantes de rituais religiosos podem relatar a possessão por um espírito ou a visita de um anjo; podem sentir que suas almas saíram dos seus corpos, ou unir-se ao universo. Experiências como essas são reais e profundas, mas o que acontece com o cérebro desses indivíduos? Existe uma base biológica para os estados alterados de consciência?

O neurologista Oliver Sacks, dentre outros, já pesquisou a relação entre enxaquecas e experiências religiosas[72]. Embora normalmente ligado a um tipo de dor de cabeça, o termo enxaqueca também é associado a náuseas e outros sintomas físicos, um dos quais a aura, uma espécie de alucinação que, embora seja mais frequentemente visual, pode envolver também a distorção de outros sentidos.

A cultura desempenha um papel fundamental no modo como se interpreta a aura: um paciente moderno pode considerá-la uma experiência patológica, uma condição que afeta sua funcionalidade – ele torna-se incapaz de dirigir um automóvel, por exemplo (certas auras consistem de luzes flutuantes e interferem seriamente com a visão normal). A mesma experiência, contudo, pode ser interpretada como uma visão – de fato, tais descrições foram escritas e ilustradas por Hildergard de Bingen, uma freira e mística alemã que viveu entre 1098 e 1179. Suas descrições e desenhos são similares aos relatos contemporâneos feitos por pacientes de enxaquecas. Desse modo, percebemos que uma experiência particular pode ser vivida tanto como uma condição médica quanto, se a cultura a interpreta dessa forma, uma experiência mística.

Claro, as auras das enxaquecas não são conscientemente induzidas, ao contrário da maioria dos estados de consciência alterada. A pesquisa em neurobiologia tem investigado até que ponto o comportamento rítmico, ritualizado, afeta certas partes do cérebro: em situações em que são utilizados ritmos mais acelerados –

---

71. *Fluid Signs: Being a Person the Tamil Way*, de Daniel E. Valentine. Reproduzido com a permissão da University of California Press no formato de reedição em livro, via © Clearance Center.
72. SACKS, O. *Migraine*. Nova York: Random House, 1992.

cantos e danças vigorosos, por exemplo – o **sistema nervoso simpático**, ou sistema cerebral de excitação, é levado a níveis cada vez mais altos até se tornar superestimulado. Quando isso acontece, o cérebro basicamente opta por desligar, e certas áreas param de receber a informação neural que normalmente recebem e da qual dependem para funcionar.

Uma das áreas cerebrais que apagam quando superestimuladas é a **estrutura proprioceptiva**, a parte do cérebro que nos permite sentir as fronteiras do nosso corpo, distinguir-nos a nós mesmos do mundo à nossa volta e nos orientarmos no espaço. Tratam-se de tarefas para as quais raramente atentamos porque nossos cérebros estão funcionando bem, mas a inabilidade em realizá-las pode causar imensas dificuldades para pessoas que sofreram danos nessa parte do cérebro. Imagine tentar sentar-se numa cadeira sem poder dizer onde você termina e onde começa a cadeira, ou se não soubesse a situação exata do seu corpo.

A estrutura proprioceptiva é privada de novas informações por causa da resposta de desligamento seletivo à superestimulação do sistema cerebral de excitação. Como resultado, tem-se o enfraquecimento das fronteiras entre o eu e o outro, algo que pode ser responsável por estado alterado de consciência descrito por muitos sistemas religiosos, nos quais a separação entre o eu e o mundo exterior desaparece, e o indivíduo sente-se "um único" com o universo ou os seres sobrenaturais, ao que se dá o nome de **estado unitário**.

Outra pesquisa dedicou-se ao impacto emocional de comportamentos motores repetitivos, incluindo aqueles referidos como ações marcadas, ou que diferem dos movimentos normais, ordinários, como curvar-se lentamente. Outros estudos investigaram o impacto dos cheiros, como do incenso queimando. O ponto central é que tais análises descobriram não ser possível alcançar exatamente os mesmos efeitos dos comportamentos rituais pela simples estimulação química da área correta – é somente através das crenças e comportamentos que o efeito completo é alcançado.

Exemplos etnográficos de estados alterados de consciência

Estados alterados de consciência estão no cerne de muitas experiências religiosas e permitem ao crente experienciar o sobrenatural de uma forma imediata, visceral. Nessa seção veremos como se apresentam nos rituais examinando exemplos etnográficos específicos.

Rituais de cura dos San

Os !Kung[73] são um subgrupo dos San, um povo de caçadores-coletores do Deserto do Kalahari, sul da África (área cultural Khoisan). Em seus rituais de cura eles vivenciam o *!kia*, um estado alterado de consciência. Segundo os !Kung, uma energia conhecida como *n/um* e que lhes foi dada pelos deuses existe na base da espinha. No momento em que um indivíduo entra em *!kia*, o *n/um* começa a ferver e tornar-se vapor, que sobe pela coluna até o ponto próximo à base do crânio, quando então ele entra no estado alterado.

Em um grande acampamento !Kung, durante a época do ano em que o alimento é farto, ocorrem danças diversas vezes ao mês. Quando anoitece, várias mulheres sentam-se em volta de uma grande fogueira e começam a cantar. A elas logo se juntam outras, e o círculo se torna mais apertado e próximo do fogo. Em seguida, os homens e algumas mulheres começam a dançar em volta delas, e à medida que a dança se torna mais e mais energética, eles se aquecem e começam a suar em abundância; cambaleiam e se sacodem violentamente. Tendo adentrado *!kia*, dão início à cura dando voltas em torno da fogueira e postando suas mãos sobre cada indivíduo. Os !Kung acreditam que as doenças são atiradas nas pessoas pelos ancestrais, e com o toque das mãos eles conseguem retirar as enfermidades e lançá-las à escuridão.

Cerca de metade dos homens e dez por cento das mulheres tornam-se curandeiros, e além de arrancar as doenças, alguém num estado alterado de consciência é capaz de ver o interior de uma pessoa e viajar para a casa dos deuses. Eles vivenciam emoções intensas e um senso de ascensão e voo interpretado como a ida aos céus.

A Dança do Sol dos Cheyenne

A Dança do Sol é um grande ritual religioso comunitário que acontece perto do solstício do verão e representa o tema da renovação. Praticado por muitos grupos tribais da América do Norte (área cultural das Planícies), como os Arapaho, Blackfeet, Crow, Kiowa, Sioux e os Cheyenne, e embora cada um deles possua suas próprias variações, certos elementos são comuns a todos. Seu nome em cheyenne, *oxheheom*, significa "Nova Cabana da Vida" ou "Cabana do Gerador".

---

73. Os diversos símbolos e letras que aparecem nas palavras San representam uma variedade de cliques característicos de suas linguagens.

O ritual está intimamente ligado à criação da terra e às passagens da história cheyenne das origens: um dos mitos fala de uma fome que afligia o povo; como resposta, um herói da cultura chamado Tomsivsi (Chifres Eretos) tomou a linda esposa de um chefe tribal e seguiu com ela numa jornada até a Montanha Sagrada. Lá dentro, ambos aprenderam a Dança do Sol e souberam que a cada vez que ela fosse encenada, o mundo seria renovado.

A cerimônia é uma promessa feita por um indivíduo que estabelece um compromisso com seres sobrenaturais, na esperança de que um ente querido se recupere – ou por outra, talvez seja o caso de um homem doente que promete dançar se alcançar a cura. A promessa ainda pode ser feita para evitar ferimentos na guerra, ou pode se basear em um sonho. Do momento em que é feita até o fim do ritual, a atividade sexual é tabu, algo que mais uma vez faz referência ao mito, pois Tomsivsi se recusou a ter relações com sua companheira até que ambos emergissem da Montanha Sagrada.

A *performance* da Dança do Sol dura oito dias, dos quais os quatro primeiros são dedicados à construção da cabana cerimonial: seu poste central é cortado por um homem que interage com a árvore da maneira como um guerreiro lida com um inimigo, e é ritualmente transportado até a cabana pelos chefes. Muitos atos ritualísticos e oferendas ao poste são relacionados ao seu erguimento. Durante esse tempo, realizam-se muitos atos simbólicos da renovação da terra e ritos secretos ocorrem no Tipi[74] Solitário, que simboliza a Montanha Sagrada em que Tomsivsi aprendeu a dançar.

Os últimos quatro dias são devotados efetivamente à dança, que acontece na cabana especialmente construída. Os participantes posicionam-se de frente para o mastro central, se levantam e se abaixam sobre as pontas dos pés. Quando se levantam, sopram em apitos feitos de ossos das asas de uma águia. Esses movimentos são repetidos durante todo o período, ainda que haja momentos de repouso, e durante todo esse tempo os homens permanecem sem comer ou beber.

A parte mais dramática da Dança do Sol Cheyenne, e que não é praticada por quase nenhum dos outros grupos da Planície, é um ato de autossacrifício conhecido como "pender do mastro central", protagonizado por um homem auxiliado por um xamã que, no passado, já tenha realizado a cerimônia. O xamã prende uma corda ao mastro central, que chega somente até a altura do peito do homem,

---

74. Tenda cônica, originalmente feita de peles de animais (como bisões) e postes de madeira. Foi usada por povos indígenas nômades norte-americanos da Grande Planície [N.T.].

fura-lhe a pele do tórax e, pelos furos, atravessa espetos, nos quais amarra as pontas soltas da corda. Durante a noite inteira, o homem dança preso ao poste e tenta se libertar. Se não conseguir, ao amanhecer será solto pelo xamã.

Dançantes que realizam esse sacrifício extremo o fazem na esperança de granjear a piedade dos seres sobrenaturais e serem abençoados com boa sorte. Além disso, recebem reconhecimento público e prestígio social. O jejum, a dança e a dor juntos concorrem para induzi-los a um estado alterado de consciência, e com frequência eles reportam ter tido visões durante o ritual.

As Igrejas da Santidade

As Igrejas da Santidade são uma série de igrejas independentes encontradas principalmente na região da Appalachia, em especial no estado norte-americano da Virgínia Ocidental, uma área historicamente dependente das minas de carvão, relativamente isolada e economicamente deprimida – ainda que alguns desses aspectos ainda permaneçam, o isolamento vem diminuindo e o padrão de vida, melhorando. Ainda existem muitas dessas igrejas, cada uma delas independente, mas é comum que os indivíduos frequentem diversas delas na mesma região. Seus rituais não seguem um padrão formal, embora muitos elementos sejam altamente tradicionais, e a sequência de atividades é determinada, em sua maior parte, pelos anciãos da comunidade eclesial e se baseia numa passagem específica da Bíblia:

> Então Jesus disse-lhes: "Vão pelo mundo inteiro e anunciem a Boa Notícia para toda a humanidade. Quem acreditar e for batizado, será salvo. Quem não acreditar, será condenado. Os sinais que acompanharão aqueles que acreditarem serão estes: expulsarão demônios em meu nome, falarão novas línguas; se pegarem cobras ou beberem algum veneno, não sofrerão nenhum mal; quando colocarem as mãos sobre os doentes, estes ficarão curados"[75].

Durante as cerimônias, diversos membros da congregação entram em estado alterado de consciência através de intensa concentração na oração e de música alta com ritmo repetitivo. Os indivíduos dançam freneticamente e chegam a entrar em transe. Em algumas dessas igrejas, participantes nessas condições pegam cobras venenosas e bebem veneno. O ingresso nesse estado alterado é uma experiência religiosa altamente desejável, interpretada como repleta do Espírito Santo, num exemplo de estado unitário.

---

75. Mc 16,15-18

Alguns indivíduos podem também "falar em línguas", um idioma desconhecido que é interpretado como a voz de Deus falando através das pessoas. Também conhecida como **glossolalia**, essa linguagem usa o som, o ritmo e o sotaque da língua nativa do falante: os sons são quebrados em sílabas que são reunidas incoerentemente, em unidades que, embora pareçam palavras e sentenças, não são.

Estados alterados de consciência induzidos por substância psicoativa

A utilização de drogas para induzir estados alterados de consciência é uma prática de muitas sociedades.

Como quaisquer outros estados alterados de consciência, os induzidos pelas drogas podem ter expressões benéficas ou nefastas. Um drogadicto, por exemplo, pode ser incapaz de manter uma casa, um trabalho ou relações sociais normais graças ao seu vício. Mas ao discutirmos os estados alterados induzidos pelo uso de substâncias, é importante reconhecer a diferença entre o uso secular (que não raro é extremamente nefasto, visa o escapismo e leva a inúmeros problemas sociais e pessoais) e o ritual (altamente controlado e em geral adaptável).

Os problemas ligados ao uso recreacional das drogas, como o vício, geralmente não são percebidos no contexto do uso religioso, que ocorre apenas em certos momentos e em determinados contextos, com princípio e fim bem definidos. O aparato ritual rege, de maneira fundamental, a experiência.

A importância dessa estrutura e os possíveis perigos do uso de drogas são comumente reconhecidos também na perspectiva interna. Os Huichóis, por exemplo, enfatizam o papel do xamã não apenas para guiá-los durante a peregrinação do peiote, mas igualmente para trazê-los de volta. Eles anseiam pelo êxtase da experiência religiosa, mas também se preocupam em não conseguir retornar dele. Os fiéis da Igreja Nativa Americana, que também utilizam o peiote como sacramento, tomam precauções contra seu emprego em qualquer outro contexto que não o religioso.

O rapé alucinógeno entre os Ianomâmi

Várias substâncias são utilizadas em contextos religiosos no intuito de provocar estados alterados de consciência. Exploraremos agora o uso do rapé alucinógeno, do tabaco, do peiote e da maconha em contextos dessa natureza.

O uso de substância psicoativa é disseminado entre as sociedades tradicionais da América do Sul, onde uma imensa variedade de plantas, tanto domésticas quanto selvagens, pode ser encontrada nas florestas e explorada por essas comunidades em seus rituais religiosos. Napoleon Chagnon descreveu o emprego de alucinógenos entre os xamãs ianomâmis na Venezuela[76].

O rapé alucinógeno mais comum se chama *eben* ou *epna (paicá)* e é feito da casca interna de uma árvore específica[77], moída junto com cinzas da casca e folhas. Após cuidadosamente trabalhada, essa mistura é reduzida, em um pedaço de cerâmica aquecido, ao produto final, um pó verde e fino, manufaturado e usado diariamente pelos xamãs das aldeias. Um homem insere um longo tubo oco na narina de outro, coloca um pouco do pó na ponta e o sopra fortemente na cavidade nasal do companheiro. Os efeitos da droga podem ser percebidos imediatamente: o indivíduo se engasga, tosse, seus olhos marejam, e fios espessos de muco verde pendem do nariz. Ele tem dificuldade para andar e experimenta alucinações, em sua maioria bolhas de luz.

Os Ianomâmi possuem uma interpretação cultural dessas visões: eles entendem o mundo como povoado por pequenos espíritos humanoides, os *hekura*. O poder sobrenatural de um xamã depende de sua habilidade em atraí-los para seu peito, visualizado como um mundo de rios, montanhas e florestas. Sob a influência do eben, eles contam ter visto os hekura descendo das montanhas, e tendo ornamentado seus corpos para torná-los atrativos aos espíritos, entoam canções para que eles entrem em seu peito. Uma vez lá dentro, eles trabalharão com o xamã tanto para trazer a cura quanto para provocar a doença e a morte nos inimigos da aldeia.

O tabaco na América do Sul

Diversas etnografias das culturas sul-americanas descrevem as variadas formas como as drogas são utilizadas nessas sociedades. Muitas dessas práticas são esboçadas por Johannes Wilbert que, embora centrado no tabaco, não deixou de mencionar o uso de outros elementos nessas sociedades, nas quais uma droga é, amiúde, usada em combinação com uma diversidade de substâncias, algumas coletadas, outras cultivadas[78].

---

76. CHAGNON, N.A. *Yanomamö*. 6. ed. Independence: Wadsworth, 2012.
77. O paricá (*Schizolobium amazonicum*) [N.T.].
78. WILBERT, J. *Tobacco and Shamanism in South America*. New Haven: Yale University Press, 1987.

O tabaco, não raro em associação a diversas outras substâncias, é comumente usado nas sociedades sul-americanas. Essas substâncias são trabalhadas de muitas formas, e diversos sistemas de ingestão foram desenvolvidos. Claro, as comunidades tradicionais não possuem a opção da injeção, de modo que o problema é como inserir a droga na corrente sanguínea, onde se moverá mais rapidamente até o cérebro.

Substâncias são absorvidas com maior eficiência por partes do corpo cobertas por tecido epitelial, que contém uma alta densidade de capilares, tais como pulmões, boca, garganta, sistema digestivo, reto, nariz e olhos. O tabaco pode ser fumado, sugado (como quando é mascado) ou bebido. Algumas tribos produzem uma forma processada, com a consistência de gelatina, e a esfregam nos dentes e na gengiva. Por fim, pode, igualmente, ser seco, pulverizado e soprado pelo nariz.

Drogas podem também ser introduzidas pelo reto por algum tipo de enema. As vantagens dessa técnica é que a substância não vai irritar as mucosas do estômago nem será perdida durante os vômitos do indivíduo. Às vezes o instrumento de aplicação nada mais é que um simples tubo, e a droga é soprada diretamente dentro do ânus. Noutras, usa-se uma espécie de ampola, feita de borracha ou com a bexiga de algum animal. A pintura de um vaso encontrado em um sítio arqueológico maia resolveu o mistério de um tipo específico de objeto cerâmico cuja função era até então desconhecida: a imagem retrata o objeto dotado de uma ampola de borracha e sendo utilizado como seringa de um enema.

O peiote na Igreja Nativa Americana

O final do século XIX foi um período difícil para a população nativo-americana dos Estados Unidos: as tribos perderam terras, seus modos de vida tradicional desapareciam, as doenças haviam dizimado muitas de suas comunidades e a política oficial do governo era destruir a cultura indígena e assimilar as populações. A religião foi um meio de lidar com essa pressão, e do caos emergiu uma série de movimentos religiosos chamados nativistas pelos antropólogos (que serão discutidos mais detalhadamente no capítulo 11), muitos dos quais combinavam tanto elementos nativos quanto cristãos, um exemplo de sincretismo.

Alguns desses movimentos iniciais envolviam o peiote, um cacto alucinógeno que cresce no norte do México e no sul do Texas e possui uma longa história de uso ritualístico, como entre os Huichol. Essa prática, chamada **peiotismo**, foi incorporada lentamente pelas populações indígenas norte-americanas, algumas das quais reforçam crenças e comportamentos nativos, enquanto outras os combinam com o cristianismo trazido pelos missionários. Elas tendem também a ser **pan--indígenas**, ou seja, incorporam aspectos e reivindicam filiação de diversas tribos. Elementos rituais familiares incluem meditação, revelação, rezas e a utilização de materiais oriundos de plantas nativas – como o tabaco e a folha-de-prata[79].

Para alguns dos grupos que usam elementos cristãos, o peiote desempenha um papel semelhante ao do pão sacramental e do vinho: acreditam que o cacto contém o poder divino, logo ingeri-lo significa absorver o poder de Deus. Membros da Igreja Nativa Americana afirmam que esse ato os permite estabelecer uma relação direta com o sobrenatural.

A primeira Igreja Nativa Americana foi incorporada em 1918, em Oklahoma, e a ela seguiram-se outras. As reações dos diversos estados ao uso do peiote foram heterogêneas: tolerado em algumas situações, em outras os indivíduos eram processados e condenados pela utilização de substância proibida. Finalmente, em 1978, o congresso norte-americano aprovou a Lei de Liberdade Religiosa dos Indígenas Americanos (*American Indian Religious Freedom Act*), que, dentre outras coisas, legalizou o uso do peiote como sacramento pelas Igrejas Nativas Americanas.

A maconha entre os rastafáris

Os rastafáris são membros de uma religião afro-caribenha com raízes no cristianismo, mas que venera Hailé Selassié, antigo imperador da Etiópia, como seu messias. Eles acreditam que os povos de descendência africana são os israelitas reencarnados, e seu foco recai geralmente sobre as questões raciais – uma de suas crenças centrais é repatriação vindoura dos negros, das Américas para a África. Os rastafáris são exemplo dos movimentos de revitalização (capítulo 11), originados de condições socioeconômicas desprivilegiadas com o intuito de melhorar as vidas dos seus fiéis através da adoção de novas crenças religiosas. Desde o começo, o rastafarianismo tem crescido até o ponto de não incorporar somente os pobres, mas também a classe média, e se espalhou para muito além das fronteiras de sua Jamaica original, graças em parte à dispersão internacional tanto do povo jamaicano quanto do *reggae*.

Os rastafáris defendem uma filosofia do *ital livity*, rejeitando o consumismo ocidental e enfatizando a vida em harmonia com a natureza, o que inclui

---

79. *Leucophyllum frutescens*. Também conhecida como cenizo ou sálvia-do-texas [N.T.].

o consumo de alimentos cultivados sem fertilizantes químicos e a utilização de medicamentos ervais. Além de serem vegetarianos e de não cortarem o cabelo (resultando nos *dreads*), uma prática comum entre eles é fumar maconha, ou *ganga*, algumas vezes referida como "erva da sabedoria" ou "erva sagrada", vista como sacramento religioso e forma de adquirir novas compreensões sobre o eu, o universo e Deus.

Os rastafáris relacionam o uso da ganga a diversas passagens bíblicas, incluindo "você comerá a erva dos campos"[80], "devorem toda a vegetação da terra"[81] e "mais vale um prato de verdura com amor do que um boi cevado, com rancor"[82].

Conclusão

No capítulo 1 elencamos as seis dimensões da religião, conforme propostas por Ninian Smart, uma das quais era a experimental, o encontro com a realidade sagrada que está além da experiência ordinária. As vivências religiosas podem ser altamente emocionais, indo desde uma sensação generalizada de bem-estar até visões dramáticas. Estados mentais como esses, que diferem da normalidade, são chamados estados alterados de consciência e definem a experiência religiosa. É através deles que os fenômenos e poderes sobrenaturais se manifestam, levando as crenças abstratas para o campo da experiência vivida.

Interpretar as mudanças no estado mental de alguém que se encontra em um estado alterado de consciência é algo amplamente influenciado pela cultura – ou por outra, a cultura confere sentido às nossas experiências. Estar "alto" por causa de algumas doses a mais de álcool é aceitável para diversas interpretações; algumas são seculares: "bebi um pouco demais e estou meio tonto"; outras, porém, experimentando a mesma idêntica reação, interpretam-na de modo bem diverso: "me sinto como se um espírito tivesse entrado em meu corpo". A sensação objetiva pode até ser a mesma, mas a interpretação subjetiva pode divergir um bocado!

As interpretações religiosas dos estados alterados de consciência usualmente recaem em duas categorias. A primeira, o poder sobrenatural, não raro na forma de espíritos ou deuses que adentram o corpo de alguém, um fenômeno conhecido como **possessão espiritual**. O indivíduo pode controlar a entidade em seu corpo

---

80. Gn 3,18
81. Ex 10,12
82. Pr 15,17

para que atinja certos objetivos, ou a entidade possessora pode usar o corpo para curar ou prever o desconhecido, amiúde sem o conhecimento ou a memória da pessoa possuída. A possessão por um espírito indesejado, contudo, pode acarretar doenças, cuja curadas pode ser alcançada através de exercícios de exorcismo.

A segunda interpretação religiosa comum de um estado alterado de consciência é que a pessoa entrou em transe porque sua alma abandonou o corpo; sua experiência individual é, pois, associada à experiência não corpórea, operando no campo do sobrenatural.

Frequentemente, os estados alterados desempenham um importante papel na cura, tanto para o curandeiro quanto para o paciente. O restabelecimento é facilitado, e em alguns casos até mesmo atingido, através da sugestibilidade, da catarse emocional e da sensação de rejuvenescimento. Por exemplo, quando possuído por um espírito, é possível usar o poder sobrenatural deste último para remover a causa da doença, não raro sugando a entidade ofensora de dentro do corpo do paciente. Quando a enfermidade num paciente é diagnosticada como perda da alma, o curandeiro envia seu próprio espírito numa jornada para resgatá-la.

Todavia, a mais comum das ideias sobre estados alterados religiosos refere-se a alcançar um estado unitário, aquele em que o indivíduo experimenta a sensação de tornar-se um só com o sobrenatural, ainda que as comunidades a interpretem diversamente. Para alguns, significa unir-se a Deus ou a um espírito; para outros, expressa-se como ligação a uma forma sobrenatural generalizada. Vimos um tal exemplo em nossa discussão da peregrinação do Sabari Malai, cujo objetivo é atingir o estado unitário com a divindade do Senhor Ayyapan.

A ideia de estado unitário é, com frequência, um dos maiores componentes de um ritual religioso, ou mesmo um sistema religioso em si. Um tema usual é que, no passado, os seres humanos já haviam estado unidos ao sobrenatural, mas, de alguma forma, apartaram-se. Muitas práticas religiosas visam reconquistar essa unidade perdida, um tema que pode ser percebido em diversas tradições: para os cristãos, o caminho de volta a Deus é Jesus; para os budistas, seguir os ensinamentos de Buda permite ao indivíduo alcançar a unicidade com o universo; quanto aos muçulmanos, a reconciliação é possível através da submissão a Alá.

Em capítulos anteriores, discutimos símbolos, narrativas e a importância dos rituais religiosos. Mas é somente com a discussão dos estados alterados de consciência, porém, que a verdadeira apreciação do poder dos rituais pode ser atingida. As narrativas oferecem as bases para a crença, mas é somente pelos rituais que essas ideias se transformam em experiências. Um estado alterado religioso oferece, de certa maneira, provas viscerais da existência do sobrenatural, levando-o do reino da crença abstrata para o campo da realidade vivida.

Resumo

Estados alterados de consciência são estados mentais que diferem do normal e se caracterizam por um certo número de experiências psicológicas, tais como alterações nos padrões de pensamento, perturbação no sentido temporal, mudanças nas expressões emocionais, distorções na imagem corporal, e assim por diante. Uma pessoa pode entrar em um estado alterado de consciência através de uma série de situações: redução ou aumento do estímulo externo, acréscimo ou decréscimo do estado de alerta, sofrimento ou alteração na química corporal, como as que acompanham o jejum ou a privação do sono. Fatores dessa natureza criam transformações observáveis nas atividades cerebrais.

Os estados alterados de consciência podem ser provocados também por drogas e agentes químicos, como o tabaco, o café, o álcool, a maconha, o peiote, além de inúmeras outras substâncias manufaturadas. Não obstante, sua utilização no contexto da prática religiosa ocorre dentro de um contexto específico. A experiência é fortemente influenciada pelas expectativas culturais.

Questões de estudo

1) Estados alterados de consciência incluem experiências bem conhecidas, como sonhar e devanear. Descreva qualquer uma dessas experiências que você já tenha vivido. Como elas se encaixam na descrição dos estados alterados de consciência fornecida neste capítulo?

2) Diversos fatores podem levar a estados alterados de consciência e têm uma boa chance de ocorrer na vida de qualquer pessoa. Cite alguns.

3) Tatuagens, *piercings*, dentre outras alterações corporais praticadas por algumas pessoas nos dias de hoje, podem ser experiências dolorosas. Como a vivência da dor se torna parte da vivência como um todo? Seria interessante que você conversasse com algumas pessoas que já realizaram tais procedimentos.

4) Da próxima vez em que você for a uma cerimônia religiosa, preste atenção a quaisquer experiências que possam ser consideradas estados alterados de consciência. Descreva-as. Quais as condições que levaram até elas? Como

certos aspectos (o *layout* físico do templo, a presença de objetos rituais, ou a presença de música) ajudaram a induzir os estados alterados de consciência.

Leituras sugeridas

GLUCKLICH, A. *Sacred Pain: Hurting the Body for the Sake of the Soul.* Oxford: Oxford University Press, 2003 [Examina as ideias sobre os usos da dor em contextos religiosos.]

KATZ, R. *Boiling Energy: Community Healing Among the Kalahari Kung.* Cambridge: Harvard University Press, 1982.

Autobiografias sobre experiências religiosas pessoais

ARMSTRONG, K. *Through the Narrow Gate.* Nova York: St. Martin's Griffin, 2005 [Armstrong, que já escreveu sobre diversas temáticas religiosas, fala de sua própria vida, inclusive dos sete anos em que viveu em um convento].

L'ENGLE, M. *The Irrational Season: The Crosswicks Journal*, Book 3. São Francisco: Harper & Row, 1984 [O diário de L'Engle's relata um ano em uma igreja e seu autoquestionamento da fé].

LEWIS, C.S. *Surprised by Joy: The Shape of My Early Life.* Nova York: Harcourt Brace, 1995 [O relato autobiográfico da vida de Lewis, tanto como cristão quanto como ateu].

Ficção

GOLDBERG. M. *Temporada de caça às letras.* Rio de Janeiro: Globo, 2002 [A participação de uma menina num concurso de soletrar dá início a uma série de eventos que, em última instância, levarão à desintegração de sua família. Trata-se, em larga medida, dos questionamentos espirituais dos quatro membros dessa família].

Websites sugeridos

holiness-snake-handlers.webs.com – Website oficial dos manipuladores de serpentes das Igrejas da Santidade.

www.fordham.edu/halsall/med/hildegarde.html – Vida e obra de Hildegard von Bingen.

archeologie.culture.fr/chauvet – A Caverna de Chauvet-Pont D'Arc, um sítio arqueológico do Paleolítico Superior.

www.nativeamericanchurch.com – O website da Igreja Americana Nativa de Strawberry Plains, Tennessee.

www.khanacademy.org/partner-content/british-museum/the-americas-bm/meso-centralamerica-bm/a/maya-the-yaxchiln-lintels – Os lintéis de Yaxchilán, um sítio maia.

https://www.aultimafloresta.com.br/o-filme/ – Site oficial do filme *A última floresta* (2020) sobre os Ianomâmi.

6

Especialistas religiosos

Em sociedades de pequena escala, dotadas de tecnologias relativamente simples, rituais são geralmente realizados pela maioria ou pela totalidade dos seus membros adultos. Alguns indivíduos, porém, podem desenvolver um interesse especial nas práticas religiosas e desenvolver habilidades específicas para contactar o sobrenatural. São exemplo os curandeiros encontrados entre os !Kung San, compostos por cerca de metade dos homens e um bom número das mulheres. Todos, porém, permanecem participantes plenipotenciários da vida secular do grupo, pois o *status* de religiosos especializados em tempo integral em geral não ocorre em sociedades assim, visto que não produzem os excedentes alimentares necessários ao sustento desses especialistas.

Como já discutimos, em sociedades de pequena escala as atividades religiosas não são claramente distintas das não religiosas; elas são interligadas – a bem da verdade, a distinção entre religioso e secular nem sequer é feita. Esse é um reflexo da ausência de especialistas religiosos em tempo integral.

Algumas sociedades desenvolveram especialistas de meio-período, pessoas que ganham seu sustento em alguma atividade econômica, como a caça ou a agricultura, mas que são chamados a oficiar rituais sempre que necessário, graças às suas habilidades ou conhecimentos especiais. Alguém assim pode ser pago pelos seus serviços, embora muitos não sejam.

Em sociedades maiores, tecnologicamente mais complexas, percebemos o desenvolvimento de diversas especializações ocupacionais, incluindo as religiosas. Esses praticantes podem ser especialistas em tempo integral, que se sustentam primordialmente da realização de cerimônias religiosas. Esses indivíduos podem ser mantidos pela comunidade, ou sua renda pode advir do pagamento feito pelas pessoas a quem ajudaram. Por exemplo: é possível encontrá-los num mercado público, a postos para serem abordados por clientes que necessitam dos seus serviços, seja a garantia da segurança econômica de alguma empreitada, ou a cura de uma enfermidade. Em algumas sociedades, eles podem alcançar importantes posições políticas e econômicas.

Existem muitos termos para descrever os especialistas religiosos, mas infelizmente não são utilizados de maneira consistente. Trata-se, às vezes, de um problema de tradução porque a natureza dos praticantes e suas atividades nas diversas sociedades podem não caber perfeitamente em uma categoria definida em nossa sociedade, ou estabelecida pelos antropólogos.

Dois termos frequentemente utilizados para classificá-los são *xamã* e *sacerdote*. Não se tratam de categorias mutualmente excludentes, mas sim posições em um *continuum*. Não raro, um praticante religioso que podemos classificar como sacerdote realizará certas funções que são mais características de um xamã, e vice-versa.

Xamãs

Nem sempre há uma nítida distinção entre sacerdotes e **xamãs**, e existem diversos especialistas religiosos que podem se situar entre ambos. De forma geral, diferentemente de um sacerdote, um xamã recebe seu poder diretamente do mundo espiritual. Seus *status* e habilidades (como o poder de curar) foram adquiridos através da comunicação pessoal com o sobrenatural, durante transes xamânicos ou estados alterados de consciência. O percurso para se tornar um especialista religioso e o modo de funcionamento social tampouco serão os mesmos entre um xamã e um sacerdote.

Definindo o xamanismo

Como muitos outros termos utilizados no estudo da religião, *xamã* tem sido usado de diferentes formas por diferentes pessoas. Algumas o utilizam de maneira bem ampla, para dar conta de um variado conjunto de fenômenos, enquanto outras preferem sentidos mais estritos. A maioria concorda que o xamanismo se refere a técnicas usadas por tipos específicos de especialistas religiosos, e que seus praticantes podem ser encontrados em uma grande variedade de culturas e religiões.

A palavra xamã provém, na verdade, do idioma tungúsico[83], da Sibéria Central, e se refere a especialistas religiosos que usam tambores de mão e ajudantes es-

---

83. Šaman, "aquele que sabe" [N.T.].

pirituais para acudir os membros da comunidade, curando os doentes, prevendo o futuro e garantindo o sucesso nas caçadas. Posteriormente, o termo foi expandido, incluindo praticantes religiosos similares em outras culturas, muito embora alguns defendam que o termo deveria ser aplicado tão somente no contexto dos especialistas religiosos siberianos.

Para aqueles que utilizam o termo de modo mais amplo, os elementos cruciais do xamanismo incluem: contato e comunicação diretos com o sobrenatural por meio de transes; o uso de auxiliares espirituais e de métodos e apetrechos específicos, culturalmente reconhecidos e transmitidos; e o *status* especial socialmente reconhecido do xamã.

Diferentemente dos sacerdotes, especialistas em tempo integral baseados em comunidades, amiúde os xamãs trabalham por empreitada. Sua autoridade repousa em seu carisma e capacidade de cura. A relação entre os xamãs e a comunidade é pessoal: eles focam em problemas específicos, como aqueles que afetam um indivíduo ou uma família. Como os clientes geralmente escolhem um xamã para lidar com uma situação específica graças à reputação e ao histórico de sucesso na cura, xamãs bem-sucedidos são capazes de reunir um grau significativo de autoridade social.

Tornando-se um xamã

Por receberem seu poder e autoridade diretamente dos seres sobrenaturais, os xamãs são frequentemente escolhidos por espíritos. É possível que o comportamento de uma criança com relação a certos objetos sagrados seja interpretado como sinal de escolha espiritual para que seja treinado como um xamã. Com frequência, o chamado vem em um sonho ou transe; em algumas sociedades a pessoa pode buscá-lo deliberadamente através de um estado alterado de consciência induzido, algo mais comum em grupos nos quais atribui-se aos xamãs algum grau de autoridade social. Em outros, inversamente, o processo de tornar-se um xamã é de tal maneira difícil e exigente que os indivíduos nem sequer procuram pelo dom, e quando ele vem – através de sonho, transe ou recuperação de uma doença – é possível que até relute em assumi-lo.

Em geral, os espíritos chamarão pelo futuro xamã durante um momento particularmente difícil de sua vida, como períodos de estresse, enfermidade, acidente, possessão ou experiências de quase-morte. Eles têm sido chamados de "curandeiros feridos", pois foram levados à condição xamânica por causa de suas próprias doenças, aí incluídas psicoses e possessões. A iniciação geralmente inclui a ideia de que os espíritos comem, desmembram ou matam a pessoa antes que ela possa ser renascida como xamã. O teste para o iniciado e os simbolismos da morte, transformação e renascimento são bastante comuns.

É comum que passe por um período de treinamento, geralmente com um xamã mais velho. Embora o aprendizado dos conhecimentos religiosos seja importante, o objetivo maior dessa etapa é aprender como estabelecer contato com o sobrenatural, uma atividade muito perigosa, e de como manipulá-lo com o fito de alcançar certo propósito específico. O candidato estabelece relações com um espírito familiar, que age como seu guia no mundo sobrenatural. O aprendizado pode incluir períodos de reclusão, jejum e a ingestão de alucinógenos, mas seu objetivo principal é aprender a entrar em contato com o mundo sobrenatural e controlar a experiência de um estado alterado de consciência.

Função e rituais xamânicos

O xamã é capaz de contactar o sobrenatural via métodos tradicionais, formais, adequados à nossa definição de ritual. Este, porém, não é um fim em si mesmo, mas apenas o meio de conectar-se e estabelecer relações com uma entidade sobrenatural – do êxito nesses dois aspectos, e não da habilidade de memorizar e realizar cerimônias, dependerá seu sucesso do xamã.

O controle dos espíritos ajudantes e a capacidade de entrar em estados alterados de consciência são centrais ao papel do xamã: eles o auxiliam a lutar contra maus espíritos, a diagnosticar e tratar doenças. Ao entrar em um estado alterado de consciência, o xamã enviará sua própria alma para resgatar a do paciente, retornando-a e ancorando-a ao corpo.

O ritual xamânico pode ser algo simples, uma consulta privada com paciente, ou um grande evento público. Neste caso, é comum que seja bastante dramático, marcado pelo uso de diversos efeitos por parte do xamã, tais como tambores, cantos, danças e vestes elaboradas, ventriloquismo e prestidigitação. Essas *performances*, contudo, não garantem que o xamã alcançará o resultado esperado – iludir a audiência; xamãs operam no campo do sobrenatural, que os demais são incapazes de perceber. Nesse sentido, fazer truques com as mãos pode representar uma tentativa de representar e convencer os outros de que aquilo que veem são, de fato, verdadeiros feitos do reino invisível.

Esse movimento do xamã, entre os mundos natural e sobrenatural, frequentemente se relaciona a uma visão de mundo que entende os seres humanos como habitantes de uma zona medial entre um mundo superior e outro inferior, sendo os três planos conectados por um eixo vertical central, ao qual muitos chamam de *Axis Mundi*. Já discutimos um exemplo dessa crença no capítulo 3, a Árvore do Mundo Maia presente no sarcófago do Senhor Pakal. O xamã é capaz de viajar entre esses planos, frequentemente por meio do seu eixo central, representado amiúde nos rituais por uma escada, um poste ou uma árvore.

Essa habilidade de enviar a própria alma em jornadas ao plano do sobrenatural está ligada aos poderes transformativos do xamã, os quais, por sua vez, vinculam-se a outras ideias de mutação, como em animais ou outras criaturas. Igualmente comum é a transformação de gênero, na qual o xamã usa as roupas ou mesmo assume alguns dos papéis sociais do sexo oposto, ou é visto como sexualmente ambíguo.

Graças às habilidades de contato direto e manipulação do sobrenatural, os membros da comunidade dos xamãs sofrem certa suspeição, já que os mesmos poderes que os permitem curar doenças também podem ser usados para provocá-las. Embora os sacerdotes sejam tão capazes de provocar o mal quanto qualquer um de nós, eles não possuem quaisquer habilidades especiais advindas de sua posição.

O Xamanismo Siberiano

Os xamãs da Sibéria Central são especialistas religiosos que usam tambores de mão e ajudantes espirituais para ajudar os membros de suas comunidades. Eles realizam rituais para curar os doentes, prever o futuro e garantir o sucesso nas caçadas. Seu mundo se divide em três planos: o Superior, da luz e dos espíritos benfazejos; o Médio, lar dos seres humanos e dos espíritos da terra; e o Inferior, das trevas e dos maus espíritos. É tarefa do xamã, enquanto em estado alterado de consciência, comunicar-se com diversos espíritos e também vagar entre os planos.

Uma de suas principais funções é a cura, algo que consegue alcançar de diversas formas: comunicando-se com os espíritos para descobrir seus desejos, afastando entidades causadoras da enfermidade ou recuperando uma alma perdida. Os espíritos conferem ao xamã suas qualidades e poderes particulares: tê-los ao seu lado lhes traz o poder da cura, mas também o potencial para fazer o mal.

Outros xamãs se especializaram em contactar os espíritos para garantir o sucesso das caçadas. Nesse caso, eles entram em contato com os espíritos da espécie animal e fazem um acordo: os espíritos animais fornecerão comida aos humanos, e estes, eventualmente, oferecerão carne e sangue humanos – causa das doenças e da morte. Cabe ao xamã minimizar a quantidade de pessoas doentes e maximizar o número de animais que serão mortos. Parte do seu sucesso nessa negociação advém de um pacto com os espíritos animais, através do relacionamento com a filha do espírito do cervo ou do espírito da rena.

Xamanismo Yakut

Os Yakuts (ou Shkhas) vivem no nordeste siberiano, região alcançada pelos missionários da Igreja Ortodoxa Russa no começo do século XVIII, quando então organizavam-se em pequenos grupos espalhados numa vasta extensão, caçando, pescando, pastoreando cavalos e renas. Com o tempo, muitos deles se converteram ao cristianismo, mas a prática do xamanismo permaneceu forte, e a maior parte do povo seguia as duas crenças. Em 1931, o governo soviético deu início a um programa para destruir a cultura tradicional através da perseguição aos xamãs, muitos dos quais foram executados ou deportados. Russos étnicos mudaram-se para a área e hoje superam a população nativa. Após o fim da União Soviética e a criação da República de Sakha (Iacútia), componente da Federação Russa, teve fim a proibição ao xamanismo, e com isso veio um renovado senso de identidade entre os Yakut: a frequência dos rituais xamânicos cresceu, e as crenças tradicionais passaram a ser ensinadas nas escolas.

Como ocorreu a muitos outros povos tradicionais vivendo em estados modernos e expostos a práticas religiosas diversas, elementos cristãos conseguiram adentrar no xamanismo: nas palavras de um sacerdote xamânico, citado por Takako Yamada em 1994:

> Eu não via muitos deuses no mundo superior. Vi apenas Jesus Cristo, uma deusa e dois outros deuses. Jesus e a deusa me deram uma foto e me pediram para cuidar do povo no mundo. Acredito, então, que recebi uma habilidade universal para a cura, não somente para os Yakut, mas também para os estrangeiros[84].

Junto à restauração do xamanismo tradicional, surgiram novos grupos, que comumente se desenvolveram em volta de um líder carismático que combina elementos cristãos e xamânicos e produz um novo tipo de prática religiosa. Marjorie Mandelstam Balzar descreve o ritual realizado por um desses líderes, Kyta Baaly[85], alguém que, embora jovem e com pouca educação, conseguiu atrair quantidade

---

84. YAMADA, T. Through Dialogue with Contemporary Yakut Shamans: How They Revive Their Worldview. *Anthropology of Consciousness*, 7, 1996, p. 4-5.
85. BALZAR, M.M. Healing Failed Faith? – Contemporary Siberian Shamanism. *Anthropology and Humanism*, 26, p. 134-149, 2002.

significativa de seguidores. Ele realiza rituais baseados nas práticas tradicionais Yakut, mas afirma ser o filho de Jesus Cristo. Seus seguidores usam um pequeno broche ou pendente do "caminho mundial sagrado", que combina a cruz cristã com o símbolo da árvore, um exemplo do movimento revivalista, que será discutido em detalhes no capítulo 11.

O Xamanismo Coreano

Embora normalmente se pense no xamanismo como característica de religiões de pequena escala, também pode ser encontrado em diversas sociedades industriais. A Coreia, por exemplo, possui uma longa história de xamanismo, e no passado os xamãs, quase todos homens, desfrutaram de grande influência política. Com o tempo, contudo, essa importância diminuiu, eles foram perseguidos e levados para a clandestinidade, e de uma instituição pública e proeminente, o xamanismo passou a ser uma atividade secreta, privada. Hoje a maioria dos xamãs é mulher, o que lhes garante uma boa fonte de renda e algum grau de influência na comunidade. O xamanismo é reconhecido como uma parte importante da cultura coreana, e muitos aspectos dos seus rituais, como os cantos e as danças, são realizados publicamente com fins de entretenimento.

Os xamãs são escolhidos pelos espíritos. Mulheres que enfrentaram alguma forma de estresse psicológico em suas vidas são particularmente vulneráveis, pois a sociedade acredita que os espíritos, em sua busca por alguém para possuírem, preferem pessoas cujo *maŭm*, alma, já tenha sido fraturada, estando então suscetíveis. O sinal de que uma mulher específica foi selecionada se manifesta através de uma enfermidade espiritual, *sinbyŏng*, de que há diversos sintomas psicológicos e físicos, dos quais o mais significativo é o ingresso em um estado de transe. O indivíduo cai doente com a doença da possessão até aceitar o chamado dos espíritos – muitas relutam em se tornar xamãs, considerados pela sociedade como desviados. Ao fim, contudo, a aprendizagem poderá levá-la a se tornar uma xamã tarimbada, que eventualmente celebrará o ritual iniciático que a transformará em uma xamã plenipotenciária.

Youngsook Kim Harvey reconta a descrição feita por uma xamã coreana dos eventos que a levaram à sua iniciação:

> Muitos antes de ter qualquer indício de intimação sobrenatural, percebi-me excitada pela batida do *changgu* ("tambor"). Não me lembro de como voltei a mim mesma... acontecia com cada vez mais frequência. Quando eu escutava o *changgu*, parecia esquecer instantaneamente de

tudo e perder todo senso de inibição. Eu queria dançar e cantar. É esse sentido de ser arrebatado para longe, como se não tivesse peso, que te faz dançar e ser, haja o que houver, um *mudang*. Quando se está naquele estado de espírito, não se pensa noutra coisa... E mesmo agora, apenas falar a respeito já faz minha temperatura subir... Veja, então, como as pessoas possuídas por espíritos podem ir à loucura se não forem apropriadamente iniciadas... Não há como fazer uso dos sentimentos que te tomam.

Quando se começa a fazer o próprio *kut*, é possível sentir os espíritos se esgueirando dentro de si e assumindo o controle; é uma sensação incomparável... sabe-se que os espíritos estão lá, ponto... que não há por que se preocupar, são eles lá dentro, não você... Você é simplesmente um médium, e se sente maravilhosa! De que outra forma alguém poderia, em sã consciência, fazer as coisas que um *mudang* faz? Perde-se todo o sentido da vergonha... toda inibição... Fica-se impregnada do sentimento de "Sou o número um, o melhor – não existe ninguém como eu no mundo inteiro"[86].

Os xamãs coreanos são chamados a realizar rituais em diversas situações. Para guiar os mortos no submundo, por exemplo, quando então assumem o papel do defunto e passam a poder se comunicar com a família. Rituais xamânicos também se destinam a curar doenças, prever o futuro e garantir a boa sorte da família e da comunidade.

Curandeiros pentecostais como xamãs

A distinção entre xamãs e sacerdotes nem sempre está bem definida em algumas tradições religiosas ocidentais, cujos praticantes, normalmente encarados como sacerdotes, exibem diversos aspectos xamânicos, de que são exemplo os curadores da fé pentecostais. Estados alterados de consciência são alcançados através do uso de discursos e músicas rítmicas. Durante os rituais, os participantes são levados a gritar, dançar, correr pelo templo ou chorar. O ritual de cura, conhecido como "empostação das mãos", geralmente acontece durante o culto, quando o doente se coloca diante do pastor, o qual, por sua vez, está defronte ao altar. Outros se posicionam atrás da pessoa que recebe a oração, caso ela necessite de algum apoio físico. O pastor unta a cabeça dela com óleo e recita encantamentos,

---

86. HARVEY, Y.K. Six Korean Women: The Socialization of Shamans. American Ethnological Society Monograph, n. 65, p. 31-32, 1979.

e pode também esfregar sua cabeça, torso, costas ou pernas. A congregação inteira pode participar batendo palmas em uníssono durante o processo. Acredita-se que o Espírito Santo se apose tanto do curador quanto do paciente, o que pode levar qualquer um deles a convulsionar ou falar em línguas.

Como os xamãs, muitos pregadores pentecostais afirmam ter sido chamados pelo sobrenatural (Deus, nesse caso) e descrevem sonhos proféticos e visões. Eles também funcionam como xamãs por usar estados alterados de consciência para contactar-se diretamente e vivenciar o sobrenatural no intuito de restabelecer a saúde de alguém.

Neoxamanismo

As últimas décadas testemunharam um interesse crescente no xamanismo, em especial nos Estados Unidos e na Europa, muito do que pode ser atribuído ao livro *O xamanismo e as técnicas arcaicas do êxtase*[87], escrito por Mircea Eliade em 1951. Uma das primeiras obras a se voltar para elementos comuns do xamanismo numa perspectiva transcultural e a abordá-lo como uma técnica para alcançar estados alterados de consciência. O interesse no tema, contudo, só veio realmente a decolar nos anos de 1970, apoiado em muitos aspectos culturais dos Estados Unidos, incluindo o legado da cultura das drogas dos anos de 1960, o interesse em religiões não ocidentais e no ambientalismo, e os movimentos New Age, da autoajuda e da autorrealização. Há que se reconhecer também trabalhos antropológicos populares, como os de Carlos Castañeda e Michael Harner.

Ainda estudante de graduação na Universidade da Califórnia, Carlos Castañeda afirmou ter sido aprendiz de um xamã Yaqui (povo do Arizona) chamado Don Juan Matus, e baseado nessa experiência, escreveu uma série de livros, começando com *A erva do diabo*[88], publicado em 1968. Suas primeiras publicações centraram-se no uso de drogas alteradoras de consciência para experimentar uma outra realidade; mais tarde, seu foco se voltou para uma nova técnica de movimentos corporais, ou passes mágicos, aos quais chamou **tensegridade**, termo tomado do arquiteto R. Buckminster Fuller, que o havia criado como a combinação entre "tensão" e "integridade". Seu objetivo era aumentar a consciência sobre os campos energéticos de que eram feitos os humanos, segundo Castañeda. Isso seria atingido através de movimentos corporais e respiratórios, que lhes haviam

---

87. Rio de Janeiro: Martins Fontes, 1991.
88. CASTAÑEDA, C. *A erva do diabo – Os ensinamentos de Dom Juan*. Rio de Janeiro: Nova Era, 2009.

sido ensinados por Don Juan e que teriam sua origem no México antigo. Embora o autor tenha falecido nos anos de 1990, cursos de tensegridade permanecem sendo oferecidos.

Muitos acadêmicos criticam o trabalho de Castañeda, considerando-o ficcional, e não uma verdadeira etnografia. Ninguém foi capaz de provar a real existência do Don Juan, e especialistas na cultura Yaqui já lançaram dúvidas, entre outros aspectos, sobre o rigor dos seus relatos.

Michael Harner é um antropólogo que passou muitos anos estudando o xamanismo, inicialmente nas Américas (entre os Jivaro do Alto Amazonas) e no norte da Europa (Saamiland, Lapônia). Ele sentiu que as informações que havia aprendido entre os Jivaro eram aplicáveis a todos os povos de todos os lugares e criou o conceito de **xamanismo essencial** (*core shamanism*), descrito em seu website como "métodos quase universais de xamanismo, sem uma perspectiva cultural específica"[89]. Em 1980, ele publicou *O caminho do xamã: um guia de poder e cura*[90], uma espécie de livro de autoajuda para os ocidentais interessados em seguir o xamanismo. Harner fundou a *Foundation for Shamanic Studies*, que continua a oferecer oficinas de treinamento no xamanismo essencial.

Embora seu trabalho original com os Jivaro tratasse do uso da droga ayahuasca, Harner se voltou agora à utilização de tambores para atingir estados alterados de consciência. Em uma dessas oficinas, os participantes são convidados a deitar e relaxar, com seus olhos cobertos ou fechados. Um líder, então, os conduz através de um exercício de imaginação guiada ou de experiência sobrenatural, a depender do seu ponto de vista: pede-se que comecem suas jornadas entrando na terra em um local que lhes seja bem familiar no mundo físico, como uma caverna, após o que viajam por túneis até o "submundo", onde podem conhecer e interagir com espíritos mestres e poderes animais.

Aqueles que utilizam técnicas como as propostas por Castañeda e Harner são conhecidos por neoxamãs, para distingui-los dos xamãs tradicionais. Há grande diferença entre os dois grupos: o neoxamanismo é voltado para os meios individuais, frequentemente de autoajuda, de melhoria da vida, e os neoxamãs escolhem participar e focam no que consideram os aspectos positivos do xamanismo, enquanto o mais tradicional está voltado para ajudar a comunidade. Os xamãs são escolhidos, mas podem resistir ao chamado por causa do lado obscuro da religião –

---

89. HARNER, M. *The Foundation for Shamanic Studies* [Disponível em www.shamanism.org].
90. Rio de Janeiro: Cultrix, 2001.

que, não raro, os neoxamãs optam por ignorar. O transe xamânico é muitas vezes descrito como uma experiência aterrorizante, e os xamãs são frequentemente marginalizados e temidos graças à sua habilidade de causar um grande mal.

O neoxamanismo também tem sido criticado por apresentar as crenças e práticas xamânicas fora do seu contexto cultural, sob o conceito de xamanismo essencial, em que um praticante pode escolher à vontade elementos das mais diversas culturas. Críticas mais duras os acusam de imperialismo cultural, atitudes neocoloniais e de perpetuar estereótipos racistas contra os povos indígenas. Considera-se que Harner e companhia tiram proveito da mercantilização da identidade, crenças e práticas indígenas, e ainda que alguns curandeiros tradicionais encorajem o neoxamanismo e estejam dispostos a ensinar, ainda se trata de um tema espinhoso, que toca na questão mais ampla de quem controla os símbolos e rituais culturais.

Sacerdotes

Os sacerdotes são especialistas religiosos em tempo integral, que podem estar vinculados a grupos de parentesco, comunidades ou unidades políticas mais amplas, as quais, junto a outras organizações religiosas, conferem-lhes autoridade religiosa. O sacerdócio tende a ser encontrado em sociedades com produção alimentar mais complexa, enquanto os xamãs são associados àquelas tecnologicamente mais simples. De modo geral, um grupo poderá conter sacerdotes ou xamãs, mas dificilmente ambos (usamos aqui o termo sacerdote de forma genérica, que inclui grande variedade de praticantes, como ministros e rabinos).

Um sacerdote opera como um representante da comunidade para lidar com uma ou mais divindades, e nessa função é responsável pela realização de rituais prescritos, como os periódicos (aqueles ligados a um calendário cerimonial, usualmente ligado ao ciclo agrícola). Mas também os ritos de passagem, tais como as cerimônias de nascimento, morte e casamento, bem como os rituais efetuados em caso de desastre ou doença. Sua habilidade se baseia no saber ritualístico aprendido, em narrativas sagradas e no conhecimento de como celebrar os rituais em benefício da comunidade. Um ritual específico, contudo, pode ou não redundar no objetivo esperado – uma cerimônia realizada para o deus da chuva pode, por exemplo, resultar em uma tempestade ou na persistência da estiagem. Fracassos desse tipo, contudo, não se devem, necessariamente, à *performance* do sacerdote, mas sim à vontade da divindade, que decidiu se a chuva viria ou não.

Ainda que os sacerdotes possam lidar com temas práticos relevantes, como o sucesso das colheitas ou a cura de doenças, eles estão igualmente associados a rituais que possuem funções mais generalizadas, não raro articuladas a ritos sociais de intensificação voltados ao fortalecimento do sistema de crenças e do código ético estabelecido. As cerimônias sacerdotais legitimam empreendimentos sociais (a coroação do monarca britânico pelo arcebispo de Cantuária, p. ex.) e pessoais (estabelecimento da legitimidade de uma criança como membro da comunidade através de rituais de nascimento).

Eles personificam, também, a imagem de alguém ideal, modelos de ética e moralidade em suas comunidades, de quem se exigem padrões comportamentais mais elevados que aqueles da população como um todo. Quando um sacerdote não consegue seguir tais padrões, a repercussão é muito maior do que quando algo semelhante acontece com uma pessoa normal – eis porque os casos de pedofilia na Igreja Católica são considerados particularmente terríveis e chocantes.

Os rituais sacerdotais normalmente têm lugar em um espaço específico para atividades cerimoniais, que pode ser considerado sagrado. Habitualmente, trata-se também de um espaço comunitário, que pode ser tanto uma área aberta quanto uma edificação; neste último caso, é possível que seja grande o suficiente para que toda a comunidade possa entrar e participar das cerimônias. Mas em diversas sociedades, contudo, a estrutura cerimonial (um templo ou santuário) é um local onde objetos sagrados são mantidos e cujo acesso é exclusivo dos sacerdotes.

As pessoas se tornam sacerdotes por diversos motivos. É comum que seja uma responsabilidade herdada, como quando um ofício sacerdotal passa de pai para filho. Muitas sociedades possuem linhagens sacerdotais, como os Levitas do Antigo Testamento, ou classes e castas sacerdotais, como os Brâmanes no hinduísmo. Eventualmente, a posição do sacerdote é de grande prestígio e poder, e a entrada no sacerdócio significa a elevação do *status* social. Ao fim do treinamento, a sociedade reconhece formalmente o sacerdote como uma autoridade religiosa através de um rito de passagem, como a ordenação.

Eles também podem ter recebido um chamado divino, em sonhos, visões ou transes. Em algumas sociedades, alguém se torna sacerdote após se curar de uma doença – o fato mesmo da cura pode ser entendido como um sinal do favor divino. Em outras, a razão para o ingresso no sacerdócio pode ser de ordem mais prática: na Europa, há séculos, tornar-se sacerdote talvez fosse uma das poucas maneiras pelas quais um homem de classe média pudesse obter uma educação, pois pesquisa e ensino seriam componentes importantes de suas responsabilidades. Era costume em algumas sociedades agrícolas que o filho mais velho herdasse a terra, o do meio se tornasse militar, e o mais novo, sacerdote.

O treinamento de um sacerdote envolve habitualmente a memorização de vastos cabedais de conhecimento, pois a sobrevivência mesma da comunidade pode depender da sua competência na celebração dos rituais. Embora possa se comunicar com o sobrenatural através de transes ou visões, tais habilidades são menos importantes que a memorização e saber executar rituais da maneira apropriada.

Sacerdotes zuni

Os Zuni são um povo Pueblo (Área Cultural do Sudoeste) que desenvolveu práticas religiosas que envolvem uma complexa hierarquia sacerdotal, base da sua organização social e política.

Jovens rapazes (e, raramente, moças) são iniciados em um dos seis grupos *kiva* existentes na sociedade zuni. Uma kiva é uma câmara cerimonial, um espaço sagrado análogo a um santuário ou templo, com a forma de cômodos retangulares edificados sobre o solo (e nisso diferem das kivas mais convencionais, circulares, subterrâneas, encontradas em outras populações pueblo e muito comuns em sítios arqueológicos). Os seis grupos são associados aos seis pontos cardeais (norte, sul leste e oeste mais o zênite ao alto e o nadir subterrâneo), e as responsabilidades rituais vão passando de um para o outro. A mais importante incumbência dos sacerdotes de cada uma das kivas é, justamente, a celebração acurada dos rituais, que envolve a manipulação de objetos sagrados e a récita de orações.

Muitos outros sacerdócios são reconhecidos pelos zuni, tais como os sacerdotes das sociedades das doze medicinas, às quais agregam-se homens e mulheres curados de uma enfermidade graças à ação de uma sociedade. Se um homem consegue um escalpo em uma batalha, ele se junta à sociedade guerreira. Com o tempo, é possível ingressar em certo número desses grupos, e associa-se o acúmulo de conhecimento ritual a prestígio e poder.

A autoridade política zuni está investida em um conselho sacerdotal liderado pelo sacerdote do sol e guardador do calendário. Sua maior preocupação são as questões religiosas, como selecionar alguns participantes para determinados rituais, a colocação de ritos ocasionais no calendário ritual e a resposta da organização religiosa a desastres naturais. É também esse conselho que aponta a administração civil que vai lidar com questões não religiosas.

Sacerdotisas de Okinawa

Okinawa, ilha situada a sudoeste do principal arquipélago do Japão, foi, em tempos idos, o reino independente de Rykyu, e embora sua língua, cultura e crenças religiosas sejam bastante semelhantes às japonesas, existem diversas diferenças. Sua religião indígena se baseava no animismo e no xamanismo, mas tem sido pesadamente influenciada pelo Xintô, pelo budismo e pelo taoismo oriundos do Japão e da China. Como o Xintô, a religião de Okinawa entende o mundo como habitado por uma miríade de criaturas sobrenaturais, chamadas *kami*. Para aplacá-los e agradá-los, celebram-se rituais que podem evitar as desgraças e atrair bênçãos.

Existe uma variedade de especialistas religiosos cuja composição é exclusivamente feminina: Okinawa é a única sociedade conhecida na qual as mulheres comandam um culto majoritário, oficial, com subvenção pública e do qual ambos os sexos participam. Os dois especialistas mais importantes são as sacerdotisas, *kaminchu*, e as praticantes xamânicas, *yuta*: estas últimas estabelecem a mediação entre os aldeãos e o sobrenatural através da comunicação com os antepassados e com os kami, além de praticar adivinhação e realizar rituais de cura. Enquanto cada yuta possui um ou dois kami com os quais se comunica regularmente, acredita-se que a kaminchu seja, de fato, a corporificação e um kami específico, ligado ao clã.

Os rituais kaminchu são custeados pelo conselho da aldeia ou do clã, e têm lugar na casa de oração da praça central, nas casas clânicas ou nos bosques sagrados. Nessas ocasiões, as sacerdotisas usam vestes elaboradas, compostas por cinco peças brancas e coroas de folhas – a mesma vestimenta tradicional para os kami –, e é exatamente a sua presença que confere significância à cerimônia do kaminchu, muito embora façam muito pouco ao longo do processo: elas não pregam, não celebram ritos passagem nem operam curas, apenas sentam e comem, pois acredita-se que, como os próprios kami, emitem boa energia espiritual. Os aldeãos também gostam de tê-las próximas em eventos como a inauguração das casas e festivais agrícolas.

O ofício de kaminchu é semi-hereditário: cada clã dispõe de certo número de vagas a ser preenchido apenas por seus membros femininos – e em certos clãs, essas posições só podem ser ocupadas por mulheres de certas famílias. O papel da kaminchu-chefe de uma aldeia é tradicionalmente passado de mãe para filha.

Susan Sered comparou as histórias contadas pelas kaminchu (sacerdotisas) e pelas yuta (xamãs) de como haviam chegado às suas posições[91]. Em ambos os

---

91. SERED, S. Symbolic Illnesses, Real Handprints, and Other Bodily Marks: Autobiographies of Okinawan Priestesses and Shamans. *Ethos*, 25, p. 408-427, 1997.

casos, as praticantes mencionaram doenças, mas Sered identificou diferenças significativas: as primeiras reportaram adoecimentos débeis, geralmente envolvendo algum tipo de sangramento ou ruptura corporal. A visão de mundo de Okinawa entende o corpo como um todo selado, e eventos desse tipo eram vistos como a abertura de um caminho para a corporificação do kami. A doença, contudo, é leve, simbólica, não torna a mulher uma kaminchu; antes, é considerada um sinal ou lembrança daquilo que ela nasceu para ser.

Já as doenças relatadas pelas yuta envolviam sérias disfunções psicológicas, físicas ou sociais: após longos períodos de padecimento, que as tornaram párias sociais, elas tinham sido capazes de se curar tanto física quanto socialmente, tornando-se xamãs. A superação da enfermidade era vista como prova de que a yuta seria capaz de exercer o seu papel e teria condições de compreender a dor alheia. Esse é um *status* mais ambíguo, e a questão a ser respondida pelas histórias é: por que alguém assumiria uma tal obrigação.

Padres da Igreja Ortodoxa

Organizações religiosas associadas a organizações não estatais ou multiestatais caracterizam-se por diversos tipos de sacerdotes dispostos em complexas ordens hierárquicas, de que é exemplo a Igreja Católica Romana. As Igrejas Ortodoxas, por sua vez, consistem de uma série de organizações religiosas independentes, algumas das quais associadas a nações específicas, como a Igreja Ortodoxa Grega, mas outras não. Dentro da igreja existem numerosos especialistas que cabem na definição de sacerdote e são dispostos em complexas ordens hierárquicas. Cada região possui um chefe, o bispo, os quais entre si são independentes, muito embora formem, em níveis variados, diversos concílios. Os especialistas conhecidos como padres são habitualmente alocados em igrejas específicas e são responsáveis pela execução dos rituais. Há, por fim, os diáconos, que auxiliam os padres nas celebrações e nos trabalhos sob sua direção.

A Igreja Ortodoxa possui uma longa tradição de ascetismo, na qual os indivíduos apartam-se do mundo quotidiano e vivem sua vida como monges ou freiras. Os monges são padres ordenados, mas ao invés de atuarem no mundo secular, vivem em diversas variedades de comunidades isoladas, como os monastérios ou pequenas vilas; alguns levam uma existência semissolitária, tal qual ermitões, ligados a um monastério vizinho. Os bispos são normalmente escolhidos dentre os monges, e a maioria dos seminários ortodoxos são associados aos monastérios. Os bispos são celibatários, mas homens casados podem chegar a ser padres e diáconos, embora quando da morte da esposa não possam contrair novo matrimônio.

Os padres ortodoxos participam de diversas atividades, incluindo a educação e o aconselhamento, mas o foco de suas responsabilidades reside na celebração dos rituais. Eles são primordialmente envolvidos com a *performance* dos ritos sociais de intensificação, centrados em torno da Divina Liturgia (a comunhão), bem como dos ritos de passagem, associados ao nascimento, batismo, casamento e morte. Seu conhecimento e autoridade provêm da igreja.

Outros especialistas

Conquanto os xamãs e os sacerdotes sejam os mais importantes e mais bem estudados especialistas religiosos, há muitos outros que realizam práticas relativamente mais limitadas. Os rótulos utilizados para nos referirmos a eles não raro se sobrepõem extensivamente, e não são usados de maneira consistente. Algumas das suas funções coincidem com as dos xamãs e sacerdotes. Nessa seção veremos os curandeiros, herboristas, adivinhos e profetas.

Curandeiros e adivinhos

O termo curandeiro é frequentemente utilizado para se referir a um sacerdote ou xamã, especialmente quando este se dedica à cura das doenças ou feridas, mas também existem **curandeiros** mais especializados. Muitas de suas atividades são similares às dos médicos: eles podem consertar ossos, tratar entorses com gelo, ou administrar drogas obtidas de plantas ou outros materiais nativos. Muitos governos têm usado esses curandeiros tradicionais como veículos para a introdução de novas práticas de nutrição e saúde pública.

Um tipo específico de curandeiro é o herborista, especialista no uso de plantas e outros materiais. Eles podem prescrever esses insumos para que sejam administrados aos pacientes, ou fornecê-los conforme prescrição de um curandeiro ou adivinho. Vários produtos vegetais utilizados em sociedades tribais possuem, de fato, propriedades médicas, e os herboristas têm intimidade com as diversas plantas em seu *habitat* e recolhem, processam e administram diversos remédios feitos a partir delas. Não obstante, muito da teoria da cura se baseia em princípios da magia, a serem discutidos no capítulo 7.

O **adivinho** é o praticante da divinação, uma série de técnicas e atividades utilizadas para obter informações sobre algo normalmente incognoscível, como eventos futuros, acontecimentos presentes, mas ocorridos à distância, e fatos que lidam com o sobrenatural, como a identificação de bruxas. Algumas técnicas divinatórias envolvem a interpretação de fenômenos naturais, ou alguma atividade – como a leitura de cartas. Noutras, o adivinho entra num estado alterado de consciência, durante o qual consegue obter as respostas desejadas.

Adivinhos geralmente focam sua atenção em questões práticas: qual a época apropriada para fazer minha plantação? Meu investimento vai render? Com quem devo me casar? E qual o dia propício para o casamento? Um gênero importante de respostas que eles oferecem diz respeito às causas das enfermidades: após apresentarem o diagnóstico, cabe ao curandeiro providenciar a cura. Habitualmente, mas não sempre, os adivinhos trabalham pra clientes privados e são pagos pelos seus serviços. Essa atividade será discutida no capítulo 7.

Profetas

O **profeta** é o porta-voz dos deuses: seu papel é comunicar as palavras e vontades divinais à comunidade e atuar como intermediário entre as divindades e os seres humanos. Embora os xamãs possam, ocasionalmente, funcionar como profetas, em boa parte dos casos trata-se de um papel distinto. Encontramos os profetas em grande número de culturas, e alguns deles nos são bem familiares, como Moisés e Muhammad.

Sganyodaiyo (Handsome Lake) foi um profeta da tribo Seneca (área cultural das Florestas Orientais) na época em que o sistema de reservas foi implantado pela primeira vez. Em 1799, adoeceu e, aparentemente, morreu, a tal ponto que seu corpo foi preparado para o enterro, mas acabou revivendo. Ele disse ter tido uma visão de três mensageiros que o haviam revelado a vontade de Deus e o incumbiram de levar essa mensagem de volta ao seu povo. Mais tarde, no mesmo ano, recebeu uma segunda revelação, na qual lhe foram mostrados o céu e o inferno, e também algumas instruções morais, muito similares às cristãs. A essas revelações seguiram-se outras, e com base nelas Handsome Lake pregou a revitalização das tradicionais cerimônias sazonais, o fortalecimento das famílias e a proibição das bebidas alcoólicas. Seus ensinamentos continuaram a ser repassados após a sua morte, em 1815, e acabaram por se tornar a fundação para a religião da Longhouse (Casa Comunal).

Os Nuer, um povo criador de gado que vive na área cultural do Sudão Oriental, possui uma história de profetas, dentre os quais Ngundeng, que teria nascido na década de 1830. Claro, não existem registros históricos de sua vida, mas restaram muitas histórias, especialmente aquelas contadas pela sua família. Segundo a tradição, ele foi concebido depois da sua mãe ter atingido a menopausa e nasceu após uma gestação de doze meses. Diz-se que falou à sua mãe logo ao nascer e possuía certo número de características atribuídas à influência divina. Diferentemente dos profetas que só travam contato com o sobrenatural durante a vida adulta, Ngundeng já nasceu com esse poder.

Jovem, ele tinha convulsões, ou estados alterados de consciência, e exibia comportamentos estranhos, como vagar sozinho pelo mato, jejuar e beber nada além de água durante longos períodos. Na medida em que começou a comer tabaco, lama, capim e fezes humanas, emagreceu muito, deixou o cabelo longo e emaranhado; então foi possuído por um deus, que se apresentou como Deng, e em seu nome Ngundeng começou a fazer profecias e granjeou a reputação de pacificador.

Os Nuer acreditam que os profetas são escolhidos por um deus, sendo, portanto, capazes de prever o futuro, curar os doentes, garantir a fertilidade das mulheres e das vacas, influenciar no sucesso das colheitas etc. Começaram a circular histórias do poder de Ngundeng de tirar vidas através de palavras ou mesmo pensamentos – essa capacidade de matar representava a outra face da moeda do regulador da vida. Deng, a divindade, era o dador da vida, controlava a chuva e a procriação do gado e das crianças, mas era, igualmente, um deus da morte. Ngundeng ganhou reputação de tornar férteis mulheres estéreis e de interromper pandemias, até morrer em 1906.

Um século depois, o profeta Ngundeng desempenhou um importante papel no processo de independência do Sudão do Sul: ele tinha uma *dang*, ou vara cerimonial, que fora herdada pelo seu filho, e quando este morreu em uma batalha contra o regime colonial britânico, o objeto foi levado para a Inglaterra como um suvenir. Anos depois, a dang foi vendida em um leilão para um estudioso britânico, Douglas Johnson, que havia estudado os Nuer. Ele a retornou para a tribo em 2009, onde se tornou um símbolo do impulso pela secessão do Sudão.

Conclusão

Até agora, discutimos neste livro muitos dos conceitos e componentes básicos dos sistemas religiosos, tais como as narrativas, visão de mundo, símbolos, rituais, estados alterados de consciência e especialistas ritualísticos. Estes últimos são, com alguma frequência, os maiores repositórios do conhecimento religioso: recontam narrativas fundamentais, manipulam símbolos religiosos e entram em estados alterados de consciência através de práticas rituais, e desempenham um papel-chave como mediadores entre os mundos natural e sobrenatural. Enquanto seguimos para a próxima seção do livro, cambiaremos o foco de nossa atenção para as forças e seres sobrenaturais. De novo, todos esses tópicos estão interligados – por exemplo, as concepções que as pessoas têm sobre a natureza dos deuses influenciam o caráter dos rituais que serão dirigidos a eles. Um importante fator da visão de mundo de uma cultura é como e de que forma os fenômenos e poderes sobrenaturais se manifestam.

Resumo

A maioria dos sistemas religiosos identificam especialistas para efetuar funções religiosas específicas. Destes, os dois mais frequentes são os xamãs e os sacerdotes.

Um xamã recebe seu poder diretamente do mundo espiritual e adquire a habilidade de realizar o sagrado através da comunicação pessoal com o sobrenatural. Eles trabalham em meio período, sob demanda, e sua autoridade reside em seu carisma e poder curativo. Xamãs siberianos trabalham com um espírito familiar ou uma alma animal, que os auxiliam em seu ofício de expulsar um espírito causador de enfermidade ou de recuperar uma alma perdida.

Sacerdotes são especialistas em tempo integral, associados a instituições religiosas formais e tendem a ser encontrados em sociedades com produção alimentar mais complexa. Eles atuam como representantes da comunidade junto aos deuses e são responsáveis pela celebração dos rituais devidos. A habilidade de um sacerdote se baseia no aprendizado do conhecimento ritual, das narrativas sagradas, e no conhecimento de como executar tais cerimônias em prol da comunidade. Rituais sacerdotais geralmente ocorrem em um espaço especialmente reservado para tais atividades, como um templo ou um santuário.

Outros tipos de especialistas religiosos incluem herboristas, adivinhos e profetas. Um profeta é o porta-voz do divino, e seu papel é comunicar as palavras e as vontades dos deuses à sua comunidade, bem como agir como intermediário entre os homens e as divindades.

Questões de estudo

1) Em nossa sociedade, os especialistas religiosos são frequentemente reconhecidos por sua aparência ou seus diferentes modos de se vestir e se comportar. Alguns deles estão submetidos a regras específicas, como é o caso dos padres da Igreja Católica Romana. Qual a função de apartar esses especialistas dos demais membros da sociedade? E como tal fato ajuda o indivíduo no exercício de seu ofício?

2) Embora a maioria dos especialistas religiosos em nossa sociedade sejam sacerdotes, outros, eventualmente, exercem funções mais adequadas à classificação do xamanismo. Cite alguns deles.

3) Quando atingidos por doenças, a maior parte dos ocidentais buscam um médico, e não um especialista religioso. De que maneira o comportamento de um médico se assemelha ao de um especialista religioso?

4) Em que o neoxamanismo se difere do xamanismo clássico? Você acredita que o uso do termo *xamã* é apropriado em sociedades ocidentais?

5) Embora afirmemos que, tipicamente, os sacerdotes e os xamãs apareçam em diferentes tipos de sociedades, há casos como os da Coreia e de Okinawa em que ambos os tipos estão presentes. Como isso funciona? Em que seus atos e funções coincidem e se distanciam?

Leituras sugeridas

BUECHNER, F. *The Sacred Journey: A Memoir of Early Days*. São Francisco: Harper One, 1991 [Autobiografia da infância de Buechner', do seu encontro com Cristo e de como se tornou um ministro].

ELK, N.B. [contada por John G. Neihardt]. *Black Elk Speaks*. Lincoln: Bison, 2014 [A história de um xamã lakota vivendo durante a época do assentamento dos brancos, na virada do século XIX para o XX].

MERTON, T. *The Seven Story Mountain: Fiftieth-Anniversary Edition*. Nova York: Harcourt Brace, 1998 [Merton discute suas primeiras dúvidas, sua conversão ao catolicismo e sua decisão de fazer os votos como monge trapista].

NELSON, J.K. *A Year in the Life of a Shinto Shrine*. Seattle: University of Washington Press, 1996 [Inclui a descrição do papel dos sacerdotes xintó e de como diversos homens tornaram-se sacerdotes.]

Ficção

CASTAÑEDA, C. *A erva do diabo: os ensinamentos de Dom Juan*. Rio de Janeiro: Nova Era, 2009.

Websites sugeridos

www.shamanism.org – A Fundação para Estudos Xamânicos (The Foundation for Shamanic Studies), de Michael Harner.

www.castaneda.com – Os passes mágicos de Carlos Castañeda.

https://naturalhistory.si.edu/research/anthropology/programs/arctic-studies-center – Arctic Studies Center (do Smithsonian Institute).

7

Magia e divinação

Para maior parte das pessoas, a palavra *mágica* remete a coelhos sendo tirados de uma cartola, ou a um elefante desaparecendo diante dos olhos. A isso, popularmente conhecido como mágica, chamaremos *ilusão*, porque nesse caso se refere a atos baseados em algum tipo de truque ou engodo, e os artistas que os realizam admitem abertamente que manipulam não o mundo sobrenatural, mas sim a percepção humana. A magia, como os antropólogos a compreendem, se refere a rituais pelos quais alguém é capaz de compelir o sobrenatural a se comportar de certas maneiras. Intimamente relacionadas à magia estão as formas sobrenaturais de adquirir informações a respeito do desconhecido, seja o que há de acontecer no futuro, o que já está acontecendo em um lugar distante, ou a causa de uma doença. Todas essas técnicas são aspectos da divinação.

A natureza da magia

A vida é cheia de surpresas – algumas boas, outras nem tanto –, e uma maneira de lidar com situações adversas é através da ciência, uma importante metodologia para atingir o conhecimento do nosso mundo através das lentes da observação objetiva, da experimentação e do desenvolvimento de hipóteses e teorias. Explicações científicas são limitadas, posto que versam apenas sobre resultados alcançados por meio dos nossos sentidos – usando a visão, por exemplo, para examinar tecidos animais em um microscópio, ou galáxias distantes com um telescópio. Além disso, a ciência demanda explicações naturais consistentes com as leis da natureza. Todos os povos, das comunidades de pequena escala às grandes sociedades industriais, fazem observações detalhadas de seus mundos e manipulam objetos do ambiente com fins de chegar a alguma conclusão sobre sua realidade.

Todos possuem sistemas tecnológicos que utilizam métodos racionais e práticos para atingir certos objetivos.

Considere-se um agricultor de subsistência em uma sociedade de pequena escala, cujas lavouras sustentam sua família. Ele conhece bem o seu ofício: é familiarizado com diversos tipos de solo, sabe qual o melhor tempo para o plantio e como construir uma cerca para manter distantes os animais selvagens. Há muito em jogo com o seu sucesso, e fracassar em produzir colheitas adequadas pode levar sua família à desnutrição ou mesmo à fome.

Não obstante, certas situações estão além do poder explicativo e do controle científico-tecnológico. Mesmo que o agricultor faça seu trabalho da maneira mais hábil e cuidadosa possível, azares podem, e vão, acontecer. É possível que as chuvas venham abaixo do esperado, ou que uma praga de insetos devore sua lavoura. Ele provavelmente se perguntará: "por que isso está acontecendo comigo? O que posso fazer para prevenir tais desgraças?" A investigação científica não possui respostas para tais indagações.

Para solucioná-las, nosso agricultor precisa se voltar para os rituais religiosos, invocar a influência de uma divindade. Talvez ele apresente uma oferenda a um deus e lhe peça auxílio – que traga chuva, por exemplo. Ou construa uma edícula num canto de sua plantação e ofereça comidas a um espírito, no intuito de persuadi-lo a tomar moradia e proteger a lavoura.

Nesses exemplos, o agricultor está acessando o poder sobrenatural através da intercessão de um agente causal antropomórfico e sobre-humano – um deus ou espírito, por exemplo. Ele o faz ocupar-se de seus problemas por intermédio de rituais nos quais tenta persuadi-lo a atuar em sua vida e trazer os resultados esperados – uma boa safra, por exemplo. O sucesso dessa empreitada, contudo, está nas mãos do deus ou do espírito, que pode, ou não, estar inclinado a fazer aquilo que o fazendeiro pede.

O poder sobrenatural existe, também, em outras formas, mais difusas (já examinamos, por exemplo, o poder sobrenatural chamado *mana* no capítulo 4). Ao invés de confiar na boa-vontade de um ser sobre-humano, nosso agricultor pode manipular o poder sobrenatural como um meio mais direto para atingir seus objetivos. Para tanto, tudo de que precisa é o ritual correto. O ritual é entendido como uma chave, e se a chave certa abrir a fechadura certa, sua posse será capaz de "destrancar" aquele determinado poder para alcançar o fim desejado. É isso que entendemos pelo termo **magia**.

Magia e religião

Os primeiros antropólogos eram bastante etnocêntricos, em especial no que tange ao estudo da magia, colocando-a num campo separado do da religião. Hoje em dia, a maior parte dos antropólogos a considera como parte da religião por estar associada a mecanismos sobrenaturais, embora ainda haja alguns que (como aqueles pesquisadores iniciais) usam de critérios diversos e situam-nas, ambas, em categorias distintas.

Edward Tylor, que discutiu a magia em seu livro *Primitive Cultures* (1871), escreveu que a magia é um modo lógico de pensamento[92], ainda que baseado em premissas ruins. Ele acreditava que, em culturas tribais, os magos adotavam uma abordagem semelhante à dos cientistas, mas cometiam o erro de supor uma relação causal pela simples razão das coisas parecerem semelhantes, quando, em verdade, não existia relação entre elas. Além disso, Tylor não incluiu a magia no reino da religião porque não havia espíritos envolvidos, algo que considerava fundamental para que pudesse caber em sua definição.

Como Tylor, James Frazer acreditava ser a magia uma pseudociência, baseada na ação direta[93]. Componente da escola evolucionista (capítulo 1), ele pensava que a magia era um estágio primitivo, que eventualmente seria suplantado pela religião, entendida como diversa da magia por se basear na persuasão de seres sobre-humanos, e não na manipulação de forças sobrenaturais. Alguns pensadores dessa escola defendiam que, ao fim e ao cabo, a própria religião seria superada pela ciência – por óbvio, nada disso aconteceu, e em boa parte das sociedades magia, religião e ciência coexistem.

Também Émile Durkheim considerava que a magia poderia ser separada da religião, mas sua análise se voltava para o contexto social[94]: diferentemente dos rituais religiosos, que tendem a envolver a comunidade inteira, a magia é, com frequência, centrada nas necessidades e desejos de um indivíduo. Um agricultor deseja chuva; um jovem, uma esposa; uma mãe, a cura para a enfermidade que aflige seu filho. Em contraste com as cerimônias religiosas, realizadas para o bem da comunidade, a magia se direciona para sentidos bem práticos

---

92. TYLOR, E.B. *Primitive Cultures: Researches into the Development of Mythology, Philosophy, Religion, Language, Art and Custom*. Londres: J. Murray, 1871, p. 1.
93. FRAZER, J.G. *The Golden Bough: A Study in Magic and Religion*. Nova York: MacMillan, 1922 [No Brasil, *O ramo de ouro*].
94. DURKHEIM, É. *As formas elementares de vida religiosa*. São Paulo: Paulinas, 1989 [Publicado pela primeira vez em 1913].

e é articulada por um indivíduo. "Durante toda história", escreveu Durkheim, "não encontramos uma única religião sem uma igreja [...] não existe igreja da magia"[95]. Trata-se, apenas, de generalizações: a magia é frequentemente utilizada em rituais públicos comunitários, no intuito de trazer a chuva ou defender a comunidade contra os inimigos.

Outra das diferenças apontadas é vista no sentido da magia ou do ritual religioso. Entende-se a religião como "um fim em si mesmo", ou, como escreveu Bronislaw Malinowski, "enquanto no ato mágico a ideia subjacente e seu objetivo são sempre claros, expressos e definidos, na cerimônia religiosa não há propósito direto que leve a um evento subsequente"[96]. Certos rituais não mágicos certamente possuem objetivos bem específicos – cerimônias de amadurecimento, por exemplo –, mas em sua maioria são mais gerais, em especial os ritos sociais de intensificação.

Quando estudava os ilhéus das Trobriand, Malinowski observou que estes não usavam magia ao pescar na lagoa porque não era uma atividade perigosa, o contrário da pesca em alto-mar, acompanhada de extensos rituais pensados para garantir a segurança e sucesso: "não encontramos a magia onde a busca é garantida, confiável, sob controle dos métodos racionais e dos processos tecnológicos. Mais: encontramos a magia onde o elemento do perigo é conspícuo"[97].

Annette Weiner, por sua vez, observou que, embora a pesca na lagoa seja relativamente segura, existem outras razões para se fazer magia naquele ambiente:

> Eles "retornam" à magia não por causa da angústia psicológica encontrada em um ambiente físico fora do controle, mas sim quando é essencial produzir uma grande pesca que há de ser usada numa troca importante, com consequências sociais e políticas. Controlar as ações do vento e dos peixes é a prova suprema da habilidade em controlar uma troca, que provém a medida do controle sobre os outros[98].

A questão sobre se a magia é parte da religião, ou se compõe uma categoria em separado, é, em ampla medida, uma função de como a religião se define a si mesma (capítulo 1). Aqui utilizamos uma definição bem ampla de religião, capaz de acomodar facilmente a magia do modo como é utilizada nesse texto.

---

95. Ibid., p. 60.
96. MALINOWSKI, B. *Magic, Science and Religion and Other Essays*. Garden City: Doubleday, 1954, p. 38.
97. Ibid., p. 17.
98. WEINER, A.B. *The Trobrianders of Papua New Guinea*. Fort Worth: Harcourt Brace, 1988, p. 8.

Regras da magia

A magia tende a seguir certos princípios, primeiramente descritos por James Frazer em sua obra *O ramo de ouro*, publicada originalmente em 1890. Nela, articulou a **Lei da Simpatia**, segundo a qual a magia depende da associação aparente, ou do acordo entre coisas. Essa lei possui dois princípios: o da **Similaridade** e o do **Contágio**. Pelo primeiro, coisas parecidas são iguais; pelo segundo, coisas que já tiveram contato entre si permanecem conectadas mesmo após o término da conexão. O Princípio da Similaridade deu origem à **magia homeopática**, ou **imitativa**; o do Contágio à **magia contagiosa**.

Magia homeopática

A magia homeopática, ou imitativa, afirma haver uma relação causal entre coisas parecidas entre si, similaridade essa que pode se manifestar comportamental ou fisicamente. Seu tipo mais familiar é a **magia da imagem**, a prática de fazer uma imagem ser a representação de uma pessoa ou animal, que pode ser ferido ou morto por meio de coisas feitas a ela, tais como enfiar-lhe agulhas ou queimá-la. No primeiro exemplo, causa-se ao corpo da vítima dor no lugar correspondente ao que a imagem foi perfurada; no segundo, é possível provocar uma febre altíssima. É possível que os animais feridos com lanças desenhados nas paredes das cavernas sejam um exemplo de magia da imagem: o artista cria a caçada na arte, e registrar uma caçada bem-sucedida trará um resultado semelhante no mundo real.

Existem inúmeros exemplos de comportamentos que imitam um fim desejado para efetivamente alcançá-lo, dentre os quais o rito de intensificação dos aborígines australianos, que são, em essência, rituais de fertilidade que visam facilitar a reprodução bem-sucedida do totem animal (capítulo 3). Realizados anualmente e vistos como parte essencial do ciclo vital dos animais, os homens que os executam riscam desenhos sagrados e colocam objetos diversos em seus corpos, e ao fazê-lo se transformam, magicamente, no totem. Seu comportamento, comumente expresso pela dança, provoca um comportamento semelhante no animal – a representação da cópula e do parto, por exemplo, de uma espécie selvagem irá traduzir-se em reprodução bem-sucedida para ela.

A Lei da Simpatia explica muitos costumes populares: o folclorista Wayland D. Hand coletou inúmeros exemplos nos Estados Unidos em que bolotas são consideradas boas para o cérebro[99] – afinal de contas, as cascas não se parecem com crânios, e suas partes internas, cérebros?

---

99. HAND, W.D. Folk Medical Magic and Symbolism in the West. In: FIFE, A. et al. (eds.). Forms upon the Frontier. *Utah State University Monograph Series*, 16, n. 2, p. 103-118, 1969.

Muitas das práticas descritas como "medicina alternativa" ou "homeopática" sei baseiam no Princípio da Similaridade. A medicina herbal tradicional é amiúde fundamentada na **Doutrina das Assinaturas** de Paracelso, uma crença segundo a qual indícios dos usos medicinais de uma planta estão, de alguma forma, assinalados em sua estrutura e natureza, e acredita-se que Deus criou essas assinaturas para que as pessoas fossem capazes de descobrir as propriedades curativas de vegetais específicos: o trevo-vermelho[100] e a seiva avermelhada da sanguinária[101], por exemplo, são usados para tratar problemas sanguíneos; indigestões são remediadas com diversas plantas amarelas, associadas à cor da bile que é vomitada; já as folhas dissolvidas da agrimônia[102], ou epatória, são usadas, como sugere seu nome em inglês (*boneset*), para curar ossos quebrados.

Analogias similares aparecem como base de diversas interdições dietéticas observadas pelas gestantes dos Beng da Costa do Marfim, África Ocidental: elas não devem consumir carne do antílope imbabala (*Tragelaphus scriptus*), pois como este animal tem o pelo estriado, se a comerem o bebê nascerá com a pele listrada. Durante a gravidez, as mulheres devem fazer enemas usando um tipo particular de trepadeira dotada de folhas escorregadias, de modo que o feto venha a mover-se mais rapidamente pelo canal vaginal durante o parto. Da mesma forma, as futuras mães são informadas de que seus comportamentos, especialmente as atitudes negativas, durante a gestação se refletirão em seus filhos: o rebento de uma grávida que roube terá os braços longos de um ladrão. Já nos Estados Unidos, há quem acredite que mães ansiosas ou nervosas darão à luz crianças irritadiças ou temperamentais.

Magia contagiosa

A magia contagiosa se baseia na premissa de que coisas que já estiveram em contato manterão sempre a conexão entre si, de que é exemplo o pé-de-coelho. Os coelhos são criaturas bem-sucedidas, mas não graças à sua inteligência: presas dos mais diversos animais, ainda assim são numerosos, indicando que nem sempre os predadores têm sucesso na caçada. Não sendo espertos, os coelhos devem ser sortudos, logo se carregarmos uma parte deles conosco sua sorte passará para nós.

Wayland D. Hand apontou a existência, nos Estados Unidos, de inúmeros exemplos de medicina popular baseados no princípio do contágio, muitos dos quais envolvendo a transferência da doença para um objeto que, posteriormente,

---

100. *Trifolium pratense* [N.T.]
101. *Sanguinaria canadenses* [N.T.].
102. *Eupatorium perfoliatum* [N.T.].

é descartado e leva consigo a enfermidade. É possível curar verrugas esfregando-as com uma moeda que será queimada; amarrar uma lagarta em uma fita em volta do pescoço da criança era um tratamento para a coqueluche – quando o animal morria, a doença desaparecia, pois fora transferida para ele.

Também é possível enxergar o princípio do contágio em nossa sociedade moderna nas coleções de memorabília de celebridades, não raro adquiridas por altos valores. Uma camiseta suada que tivesse sido usada por um dos seus professores em sala de aula produziria uma reação bem diferente de uma peça de roupa do mesmo tipo e nas mesmas condições, mas que pertencesse ao seu artista favorito.

O exemplo que se segue provém da Nova Guiné: se, durante uma guerra, um homem foi atingido por uma flecha, seus amigos enfaixariam a ferida e colocariam sobre ela um cataplasma frio, que o manteria confortável e a sua febre baixa. O mesmo remédio será aplicado à flecha retirada do ferimento, pois como esteve relacionada a ele, isso ajudará na cura. Já o inimigo que lançou o projétil, contudo, estará muito provavelmente elaborando um contrafeitiço: quando voltar ao seu campo, manterá o arco com que realizou o disparo próximo ao fogo, e através dessa conexão enviará doloridas pontadas agudas ao adversário moribundo.

Qualquer coisa conectada à pessoa pode ser usada na magia contagiosa: se se pegar um cacho do cabelo, uma unha cortada, ou mesmo um dos seus pertences (roupas, p. ex.), é possível cometer todo tipo de maldades. De fato, cabelo do seu inimigo será, muito provavelmente, a primeira coisa que um feiticeiro pedirá antes de aceitar a encomenda de liquidá-lo. É possível atacar alguém através das pegadas, do nome, da sombra ou do reflexo (embora alguns desses itens envolvam também a crença em almas).

A magia na sociedade

A magia desempenha um importante papel nas práticas religiosas de uma sociedade. Examinaremos a sua operação em três delas: os ilhéus das Trobriand, os Azande e os Fore. Da mesma forma, veremos a sua importância na Wicca, uma religião neopagã.

Magia nas Ilhas Trobriand

Os ilhéus das Trobriand, que vivem nas costas da Nova Guiné reconhecem a existência de três tipos de conhecimento: o primeiro das coisas quotidianas, compartilhado por todos os membros adultos (ou pelo menos por um grande número destes) do grupo social; é isso que as crianças aprendem com seus pais (os meninos são ensinados a plantar, e as meninas a trançar tapetes).

O segundo tipo, mais especializado, é compartilhado por um número limitado de indivíduos e engloba os saberes específicos necessários às tarefas especializadas, como navegar ou esculpir a madeira. Inclui também o conhecimento de rituais mágicos específicos, que tendem a ser aprendidos por diversos membros da sociedade.

O terceiro, e mais alto, nível diz respeito às habilidades mais complexas e valorizadas, como a construção de canoas, o conhecimento dos mitos, cantos e danças. Esses saberes são importantes para a sociedade, e qualquer um que os domine é chamado *tokabitam* (homem de saber) e domina o conhecimento de magias importantes, como a da chuva e da plantação. Dada sua importância, são poucas as pessoas que os possuem e elas são relativamente importantes, tanto em termos de prestígio quanto de riqueza, pois cobram pelos seus serviços.

Aprendendo a magia

Embora muitos tipos de magia sejam amplamente conhecidos pelos membros adultos de uma comunidade, muitos saberes mágicos são propriedade privada dos indivíduos. A maneira mais comum de obter magia é aprendendo com os pais, avós ou outros parentes, de modo que certos tipos de magia se tornam associados com linhagens familiares específicas. Às vezes, porém, ela pertence a algum parente mais distante, ou mesmo a alguém de fora da família, e nesses casos quem desejar obtê-la precisará pagar por ela.

Um ilhéu das Trobriand que quiser aprender um tipo particular de magia oferecerá, ao longo do tempo, uma série de presentes ao seu dono, como forma de tentar convencê-lo a dividir o conhecimento. É do interesse deste dono estender o processo do aprendizado por um longo período de tempo, maximizando assim a quantidade de presentes oferecidos. Se ele morrer antes que a magia seja completamente repassada ao aprendiz, ela pode não ser efetiva, já que a transferência não foi concluída.

Às vezes o dono morre antes que a transferência comece, ou, por qualquer razão, não deseja compartilhar o conhecimento – é assim que uma magia pode desaparecer da comunidade. Por outro lado, magias importantes podem ser adquiridas de comunidades mais remotas das Trobriand: hoje em dia muitos homens jovens viajam à capital da Nova Guiné, Port Moresby, para encontrar trabalho; após muitos anos eles retornam, trazendo consigo presentes manufaturados e magias adquiridas de tribos que vivem na ilha grande.

Para aprender a magia é preciso aprender as palavras proferidas – o **feitiço**, um texto oral transmitido sem mudanças, pois mesmo o menor desvio de sua forma tradicional é capaz de invalidá-lo. Como em geral os feitiços são passados imutáveis de geração em geração, frequentemente são recitados em uma forma arcaica da linguagem e podem incluir palavras que já não mais fazem sentido. Se a magia vier de um grupo social diferente, é possível que o feitiço tenha de ser recitado em uma língua estrangeira. Entre os ilhéus das Trobriand, o ritual precisa ser executado com exatidão; o menor erro, uma pequenina omissão em sua *performance* ou uma mudança aparentemente insignificante em sua sequência, invalidará a magia. Isso não ocorre em todas as sociedades: entre os Azande do Sudão, a ser descritos na próxima seção, os rituais mágicos variam e os feitiços não seguem fórmulas.

A magia agrícola Trobriand

Em que pese toda habilidade, conhecimento e trabalho duro que um agricultor Trobriand devota à sua lavoura, coisas ruins acontecem. Pode cair pouca chuva, ou uma praga de insetos pode destruir a plantação. Para lidar com problemas aparentemente incontroláveis como esses, ele se volta para a magia.

Na agricultura, boa fertilidade e boas colheitas são atribuídas à sabedoria e à habilidade do agricultor, mas também à superioridade de sua magia. Existe uma clara distinção entre o trabalho que precisa ser executado manualmente e aquele realizado através da magia. Juntos, perfazem um complexo sistema agrícola.

Os ilhéus das Trobriand reconhecem diversos tipos de solo; distinguem muitas variedades de inhames; constroem cercas para manter afastados os porcos. Eles são muito claros a respeito de quais tarefas são consideradas trabalho e quais são magia: a construção de uma casa dos espíritos diz respeito estritamente à segunda, já capinar, ao primeiro. Ambos, magia e trabalho, são essenciais para o sucesso de uma plantação. A boa sorte, um resultado melhor do que esperado, é a confirmação da força da magia, enquanto uma colheita ruim é indicativa de sua deficiência.

Malinowski descreveu diversos rituais agrícolas. Segue-se, por exemplo, o segmento de um desses, que tem lugar antes do campo ser limpo: pela manhã os homens se reúnem em volta de um feiticeiro, um especialista religioso, que jejua até o fim do ritual. Com roupas e pinturas corporais específicas para a ocasião, eles tomam suas enxadas, que tinham sido magicamente preparadas, e seguem em direção ao campo. O feiticeiro, por sua vez, pega com a mão esquerda sua vara hereditária de ofício, com a direita uma enxada, entra no campo, corta uma mudinha e recita um feitiço:

> Ó espíritos ancestrais, essa é nossa madeira ruim. Ó porco do mato, tu que lutaste, ó porco do mato das estacas do campo, ó porco do mato atraído por cheiros maléficos, ó porco do mato da cara estreita, ó porco do mato do semblante horrendo. Ó bravo porco do mato. Tua vela, ó porco do mato, está em tuas orelhas, teu leme em tua cauda. Chuto teus fundos e te expulso. Vai-te embora. Vai-te para Ulawola. Volta de onde viestes. Isso queima teus olhos, revolve teu estômago[103].

A mudinha, lançada na floresta, simboliza as influências ruins, e o porco do mato danifica os campos ao escavá-los. A esse ritual seguem-se outros, criando assim um ciclo ritualístico paralelo aos trabalhos, que necessita ser executado para garantir uma colheita farta.

Magia entre os Azande

Um dos estudos mais detalhados já feitos sobre o sistema religioso de uma sociedade de pequena escala foi conduzido por E. E. Evans-Pritchard sobre os Azande, entre as décadas de 1920 e 1930[104]. Este povo vive ao sul do Sudão (área cultural do Congo), que nessa época era uma colônia britânica. A partir de agora examinaremos a magia Zande; posteriormente, neste mesmo capítulo, trataremos de sua arte divinatória. E no capítulo 10 retornaremos a eles quando discutirmos feitiçaria.

Entre os Azande, a magia envolve o uso de objetos, usualmente feitos de matéria vegetal, chamados *drogas*[105], algo em que reside o poder sobrenatural. Para acessá-lo, para transformar um pedaço de madeira em droga, exige-se um ritual, durante o qual o objeto poderá ser inteiramente consumido, ou mantido intacto por longos períodos de tempo, tornando-se então o centro das cerimônias mágicas.

Há grande variedade de plantas das quais derivam as drogas. Eventualmente, a associação entre a natureza do vegetal e seu uso se baseia claramente na Doutrina das Assinaturas, algo reconhecido pelos Azande: eles observam que deter-

---

103. FIFE, A. et al. (eds.). Forms upon the Frontier. Op. cit.
104. EVANS-PRITCHARD, E.E. *Bruxaria, oráculos e magia entre os Azande*. São Paulo: Companhia das Letras, 2004.
105. *Medicines*, no original [N.T].

minadas plantas são utilizadas graças à semelhança com alguma coisa associada ao propósito da magia. Um bom exemplo é o de uma fruta repleta de uma seiva leitosa e parecida com o seio de uma mulher com filho pequeno. Uma beberagem é produzida com a raiz dessa planta e dada às mães que estão com dificuldade de produzir leite para seu bebê.

As milhares de drogas disponíveis podem ser organizadas em séries de categorias segundo seus propósitos. Algumas controlam a natureza, como a chuva; uma delas é usada para atrasar o pôr do sol, de modo que a pessoa tenha tempo de chegar em casa antes de escurecer. Muitas são associadas à horticultura e à caça, e são empregadas para dirigir o voo de uma flecha até a presa e para proteger o caçador de animais perigosos. Artesãos, como os ferreiros, possuem suas próprias magias, que os auxiliam em seus ofícios. Há drogas que são usadas contra bruxos e feiticeiros. Usa-se magia para ter sucesso no amor e garantir boas jornadas. Uma importante função é vingar assassinatos, roubos e adultério. Por fim, há drogas específicas para curar doenças.

As drogas são utilizadas das mais diversas formas. Uma matéria vegetal, por exemplo, pode ser incinerada e, com a adição de óleo, transformada em pasta e esfregada em incisões feitas na face ou no torso; ou ainda ser misturada em uma infusão e bebida. Um homem pode confeccionar um apito usando um tipo específico de madeira, mantendo-o amarrado à cintura e o assoprando de manhã logo após acordar, uma proteção contra a má sorte. Esse é um ritual simples, muito comum, mas outros, bem mais importantes, tendem a ser executados em segredo, para que o inimigo não tome conhecimento de sua realização e use outra magia que afete seus resultados. Há casos em que um homem não pretende que os outros saibam que ele possui um determinado tipo de droga, pois não deseja ser incomodado por pessoas pedindo que a execute para elas.

Os ritos mágicos Zande não são particularmente formais, tampouco usualmente públicos. Embora alguns sejam oficiados abertamente, como a magia de guerra executada pelos chefes, em geral são realizadas por um único indivíduo no atendimento de suas necessidades imediatas. Existe bom número de ações rituais que precisam ser seguidas, mas a ordem de seu desempenho varia.

O ritual em si é relativamente simples, envolvendo a manipulação da droga e a recitação de um feitiço. O indivíduo apenas se dirige à droga e lhe diz o que deseja. Diferentemente de outras sociedades, aqui o poder não reside no feitiço, mas sim na droga, e o feitiço é meramente um modo de acordá-la e dar-lhe instruções claras. Com o correto manuseio, e seguidas com precisão as instruções, a magia funcionará. Uma outra exigência pode ser a observância de certos tabus: embora possam variar muito, normalmente incluem abstenção sexual e a privação de alguns alimentos. Se essas demandas não forem seguidas, a magia não dará resultado.

Se um ou outro tipo de droga é bom ou mau, vai depender do contexto: por exemplo, magia evocada para matar alguém por despeito é má e deve ser feita na calada da noite, pois se alguém que faz magia ruim for descoberto, será morto. Já as magias letais legitimamente sancionadas são boas, incluindo aquelas usadas contra bruxas e feiticeiros. Também se lida com a feitiçaria através de contrafeitiços e antídotos.

Feitiçaria entre os Fore

Muito embora a magia seja usada, nas mais diversas situações, para aumentar as possibilidades de sucesso e o controle sobre as incertezas da vida, ela pode igualmente ser empregada com fins antissociais, interferindo nas atividades econômicas alheias, provocando doenças ou mesmo a morte. Às magias antissociais dá-se o nome de **feitiçaria**.

Os Fore da Nova Guiné acreditam que a doença kuru é causada pela feitiçaria (capítulo 1): o feiticeiro se apodera de restos de comida, mechas de cabelo, unhas cortadas ou excremento da vítima, junta-os a folhas e pedras enfeitiçadas em um pacote que coloca num terreno frio e lamacento. Lá, bate no pacote com uma vara, chama pelo nome da vítima e profere o seguinte feitiço: "quebro os ossos dos seus braços, quebro os ossos de suas mãos, quebro os ossos de suas pernas, e por fim provoco a sua morte"[106]. A colocação do pacote, num terreno frio e lamacento evoca os calafrios profundos sentidos por aqueles vitimados pela kuru. O uso de algo que tenha pertencido à vítima (tal como o cabelo) é um caso de magia contagiosa. Os Fore tentam evitar a enfermidade privando os feiticeiros dos materiais de que eles necessitam: boa parte dos hábitos diários envolve a ocultação de mechas de cabelo, unhas cortadas, fezes e restos de comida.

Os Fore reconhecem diversas doenças, algumas das quais igualmente aceitas pela medicina ocidental. Em geral, contudo, elas são entendidas como resultado de feitiçaria: muitas técnicas mágicas utilizam materiais que já tiveram contato com a

---

106. LINDENBAUM, S. *Kuru Sorcery: Disease and Danger in the New Guinea Highlands*. Palo Alto: Mayfield, 1979, p. 65.

vítima (o caso da kuru), mas diversas outras utilizam poções especiais que são colocadas em locais onde a vítima eventualmente terá contato com elas, como numa trilha. No *nankili*[107], o feiticeiro produz agulhas com ossos de porcos, casuares[108] ou possumes[109] e sopra fumaça nelas, para que voem direto ao corpo da vítima.

Magia wiccana

A Wicca é uma religião **neopagã**, ou seja, é entendida como um reavivamento de práticas religiosas pré-cristãs (capítulo 11), e embora haja imensa variação interna, a magia é sempre vista como elemento central do ritual. Os praticantes veem seus ritos e conhecimentos mágicos como continuação de milhares de anos de magia popular, frequentemente perdida ou forçada à obscuridade pela difusão do cristianismo. Eles incorporam livremente elementos de tradições mágicas de culturas do mundo inteiro.

O ritual mágico consiste, normalmente, de um objetivo determinado, da manipulação de objetos específicos e da observação de condições especiais, como o local e o tempo. O cerne ritualístico, contudo, comumente reconhecido como a "verdadeira magia", é o movimento de energia, que ocorre dentro do praticante. O mago aumenta a energia dentro de si até liberá-la no lugar e no momento exatos, para assim alcançar o propósito almejado.

A magia wiccana se baseia numa visão de mundo que defende a existência de um poder em todas as coisas, o qual através de rituais (que podem envolver música, dança, visualizações e manipulação de objetos) pode ser despertado e concentrado no intuito de alcançar um propósito específico, a intenção do feitiço. Ele também pode ser movido de uma pessoa para outra, ou dos seres humanos para lugares ou objetos, e à medida que se desloca para seu destino planejado, sobre este exercerá seu efeito.

Objetos populares aos feitiços wiccanos incluem cristais, ervas, óleos, velas, imagens, runas e comidas específicas, bem como o simbolismo da cor, os cantos e a visualização criativa. A religião é intimamente ligada à natureza, e a execução de feitiços mágicos pode exigir considerações sobre o tempo, a estação do ano, a

---

107. Pleurisia, inflamação dos tecidos que revestem os pulmões e a caixa torácica [N.T.].
108. *Casuarius spp.*, gênero de pássaros da ordem Casuariiformes, nativo das florestas tropicais da Austrália e da Nova Guiné [NT].
109. Nome genérico das várias espécies de marsupiais arborícolas nativos da Austrália, Nova Guiné e Sulawesi (Celebes).

fase lunar e/ou a hora do dia. O objetivo de tal magia é, amiúde, bastante prático, destinado a ajudar nos desafios quotidianos, tais como relacionamentos, saúde, proteção, dinheiro e emprego. Deve-se recorrer à magia quando todo o resto já falhou, e em conjunção com esforços mais mundanos. Por exemplo: a crença em que somente através da magia alguém conseguirá um trabalho não trará frutos, a não ser que sejam tomadas outras medidas de ordem prática – enviar currículos, por exemplo. E como o poder pessoal de cada indivíduo é limitado, ele não deve ser usado frivolamente.

Como veremos no capítulo 11, as regras morais wiccanas ditam que a magia só deve ser usada com propósitos positivos. Seus seguidores afirmam respeitar demais a vida, a terra e o poder para fazer magia para o mal.

Divinação

Na seção anterior, examinamos o objeto da magia, as técnicas para dirigir e automaticamente provocar resultados desejados por intermédio de mecanismos sobrenaturais. As pessoas as usam por diversos motivos, tais como trazer a chuva, curar doenças e garantir a fertilidade, mas há uma outra maneira de lidar com as incertezas da vida: antecipá-las. Como diz o ditado, "conhecimento é poder". Se soubéssemos o que nos espera no futuro ou o que se passa no presente, mas em lugares e situações ocultadas de nós, a tomada de decisão seria muito mais simples: poderíamos ver as consequências de nossos atos e tomar conhecimento das variáveis desconhecidas que afetam nossa vida.

Técnicas para a obtenção de informação sobre coisas desconhecidas, incluindo os eventos futuros, são conhecidas como **divinação**, uma palavra que provém da mesma raiz etimológica de *divindade*, implicando ter a ver com o sobrenatural.

A natureza de diversas formas de divinação é mágica: rituais desse tipo são usados para manipular o mundo sobrenatural no intuito de obter informações. Ou por outra, os fins de um ritual mágico podem ser uma ocorrência física (a chegada da chuva), ou uma revelação (quem vai ganhar a Copa do Mundo?). Claro, os seres sobrenaturais – ancestrais, espíritos, deuses – também podem ter acesso a informações desconhecidas, de modo que muitas técnicas divinatórias incluem contato com tais entidades, como quando um médium se conecta com o espírito de uma pessoa falecida, ou quando um xamã entra em transe.

Outras formas de divinação se baseiam na ideia de que o mundo consiste de coisas e eventos interconectados entre si, uma visão de mundo que já vimos nos trabalhos de magia. A magia é fundamentada na manipulação de conexões perceptíveis entre coisas, enquanto a divinação tem por alicerce a observação dessas conexões. Muitos, por exemplo, acreditam que o movimento dos planetas, do sol e da lua está, de uma forma ou de outra, conectado à vida de alguém, e que o conhecimento desse movimento permite-lhes desvendar o futuro.

Formas de divinação

Existem muitas formas de executar atos de divinação, e para melhor entendê-las devemos classificá-las em um certo número de categorias.

Uma característica fundamental das técnicas divinatórias é que algumas delas são **inspiracionais** e outras **não inspiracionais**: as primeiras envolvem algum tipo de experiência espiritual, como um contato direto com um ser sobrenatural durante um estado alterado de consciência, normalmente a possessão; as segundas são mais mágicas e incluem a leitura de eventos naturais, bem como a manipulação de dispositivos oraculares[110].

Também podemos distinguir as técnicas divinatórias entre **fortuitas** e **deliberadas**: aquelas acontecem sem qualquer esforço consciente por parte do indivíduo (a visão de um pássaro voando sobre sua cabeça, ou a experiência de uma visão logo após entrar em transe); nestas o indivíduo é um agente (jogando cartas de tarô ou examinando o fígado de um animal sacrificado).

Utilizando essas duas formas de classificação das técnicas divinatórias, podemos criar quatro categorias: fortuitas não inspiracionais; deliberadas não inspiracionais; fortuitas inspiracionais; deliberadas inspiracionais.

Pesquisando técnicas de divinação

Existe grande diversidade de métodos divinatórios, e agora veremos alguns deles – desnecessário dizer que esta lista não será exaustiva.

Os **pressentimentos** são intuições que as pessoas vivenciam e sugerem que algo está para acontecer, como sensações de pavor ou desastre iminente. Em algumas sociedades, um guerreiro em uma incursão retornará ao seu campo ou aldeia

---

110. O termo **oráculo** se refere, usualmente, a um dispositivo específico que é usado para a divinação e pode se referir tanto a formas inspiracionais quanto a não inspiracionais. São exemplos o oráculo do veneno dos Azande, ao qual descreveremos em breve, e o brinquedo contemporâneo chamado Bola Magic 8, ou Bola da Decisão.

se pressentir algo que entenda como aviso de que a morte o espera no campo de batalha. E se assim o fizer, não será considerado um covarde, mas sim prudente.

Ações corporais incluem espirros, tiques e soluços, atividades essas que podem ser interpretadas de muitas formas, variando de cultura para cultura. Vejamos alguns exemplos dos Estados Unidos: se alguém espirra antes do café da manhã receberá uma carta no mesmo dia; se espirrar seis vezes, partirá em uma jornada. Se soluçar (ou se as orelhas queimarem), alguém estará falando mal de si.

O termo **necromancia** é usado de diversas formas, mas no geral se refere à divinação através do contato com os mortos ou ancestrais. Na Grécia antiga, quando alguém morria sob condições suspeitas, o corpo era trazido ao templo para um exame apurado, pois se acreditava que os sinais no cadáver eram tentativas do espírito do falecido de comunicar o que lhe havia acontecido e quem fora o autor. Na maior parte dos casos, um adivinho entra em transe na tentativa de se comunicar com os mortos.

O conhecimento pode advir da observação de animais, vivos ou mortos. Isso inclui presságios, acontecimentos fortuitos, ou condições que fornecem informações. Existe um grande número de exemplos, bem como um vocabulário extenso para descrevê-los. Vejamos alguns.

É possível obter informações observando o comportamento dos animais: a **ornitomancia** diz respeito à leitura do percurso e da forma do voo dos pássaros; a **apantomancia**, aos encontros casuais com animais, como um gato preto que cruza o caminho. Diversas culturas atribuem boa ou má sorte ao aparecimento de diversas espécies animais: entre os Nandi, da África Oriental, se um rato atravessa o caminho de alguém é sinal de boa sorte, ocorrendo o inverso se for uma cobra.

O animal não precisa estar vivo para ser usado na divinação: às vezes trata-se de uma criatura sacrificada, ou de apenas parte do seu corpo que será examinada para responder questões. O **aruspicismo**, o exame das entranhas de animais sacrificados, era parte das cerimônias de abertura das sessões do senado romano. Conforme uma outra técnica, uma escápula (osso do ombro) de uma ovelha, ou mesmo de uma pessoa, era seca, e por vezes se escrevia nela a pergunta a ser respondida. O osso era, então, colocado no fogo, e o padrão de queimadas e rachaduras era lido por especialistas para determinar a resposta – um processo ao qual se dá o nome de **escapulomancia**.

Inúmeras entidades físicas do mundo natural são "lidas" na busca por informações. A **astrologia** se baseia na crença de que todos os astros e estrelas, bem como a lua e o sol, influenciam o destino das pessoas. Outras técnicas observam os ventos e o movimento das águas. Aparições insólitas de eventos naturais, como terremotos ou cometas, são consideradas portadoras de maus eventos.

Existem muitas outras técnicas divinatórias que talvez você conheça. Entre elas a **aleuromancia**, que utiliza a farinha (o caso dos biscoitos da sorte), a **rabdomancia** (o uso de uma forquilha para encontrar água no subsolo), a **grafologia** (a análise da escrita), a **quiromancia** (leitura das palmas das mãos), a **frenologia** (estudo da forma e da estrutura da cabeça) e a **tasseografia** (leitura das folhas do chá). Outras formas familiares são mecânicas e incluem a manipulação de objetos, de que é um bom exemplo lançar uma moeda. A divinação mecânica (tábua ouija, Bola Magic 8, ou Bola da Decisão, cartas de tarô, dentre outras) é comum em diversas sociedades. Em muitos sistemas, uma série de objetos, como búzios ou ossos, são jogados, e o padrão por eles formado é lido.

Formas inspiracionais de divinação

A divinação inspiracional é aquela em que o indivíduo estabelece contato direto com um ente sobrenatural, que pode ser um ancestral, um fantasma ou um deus, algo normalmente conseguido através de um estado alterado de consciência. A **possessão** pode ser tanto fortuita quanto deliberada. Já a **profecia** é fortuita, pois o profeta recebe a informação através de uma visão inesperada, sem a necessidade de qualquer atuação de sua parte.

Um exemplo bem conhecido de profecia é Moisés: o livro do Êxodo nos diz que, certo dia, ele apascentava o rebanho de seu sogro, indo até a beira do deserto. Um anjo divino lhe apareceu de uma sarça ardente, e Deus lhe disse que guiasse os israelitas para fora do Egito. De início, Moisés não quis ir, e retrucou: "'Quem sou eu para ir até o Faraó e tirar os filhos de Israel lá do Egito?' Deus respondeu: 'Eu estou com você [...]'"[111].

A possessão deliberada envolve uma ação que faz indivíduos conhecidos como médiuns entrarem em transe. A comunicação com divindades por intermédio da possessão, normalmente de um sacerdote, é uma característica muito comum a diversos sistemas religiosos, de que é exemplo o Oráculo de Delfos, que discutiremos mais adiante.

Outra forma usual de divinação é a interpretação dos sonhos, entendidos como visitas espirituais ou visões das jornadas feitas pela alma durante o sono. Em ambos os casos, é estabelecida uma conexão com o mundo sobrenatural, e

---

111. Ex 3,11-12

tudo o que resta a fazer é saber interpretar aquilo que foi experienciado no sonho (a chamada **oniromancia**), mas muito da experiência onírica é simbólica, dificultando assim sua explicação. Às vezes é possível realizar tal interpretação sozinho, mas em outros casos se faz necessária a presença de um especialista.

Mas, ao invés de se consultar com um especialista, é possível comprar livros que ajudem a interpretar os sonhos. Uma dessas publicações cita os seguintes exemplos de significados associados à presença de animais nos sonhos[112]: morcegos voando durante o dia são sinal de reafirmação, calma, enquanto que voando à noite apontam para problemas; um touro é indício de competição feroz; cavalgar um cavalo, de alegria – muito embora um cavalo negro indique luto. Sonhar com macacos é um aviso de que se está cercado por mentiras e engodos. E por aí vai, milhares de experiências oníricas interpretadas como sinais do porvir.

Essas interpretações baseiam-se num simbolismo onírico euro-americano. Culturas diferentes, contudo, produzem interpretações diversas. Alguns estudiosos veem duas categorias básicas de sonhos: uma, a individual, o tipo que nos é familiar e que procede do íntimo do sonhador. Em algumas sociedades, contudo, a fonte pode vir de fora: tratam-se de sonhos culturalmente padronizados que são, amiúde, deliberadamente procurados – durante uma cerimônia de amadurecimento, por exemplo. Às vezes o sujeito simplesmente aguarda a ocorrência do sonho adequado, culturalmente exigido, não raro encorajado por um xamã ou pelos pais.

Seja qual for sua origem, porém, os sonhos são fontes de informação recorrentes, algo que os classifica como método divinatório. Não raro, um ancestral aparecerá ao sonhador e prescreverá a cura para uma enfermidade, ou então dará um aviso sobre algo que se aproxima. Espíritos guardiães e totêmicos podem se dar a conhecer durante o sono, ou um espírito pode aparecer para informar ao indivíduo qual seu destino na vida, tal como o chamado para ser xamã ou sacerdote. Um ente querido recentemente falecido pode vir em sonho para informar sobre algum desejo importante que ficou pendente – não o atender pode resultar em doença ou até mesmo morte.

Ordálios

Os ordálios são testes dolorosos, não raro mortíferos, que podem ser impostos ao suspeito de um crime, tal como mergulhar a mão em óleo quente, tomar veneno,

---

112. GRANT, R. *The Illustrated Dream Dictionary*. Nova York: Sterling, 1995.

ou ter uma lâmina de metal incandescente pressionada contra si. Eles podem ser entendidos como julgamentos divinatórios realizados no corpo do acusado, e em algumas culturas, inclusive no passado norte-americano e europeu, eram uma parte importante das deliberações nos tribunais.

Entre os Kpelle da Libéria, os julgamentos são realizados através do ordálio da faca incandescente, conduzido por especialistas licenciados pelo governo. Um deles aquecerá uma faca ao fogo e começará passando-a pelo próprio corpo sem se queimar, numa demonstração da validade do procedimento. Em seguida, encostará o objeto em brasa junto ao corpo do acusado: se ele se queimar, é culpado.

Julgamentos realizados na Europa entre os séculos IX e XIII poderiam incluir ordálios, em especial quando outros tipos de evidências eram inconclusivos. Um deles envolvia a manipulação, pelo acusado, de um objeto quente, em geral um pedaço de metal ou uma pedra retirado de um caldeirão de água fervente, ou ainda um pedaço de metal incandescente retirado de uma fogueira, e carregado com as mãos limpas no decorrer de nove passos. Após três dias, as mãos do acusado seriam examinadas em busca de sinais de queimaduras que pudessem apontar a sua culpa. Um outro tipo, o acusado era amarrado e lançado em um rio ou lago: a água, sendo pura, rejeitaria o culpado, fazendo-o flutuar, e aceitaria o inocente, que afundaria.

Todavia, esses ordálios eram raramente executados. As pessoas acreditavam em sua eficácia, em especial quando conduzidos por um padre no contexto de uma atividade sancionada pela igreja. Em face de um ordálio, os culpados normalmente confessariam antes de passar pela tortura. Quanto aos verdadeiramente inocentes, na maior parte das vezes eles se entregavam voluntariamente ao procedimento. Já foi sugerido que se o padre encarregado do processo, após passar um tempo com o acusado e prepará-lo para o ordálio, se convencesse de sua inocência, cuidaria para que a água não estivesse tão quente e que ele pudesse sobreviver.

Astrologia

De todas as técnicas divinatórias, aquela que parece ser a mais popular em nossa sociedade atual é a astrologia, que possui atrás de si uma história multimilenar. Ela se baseia nos pressupostos de haver relação causal entre fenômenos celestes e terrestres, e da influência que estrelas e planetas exercem sobre as vidas dos seres humanos. A astrologia pode ser utilizada tanto para examinar a vida de um único indivíduo quanto eventos divinos relevantes para toda a comunidade.

As origens da astrologia parecem estar na Babilônia, onde era a forma de divinação mais comum. Não era conduzida em bases individuais, mas sim voltada para o bem-estar da comunidade inteira. A elaboração dos horóscopos não ocorreu antes do século V a.C., relativamente tarde na história da astrologia babilônica. Outras inovações significativas incluíram a divisão do eclíptico da órbita solar em volta da Terra em doze zonas de treze graus cada.

A ideia de que o movimento dos corpos celestes representava a vontade divina era fundamental para a astrologia babilônica, de modo que a leitura dos sinais nos céus poderia revelar o futuro. O céu era entendido como local das "mansões" dos três deuses principais: Anu, Enlil e Ea, que governavam os "caminhos celestes", ou os três cinturões que seguem ao longo do Equador e dos trópicos de Câncer e Capricórnio. Cada um dos planetas era, igualmente, associado a uma divindade: Júpiter a Marduk, Vênus a Ishtar. Por fim, cada mês estava vinculado a uma deidade entendida como seu governante. Importante salientar que este calendário estava intimamente relacionado às atividades do ciclo agrícola.

Da Babilônia, a astrologia espalhou-se para a Grécia, Roma e Egito, onde conheceu um desenvolvimento ainda maior. Credita-se a Hiparco a descoberta dos equinócios (por volta de 130 a.C.), o que possibilitou a criação do horóscopo como hoje o conhecemos. Entre as mais relevantes contribuições astrológicas gregas estão a tentativa de mapear o destino dos indivíduos através da observação da posição dos astros e estrelas e o desenvolvimento completo do zodíaco, em que cada uma das doze zonas foi vinculada a um animal específico (Saturno a um bode, Marte a um carneiro, e Vênus a um touro). Da Grécia, a astrologia se espalhou pelo Irã, Índia e mais além, Ásia afora.

Na Europa católica, o conhecimento astrológico grego só foi revivido após a tradução dos textos árabes, nos séculos XII e XIII; posteriormente, entre os séculos XV e XVI, ocorreu um renovado interesse pelo tema. Até o advento da ciência moderna, astrologia e astronomia estavam ligadas, e somente foram separadas a partir das descobertas de Copérnico, Galileu e Kepler.

A astrologia é imensamente popular nos dias de hoje, e mesmo quem não acredita em seus poderes divinatórios conhece seu próprio signo e, pelo menos, um pouco daquilo a ele associado. Os dois autores desse livro, por exemplo, são de Gêmeos, um nascido em finais de maio e outro no começo de junho – não obstante a diferença geracional. Esse signo é regido por Mercúrio e representado por gêmeos, cujo simbolismo supostamente se relaciona à natureza dual, criativa, versátil e complexa daqueles nascidos sob esse signo. Características menos lisonjeiras incluem imprevisibilidade, inquietação e confusão. Também se considera Gêmeos como um signo masculino, direto, ativo, e sendo associado ao ar (junto com Libra e Aquário), é vinculado ao livre-pensamento, ao intelecto e à comunicação. Horóscopos individuais podem ser produzidos para cada um de nós, levando em consideração dia e hora específicos dos nossos respectivos nascimentos.

Divinação fore

Já discutimos os Fore da Nova Guiné e os efeitos da doença kuru em suas vidas (cf. capítulo 1). Eles acreditam que a feitiçaria está na origem da enfermidade, de modo que um dos elementos fundamentais para se lidar com ela é a identificação do feiticeiro. A técnica divinatória mais comum usa um possum (pequeno marsupial) como veículo da revelação sobrenatural: os irmãos da vítima, seu marido e colegas colocam fios do seu cabelo em um tubo de bambu, e em outro o corpo do animal recentemente morto. Batendo um bambu no outro, eles chamam pelo nome do suposto feiticeiro, e logo após põem no fogo o tubo que contém o bicho: se seu fígado, lócus de sua consciência, permanecer cru, estará estabelecida a culpa do acusado. Feita a cerimônia, o grupo ainda não acusa ninguém abertamente, mas o suspeito é submetido a novos testes ou a uma morte mágica.

Os Fore também se consultam com curandeiros, que geralmente pertencem a comunidades distantes, algumas inclusive não Fore. Esses "homens-sonho", aos quais chamaríamos médiuns, entram em estados alterados de consciência através da rápida inalação de tabaco e do uso de materiais vegetais que induzem a transes e alucinações. As informações também são obtidas através de sonhos. Adivinhos como esses são capazes de descobrir feiticeiros.

Oráculos dos Azande

Os oráculos dos Azande foram minuciosamente descritos por E. E. Evans-Pritchard, e os mais conhecidos são o *iwa* (o oráculo de atrito), o *dakpa* (o oráculo das térmitas, ou cupins) e o *benge* (o oráculo do veneno).

O mais usado é o *iwa*, ou oráculo de atrito, relativamente barato e que pode ser consultado com rapidez. Existem muitas situações em que respostas urgentes são necessárias, tais como o surto de uma doença, decisões sobre seguir ou não em uma jornada, questões sobre relações interpessoais, além de uma miríade de outras possibilidades. Muitos homens velhos carregam um iwa consigo e estão prontos para a consulta a qualquer momento. Se um homem não adquiriu o objeto ou não sabe como usá-lo, é muito fácil achar um amigo ou parente que tenha o equipamento e/ou saiba utilizá-lo.

Os oráculos de atrito aparecem em diversas formas, mas são relativamente pequenos, feitos sempre de madeira com uma superfície plana, redonda ou oval, dita "feminina", e uma peça ou tampa "masculina" que se encaixa por cima. Após ser talhado, o objeto só se torna um oráculo após ter sido esfregado com drogas e queimado no solo durante alguns dias, o que permite que as drogas funcionem. A superfície feminina é tratada com sumos vegetais, e a masculina umedecida em água, e à medida que se esfrega uma na outra, para frente e para trás, é tanto possível que o movimento seja suave (significa uma resposta negativa) quanto áspero (geralmente interpretada como um retorno positivo).

O iwa é manufaturado e usado por seres humanos, e como tal é inclinado ao erro, mas ainda que seja, por vezes, impreciso, esse fato é contrabalançado pela facilidade no uso e pelo fato de que grande número de perguntas pode ser feito ao oráculo em um curto período de tempo. Frequentemente o iwa serve como passo inicial no processo que leva à utilização de oráculos mais confiáveis, ainda que mais caros e complexos.

Um nível mais alto de credibilidade é alcançado com o *dakpa*, o oráculo das térmitas (cupins), que pode ser consultado por todos os homens e, eventualmente, por mulheres; tudo o que precisam fazer é encontrar um cupinzeiro e lá colocar dois galhos de duas árvores diferentes. No dia seguinte, recolhe-se a ambos para ver se algum (ou os dois) foi devorado. Claro, é um processo lento (é preciso aguardar por uma noite), e como só é possível elaborar um certo número de questões de cada vez, seu uso é relativamente limitado. Não obstante, considera-se ser confiável, em particular por não ser uma criação humana – como os agentes da previsão são os cupins, eles não são influenciados pelas mesmas coisas que agem sobre as pessoas.

Indubitavelmente, o mais importante oráculo Zande é o benge, de tal modo notável que quando consultado ou sancionado por um chefe, seus resultados podem ser usados como evidências em processos legais. Ele é utilizado nas mais relevantes situações sociais e legais, e dirige as ações dos Azande durante momentos de grande crise.

Utiliza-se um veneno, um pó vermelho obtido de uma trepadeira da floresta e misturado com água para se tornar uma pasta, que é esguichada nos bicos de pequenas galinhas que são forçadas a engoli-la. Seguem-se, em geral, espasmos violentos, e embora algumas doses provem ser fatais, não é incomum que as aves se recuperem, ou mesmo que não sejam sequer afetadas pelo veneno. A partir desses comportamentos, em especial da morte ou recuperação dos animais, os Azande obtêm respostas para as questões que haviam colocado perante o oráculo.

A trepadeira não cresce na terra dos Zande. É preciso perfazer um longo e perigoso percurso, passando pelos territórios de outras tribos, para conseguir o insumo, algo que justifica, ao menos em parte, o alto valor que os Azande atribuem ao oráculo. A consulta é realizada longe das moradias, onde pode ocorrer livre da interferência das bruxas, e seu equipamento inclui o veneno e uma cesta de galinhas, criadas regularmente pelos Azande, muito embora eles nem as abatam frequentemente (apenas em datas especiais) nem consumam seus ovos, que servem apenas para ser chocados.

É preciso experiência e habilidade para se tornar um bom operador do oráculo, julgar a quantidade de veneno a ser ministrada às aves, analisar e interpretar o seu comportamento. No começo da consulta, após observar diversos tabus, ele prepara o veneno, e cabe a um segundo homem ser o questionador. O operador mete uma escova de mato no veneno e a esprime no bico das galinhas, para que o líquido desça pelas suas goelas. O questionador, então, começa a se dirigir ao veneno por diversos minutos, enquanto ele é ministrado ao animal, que é segurado pelo operador, chacoalhado para frente e para trás e, por fim, colocado no chão. Os dois homens observam se a galinha vive ou morre, e a depender do modo como a pergunta foi colocada e das instruções que foram dadas ao veneno, morte ou sobrevivência fornecerão uma resposta positiva ou negativa. Discutiremos mais sobre o benge posteriormente, quando virmos a feitiçaria Zande no capítulo 10, dado que o oráculo do veneno é o principal modo utilizado para determinar a identidade de uma bruxa.

Divinação na Grécia antiga: o Oráculo de Delfos

Diversas técnicas divinatórias eram populares na Grécia antiga, dentre as quais a oniromancia (interpretação dos sonhos), a ornitomancia (a leitura do voo das aves), o aruspicismo (exame das entranhas de animais mortos), a cleromancia (lançamento de objetos) e a consulta a médiuns profissionais como os encontrados em Siuá (Egito), Dídimos (Turquia), Dodona e Delfos (Grécia).

O Templo de Apolo em Delfos, construído em volta de uma fonte sagrada, era o centro religioso mais importante da Grécia, com uma história que recua até 1400 a.C. Os gregos o consideravam o centro (literalmente o *ônfalos*, umbigo) do mundo. O oráculo era consultado por muitas razões, grandes e pequenas, por gente de toda a Grécia e de fora dela: as batalhas que seriam travadas, viagens a ser feitas, investimentos realizados... tudo era trazido para o oráculo, cujas respostas eram, frequentemente, enigmáticas. Foi em Delfos onde Édipo soube, na história mítica, que mataria seu pai e casaria com sua mãe.

O oráculo proferia as falas do deus Apolo pela boca da pítia (ou pitonisa), uma mulher que entrava em estado alterado de consciência e era possuída pela divindade. Muitos relatos antigos descrevem como ocorria essa divinação: em primeiro lugar, o consulente sacrificaria um animal e observaria se aquele era ou não um bom dia para realizar a consulta. Se os presságios fossem positivos, ele era levado até o *aditon*, a câmara interna onde somente a pítia podia entrar.

Antes que a consulta com o deus Apolo fosse realizada, a pítia se purificaria banhando-se na fonte, tomaria água de uma outra nascente sagrada e mascaria uma folha de louro (um símbolo de Apolo). Ela então sentaria em um trípode situado numa fenda da terra, de onde provinha o *pneuma*, aspirado pela pítia para entrar em estado alterado de consciência. As questões, inscritas em tabuinhas de chumbo, eram-lhes entregues, e ela as responderia. Um sacerdote ou poeta próximo interpretava o que fora dito e registrava em verso.

Estudiosos divergem quanto à incoerência ou lucidez do discurso da pítia e ao quanto de interpretação cabia ao sacerdote. Seja como for, suas respostas, vindas em forma de oráculos, não eram diretas. Pelo contrário, eram frequentemente ambíguas, repletas de duplos sentidos, ou francamente enganadoras. Temos como exemplo a história do rei Creso, da Lídia, que perguntou à pítia se deveria declarar guerra ao Império Persa, e recebeu como resposta: se o fizesse, veria desabar um grande reino. Creso foi à guerra, sem perceber que o reino a ser destruído era o seu próprio.

Embora as descrições de Plutarco e outros escritores mostrassem a pítia aspirando gases oriundos da fenda, tentativas realizadas no começo do século XX para encontrar a fonte dessas emanações fracassaram, e durante muito tempo a ideia de que esse fato ocorria efetivamente foi descartada. Nos anos de 1980, contudo, o Projeto de Desenvolvimento das Nações Unidas iniciou uma pesquisa sobre falhas sísmicas ativas na Grécia, e o geólogo Jelle de Boer encontrou sinais que indicavam a existência de uma dessas na encosta sul do Monte Parnaso, sob o oráculo[113], de modo que gases e água da nascente poderiam ter chegado à su-

---

113. BOER, J.Z.; HALE, J.R.; CHANTON, J. New Evidence for the Geological Origins of the Ancient Delphic Oracle (Greece). *Geology*, 29, p. 707-710, 2001.

perfície por meio de rachaduras criadas por uma falha no terreno logo abaixo do templo. De Boer trabalhou com uma equipe transdisciplinar, que incluía um arqueólogo, um químico e um toxicologista, e esse grupo sugeriu que o gás etileno poderia responder pelas várias descrições da pítia inalando o pneuma em Delfos.

O comportamento mágico e a mente humana

A magia e a divinação existem graças à maneira como a mente humana considera causas e efeitos. A uma ação – a recitação de um feitiço, talvez – segue-se um resultado. A um ritual pensado para trazer a chuva, por exemplo, realizado pela manhã, pode suceder uma tempestade à tarde. Existem duas explicações para tal fato. Na primeira, o ritual causou a chuva; na segunda tudo não passou de uma coincidência. Aparentemente, o ordenamento padrão do cérebro humano é pensar em termos de sequência temporal – é, de fato, difícil para ele até pensar em termos de coincidências. É essa visão de causa e efeito que entendemos como magia, algo que podemos definir como métodos (rituais) que, de alguma forma, interagem com o sobrenatural, e através dos quais é possível produzir resultados esperados.

Nem toda magia é direcionada ou dotada de um propósito. É possível fazer funcionar algo sem estar consciente disso, sem executar deliberadamente um ritual. Esse é o motivo por que muitas pessoas tomam o cuidado de não pisar em uma rachadura na calçada, ou não deixam um gato preto cruzar-lhes o caminho. Não se trata de ter ofendido uma divindade que, agora, estaria demandando uma punição, mas simplesmente apertar, sem querer, o botão errado, e o resultado – a má sorte – advém automaticamente.

O pensamento mágico

Essa relação percebida entre fazer algo e o que aparenta ser o resultado dessa ação é a base de muitos comportamentos em todas as sociedades, incluindo a nossa. Se encontro uma moeda no chão, ponho-a no meu bolso e no dia seguinte algo de bom me acontece – recebo um aumento, por exemplo. Atribuir esse evento afortunado à coleta da moeda é um exemplo de pensamento mágico.

Exemplos simples de pensamento mágico podem ser encontrados em comportamentos frequentemente conhecidos como **superstições**, formas relativamente triviais desse pensamento mágico. Elas representam comportamentos simples que produzem diretamente resultados simples, como carregar um amuleto de boa sorte. Embora o termo *superstições* seja usado com frequência para descrever comportamentos dessa natureza, ele é altamente problemático. Não é incomum considerá-las como bobagens, emblemas de uma mente acrítica – por isso mesmo, talvez seja melhor referir-se a elas simplesmente como exemplos de pensamento mágico.

Comportamentos mágicos aparecem com frequência durante situações de difícil controle, nas quais resultados negativos são comuns. Podemos encontrar diversos exemplos disso nos jogos de azar. Tomemos uma forma bem despretensiosa, girar uma moeda: fazê-lo resultará em cara ou coroa, com 50% de chance para cada uma. As possibilidades de vitória em certo número de jogos que não envolvem nenhum tipo de habilidade podem ser facilmente descritas matematicamente, seja girar uma moeda, o lanço de dados ou um carteado. E ainda assim, jogadores ao redor do mundo acreditam sinceramente que o comportamento das moedas, dados e cartas não é acidental e pode ser influenciado por forças externas. Por causa disso, eles usam uma camisa da sorte, carregam um amuleto de boa sorte, assopram os dados antes de jogá-los, e assim por diante – algumas, dentre inúmeras, formas de pensamento mágico.

Uma conexão similar entre a magia e a incerteza pode ser encontrada nas disputas atléticas. Óbvio que, nesse caso, a habilidade e o treino desempenham um imenso papel nas façanhas, mas mesmo atletas pobres eventualmente conseguem atingir resultados excepcionais, enquanto grandes esportistas encaram "ondas de azar". Como muito depende do desempenho, os atletas frequentemente tentam controlar a "sorte" através do comportamento mágico.

George Gmelch, antropólogo e ex-atleta profissional de baseball descreve assim o pensamento mágico entre os esportistas:

> Em cada um dos dias de arremesso, durante os primeiros três meses de uma temporada vencedora, Dennis Grossini, arremessador do juvenil do Detroit Tiger, levantou-se da cama às 10 da manhã em ponto. Às 13 horas, dirigiu-se a um restaurante próximo para tomar dois copos de chá gelado e comer um sanduíche de atum. Embora tivesse a tarde livre, vestiu o suéter e a camisa do time que havia usado durante a última partida que vencera, e uma hora antes do jogo mascou um bocado de tabaco mastigável da *Beech-Nut*. No decorrer da partida, depois de cada arremesso ele tocou as letras de seu uniforme, e arrumou seu boné após cada bola. Antes de cada *inning* (entrada), trocou o saco de sílica do arremessador próximo de onde houvera um inning. E após cada inning em que correu, lavou suas mãos.

Quando perguntado qual parte do ritual era mais importante, respondeu: "não dá pra dizer exatamente qual a mais importante, então tudo se torna importante. Eu teria medo de mudar qualquer coisa. Enquanto estiver ganhando, faço tudo igual"[114].

De onde vêm esses rituais? Do que parece ser a associação entre uma atividade e um resultado: a justaposição de um comportamento com um resultado desejado (comer um sanduíche antes de um jogo no qual o jogador arremessa perfeitamente, p. ex.) é vista em termos de um causando o outro. Desse momento em diante, ele irá comer, religiosamente, um sanduíche de atum antes de cada partida, como uma forma de garantir o sucesso. Gmelch observa que esses rituais são encontrados com maior frequência naquelas áreas cujo controle é mais difícil, mais suscetíveis, portanto, a flutuações aleatórias do êxito, tal como arremessar. Esse comportamento dos jogadores de baseball é bastante similar àquele dos agricultores de sociedades de pequena escala, que tentam controlar os problemas que assolam suas lavouras.

Por que a magia funciona

Edward B. Tylor tratou da questão do porquê das pessoas acreditarem na eficiência da magia. A resposta é: porque ela parece não falhar jamais. Há muitas razões para isso. A primeira, ela normalmente tenta produzir eventos que ocorrerão normalmente: a magia da chuva funciona porque, eventualmente, há de chover. Tais rituais são normalmente realizados no final da estação da estiagem, quando mais se precisa da água. Claro, a chegada das chuvas geralmente ocorre ao final desse período, mas os praticantes dessa magia não entendem desse jeito. A chuva cai naturalmente, sim, mas como resultado do ritual. E a prova é bem singela: executado o ritual, ela vem. Poderíamos realizar um experimento e tentar convencer a comunidade a não executar o ritual para ver o que aconteceria, mas para aquelas pessoas cuja sobrevivência depende do sucesso da colheita seria algo bem idiota de se fazer. Além disso, os seres humanos resistem muito à mudança de suas crenças, mesmo quando confrontados com evidências em contrário.

Essa observação é relevante para compreender o uso da mágica e de outros rituais terapêuticos na cura das doenças. Em nossa sociedade, mais de noventa por

---

114. GMELCH, G. Baseball Magic. *Transaction*, 8, p. 39-41, 54, 1971. Cortesia de G. Gmelch.

cento de todas as enfermidades, incluindo febres e resfriados, desaparecem com o tempo, com ou sem tratamento, de modo que em sua vasta maioria, após o ritual a recuperação virá naturalmente. Novamente, precisamos levar em consideração a justaposição do ritual ao fim da doença – um caso de causa e efeito.

Em geral, as pessoas não pedem o impossível à magia: trazer chuva ao fim da estação seca ou fazer crescer uma lavoura é algo que possivelmente ocorrerá. O mesmo não pode ser dito de um estudante passar nas provas sem estudar, ou alguém sair voando de cima do telhado de um prédio. Ninguém cuida de sua lavoura somente com magia, pois existe um mundo natural que exige respostas naturais (tirar as ervas daninhas, regar rotineiramente), mas também um outro, sobrenatural, que demanda respostas idem (é preciso ter a certeza de que nenhum mal do outro mundo virá danificar sua plantação, logo é preciso invocar ajuda sobrenatural para ter sucesso).

Claro, caso os resultados esperados não sejam alcançados, é porque as coisas não foram feitas como deveriam; o fracasso está com o mago, não com a magia. Na verdade, se a crença reza que o ritual deve ser impecavelmente executado para que seja bem-sucedido, sua falha eventual é uma evidência direta de que o mago cometeu um erro. Ou talvez outra pessoa esteja realizando uma contramagia, pois o fracasso de um é o sucesso do outro. A magia pode ser feita por duas entidades opostas, e nesse caso a mais forte prevalecerá sobre a mais fraca. Por exemplo, uma vila pode usar magia para matar membros de uma outra, a qual, por sua vez, pode estar realizando magia para evitar doenças e mortes. Uma batalha dessa natureza é travada no plano espiritual.

Existe, por fim, a questão da memória seletiva. Não nos lembramos de tudo o que nos acontece: algumas coisas ficam marcadas em nossa mente, enquanto outras são rapidamente apagadas. Os sucessos, mesmo que infrequentes, são relembrados e considerados como provas de que algo funciona, enquanto as lembranças dos fracassos, mesmo quando corriqueiros, são desfeitas pelo tempo.

Existem casos documentados de magias que funcionam, especialmente as fatais (ou seja, feitas contra alguém que vem a falecer), às quais nos referimos como antiterapêuticas (cf. exemplo no capítulo 4). Existe uma base psicológica para essas mortes? Esse assunto foi discutido por Harry D. Eastwell entre os aborígines australianos da Terra de Arnhem[115]. Ele observa que o fundamento para tais

---

115. EASTWELL, H.D. Voodoo Death and the Mechanism for Dispatch of the Dying in East Arnhem. *American Anthropologist*, 84, p. 5-17, 1982.

mortes por magia é, frequentemente, um estado de terror extremo, que provoca sintomas diversos, tais como agitação, falta de sono e sudorese. Tudo isso é ainda mais exacerbado pela crença, por parte da vítima e da sua família, de que a morte é inevitável, de modo que os sintomas aumentam em intensidade e a família retira sua ajuda porque o paciente é entendido como socialmente morto. Em sendo assim, os parentes deixam de trazer-lhe água ou comida e dão início aos rituais funerários antes mesmo que o falecimento ocorra.

Conclusão

No capítulo 1, vimos que o cérebro humano estende a teoria da mente aos animais e demais entidades vivas e não vivas. Ele percebe intenções no universo não humano e a possibilidade de interagir com ele, dirigi-lo, dando azo à aparente habilidade de influenciá-lo diretamente e, até certo ponto, controlá-lo através de atividades rituais. É esta a base do pensamento mágico.

Embora a magia possa parecer, à primeira vista, uma matéria exótica, exercida por certos elementos em lugares estranhos, o pensamento mágico é, em verdade, um modo bastante humano de pensar, praticado, de uma maneira ou de outra, por cada um de nós. Sua lógica não resulta apenas do nosso processo mental padrão como, também, responde à nossa necessidade de exercer algum controle sobre nossas vidas. A magia nos concede esse controle, e a divinação nos fornece conhecimento – duas das maiores funções da religião.

A magia lida com as forças sobrenaturais, sendo, pois, um fenômeno religioso. Nos dois capítulos seguintes nos voltaremos para domínios da religião que podem parecer mais familiares: os seres antropomórficos sobrenaturais.

Resumo

Magia se refere a atividades pelas quais alguém pode compelir o sobrenatural a se comportar de determinadas formas. Os componentes fundamentais dos atos mágicos são palavras proferidas, ou feitiço, e objetos que são manipulados de determinadas formas. Geralmente, rituais mágicos só podem ser realizados em lugares e momentos especiais. O executante precisa, frequentemente, observar certas restrições, tais como abster-se das relações sexuais e evitar certas comidas. Em geral, magos operam o tipo de magia pública e benéfica, enquanto os feiticeiros lidam com matérias maléficas e antissociais.

Frazer elaborou a Lei da Simpatia, segundo a qual a magia depende da associação aparente, ou do acordo entre as coisas. Há dois princípios na Lei da Simpatia: o da Similaridade (coisas parecidas são iguais, que deu origem à magia homeopática, ou imitativa) e o do Contágio (pelo qual as coisas que já estiveram em contato permanecem conectadas após o fim da conexão, que gerou a magia contagiosa).

As técnicas de obtenção de informações sobre o desconhecido, incluindo eventos futuros, são conhecidas como divinação. Formas Inspiracionais de divinação envolvem algum tipo de experiência espiritual, como o contato direto com um ser sobre-humano por meio de um estado alterado de consciência. As formas não inspiracionais são modos mais mágicos de realizar divinações e incluem a leitura de eventos naturais bem como a manipulação de instrumentos oraculares. As formas fortuitas ocorrem simplesmente, sem qualquer esforço consciente por parte do indivíduo; as deliberadas são aquelas em que algo *é* feito. Dentre os exemplos de divinação temos presságios, pressentimentos, possessões, profecias, ornitomancia, oniromancia, necromancia, astrologia, rabdomancia, girar moedas, ordálios, frenologia e cartomancia.

A magia e a divinação são baseadas no pensamento mágico, ou em como a mente humana percebe causas e efeitos. Isso leva a atos mágicos simples, às vezes chamados de superstições, baseados em correlações presumidas. Tylor abordou a questão do porquê das pessoas acreditarem na eficiência da magia, e a resposta é que ela parece não falhar jamais. Existem diversas razões para isso. Como a magia sempre funciona, a razão do fracasso deve recair sobre a incompetência do mago. Em geral, a magia tenta provocar coisas que ocorrerão naturalmente; as pessoas não pedem o impossível à magia. Por fim, existe a questão da memória seletiva.

Questões de estudo

1) No jogo, sabemos que o resultado de um lanço de dados é um evento randômico; ainda assim, os jogadores acreditam que diversos comportamentos são capazes de influenciá-lo, e isso é um exemplo de pensamento mágico. Qual o significado disso?

2) Alguém te dá um "amuleto da sorte". Você o coloca no bolso, logo em seguida algo de bom acontece, e você atribui esse acaso ao amuleto. Isso é um exemplo de pensamento mágico? Explique.

3) Você pode pensar em outros casos de pensamentos mágicos em sua vida?

4) "A magia sempre funciona." Esta afirmação é verdadeira? Explique.

5) Existem dois grandes tipos de magia: homeopática e contagiosa. Em que elas são similares e em que divergem? Dê alguns exemplos de cada uma quando utilizadas no campo da cura.

6) Quais instrumentos divinatórios podem ser comprados em lojas de brinquedos? Classifique-os e explique seu funcionamento.

7) É possível argumentar que o uso da divinação (astrologia, p. ex.) é um entretenimento inocente. Existem consequências negativas advindas de se viver a vida confiando em astrologia e previsões do futuro?

Leituras sugeridas

BROAD, W.J. *O oráculo: o segredo da antiga Delfos*. São Paulo: Martins Fontes, 2007 [Discussão sobre o oráculo na antiga sociedade grega, e a história da busca por explicações científicas].

KIDA, T.E. *Não acredite em tudo o que você pensa – 6 erros básicos que cometemos*. Campinas: Campus/Elsevier, 2007 [Discute a psicologia da crença e os padrões reflexivos que frequentemente levam as pessoas a aceitar crenças falsas].

SHAH, T. *Sorcerer's Apprentice*. Nova York: Time Warner, 2002 [As viagens do autor pelo sul da Índia para encontrar e aprender a arte da magia com um dos maiores praticantes daquele país].

STOLLER, P.; OLKES, C. *In Sorcery's Shadow*. Chicago: The University of Chicago Press, 1987 [A história do trabalho de Stoller junto a feiticeiros na República do Níger].

VYSE, S. *Believing in Magic: The Psychology of Superstition*. Nova York: Oxford University Press, 1997 [Examina as razões psicológicas e cognitivas subjacentes ao pensamento mágico].

Ficção

LeGUIN, U.K. *O feiticeiro de Terramar*. Guarulhos: Arqueiro, 2016 [A história de vida de um mago poderoso que cresceu no mundo fantástico de Terramar].

MAGUIRE, G. *Wicked: The Life and Times of the Wicked Witch of the West*. Nova York: HarperCollins, 1995 [A história do mágico de Oz a partir da vida da Bruxa Malvada do Oeste].

Websites sugeridos

www.bartleby.com/196 – Versão online do texto em inglês de *O ramo de ouro*, de James Frazer.

http://www.era.anthropology.ac.uk/Divination/Spider/index.html – A divinação com aranhas do povo Mambila (África Ocidental). Inclui simulação.

http://skepdic.com/divinati.html – Discussão sobre métodos divinatórios do *The Skeptic's Dictionary*.

http://websites.umich.edu/~aop/magic/ – Exibição das tradições mágicas da Antiguidade Tardia (Universidade do Michigan).

8

Almas, fantasmas e a morte

Edward Tylor, um antropólogo de finais do século XIX, introduziu o conceito de animismo, a crença em seres espirituais que animam todas as coisas (cf. capítulo 1). Embora a natureza espiritual das coisas vivas possa ser percebida como um poder sobrenatural generalizado, ela é vista com maior frequência em seres sobre-humanos de diversos tipos, alguns dos quais habitam no interior de animais, plantas e elementos físicos naturais, enquanto outros são independentes. Almas e fantasmas, dentre outros, são intimamente associados aos humanos, sua origem é humana; já deuses e espíritos têm, usualmente, uma origem diversa.

Este capítulo estudará os seres sobrenaturais considerados reflexos sobrenaturais dos seres animados, especialmente os humanos, ou que se tornaram humanos, dentre os quais os mais importantes são as almas e os fantasmas, manifestações sobrenaturais de indivíduos vivos e mortos. Concluiremos com o exame dos rituais funerários, frequentemente vinculados às entidades discutidas nesse capítulo.

Almas e ancestrais

A crença na existência de uma entidade espiritual residindo dentro de uma pessoa parece ser natural, surgida da simples observação da vida. Seres humanos possuem certos atributos: interagem entre si de uma certa forma, apresentam personalidades distintas. Por outro lado, deixam temporariamente de ser criaturas ativas durante o sono ou um coma. Ao dormir, sonham; em rituais, entram em transe. Por fim, deixam terminantemente de existir quando da morte. Quem é responsável por tudo isso?

O termo **alma** é utilizado para nomear o componente intangível, espiritual, de um indivíduo. Muito embora diversas pessoas sejam familiares com sua presença em animais não humanos, a maioria dos estudiosos reserva o termo para os espíritos que habitam os corpos humanos. Usualmente, cada indivíduo possui uma única alma que assume a sua personalidade (o inverso também ocorre: ele assume a personalidade dela). Essa alma, em geral, possui uma existência após a morte, ao menos durante algum tempo.

Quando alguém sonha, é como se sua alma deixasse o corpo e viajasse rapidamente pelo tempo e espaço, encontrasse todo tipo de gente, inclusive as almas dos entes queridos já falecidos. Em alguns grupos é considerado perigoso acordar de supetão, pois pode não haver tempo para que a alma retorne ao corpo, e ela pode se perder. Por outro lado, não é uma boa ideia assassinar alguém que dorme, pois a sua alma estará ausente – é melhor esperar até que a vítima esteja desperta (com a alma já retornada).

Se alguém está dormindo, está inerte, privado de atividade e personalidade, algo semelhante ao que ocorre durante um desmaio ou um coma. Alguns acreditam que, quando um xamã entra em transe, sua alma deixa o corpo e viaja pelo mundo sobrenatural. A ausência da alma pode causar doenças, enquanto a morte é seu afastamento definitivo do corpo. A existência de uma alma que sobrevive à morte é reforçada quando um ente querido sente a presença do falecido, ou vivencia sua visita num sonho.

Variações no conceito de alma

Embora o conceito de alma possa ser encontrado em todas as culturas, ele assume as formas mais diversas. Pode tanto ser entendida como uma duplicata em tamanho natural do vivente quanto ser pequena e residir em alguma parte do seu corpo. Onde? No fígado, talvez; ou no tórax, coração ou cérebro. Ela pode existir como a sombra de uma pessoa, e nesse caso é preciso se ter cuidado para que não caia. Pode ainda estar refletida em um espelho – eis por que criaturas sem alma, como os vampiros não possuem reflexo. Quando viram uma fotografia pela primeira vez, muitas pessoas pensaram que sua alma havia sido capturada pelo fotógrafo.

Muitos consideram existir diferentes formas de alma dentro de um corpo: uma pode ser responsável pelo ânimo, a força vital, que desaparece na morte, e é capaz de reencarnar em outros seres vivos. Outra pode ser o espírito, a individualidade da pessoa. É possível que estejam associadas a partes diversas do corpo, ou então que uma alma advenha do pai e outra, da mãe.

No Vodu haitiano, por exemplo (capítulo 11), existem três componentes espirituais associados ao ser físico. Um deles é o *mét-tét*, o *"Dono da cabeça"*, cuja identidade é descoberta por meio de divinação. Os outros são almas: o *ti-bonanj*, "Anjinho", e o *gwo-bonanj*, "Anjo grande". O primeiro é a consciência e o ego de uma pessoa; quando de sua morte, permanece por perto durante algum tempo, depois vai para o céu e não mantém grandes vínculos com o falecido. Já o segundo provém dos espíritos ancestrais, e para lá retorna após o falecimento; parte de *Bondye*, o "Deus Alto", é a força vital do indivíduo e determina, ao menos parcialmente, seu caráter e inteligência. Se alguém teve uma boa vida, sua memória será preservada por muitas gerações, e é possível orar para o seu *gwo-bonanj*.

É possível já nascer com duas almas; outras podem ser adquiridas durante a vida. Os Jivaro do Equador (área cultural da Floresta Tropical) acreditam que cada pessoa possui três almas: nasce-se com um *nekas* (a força vital); a segunda, o *aruntam*, precisa ser adquirida por meio de uma visão. Os Jivaro entendem o mundo real como falso e o espiritual como verdadeiro, que só pode ser adentrado após a obtenção do aruntam, que também conferirá à pessoa poder, inteligência e autoconfiança. A terceira é o *miusak*, a "alma vingadora", a quem cabe vingar a morte de um aruntam. Como os Jivaro acreditam que ele habita a cabeça, capturá-las e encolhê-las neutralizaria o miusak dos inimigos.

Em algumas culturas, uma alma nova é criada a cada nascimento, e as crenças divergem sobre quando e como ela entra na criança. Para Igreja Católica Romana, por exemplo, ocorre na concepção, posição essa que influenciou sua postura em temas como a clonagem e o aborto. Em outras culturas, a alma pode ter tido uma existência prévia antes de começar a nova vida.

Almas, morte e o além-túmulo

O conceito de alma é estreitamente ligado às ideias de morte. Como escreveu Nigel Barley, as "noções do que significa estar morto são, sempre, parte de uma ideia mais geral do que significa ser, em primeiro lugar, uma criatura humana viva; as crenças e o comportamento fúnebres em todo mundo são percebidos como a discussão estendida da noção de pessoa"[116].

Até onde sabem os antropólogos, não existe nenhuma cultura sem um conceito de alma, e nenhuma que não acredite que esta sobreviva à morte do corpo,

---

116. BARLEY, N. *Grave Matters: A Lively History of Death around the World*. Nova York: Henry Holt, 1995, p. 27.

ao menos por algum período de tempo. Naquelas em que existe a crença de almas múltiplas, elas podem ter destinações diversas após a morte, incluindo a sobrevivência durante períodos diferentes de tempo. Na maior parte das culturas, a ideia da alma pós-morte se baseia mais na continuidade da vida do que na imortalidade, que é mais comum no Ocidente.

Almas que sobrevivem à morte corporal podem passar algum tempo junto às suas famílias, em geral até que os funerais sejam encerrados, quando então poderão viajar para algum lugar ou reencarnar. Uma das funções das cerimônias fúnebres é ajudar a alma nessa jornada, que algumas vezes são perigosas, difíceis, e podem significar a morte da alma ou sua ida para algum lugar não tão bom. Em alguns sistemas religiosos, a duração da residência de uma alma após a morte é finita: ela renasce em outro indivíduo ou, no caso da **transmigração**, no corpo de um animal.

A habilidade da alma em sobreviver à jornada até a terra dos mortos pode depender da qualidade da vida que foi vivida. Em tais sociedades há um julgamento, e o risco de não "passar no teste" para entrar no paraíso pode agir como meio de controle social. Por outro lado, em diversos grupos todas as almas atingem o seu destino após a morte, ou então apenas aquelas que memorizaram rituais específicos, ou que receberam elaboradas cerimônias fúnebres. Nem sempre são os bons que conseguem finalizar bem a jornada – não raro são os ricos e poderosos.

Onde fica a terra dos mortos, e como é por lá? O destino final das almas fica, usualmente, a uma certa distância de onde a pessoa viveu, localizada geralmente num ponto geográfico conhecido, como o topo de uma montanha, uma ilha, ou outro lugar "além do horizonte". Também pode estar em algum lugar que não é considerado como parte do mundo físico normal, como o céu ou o submundo. Embora no Ocidente tendamos a pensar no pós-morte físico como um paraíso, em diversas culturas ele é surpreendentemente semelhante à comunidade física terrena, em que os mortos se socializam, caçam e fazem sexo, sem, contudo, haver doença, e onde há interação com os ancestrais.

Nem todos os mortos vão para o mesmo lugar após a morte. Muitos povos têm lugares especiais para certas almas, a depender de certos atributos. Guerreiros que morreram em batalhas, mulheres que morreram de parto ou os suicidas, por exemplo, podem seguir para zonas especiais. Pode haver também lugares exclusivos para as almas de certas classes sociais ou grupos ocupacionais, como os xamãs. O Valhalla, por exemplo, era o destino próprio dos guerreiros vikings que haviam morrido uma boa morte, ou seja, no campo de batalha. Nesse caso, tanto o *status* social quanto a maneira da morte importavam.

Exemplos de conceitos de alma

Nesta seção, examinaremos as crenças nas almas de diversas sociedades, incluindo os Yupik do Alasca, os Ianomâmi da América do Sul e os Hmong do Sudeste Asiático, bem como as crenças católicas, hindus e budistas.

As almas Yupik

Muitos sistemas religiosos creem na reciclagem das almas: entre os Yupik, do oeste do Alasca, um recém-nascido possui a alma de alguém da geração dos avós que tenha falecido recentemente, e recebe o nome desse parente. Após a morte, a alma permanece por perto durante um certo tempo, depois vai embora e espera pelo renascimento. Uma alma imortal eternamente reciclada, desde os princípios dos tempos.

Na cultura Yupik, também os animais possuem almas imortais, parte do mesmo ciclo de nascimento e renascimento, mas baseada em uma relação recíproca entre humanos e animais, e no modo como uns tratam aos outros. Se uma foca percebe que o caçador obedece às regras da sociedade Yupik e à sua relação com o mundo animal, ela se permitirá ser morta. Sua carne proverá alimento para o caçador e sua família, enquanto a alma, se for adequadamente tratada, retornará ao mar e renascerá novamente.

Quando da morte, as almas das focas se concentram nas bexigas. Os Yupik recolhem os órgãos de todos animais abatidos durante um ano, inflam-nos, penduram-nos durante um festival que dura cinco dias, e depois os enfiam através de um buraco no gelo até a água, onde, eventualmente, as almas renascerão.

Espíritos e fantasmas Ianomâmi

Os Ianomâmi (área cultural da Floresta Tropical) acreditam em um complexo de almas, cuja maior parte se torna um *no borebö* ao morrer. Seu cosmos é organizado em quatro camadas: os vivos habitam a terceira delas, e quando morrem o *no borebö* se move para a segunda, onde segue uma trilha até encontrar um espírito chamado Wadawadariwä, que lhe pergunta se foi mesquinho ou generoso: no primeiro caso, segue para um lugar de fogo; no segundo, junta-se aos ancestrais. É provável que a possibilidade de ser enviado a um lugar de fogo seja considerada uma punição por comportamentos negativos durante a vida, mas Wadawadariwä é um tanto estúpido, e aceitará sem questionar o que a alma lhe disser – daí que todos afirmam ser generosos e são enviados para a vila dos ancestrais.

Outro aspecto da alma é o *bore*, liberado durante a cremação. Ele permanece na terra e vive na mata. Alguns possuem grandes olhos reluzentes e atacam os viajantes que andam pela floresta durante a noite.

Um terceiro aspecto é o *moämo*, que reside dentro do corpo, junto ao fígado. Os xamãs utilizam seus poderes para removê-lo de dentro dos seus inimigos, os quais adoecerão e morrerão. Muito da atividade dos xamãs se divide entre roubar as almas dos inimigos e recuperar aquelas de sua própria comunidade.

Por último, cada um possui um *noreshi*, ou animal, nascido a cada vez que uma criança vem à luz e que crescerá e se desenvolverá junto com ela. É o duplo da pessoa, o que acontece com uma, acontece com o outro, e quando um dos dois morre, o outro segue o mesmo destino. O noreshi mais comum para os homens são pássaros grandes, e para as mulheres, animais terrestres.

O noreshi de uma pessoa vive bem longe, logo não há contato físico entre eles. Ainda assim, é possível que uma outra pessoa viva no mesmo lugar do noreshi e o mate, em geral por acidente, matando também quem estiver associado a ele. Se possível, os parentes da vítima buscarão vingança matando o assassino. Eventualmente, os caçadores encontram um animal que apresenta um comportamento incomum: deve ser ou um espírito mau ou o noreshi de alguém, e nunca é abatido.

As almas Hmong

Os Hmong são um povo que vive nas regiões montanhosas do Sudeste Asiático. Muitos deles emigraram para os Estados Unidos após a Guerra do Vietnã. Eles acreditam que as pessoas possuem um certo número de almas – algumas fontes chegam a citar trinta. A saúde é o resultado do equilíbrio entre o corpo e suas almas, e quando uma ou mais delas é perdida, a pessoa cai doente.

Uma alma pode ser espantada para fora de um corpo por um evento traumático, ou pode ser roubada por um espírito. Em seu livro *The Spirit Catches You and You Fall Down*, Anne Fadiman conta a história de uma família Hmong vivendo em Merced, na Califórnia[117], em especial de uma garotinha, Lia. Certo dia, sua irmã entrou em casa e bateu a porta, espantando uma das almas de seu corpo. Essa perda resultou em doença, nomeada pelos Hmong numa frase que diz "o espírito te pega e te derruba" – esse espírito é um ladrão de almas. Na medicina ocidental, essa doença é diagnosticada como epilepsia.

---

117. FADIMAN, A. *The Spirit Catches You and You Fall Down*. Nova York: Noonday, 1997.

A cura dessa enfermidade cabe ao xamã, que entra em um estado alterado de consciência para buscar a alma perdida, e se a encontrar a retornará para o corpo do paciente. Se a alma foi roubada por um espírito, o xamã negociará com o ladrão para consegui-la de volta. Serão oferecidos presentes, e a alma de um animal sacrificado será ofertada em troca da do doente.

Após o nascimento de um bebê, sua placenta é enterrada sob o chão sujo de uma casa –os Hmong usam a palavra "jaqueta" para o órgão, pois é interpretado como uma roupa. Ao morrer, a alma da pessoa viaja até o lugar onde foi enterrada a placenta e veste sua jaqueta, o que a permite viajar pelo perigoso caminho até onde vivem os ancestrais. Se a alma não conseguir encontrá-la, vagará pela eternidade, sem jamais se reunir aos seus antepassados.

A alma no catolicismo romano

A doutrina da Igreja Católica Romana afirma que, após a morte, o destino de cada alma é determinado por Deus, a partir, basicamente, do seu comportamento durante a vida. A grande questão é a presença do pecado, definido como um mal moral. Aqueles livres do pecado e perfeitamente puros seguirão para o céu, onde viverão junto a Deus em perfeita felicidade – embora Ele seja considerado onipresente, é lá o Seu lar.

As almas em estado de graça, mas que necessitam de purificação, vão para o **Purgatório**, um termo que vem do latim *purgare*, que significa limpar ou purificar. Ele existe para aquelas almas que morreram com pecados menores, dos quais as pessoas não se arrependeram ou cuja pena não foi inteiramente paga durante a vida. Por exemplo, os pecados veniais são considerados consequências da fragilidade humana, logo perdoáveis, requerendo tão somente punição temporária – são esses que cabem ao Purgatório, necessário porque nada abaixo da perfeição pode entrar no céu.

Aqueles que cometem pecados mortais ou que morrem com o pecado original são relegados à punição eterna do inferno. Um pecado mortal é um ato contrário à Lei Divina, e separa o pecador de Deus; já o pecado original é aquele de Adão no Gênesis, lavado pelo batismo. O inferno é um lugar de suplício e tormento eternos para os danados, tanto os humanos quanto os demônios. Geralmente se considera que esteja dentro da terra: na Bíblia ele é descrito como um abismo, um ponto para o qual descem os maus. E como seus habitantes estão afastados de Deus, devem estar localizados o mais distante Dele possível.

A alma no hinduísmo e no budismo

Existe no hinduísmo a crença em uma alma imortal, eterna, que nasce diversas vezes em diferentes corpos, um processo chamado **reencarnação**. Ainda que os corpos sejam diferentes, o eu (a personalidade distinta) permanece imutável. O renascimento pode não ocorrer em um corpo humano – nascer humano é entendido como uma oportunidade rara e preciosa.

A ideia hindu de reencarnação está intimamente ligada ao conceito de **carma**, que diz respeito às ações de um indivíduo e às consequências delas advindas. A vida é aquilo que se fez dela, e toda ação, pensamento, desejo – bom ou mau – afetará a existência porvir. A vida que se vive agora é resultado dessas ações passadas, e a esse ciclo de nascimento, morte e renascimento neste mundo dá-se o nome de Samsara. O objetivo supremo é escapar do Samsara e atingir o moksha, a libertação das limitações do espaço, tempo e matéria. Como alcançar a salvação é algo difícil e complexo, o indivíduo precisará de múltiplos tempos de vida para atingi-la. Embora não exista mobilidade num único tempo de vida, a maneira como o indivíduo aceita sua existência e a vive determinará o nível de sua próxima reencarnação.

Os conceitos budistas de alma, reencarnação e carma diferem de maneiras fundamentais: não há a crença na alma imortal, ou na permanência da personalidade consciente. O budismo considera aquilo que chama de alma como a combinação de cinco agregados físicos e mentais: corpo físico, sentimentos, compreensão, vontade e consciência. Componentes da personalidade humana, mantêm-se prisioneiros do ciclo interminável de nascimento, morte e renascimento.

As Quatro Nobres Verdades afirmam que a vida é imperfeita e inevitavelmente envolve sofrimento. O sofrimento se origina em nossos desejos, e cessará quando esses desejos cessarem. O modo para alcançar a cessação do desejo e libertar-se do ciclo é seguir o Caminho Óctuplo: percepção correta, pensamento correto, fala correta, comportamento correto, meio de vida correto, esforço correto, atenção correta e concentração correta[118]. Quem quer que o siga atingirá o Nirvana: o objetivo do budismo não é chegar a algum paraíso abençoado, mas sim extinguir o desejo e escapar dos sofrimentos dessa vida.

Os budistas também possuem o conceito do carma, a crença de que todas as ações de um indivíduo, sejam elas boas ou más, ajudarão a moldar sua personalidade, processo esse que continua mesmo após a morte. O renascimento é

---

118. GAUTAMA, S. *A doutrina de Buda*. São Paulo: Martins Fontes, 2003, p. 113 [N.T.].

visto como a transmissão do carma, processo esse que Buda comparou a uma chama que passa de uma vela para outra. Mas somente a chama do carma que é repassada, não a personalidade. A Roda da Vida mostra os trinta e um planos da existência, que alguns budistas entendem como metáforas filosóficas, e outros, como realidade. Esses planos incluem infernos, fantasmas famintos (seres atormentados por desejos insatisfeitos), animais, humanos e deuses. Os seres humanos seguem por essa roda, de novo e de novo, sofrendo, a não ser que sejam libertados e atinjam o Nirvana. Seguindo a metáfora da chama, o Nirvana significa extingui-la ou apagá-la.

Ancestrais

Um destino possível para uma alma é se juntar ao grupo de seres sobrenaturais importantes para os vivos: os **ancestrais**. Autores têm normalmente usado "culto aos ancestrais" para descrever as crenças e comportamentos que envolvem essa veneração. Esse termo, no entanto, está saindo de moda porque numerosos especialistas acreditam que os ancestrais são, de fato, respeitados e assistidos, mas não verdadeiramente "cultuados".

A importância dos ancestrais para uma cultura reflete a importância do parentesco, geralmente aquele que vai além da família direta. Mesmo após a morte, o indivíduo permanece um membro valioso do grupo familiar, que reforça as ideias sobre papéis sociais e contribui para a harmonia e solidariedade comuns. Em algumas culturas, os ancestrais agem como uma força moral, punindo os maus comportamentos dos seus descendentes.

Mas nem todas as almas tornam-se ancestrais – ou pelo menos daquele tipo que recebe atenção ritual. Em sociedades patrilineares, por exemplo, apenas os homens atingem essa condição. Se numa tal cultura uma mulher chegar a esse patamar, será através de sua relação com um homem – via matrimônio ou maternidade. Embora a maior parte da atividade ritual dedicada aos ancestrais seja assuntos familiares, é comum na África que os antepassados dos chefes e reis sejam considerados responsáveis por coisas que dizem respeito a toda a comunidade (como a chuva), de modo que serão reconhecidos por todos.

Ancestrais iorubá

Entre os Iorubá da África Ocidental, os ancestrais desempenham importantes papéis no bem-estar continuado dos seus descendentes, e muitas práticas religiosas, incluindo a manutenção dos santuários e o cumprimento dos rituais, centram-se neles.

Os Iorubá identificam duas classes amplas de ancestrais: familiares e deificados. Daqueles que perecem, apenas uma pequena porção se torna ancestrais familiares, somente aqueles indivíduos que viveram vidas notáveis e atingiram idade avançada. Seus descendentes estarão prontos a executar os rituais exigidos, uma das mais importantes tarefas dos chefes de família. A manutenção de boas relações com os ancestrais é relevante para a continuidade do bem-estar da família, pois eles possuem poderes para trazer o bem ou o mal às suas descendências; fornecem orientação e proteção para a família; castigam os membros que não se comportaram como deviam ou que não cumpriram suas obrigações para com os mortos. Já os ancestrais deificados dispõem de grandes poderes e são reverenciados em santuários por toda a região – podem ser, inclusive, considerados deuses com origens humanas.

Os *egungun* são espíritos que viajam desde a terra dos mortos para visitar os vivos. Nos rituais, os ancestrais são frequentemente representados por dançarinos egungun, que se tornam condutores entre os vivos e os ancestrais. Esses dançarinos são homens que usam longas vestes feitas de palha e máscaras de madeira com semblantes humanos ou animais. Vários dias após um funeral, eles se dirigem à casa onde vivia o defunto e avisam à família que sua alma já chegou ao mundo dos mortos, pelo que eles e seus acompanhantes recebem alimentos.

Após a morte, o indivíduo viaja até a terra dos mortos; se foi uma boa pessoa, levará uma existência agradável, já os maus sofrerão. Uma das recompensas de ter sido uma boa pessoa é ser recordado: enquanto forem relembrados, os mortos são capazes de agir como intermediários entre os deuses e a família. Não raro, os ancestrais travam contato com sua família através dos sonhos ou com o auxílio dos egungun, que podem aparecer nos momentos em que a família precisar de conselhos ou durante o festival anual.

Ancestrais e reencarnação entre os Beng

Em algumas sociedades, a alma viaja para um novo lar; noutras, é reciclada em um novo ser. Quando alguém morre entre os Beng da África Ocidental, sua alma se torna um espírito que se dirige ao *wrugbe*, uma das diversas vilas espirituais invisíveis. Depois de um certo tempo, ela renasce em um bebê, embora permaneça existindo como um ancestral – ou seja, existe concomitantemente como um ser encarnado na terra e um espírito ancestral.

Todo indivíduo nascido é a reencarnação de um ancestral. Algumas vezes, a identidade desse antepassado é conhecida, e no caso de um nascimento que ocorre no mesmo dia da morte de um membro da família, o recém-nascido é considerado uma reencarnação instantânea do finado. Saber qual ancestral reencarnou em uma determinada criança traz importantes consequências, pois supõe-se que ela trará as mesmas características de personalidade do ancestral, e será tratada como tal. Na maior parte das vezes, contudo, essa identificação permanece desconhecida.

É possível viajar em sonhos até wrugbe e se consultar com os ancestrais, que permanecem vivos na família: à noite, uma tigela com comida é preparada para eles, todos dormem juntos, e pela manhã eles retornam para wrugbe.

Quando uma criança vem à luz, o espírito não deixa wrugbe de pronto; na verdade, demora alguns anos para emergir, um processo que nem sequer começa antes que o cordão umbilical seja cortado: coloca-se uma mistura de ervas sobre o umbigo para que ele seque, caia logo, e o recém-nascido possa começar a deixar wrugbe em direção ao mundo dos vivos. Se a criança morrer antes que o umbigo caia, não há funeral ou reconhecimento público da morte, porque seu espírito jamais entrou no mundo dos vivos.

Durante a primeira infância, a consciência da criança oscila entre a vida terrena e wrugbe. Como não desejam que ela retorne para lá, os pais tentam tornar a sua vida o mais atrativa possível: quando chora ou está desconfortável, entendem que ela está com saudade de wrugbe. A criança tenta se comunicar com os pais, mas estes, sem entender seu balbucio, chamam um adivinho, que usualmente sugere que lhe seja dado um presente, como uma concha cauri, uma moeda ou uma joia.

Ancestrais Tana Toraja

Os Tana Toraja são um povo horticultor que vive em pequenas vilas, cultivando arroz e criando búfalos indianos e porcos nas montanhas de Sulawesi (Celebes), Indonésia. Ritualisticamente, seu mundo é dividido em dois domínios: o da subida da fumaça e o da descida da fumaça. O primeiro é vinculado ao nascer do sol, aos rituais terapêuticos e de fertilidade e aos *deata*, divindades e espíritos associados à natureza, encontrados nas montanhas e nos rios, nas árvores e nos animais, nos telhados das casas, nas estrelas, nas nuvens, na chuva e na névoa. O segundo inclui os *nene*, os ancestrais, e os *bombo*, as almas dos falecidos recentemente. Esse reino é relacionado ao pôr do sol e aos rituais funerários, através dos quais os bombo são transformados em nene, alguns dos quais podem chegar a ser deata.

Os domínios da subida e da descida da fumaça precisam manter-se separados, uma exigência que jaz no cerne de boa parte dos rituais torajanos, que incluem a oferta de alimentos, como arroz, e o sacrifício de animais, a que chamam de "alimentar os deuses" – estes, satisfeitos, virão em auxílio do povo.

Os torajanos claramente discernem a morte física da social. A definição do momento exato da morte na moderna sociedade industrial tem se tornado difícil graças à distanásia, ou o adiamento da morte por intermédio de maquinário terapêutico: como quando o cérebro para de funcionar mas o coração é mantido batendo, por exemplo. Na sociedade torajana, a morte física é associada à cessação da respiração e das batidas cardíacas, mas não é tão simples assim, pois quando tais fatos ocorrem, embora a morte física aconteça, a social não, pois ela é estendida por um longo período de tempo. Este é um bom exemplo de como de como as culturas interpretam eventos naturais – nesse caso, a morte: quando alguém está fisicamente morto, não se diz que morreu, mas apenas que está febril, ou dormindo. Tal conhecimento é importante porque, desse ponto em diante, todos os rituais ligados à subida da fumaça estão proibidos. Para os Tana Toraja, o ato de morrer é o processo pelo qual o bombo (alma) começa a se separar do corpo físico.

O pronunciamento social da morte demora semanas – no caso de pessoas importantes, até anos. O cadáver é envolvido em um pano, ou posto em um caixão de madeira, e colocado junto à parede sul da casa, com a cabeça voltada para o oeste, a direção associada aos rituais da descida da fumaça. Diz-se que o corpo, que pode estar ou não parcialmente embalsamado, está dormindo, e durante esse tempo refere-se ao seu apodrecimento como uma febre. Ele recebe oferendas de alimentos e bebidas, e as pessoas o saúdam quando entram na residência, conversam com ele, mantêm-no a par do que está ocorrendo com a família e a comunidade. Durante esse tempo o bombo se mantém próximo ao corpo e observa os preparativos para o seu funeral, e em breve terá o poder de causar problemas ou derramar bênçãos sobre a família.

As cerimônias fúnebres torajanas são complexas e importantes, rituais da descida da fumaça que movem o bombo para o outro mundo, onde se transforma em um nene (ancestral). No começo do funeral, o soar de um gongo anuncia formalmente a morte; sacrifícios são oferecidos, e o corpo é movido para a parede leste, com a cabeça apontando para o sul, direção na qual viajará para a próxima vida.

No dia seguinte, o corpo é envolto em pano, e é feita uma efígie (uma representação, como um retrato ou imagem) em que a família põe os bens pessoais do falecido. Algumas semanas depois, o corpo deixa a casa junto com um búfalo indiano, itens da casa e provisões para a viagem da alma. Ele é levado em direção ao local do sepultamento com a efígie, usualmente uma moldura de bambu (embora no caso de uma pessoa importante, será um entalhe em madeira). Começa, então, o ritual que separará os restos mortais do bombo: o búfalo é sacrificado, e o corpo é enterrado num penhasco calcário. Se a efígie for de madeira, será colocada, ao lado de outras, numa saliência do penhasco.

A alma terá se tornado, então, um ancestral e dará início à sua jornada em direção ao sul, a Puya, junto ao búfalo guardião, lugar esse em que suicidas, leprosos e aqueles que não se comportaram conforme as regras sociais são proibidos de entrar. A vida de um nene em Puya é bem parecida com a que levava enquanto vivia: mantém o mesmo *status* social, podendo ser rico ou pobre. E continua de olho na família para garantir que está sendo devidamente honrado, e possui tanto o poder para ajudar e abençoar quanto para causar o mal.

Eventualmente, após o funeral, os descendentes executam um ritual para transformar o nene em um deata (deus): enquanto aquele vive no domínio da descida da fumaça, este segue para o da subida da fumaça, junta-se a outros espíritos nas árvores, névoas e céus, e continua a guardar seus familiares, que permanecem a lhe oferecer sacrifícios.

Os ancestrais e os finados no Japão

No Japão, as atividades religiosas domésticas têm sido o meio mais significativo de contato com o sobrenatural. Compreender a estrutura e a importância do lar é essencial para entender as relações existentes entre os vivos e os mortos. Trata-se de um grupo corporativo idealmente perpétuo, existente desde o início de sua fundação. O parentesco é a maneira de fazer parte desse grupo, mas um indivíduo pode ser rejeitado se for entendido como inadequado. Existem quatro papéis fundamentais para os vivos: o senhor e a senhora da casa, o herdeiro e sua noiva; se qualquer uma dessas funções estiver desocupada, o lar estará essencialmente incompleto, e será preciso trazer alguém de fora para completá-lo. O matrimônio, por si só, não cria uma nova linhagem: se a senhora morrer antes do nascimento do herdeiro, por exemplo, acredita-se que sua alma retorna ao grupo onde nasceu.

Quando da morte, o corpo é disposto em questão de dias, e a alma entra num período de incertezas: poluída pela morte, como em diversas outras culturas, torna-se potencialmente perigosa. Pode vagar por muitas semanas antes que seja purificada e pacificada por meio de vários rituais, que geralmente terminam quarenta e nove dias após o falecimento, muito embora seja possível que, eventualmente, os vivos sintam a necessidade de executar outros rituais após esse prazo. A alma entra, então, num mundo limpo e pacífico, dos finados e dos ancestrais.

David Plath distinguiu as almas japonesas entre finados e ancestrais[119]: os primeiros são, geralmente, membros da família cuja memória da morte é ainda recente. Quando morre alguém, prepara-se uma tabuinha que é preservada e exposta em uma estante ou móvel reservado para esse uso. Relembra-se o finado como um indivíduo, e seu aniversário de morte continuará a ser celebrado até que não haja mais ninguém que o conheceu em vida. Nesse momento, seguirá para o grupo dos ancestrais e sua tabuinha será destruída.

Os ancestrais são, pois, os membros regulares da família cuja memória não mais vive; incluem-se nessa categoria o fundador e todos aqueles que eram membros regulares quando de sua morte. Todos que, embora nascidos no grupo, tenham partido para se casar, serem adotados ou fundar uma nova família não são lembrados. Geralmente os ancestrais compartilham uma tabuinha comum, genérica, e são recordados mais como um coletivo do que como indivíduos.

Como em outras culturas, os mortos no Japão são entendidos como uma força moral, mas eles operam como autoridades morais, não como agentes. Os vivos se esforçam para serem bem-sucedidos e não passarem vergonha quando diante dos ancestrais, e ainda que algumas vezes os mortos intervenham em seus negócios, essas intervenções são sutis. Na eventualidade de um infortúnio, a família recorre primeiramente à divinação, na suspeita de que há algo de errado com a estrutura física da casa; só se o problema persistir é que os mortos serão suspeitos, pois eles são, em geral, fonte de segurança e conforto, vistos como amigáveis, apoiadores, e a relação entre eles e os vivos é, idealmente falando, de afeição e gratidão mútuas.

Aquelas almas da categoria dos finados são tratadas como indivíduos, como se estivessem vivos: os vivos podem preparar suas comidas preferidas ou trazer suas flores favoritas, algo que pode ser feito a qualquer momento, mas em especial no aniversário de morte. Essas almas são percebidas como próximas dos vivos, acessíveis, podem ser contactadas no móvel das tabuinhas da casa, no cemitério e em outros lugares. Mas elas podem, também, voltar ao lar para as festividades de verão, vistas como reunião entre vivos e mortos; ao final, acredita-se que seguem em uma grande jornada. Os mortos estão sempre presentes, mas igualmente indo e voltando de reuniões familiares periódicas.

---

119. PLATH, D.W. Where the Family of God Is in the Family: The Role of the Dead in Japanese Households. *American Anthropologist*, 66, p. 300-317, abr./1964.

Embora algumas culturas considerem os mortos como uma força conservadora, esse não é o caso do Japão. A ênfase não reside em comportar-se de maneiras específicas existentes no passado, mas sim de modo a dar seguimento à linhagem familiar.

Corpos e almas

Como vimos, o conceito de alma está intimamente ligado à morte, mas ainda que anime o corpo vivo, ela também possui uma vida para além da fisicalidade. Nessa seção, trataremos dos casos em que corpo e alma estão desconectados, mas um ou outro se mantêm estreitamente conectados com o mundo dos vivos, tais como os fantasmas, os vampiros e os zumbis.

Fantasmas

A distinção entre almas e **fantasmas** nem sempre é bem definida. São, ambos, manifestações de um indivíduo após a sua morte. As primeiras são essencialmente boas, e ainda que possam vagar próximas ao corpo e à família durante certo tempo, eventualmente seguem para outro lugar ou reencarnam. Mas elas podem, também, trazer infortúnios aos seus familiares se forem negligenciadas ou se estes não executarem os devidos ritos funerários. Fantasmas, por sua vez, são forças essencialmente negativas, que tendem a permanecer na vizinhança da comunidade e podem provocar doenças e outros incômodos – logo, é preciso lidar com eles.

Os fantasmas dani

Quando um membro dos Dani da Nova Guiné morre, um elemento sobrenatural chamado *mogat* deixa o corpo, permanece próximo à comunidade e se torna um fantasma.

Os fantasmas dani irão alertar sobre invasões inimigas, prestando assim um serviço à comunidade, mas em geral são causadores de problemas, considerados responsáveis por uma gama variada de contrariedades, incluindo acidentes e doenças nos humanos, bem como nos porcos. Os Dani relutam em viajar na escuridão por medo se serem abordados pelos fantasmas, mas situações dessa natureza podem ser contornadas por rituais pensados para aplacá-los – na verdade, o medo dos fantasmas ocorre mais nas histórias do que na vida real.

Uma importante atribuição do funeral é manter o fantasma feliz e longe da comunidade, em especial aqueles que morreram em combate, pois são especialmente perigosos: precisam receber uma cerimônia de "sangue fresco", muito mais elaborada que as normais. O fantasma do guerreiro caído em combate só será aplacado pela morte de um inimigo.

Existem muitas maneiras de se manter felizes os fantasmas e de controlar suas influências negativas. Um elemento essencial nas cerimônias Dani é o abate de porcos durante as festas, e sempre se lhes oferece alimento (embora alguma comida, especialmente carne de porco, seja separada para os fantasmas, é corriqueiro que apareça alguém e consuma essa porção reservada). Os Dani constroem, em diversos lugares, pequenas estruturas chamadas casas dos fantasmas; situadas tanto dentro da vila quanto fora, locais nos quais eles podem habitar.

Os fantasmas bunyoro

Os Bunyoro vivem na área cultural do Complexo do gado da África Oriental, e muitas de suas atividades religiosas estão centradas na relação com os fantasmas, uma das três mais importantes causas de doenças, junto com a feitiçaria e as atividades dos espíritos. Quando alguém cai doente, os Bunyoro usam os serviços de um adivinho para encontrar a causa. Se o problema tiver sido causado por um fantasma, ele buscará identificá-lo – em geral, os fantasmas causam problemas para pessoas próximas e que os tenham ofendido de alguma maneira, e sua maldição atingirá tanto os parentes quanto os descendentes do indivíduo.

O fantasma bunyoro é o espírito desencarnado de alguém que morreu, uma transformação da alma, percebida como algo deixado pelo falecido, mas não como o falecido em si. Diferentemente dos fantasmas do Ocidente, eles nunca são vistos, somente em sonhos. São essencialmente maus e associados ao submundo e outros lugares, como suas covas. Um lado bom, porém, é que eles podem vir em auxílio de algum dos seus filhos ou descendentes.

Existem muitas maneiras para se lidar com fantasmas. Por exemplo, técnicas para capturá-los, e uma vez capturados, eles podem ser destruídos ou removidos da comunidade. Outros rituais os mantêm longe da família. Muitos fantasmas, porém, permanecem próximos à família e periodicamente se apossam de uma vítima ou de um parente próximo; ao fazê-lo, entram em contato direto com o mundo dos vivos. Comumente, estabelecem laços com um vivo, que lhe sacrificará uma cabra periodicamente e construirá uma cabana especial para que nela viva.

A crença em fantasmas é um importante aspecto da sociedade bunyoro. Ela lhes confere explicações para ocorrências como as doenças, bem como os métodos (via rituais) para lidar com elas. Eles também acreditam que um fantasma causará distúrbios se foi mal tratado durante sua vida, uma convicção que encoraja as pessoas a se portarem adequadamente em relação aos parentes, no intuito de evitar problemas após a morte.

Os fantasmas japoneses

A prática religiosa japonesa é uma mistura complexa de crenças populares, influências budistas, taoistas, xintoístas e de outros lugares fora do Japão, especialmente a China. Em todo país, há a crença em uma variedade de seres sobrenaturais dentre os quais os piores são aqueles conhecidos pelos escritores ocidentais como fantasmas, demônios e duendes. Esses espíritos não são encontrados apenas entre os camponeses das zonas rurais, mas aparecem também nos centros urbanos e foram imortalizados em peças e obras de arte.

Muitos japoneses acreditam que, após a morte, alguns indivíduos se transformam em espíritos impuros, e em intervalos específicos durante sete anos, as famílias realizam diversos rituais de purificação para que se tornem em espíritos ancestrais, que zelam pela sua família e auxiliam em tempos de crise. Durante aqueles sete anos, porém, o espírito vaga entre o mundo dos vivos e a terra dos mortos, e nesse período é importante que a família execute os rituais exigidos e faça oferendas, caso contrário o espírito irá pairar próximo aos vivos, normalmente na forma de um fantasma, e causará infortúnios. Da mesma maneira, quando alguém morre sob grande estresse emocional, seu espírito permanecerá no mundo dos vivos como um fantasma, assombrando os responsáveis pela sua angústia. Há muitas histórias populares sobre vítimas de assassinatos e de amores não correspondidos que estavam de tal maneira perturbados no momento da morte que permaneceram como fantasmas na terra.

Os fantasmas são um tema familiar na arte japonesa tradicional. Alguns desenhos mostram um fantasma feminino:

> com longo cabelo liso, acenando com as mãos. Vestes pálidas, com mangas longas, esvoaçantes, caindo soltas por sobre a figura aparentemente frágil, com a cabeça e a parte superior do corpo fortemente delineadas. Da cintura para baixo, contudo, suas formas eram nebulosas, desfazendo-se em nada[120].

---

120. JORDAN, B. Yurei: Tales of Females Ghosts. In: ADDISS, S. (ed.). *Japanese Ghosts and Demons: Art of the Supernatural.* Nova York: George Braziller, 1985, p. 25.

Os mortos-vivos: vampiros e zumbis

Histórias sobre mortos que retornam à vida são encontradas nas mitologias de diversas tradições religiosas: do deus egípcio Osíris e do profeta hebreu Elias, que podia fazer reviver os mortos e cujo retorno é esperado, a Jesus e Lázaro, muitas são as narrativas daqueles que morreram mas, posteriormente, voltaram a viver. Nestes exemplos, os indivíduos são tidos como especiais, e sua ressurreição tem grande significado religioso. Noutros casos, o retorno à vida é mais trivial, podendo ser visto como positivo (quando se permite à pessoa reviver para confortar a família) ou negativo (quando a volta vem trazer morte e destruição). Nessa seção, veremos exemplos desse segundo caso, a saber: os vampiros e os zumbis. Ambos são figuras conhecidas, aparecendo em inúmeros livros, filmes, séries de tevê e videogames. As crenças populares que subjazem tais criaturas, porém, não raro diferem bastante dessas representações midiáticas.

Vampiros

Muito do conhecimento ocidental sobre vampiros advém do livro *Drácula*, de Bram Stocker, publicado em 1897, e embora o autor tenha se baseado vagamente na figura histórica de Vlad Tepes, o Empalador, tomou muitas liberdades. Tepes foi um príncipe romeno, não um conde, governante da Valáquia (não da Transilvânia) e jamais foi visto como um vampiro pela população local – na verdade, na Romênia muitos o consideram um herói. Mais recentemente, os vampiros têm sido tema de muitos livros e filmes populares, como as séries *Crepúsculo* e *As crônicas de Sookie Stackhouse*, que os representam como figuras poderosas, mas românticas.

O **vampiro** é uma criatura que boa parte da Europa acreditava realmente existir, em especial a leste do continente, e guardam pouca semelhança com as representações midiáticas citadas. São em geral camponeses malvestidos, não nobres elegantes, com certamente muito pouco de romantismo. Assim sendo, o que é um vampiro? Acreditava-se que era alguém recentemente falecido, mas que havia retornado para trazer a morte a outras pessoas.

O interesse em vampiros, e a documentação de casos de vampirismo, teve início no século XVIII, quando partes da Sérvia e da Valáquia foram entregues ao Império Austríaco: oficiais de patrulha começaram a registrar o costume local de exumar cadáveres e "matá-los" novamente. Um caso importante vem da aldeia sérvia de Medvegia, na década de 1730:

> Um *haiduk* [soldado] local de nome Arnold Paole quebrara seu pescoço ao cair de um vagão de feno. Durante seu tempo de vida, esse homem revelara que, próximo a Gossowa (Sérvia Otomana), tivera problemas com um vampiro, e por isso comera terra da cova do vampiro e se lambuzara com seu sangue, para se ver livre da perseguição que sofrera. Passados vinte ou trinta dias da sua morte, surgiram reclamações de pessoas estavam sendo molestadas pelo mesmo Arnold Paole, que já matara, inclusive, quatro pessoas. Para pôr fim a esse mal, desenterraram o seu corpo quarenta dias após a sua morte... e o encontraram relativamente completo e incorrupto, com sangue fresco correndo de seus olhos, nariz, boca e orelhas; sua camisa, a coberta e o caixão estavam completamente ensanguentados; as unhas velhas de suas mãos e pés, bem como sua pele, caíram, e novas nasceram; e como tudo isso os convenceu de que era um verdadeiro vampiro, enfiaram uma estaca em seu coração, conforme o costume, ao que ele soltou um gemido audível e sangrou copiosamente[121].

Em verdade, muito da evidência do retorno de Paole e de outros vampiros pode ser facilmente explicado por qualquer um que tenha conhecimento de como os corpos se decompõem. Na medida em que o cadáver apodrece, por exemplo, enche-se de gás, resultando numa pele de coloração avermelhada e num abdômen aparentemente cheio. Os gases também empurram o sangue em direção à boca, e quando os aldeões perfuraram Paole e afirmaram que ele havia gemido, possivelmente escutaram a liberação de gases. E quanto ao seu corpo não aparentar decomposição, tal fato não é incomum: cadáveres se deterioram de forma desigual, e o próprio funeral atrasa o processo. Na verdade, todos os corpos em decomposição apresentariam essas características "vampirescas", mas apenas aqueles dos suspeitos de vampirismo seriam escavados e "mortos".

Paul Barber observa que as pessoas mais provavelmente apontadas como vampiros eram aquelas que, em vida, eram consideradas difíceis, impopulares ou grandes pecadoras[122], e sugere que a crença nos vampiros oferecia explicação para mortes inexplicáveis, especialmente doenças epidêmicas e outras ocorrências desafortunadas. E ainda melhor, além de fornecer uma explicação, a atribuição de vampirismo oferecia, igualmente, um curso de ação: o vampiro poderia ser "morto".

---

121. BARBER, P. *Vampires, Burial, and Death*. New Haven: Yale University Press, 1988, p. 16.
122. Ibid.

Vampiros na Nova Inglaterra

Crenças vampirescas eram relativamente bem distribuídas por toda Europa e foram para a América do Norte junto com os primeiros colonizadores. Em seu livro *Food for the Dead*, o folclorista Michael Bell relatou diversos casos dessas crenças na Nova Inglaterra, desde 1793 até a década de 1890[123].

Na Nova Inglaterra, essas crenças giravam em torno da tísica (um nome antigo para tuberculose), ou consumpção – que advém da observação de que os atingidos pela doença pareciam consumir-se[124] ainda que demonstrassem imensa vontade de viver. Tal aparência é refletida na crença popular de que a gana de subsistência do vampiro o leva a se alimentar de seus próprios parentes vivos, causando a consumpção.

A morte de um membro da família vítima da tuberculose era comumente seguida por outras, na mesma família. A doença era facilmente transmitida entre pessoas que viviam aglomeradas, o caso das fazendas na zona rural da Nova Inglaterra oitocentista. Acreditava-se que o primeiro a morrer retornaria para causar doença e morte em seus parentes, e algo precisaria ser feito.

Uma estratégia era desenterrar o corpo do suposto vampiro e destruí-lo, usualmente com fogo: em Connecticut, 1854, um homem estava moribundo, após a morte de seu pai e dois irmãos mais velhos. Amigos desenterraram os corpos dos irmãos e os queimaram junto às covas. Às vezes a fumaça dessas incinerações era utilizada como remédio: em Rhode Island, 1827, os restos de uma garota foram exumados e incinerados, enquanto membros da família se juntavam e inalavam os fumos para prevenir doenças. Da mesma forma, beber uma mistura dessas cinzas com água era, às vezes, visto como remédio.

Evidências arqueológicas de vampiros na Polônia

Uma importante fonte de informações sobre como as pessoas viviam no passado é a análise arqueológica dos cemitérios. Esqueletos oferecem muitos dados sobre as pessoas e as práticas sociais associadas aos enterros. Diversos costumes funerários foram interpretados como protetores da comunidade contra influências malignas associadas aos mortos, as chamadas **práticas apotropaicas**.

---

123. BELL, M.E. *Food for the Dead: On the Trail of New England's Vampires*. Middletown: Wesleyan University Press, 2011.
124. No caso da palavra consumpção, mais próxima do termo em inglês *consumption* usado pelos autores. Já *tísica*, mais comum em português, tem origem grega, com sentido semelhante: consumir, definhar [N.T.].

Entre 2008 e 2012, arqueólogos descobriram 285 esqueletos de um cemitério dos séculos XVIII e XIX, perto da vila de Drawsko, noroeste da Polônia[125]. Cinco deles foram encontrados com uma foice colocada no pescoço ou no abdômen. Se o corpo se erguesse da cova, a ferramenta iria decapitá-lo ou eviscerá-lo. Dois outros tinham pedras grandes entre as mandíbulas, para evitar que mordessem ou se alimentassem dos vivos. Tais costumes populares são associados às crenças em vampiros.

Os seis esqueletos não estavam segregados dos demais enterros, e a análise bioquímica comprova que não se tratavam de estrangeiros, mas sim de membros da comunidade. Não sabemos porque essas práticas estavam associadas a esses indivíduos específicos.

Na Polônia, acreditava-se que um pequeno número de almas virava vampiros. Eram indivíduos que, de alguma forma, divergiam do modelo típico dos membros da comunidade, talvez por possuir alguma característica física incomum, terem cometido o suicídio, não serem batizados ou nascidos fora do casamento. Também corria o risco de se tornar vampiro a primeira pessoa a sucumbir numa epidemia, pois entendia-se que fosse a causadora da doença. Durante o tempo em que o cemitério esteve em uso, ocorreu uma série de surtos de cólera na região. Considerava-se que a utilização de práticas apotropaicas preveniam a reanimação dos cadáveres.

Práticas similares foram encontradas em sítios funerários até o século X, em áreas tão diversas quanto a República Tcheca, a Itália, a Bulgária, a Eslováquia e a Grécia. Outros costumes associados a enterros vampirescos incluem decapitação, desmembramento, bater estacas ou pregos no cadáver, atar os membros ou incendiar o corpo.

Zumbis haitianos

Embora **zumbis** sejam conhecidos em outras culturas, eles são mais estreitamente associados ao Haiti e à religião Vodu (capítulo 11). Diferentemente dos vampiros, que supostamente trazem a morte e, portanto, são temidos, os zumbis haitianos não devem ser temidos em si – o medo é ser transformado em um deles, criaturas sem alma, reanimadas para uma vida de servidão em uma fazenda.

---

125. GREGORICKA, L.A. et al. Apotropaic Practices and the Undead: A Biogeochemical Assessment of Deviant Burials in Post-Medieval Poland. *PLoS ONE,* 9(11):e113564 (2014).

Existem alguns poucos casos documentados que, embora controversos, parecem demonstrar que a zumbificação realmente ocorre. Eles envolvem pessoas cuja morte e enterro foram documentados e cujo retorno foi, posteriormente, observado. Com base nesses casos, um psiquiatra haitiano de nome Lamarque Douyon, requereu a ajuda de um etnobotânico para encontrar o "pó zumbi": ele acreditava que as vítimas recebiam alguma substância que as faziam parecer mortas, e após o enterro, aquele que havia administrado a droga abriria a cova e as reavivaria. Douyon teve ajuda de Wade Davis, um então estudante da graduação na Universidade de Harvard, que publicou o relato dessa pesquisa no livro *A serpente e o arco-íris: zumbis, vodu, magia negra*[126], posteriormente transformado em filme.

Davis afirmou que ele foi capaz de adquirir um pouco do pó zumbi e o analisou, descobrindo que o ingrediente-chave eram pedaços de baiacu seco. Este peixe é considerado uma iguaria no Japão, onde somente chefes licenciados podem prepará-los, graças à sua natureza tóxica. Em pequenas doses, esse veneno é um estimulante, causa formigamento na espinha, dormência nos lábios e língua, e euforia. Ainda assim, dezenas de japoneses são envenenados anualmente pela tetrodotoxina[127], e embora algumas cheguem a morrer, boa parte delas terá, muito provavelmente, plena recuperação se sobreviver às primeiras horas. Mas por que as pessoas envenenadas se transformam em zumbis no Haiti, mas não no Japão?

Davis salientou a importância do contexto e das expectativas culturais: haitianos praticantes do Vodu acreditam ser possível para um sacerdote poderoso controlar a parte da alma conhecida como *ti-bonaj*, que já discutimos, associada à personalidade e à individualidade. Quando sua ti-bonaj é capturada, a pessoa é privada de sua vontade e seu corpo passa a ser mantido como escravo, crenças essas que representam o fundamento essencial para o fenômeno da zumbificação. Davis sugeriu também que a ameaça de zumbificação pode ser usada como mecanismo de controle social.

Essa teoria é bastante controversa, como também o são alguns dos seus métodos de pesquisa. Questiona-se se Davis pagou pelo pó zumbi e se participou na exumação de corpos. Ainda mais deletéria é a incapacidade de outros pesquisadores encontrarem a substância tetrodotoxina em amostras do pó coletadas, ou

---

126. Rio de Janeiro: Jorge Zahar, 1985.
127. "A tetrodotoxina, também conhecida por TTX, foi descoberta em 1909 pelo Dr. Yoshizumi Tahara, do Instituto Nacional de Ciências Higiênicas. [...] A TTX bloqueia o fluxo de íons sódio em células nervosas, levando à morte por parada respiratória" (BERLINCK, R.G.S. *Veneno dos baiacus não é só dos baiacus* [Disponível em https://marsemfim.com.br/veneno-dos-baiacus-nao-e-so-dos-baiacus/]).

verificar sua ação efetiva. Em suma, o trabalho permanece sem comprovação, mas oferece hipóteses interessantes.

Os zumbis na cultura contemporânea

A ocupação militar norte-americana do Haiti (1915-1934) trouxe consigo o conhecimento da cultura daquele país e do Vodu, e em 1932 foi lançado *Zumbi Branco*, primeiro filme de terror com esses personagens. A produção com essa temática que disfrutou do maior impacto, contudo, foi *A noite dos mortos vivos* (1968) de George Romero, que retratou os zumbis não como trabalhando sob o controle de um sacerdote vodu, mas sim devorando carne, o que deu início à associação bastante popular de zumbis comendo cérebros.

Figuras sobrenaturais refletem nossos medos e ansiedades contemporâneos. Nos zumbis, vemos tanto o horror de perdermos nossa individualidade e tornarmo-nos parte de uma horda quanto temas apocalípticos baseados em preocupações relativas a governos e grandes corporações. É comum dizer que os zumbis foram criados por exposição à radioatividade, ou graças a experiências governamentais ou empresariais descontroladas, como se vê nos *games* e no filme *Resident Evil*. O cenário padrão de um jogo ou película apresenta um pequeno grupo de heróis ameaçado de invasão pela horda zumbi, em geral parte de um conflito ou colapso societário mais amplo. O videogame clássico *Wolfenstein 3D*, por exemplo, coloca o jogador contra zumbis nazistas durante a Segunda Guerra Mundial. Diferentemente das criaturas haitianas, essas versões modernas são monstros que podem ser mortos sem culpa. Em 2016, o filme sul-coreano *Invasão Zumbi* quebrou diversos recordes de bilheteria retratando uma equipe cumprindo ordens de um homem de negócios ao invés de salvar os passageiros, enquanto o governo oculta toda verdade. Esse tema, da ganância corporativa, espelha preocupações existentes na Coreia do Sul, em especial após um incidente em 2014, quando uma barca afundou matando 300 pessoas, boa parte delas adolescentes, uma tragédia atribuída à cobiça empresarial.

Os zumbis experimentaram um ressurgimento cultural em anos recentes, ultrapassando até mesmo os vampiros em popularidade. Diferentemente destes, que só atacam um indivíduo de cada vez e são frequentemente retratados como figuras românticas, zumbis ameaçam toda a raça humana e são descerebrados, cambaleantes e apodrecidos, como na série *The Walking Dead*. É comum haver um toque de comédia nas representações modernas dos zumbis: muitos filmes como *Todo mundo quase morto* combinam horror e comédia naquilo que Bruce

Campbell, astro do filme *Uma Noite Alucinante: A morte do demônio*, chamou de "splatstick"[128], de que também são exemplos a barafunda literário-cinematográfica *Orgulho e preconceito e Zumbis* e o jogo *Plants vs. Zombies*.

Ritos fúnebres

Os ritos fúnebres, ou funerários, podem ser entendidos como ritos de passagem pelos quais um indivíduo abandona o *status* de vivo e segue para o de morto (ou para algum outro pós-morte, como o de ancestral). A perda de um membro da comunidade, especialmente se for importante, pode ser bastante traumática: é possível pensarmos na morte como uma disrupção do tecido social familiar e comunitário que precisa ser consertada. As cerimônias fúnebres provêm maneiras de direcionar o comportamento num momento que pode ser altamente emocional, e também fornecem explicações para a morte e para o que ocorre em seguida. Com tais funções, elas funcionam, basicamente, como rituais de intensificação.

Não obstante, as cerimônias fúnebres são, de várias formas, diferentes dos outros ritos de passagem. Uma de suas características mais marcantes é a presença do corpo, ou cadáver, e mesmo que este não desempenhe, *per se*, nenhum papel no ritual, ele está presente, e algo precisa ser feito dele.

Rituais funerários

Os funerais permitem e orientam as expressões de pesar. Todos são capazes de sentir a dor da perda, mas ela se manifesta de diferentes formas. Em algumas sociedades, existem períodos específicos quando é apropriado expressar o luto, e outros em que não são. Sociedades como a britânica e a norte-americana enfatizam o controle das emoções, de modo que o luto é algo que deve ser vivido em privado, não em público, mesmo durante o enterro. O tempo destinado à sua vivência é, em geral, limitado, após o quê se espera dos familiares que retomem uma vez mais suas vidas. E mesmo quando o pesar é conduzido pública e exaltadamente, ainda assim se limita a sua duração, e sua expressão é culturalmente conduzida.

Entre os Murngin da Austrália, os rituais funerários têm início antes mesmo da morte: a família e a comunidade se reúnem em volta do moribundo, começam

---

128. Esse termo mistura *slapstick* (a comédia física, o pastelão) com *splatter* (subgênero do cinema de terror caracterizado por representações explícitas de sangue e violência. Também conhecido como *gore*) [N.T.].

a lamentar e entoar ciclos de cânticos para confortá-lo, os quais fornecem, também, instruções para a alma, para que chegue até o poço totêmico e não cause dificuldades para a família. Embora parte da energia emocional dos homens seja dirigida para vingar a morte (usualmente causada por feitiçaria ou luta), o luto é mais abertamente expresso pelas mulheres, que tomam paus afiados ou facas de pedra e ferem suas cabeças, para que o sangue verta. Já descrevemos os rituais funerários dos Torajanos da Indonésia como parte da discussão sobre os ancestrais, um bom exemplo de expressão cultural do luto e de como sua externalização nem sempre coincide com as emoções internas do pesar. Em Tana Toraja, existe uma robusta pressão cultural para não se demonstrar os sentimentos e para manter a raiva e a tristeza longe dos olhares alheios. Eles acreditam que manifestações desse tipo fazem mal à saúde e prejudicam as relações interpessoais – no contexto da morte, contudo, espera-se que os torajanos expressem a sua dor.

Enquanto o corpo é mantido em casa, entre o falecimento físico da pessoa e o início das cerimônias fúnebres, não se permite o choro, e a família permanece calma. Mas quando o funeral começa, algo que pode demorar meses para acontecer, existem momentos específicos em que se permite chorar e lamentar – um lamento é ruidoso, que expressa tanto luto quanto pena pela família do falecido, e ocorre quando se está próximo ao corpo ou à efígie, quando então cobrem as faces e tocam no defunto.

Os funerais servem tanto aos vivos como aos mortos. Com frequência, o destino da alma depende da correta execução dos rituais pela família, de modo que, embora possam confortar os vivos, eles precisam funcionar explicitamente para mandar a alma para fora da comunidade até um outro destino, tal como a "terra dos mortos".

Amiúde, as mais importantes questões são proteger os vivos separando-os do finado e levar a alma para longe da comunidade, para que não venha a provocar nenhum mal. Há diversas maneiras pelas quais a separação ocorre: objetos pessoais do morto são destruídos, eliminando, assim, qualquer coisa que possa atrair a alma e encorajar sua permanência. Os Nuer, um grupo pastoral da África Oriental, incineram rapidamente os restos mortais e fecham a cova, para que a alma não possa mais encontrar o próprio corpo e vá embora. Outro modo de afastá-la é assustando-a com fogos de artifício, como se faz na China, ou então construir algum tipo de barreira que os fantasmas não possam cruzar.

A necessidade de proteger a comunidade dos fantasmas fica bem patente nos rituais funerários dos Dani, da Nova Guiné. Ao descrever um dos seus funerais, Karl Heider escreveu: "De toda maneira, implícita e explicitamente, os atos fúnebres gritam para os fantasmas: 'Vejam! Vejam o que fizemos para vocês!' E depois, embora essa parte não seja dita abertamente, 'agora vão embora e nos deixem em paz!'"[129].

A destinação do corpo

O ponto fulcral da maioria das cerimônias funerárias é o corpo, e uma das atividades mais importantes do funeral é dar-lhe um destino. Em algumas sociedades é um verdadeiro descarte, pois enquanto ele estiver intacto a alma não o deixará. Em certas culturas, o enterro ocorre rapidamente, em geral no intervalo de 24 horas; noutras, o corpo deverá ser guardado durante alguns dias, ou até mais, à espera do funeral (algo particularmente frequente se é praticado algum tipo de preservação) e ele desempenha uma parte integral na cerimônia.

Enterro

Talvez a forma mais comum de dispor de um corpo sejam os enterramentos. Ao analisá-los, há muitas variáveis que devemos observar – onde os restos mortais foram sepultados, por exemplo. Em geral, existe um lugar sagrado para os enterros, como um cemitério ou uma caverna: o primeiro pode ser exclusivo de um tal grupo étnico, ou de uma classe social caracterizada por algum elemento cultural particular, como a ocupação ou a *causa mortis*. Guerreiros mortos em campo de batalha ou mulheres falecidas durante o parto são usualmente enterrados em lugares especiais (muitas culturas modernas possuem cemitérios especiais para membros das forças armadas, por exemplo, ou para aqueles caídos em um determinado conflito, como a Segunda Guerra Mundial). Alguns cemitérios contêm lápides anônimas; outros, tumbas bastante elaboradas. Mas nem todos os corpos vão para esses locais especiais: não raro, são enterrados próximos à casa ou mesmo embaixo dela, algo que ocorre frequentemente quando a alma se torna um ancestral e a família deseja mantê-lo por perto.

O corpo pode ser envolto de maneira simples, em um pano ou cobertor, os quais podem possuir cortes especiais e já estar preparados a um certo tempo. Ou então em caixões de madeira com formatos variados (geralmente os cadáveres são deitados de costas, mas também de lado ou de bruços), ou num jarro cerâmico (em posição fetal). Às vezes o corpo é orientado em uma determinada direção, com a cabeça apontando para algum lugar sagrado.

---

129. HEIDER, K. *Grand Valley Dani: Peaceful Warriors*. 3. ed. Fort Worth Harcourt Brace, 1997, p. 132.

Normalmente, o corpo é preparado de alguma forma antes de ser colocado em um receptáculo ou no solo. Pode ser enfeitado ou vestido com alguma roupa especial. Às vezes é pintado. Objetos dos mais variados podem ser colocados na cova, desde simples suvenires até elaborados artigos funerários, e podem incluir animais ou até mesmo pessoas sacrificadas.

O Monumento Nacional Cemitério Africano[130]

Muito do nosso conhecimento histórico advém de documentos escritos, mas eles registram apenas uns poucos segmentos sociais, usualmente os importantes e letrados, e também atividades que requerem a manutenção de registros cuidadosos, como a navegação. A busca por respostas a questões bem específicas levará o pesquisador a arquivos, acervos genealógicos, documentações e jornais velhos. Mas o que dizer dos analfabetos, dos pobres e dos excluídos? Ainda que eles possam ter desempenhado papéis significativos em suas sociedades, sua existência permanece insuficientemente documentada.

Por exemplo, normalmente não se pensa em escravidão nas cidades do norte dos Estados Unidos, mas no século XVIII pessoas escravizadas compunham uma parcela significativa dos moradores de Nova York. Todos morrem e precisam ser enterrados. As pessoas de ascendência europeia construíram igrejas com cemitérios adjacentes dentro dos limites da cidade, enquanto os marginalizados, como os escravos, tinham de sepultar seus mortos fora dessa fronteira, em terrenos reservados para esse fim.

Um cemitério contendo os restos mortais de pessoas escravizadas foi descoberto em Nova York em 1991, quando empreiteiros começaram a escavar um lote destinado à construção de um edifício público na Baixa Manhattan. Localizado entre a Broadway e a Reade Street, é conhecido hoje como Monumento Nacional Cemitério Africano, data do século XVIII (esteve em uso até 1795) e nessa época estava situado quilômetros fora dos limites da cidade (que era, então, consideravelmente menor do que hoje). Mais de 400 esqueletos foram removidos para análise e, posteriormente, reenterrados.

Além dos próprios esqueletos, existem diversas outras evidências de práticas culturais: muitos dentes foram obturados ou modificados de alguma forma, um costume comum em culturas da África Central e Ocidental. A maioria, mas não todos, dos corpos foi enterrada em caixões de madeira. Dentre os artefatos recu-

---

130. African Burial Ground.

perados, os mais comuns eram alfinetes de mortalhas, usados para juntar as pontas dos panos que envolviam os corpos. Além destes, encontraram-se depositados junto aos corpos itens como joias, contas de vidro e moedas.

Os caixões eram orientados na direção oeste. Não sabemos exatamente o que isso significa, mas diversas explicações já foram sugeridas, incluindo a crença em que no Dia do Juízo Final os corpos sentariam eretos em seus caixões e olhariam para o leste, direção do sol nascente e da África, sua terra natal. Embora somente 400 covas tenham sido escavadas, estima-se que mais de 10.000 pessoas tenham sido enterradas nesse cemitério ao longo do século XVIII. O edifício público planejado jamais chegou a ser construído no local, transformado em um parque memorial.

Enterramentos secundários

Os ritos funerários às vezes incluem enterramentos duplos. O primeiro ocorre quando do falecimento e envolve o enterro ou alguma outra forma de eliminação do corpo. O **enterramento secundário** acontece algum tempo depois, meses, ou às vezes anos, e amiúde marca o fim do período de luto e envolve exumação, tratamento e alguma forma de reenterro dos restos. Essa prática eventualmente está relacionada às concepções de alma, e as ideias sobre o que acontece com o corpo espelham ou, de algum modo, afetam o que ocorre com a alma após a morte.

Entre os Murngin da Austrália, cada grupo familiar é associado a um ou mais olhos d'água sagrados, onde vivem os espíritos totêmicos (capítulo 3). O espírito deixa uma dessas nascentes, geralmente nos sonhos do pai, e pede que ele o diga quem é sua mãe, após o que ele entra no ventre dela. Se o feto morrer, o espírito retornará para o olho d'água onde esperará o próximo renascimento. Quando morre um adulto, o espírito retorna para o poço totêmico, e lá permanecerá em definitivo, sem jamais renascer novamente.

Após o falecimento, desenhos totêmicos são aplicados ao corpo, que se transforma na peça central de cantos e danças, e depois é carregado até a cova, um símbolo do poço sagrado. Lá o corpo é deitado estendido, de bruços, e a cova é, então, preenchida.

Após dois ou três meses, ou até mais, esse corpo é exumado. Qualquer resto de carne é removido dos ossos, que são lavados. Alguns dos ossinhos pequenos, como as falanges, são mantidos como **relíquias** por parentes próximos. Os ossos limpos são colocados em papel de casca de árvore e faz-se um pacote. Após serem vigiados por alguns meses, faz-se um caixão de um tronco de árvore ocado por cupins e talhado de maneira apropriada. Os ossos são, pois, esmagados com pedras e colocados no tronco, que é deixado apodrecer, e se deixa que os ossos se desfaçam.

Cremação

A cremação pode não ser tão comum quanto os enterros; ainda assim diversas culturas a praticam pelas mais variadas razões. Às vezes como uma reação ao processo de deterioração, considerado altamente perigoso. Igualmente, é uma maneira de destruir o corpo para que a alma livre-se logo dele. Nas modernas sociedades industriais, tem-se popularizado na medida em que a terra se torna cada vez mais valorizada e povoada, e o espaço disponível para cemitérios, mais escasso. Além disso, a cremação é mais barata do que o sepultamento, difundindo-se, portanto, mais e mais, ao passo que os custos dos enterros escalam.

Entre os Ianomâmi, após a morte de alguém, seu corpo é decorado e, em seguida, levado para uma pilha de lenha preparada em uma área aberta no meio da comunidade, onde é incinerado. Considera-se poluída a fumaça surgida do processo, de modo que após a cerimônia arcos e flechas são lavados. As crianças e os doentes deixam a aldeia durante a cremação para evitar que se contaminem. Após o resfriamento, lascas de ossos intactas e os dentes são removidos das cinzas e depositados em um tronco oco.

Os Ianomâmi praticam a **antropofagia** e o **endocanibalismo**, ou seja, consomem carne humana de membros do seu próprio povo[131]. Os corpos cremados são pulverizados e colocados em diversas cabaças; posteriormente, realiza-se uma série de rituais memoriais, nos quais as cinzas serão adicionadas a um purê de banana da terra e consumidas. A nossa prática de abandonar os corpos dos entes queridos à putrefação embaixo da terra horroriza os Ianomâmi – um bom exemplo de relativismo cultural.

Mumificação

Em culturas nas quais é importante libertar a alma do corpo, este precisa ser destruído; já outras enfatizam a importância de mantê-lo íntegro após a morte. A prática do embalsamamento não visa tanto à preservação indefinida do corpo, mas sim a evitar sua decomposição no decorrer do período de luto e permitir a manutenção de uma aparência natural. Outros povos, contudo, consideram es-

---

131. Já vimos um exemplo de consumo ritual de corpos não cremados entre os Fore, descritos no capítulo 1.

sencial prevenir eternamente o apodrecimento das carnes. Além do embalsamamento, utiliza-se também defumar o corpo ou preservá-lo em sal ou óleo.

Para os antigos egípcios, a morte era um passo na continuação da vida, e para chegar a essa nova etapa, o corpo precisava ser preservado. Eles desenvolveram um processo de **mumificação** que, na época do Novo Império (c. 1570-1070 a.C.), chegou a ser capaz de preservar o corpo inteiramente.

O processo era complexo, demorado, e só poderia ser executado em sua forma completa somente pelos ricos e poderosos. O primeiro passo era extrair o máximo possível de água do corpo, enterrando-o em natrão (um sal mineral) durante setenta dias. A seguir, os órgãos internos eram removidos e preservados em jarras, e a cavidade corporal era repleta com linho ensopado em resinas. O corpo era então envolvido em bandagens de linho, pinceladas com resina quente até formar uma crosta endurecida. Por fim, aplicava-se uma última camada de linho e gesso.

Conquanto a mumificação seja normalmente associada ao Egito Antigo, ao que tudo indica a técnica era amplamente aplicada na Bretanha durante a Idade do Bronze (2200-750 a.C.); tratava-se, porém, de um processo relativamente tosco quando comparado à elaborada tecnologia egípcia, pois embora efetivamente adiasse a deterioração do corpo, com o tempo as carnes se desfaziam e restava apenas o esqueleto. Num sepultamento normal, bactérias oriundas do estômago criam pequenos buracos nos ossos. A análise microscópica demonstra que os ossos de múmias carecem dessas perfurações, pois o processo preveniu ou evitou a deterioração. As análises mostram que apenas uma pequena porcentagem de corpos da Idade do Bronze era processada, com técnicas que incluíam a remoção dos órgãos internos, defumação do corpo sobre o fogo, ou então um primeiro enterro num brejo de turfa, um ambiente tremendamente hostil às bactérias.

Exposição

Uma outra possibilidade é expor o cadáver aos elementos ou deixar que seja consumido pelos animais, um procedimento bastante efetivo, que rapidamente o reduz a ossos, os quais, em alguns casos, são coletados para um posterior tratamento ou enterro. Mais uma vez, o modo de disposição reflete crenças relativas às almas – no presente caso, uma vez que a alma tenha deixado o corpo, os restos físicos em si não têm mais nenhuma importância. Entre os Inuit que vivem no Ártico, faz-se a exposição, em larga medida, por necessidade, pois o solo é inapropriado para sepultamentos e não há combustível disponível para a cremação.

Algumas sociedades nativas americanas colocam o cadáver em uma árvore ou plataforma alta, e lá o deixam exposto aos elementos. Outras vezes, o corpo é colocado numa caverna, e graças ao clima quente e árido do Sudoeste Norte-Americano, ele é naturalmente mumificado. No Tibet encontram-se os "enterros do céu", nos quais o cadáver é consumido pelos pássaros – é possível que essa prática tenha se desenvolvido a partir da dificuldade em se abrir uma cova no terreno duro e da escassa disponibilidade de combustível para a cremação. Para os budistas tibetanos, ela está relacionada a importantes conceitos, tais como a impermanência da vida e, por prover alimento para criaturas vidas, a generosidade, a compaixão e a interrelação existente entre todas as formas vivas.

Rituais funerários nos Estados Unidos do século XIX

Nos Estados Unidos, no começo do século XIX, o local mais provável da morte era a casa, especialmente nas áreas rurais, com a presença da família, amigos, um clérigo e, talvez, um médico. A morte em geral era um assunto público, e a "audiência" demonstrava preocupação quanto à condição médica e religiosa do moribundo.

Ocorrido o falecimento, os membros mais próximos da família assumiam a responsabilidade pela preparação do corpo para o funeral, algo primordialmente executado pelas mulheres, e não tanto por profissionais funerários. O corpo era ritualmente banhado, arrumado, envolto em um pano, ou mortalha, e por fim colocado em um caixão. Os ataúdes eram feitos após as mortes, sob medida, ainda que algumas pessoas preparassem com antecedência mortalhas e caixões para si quando da eventualidade de suas mortes.

O corpo permanecia no salão de casa durante dois ou três dias; retirava-se a mobília, cobriam-se os espelhos e dependuravam-se panos pretos. Se o clima estivesse quente, colocava-se gelo em volta do cadáver para atrasar a decomposição. Os membros da família velariam o corpo e as pessoas viriam vê-lo, recitar passagens bíblicas, socializar e comer.

Por fim, após um breve serviço religioso, a família e os amigos formavam uma procissão, e o caixão era carregado até o túmulo. No começo do século, em especial nas áreas rurais, os enterros em terras da família eram frequentes, mas ao passo em que as comunidades cresciam, sepultamentos em cemitérios tornaram-se mais comuns. Se a distância entre a casa e a cova fosse curta, o caixão seria carregado; mais tarde passou-se a usar o rabecão, uma carruagem puxada a cavalos especialmente construída para esse fim, e que podia ser alugada nos estábulos. Eventualmente, o féretro pararia diante de uma igreja para uma cerimônia funerária pública e uma última olhada no falecido, antes de seguir até o local de enterramento, quando então seria finalmente depositado no solo ou numa tumba.

As coisas mudaram durante a Guerra de Secessão, durante a qual mais de 600 mil homens morreram (um número particularmente alto, em especial quando comparado com os 57.777 que morreram no Vietnã e os 405.399 da Segunda Guerra Mundial). Após uma batalha, restavam tantos corpos que se tornou impossível dar-lhes o tratamento respeitoso de outrora, mas ao menos tentou-se conferir-lhes enterros decentes e identificar as covas, para que os parentes pudessem localizá-los posteriormente. Além disso, muitas famílias exigiram que os restos fossem embarcados para suas cidades natais, onde poderiam ser enterrados nas sepulturas familiares, dispondo-se a cobrir os gastos para tal fim. Em 1862, o Congresso autorizou o estabelecimento de cemitérios militares, doze dos quais foram criados nas proximidades dos maiores campos de batalha, fortes e hospitais, dentre os quais o Arlington National Cemetery, no Rio Potomac, perto de Washington D.C., num terreno que havia pertencido ao general confederado Robert E. Lee.

Às vezes, familiares encontravam sepulturas próximas a um campo de batalha, removiam os restos mortais e os remetiam para casa; floresceu então um comércio lucrativo de caixões de mármore, metal ou cimento, que preservavam os restos durante certo tempo. O mais significativo desenvolvimento no campo da preservação dos corpos, contudo, foi o uso crescente do embalsamamento, processo esse que não ocorria nos funerais locais, quando os defuntos morriam em suas próprias camas.

A prática do embalsamamento nos Estados Unidos teve início na década de 1840, para preservar cadáveres médicos, mas só durante a Guerra de Secessão tornou-se amplamente difundido entre a população geral, conservando os corpos daqueles que havia perecido em combate para que pudessem ser embarcados para suas regiões natais e recebessem o enterro apropriado.

Rituais funerários nos Estados Unidos da atualidade

A sociedade norte-americana é profundamente heterogênea, e é necessário salientar a tremenda variação das práticas funerárias entre os imigrantes recentes. Ainda assim, é possível descrever aquilo que pode ser chamado de "funeral norte-americano tradicional".

Hoje em dia, a maior parte das pessoas nos Estados Unidos morre em hospitais ou casas de saúde; quando o indivíduo é oficialmente pronunciado como morto, o cuidado com o corpo passa dos médicos para os especialistas rituais: o clérigo e o agente funerário. A morte é anunciada na seção obituária dos jornais locais, e a notícia vai passando de boca em boca entre familiares e amigos. O corpo é levado para a casa funerária, onde é preparado e embalsamado para ser visto (nem todos, contudo, passam por esse processo: o judaísmo ortodoxo proíbe o embalsamamento; os corpos são refrigerados e o sepultamento ocorre logo após a morte).

As pessoas consideram necessário ver o corpo para compreender que o indivíduo está verdadeiramente morto, algo que confere veracidade à morte. Por esse motivo, despendem grandes esforços para recuperar os restos mortais – na eventualidade de grandes desastres, são montadas dispendiosas operações de resgate desses restos, que se tornam o ponto focal das cerimônias fúnebres.

Antes do funeral propriamente dito, o corpo é colocado para exibição. Embora haja pouco ritual formal em tal ocasião, parece haver um padrão: os objetos que são dispostos (como flores e fotografias), as vestimentas em tons sóbrios e as palavras que são dirigidas aos sobreviventes. Com alguma frequência, as pessoas circulam, ou sentam, e relembram histórias do falecido.

Nos Estados Unidos, as pessoas têm relativamente pouca experiência com a morte, quando comparadas a membros de outras sociedades, e não raro sentem-se desconfortáveis em sua presença. É comum que só compareçam ao seu primeiro funeral já adultos, enquanto em outros grupos as crianças estão presentes ao longo de todo processo de doença, morte e sepultamento. Há, também, um vocabulário específico associado a elementos dos rituais funerários norte-americanos que parece ser mais aceitável que os termos mais tradicionais – agente funerário (*funeral director*) ao invés de papa-defunto, e ataúde (*casket*) ao invés de caixão.

À exibição pública, segue-se a cerimônia fúnebre, que pode ser religiosa ou secular. Nos Estados Unidos, tais cerimônias são relativamente curtas, durando por volta de uma hora, uma hora e meia. Tipicamente, amigos, vizinhos e colegas de trabalho reservarão algumas horas ao fim da sua jornada diária para passar no funeral antes de voltarem para casa. A cerimônia é relativamente silenciosa, com pouca expressão externa de pesar. Em seguida, o caixão é levado em procissão até a sepultura, onde há um outro breve ritual, e amiúde os enlutados retiram-se do local do enterro antes que a cova seja preenchida. A seguir, ocorre uma reunião informal de familiares e amigos na casa de um dos membros da família, onde há comida e conversas, geralmente sem qualquer ritual.

Em tempos recentes, perceberam-se algumas mudanças nas práticas funerárias dos Estados Unidos. A cremação tem-se tornado uma alternativa ao enterro, e o crescimento de terapias ligadas à dor do luto demonstra um novo reconhecimento de que as cerimônias funerárias norte-americanas nem sempre fornecem os melhores recursos para lidar com a morte. Até mesmo a tecnologia moderna tem o seu impacto, com o anúncio de falecimentos, condolências e memoriais ocorrendo nas redes sociais.

Dias dos mortos

Festivais que enfatizam a morte e a enquadram enquanto conceito são encontrados transculturalmente. Um dos mais familiares nos Estados Unidos é o Halloween, embora poucos conheçam algo sobre as origens e fundamentos religiosos daquilo que se tornou um feriado secular, com fantasias e gostosuras.

Halloween

Em essência, o feriado do Halloween tem suas origens em um caso de contato cultural, um tema que será mais bem discutido no capítulo 11. Sua base é um antigo festival celta chamado Samhain, um ano-novo celebrado no primeiro dia de novembro. Os celtas acreditavam que, nessa data, os portões que normalmente separam os mundos dos vivos e dos mortos eram abertos, e as almas dos falecidos no último ano poderiam, então, seguir para sua nova morada. Para celebrá-lo, preparavam-se oferendas de comidas especiais, e as pessoas se fantasiavam de espíritos e animais.

Com a conversão da Irlanda ao cristianismo, entre 300 e 400 d.C., diversas crenças e práticas religiosas locais foram redefinidas, e numa praxe que perdura até hoje, os missionários eram encorajados a reinterpretar práticas locais em termos cristãos. O primeiro de novembro foi declarado Dia de Todos os Santos, particularmente daqueles que não possuíam uma data própria para sua festa, enquanto o dia anterior, 31 de outubro, ficou conhecido como a Véspera de Todos os Santos (*Eve of All Saints*) ou Noite de Todos os Consagrados (*Even of All Hallows*), nomes que foram abreviados para Hallow Even e Halloween. Ainda assim, o sentido dessa celebração não mantinha relação alguma com o festival celta original, logo não conseguiu substitui-lo.

Por volta de 900 d.C., a Igreja Cristã adicionou a festividade do Dia de Finados no dois de novembro, em memória de todos aqueles falecidos no ano anterior, algo muito mais próximo ao sentido do Samhain. Muitas de suas crenças e costumes tradicionais foram mantidos, incluindo a noção de que se tratava de uma noite em que os mortos vagavam, a oferta de comidas e bebidas para foliões mascarados e as fogueiras acesas. Representações estilizadas da morte, como os esqueletos, eram comuns.

O Día de los Muertos

O *Día de los Muertos* mexicano também é associado às festas católicas do Dia de Todos os Santos e do Dia de Finados, um e dois de novembro respectivamente, e como o Halloween está ligado a um contato cultural. Dessa vez, a influência vem dos astecas, que reservavam um mês (correspondente a finais de julho ou princípios de agosto em nosso calendário) em honra dos mortos, festividades essas regidas por Mictecacihuatl, a "Senhora dos Mortos". Posteriormente, os padres espanhóis moveram as celebrações para coincidir com os dias de Todos os Santos e de Finados.

Naquilo que pode ser considerado um "catolicismo popular" do México, os mortos são vistos como intermediários entre os vivos e Deus, e o Día de los Muertos é um tempo para que as famílias reúnam todos os seus membros, vivos e mortos, numa expressão de continuidade familiar. Não se trata de algo macabro, ou de um evento solene, mas sim de uma celebração. Durante a primeira semana de novembro, as lojas ofertam diversos itens especiais, dentre os quais representações de esqueletos, guirlandas e cruzes elaboradas, e papel picado. Alguns pratos são igualmente populares, em especial o *pan de muerto* e caixões e crânios feitos de açúcar.

Altares são preparados em casa, com imagens dos santos, velas, incensos, vasos com flores e retratos dos finados. Fazem-se oferendas de comidas e bebidas, em especial dos pratos preferidos pelos defuntos enquanto ainda viviam. As sepulturas são limpas e decoradas, e ocorrem festas em plenos cemitérios. As primeiras almas a retornar são as das crianças, seguidas pelas dos adultos, e embora elas não consumam fisicamente as comidas oferecidas, acredita-se que consomem sua essência.

Conclusão

As questões de vida e morte são de suma importância para o domínio da religião. O que nos faz estar vivos? O que acontece conosco quando morremos? Minha alma pode existir sem meu corpo? Meu corpo pode existir sem a minha alma? Embora as culturas tenham respondido a tais questionamentos das maneiras mais variadas, os humanos, universalmente, chegaram a algum tipo de compreensão e explicação a respeito. A crença em uma alma, nas formas mais diversificadas, é aparentemente global, assim como a ideia de que ela sobrevive à morte do corpo, ao menos por algum tempo. Essa crença nos explica muitas coisas, dentre as quais nossa força vital individual, nossa personalidade única e o que lhe acontece quando tudo o que resta é um cadáver. As almas são de tal maneira importantes para nós que, não raro, permanecem uma parte do mundo dos vivos, contadas dentre os seres que povoam o mundo sobrenatural.

Nosso desconforto com a morte manifesta-se em entes sobrenaturais (tais como fantasmas, vampiros, zumbis), através dos quais a fronteira entre vida e morte se torna menos definida e diversas outras ansiedades culturais entram em jogo. No próximo capítulo, voltaremos nossa atenção para outros seres sobrenaturais mais comumente associados às religiões: deuses e seres espirituais.

Resumo

A crença de que uma entidade espiritual reside no interior de uma pessoa aparentemente surgiu de observações do sono, de comas e da morte. A alma é o componente intangível, espiritual, de um indivíduo. Usualmente, cada um possui uma alma, que incorpora sua personalidade e continua a existir após a sua morte. Durante a vida, é possível à alma deixar o corpo: sonhos são entendidos aventuras delas, e as doenças podem ser causadas pela sua ausência, cabendo a um xamã recuperá-las. A morte é a separação definitiva entre corpo e alma. A maneira como a alma é percebida varia amplamente, incluindo sua quantidade, tamanho onde se localiza dentro do corpo. Ela pode reter sua identidade após a morte, seja por um breve período de tempo, seja pela eternidade. Sua destinação final após a morte pode depender do comportamento individual durante a vida, do *status* social da pessoa, ou, talvez, da maneira como tenha morrido. Os ritos funerários podem ajudar a alma em sua jornada até a terra dos mortos, e proteger os vivos de quaisquer influências negativas que a alma possa causar. Às vezes alma retorna e anima um outro indivíduo, um conceito chamado reencarnação.

Um destino possível para a alma é se tornar parte de um grupo de seres sobrenaturais, os ancestrais. Mesmo após a morte, a pessoa continua a ser um membro valioso do grupo familiar, reforçando ideias sobre papéis sociais, contribuindo para a harmonia e a solidariedade comuns e punindo os maus comportamentos dos seus descendentes.

Os fantasmas são forças negativas que permanecem nas proximidades da comunidade após a morte e podem provocar doenças e outros incômodos, muito embora o papel que exercem seja, por vezes, ambíguo. Já os vampiros e os zumbis são criaturas privadas de almas: os primeiros tendem a ser indivíduos que morreram recentemente (em geral antes do tempo) e retornaram para trazer a morte a outros. O corpo do suposto vampiro será exumado e "morto", ou destruído de alguma forma. Os zumbis, por sua vez, são corpos que foram erguidos de suas tumbas e reanimados.

Os ritos fúnebres, ou funerais, são rituais de passagem que levam as pessoas do *status* de vivo para um outro pós-morte, o de ancestral, por exemplo. Eles variam de acordo com as culturas: na forma da expressão do luto, no papel do ritual em termos daquilo que acontecerá ao indivíduo do outro lado, nas maneiras pelas quais a família e a comunidade separam-se do falecido e evitam contaminação ou doença, como os vivos se reorganizam comunitariamente para se adequar à ausência do finado, e no método pelo qual se dá destino ao corpo.

Muitas culturas permitem o retorno dos espíritos dos mortos em períodos especiais do ano. Um exemplo bem-conhecido é o Halloween, baseado numa antiga festividade celta quando os portões que naturalmente separam os mundos dos vivos e dos mortos eram abertos e as almas dos falecidos durante o ano que se passara podiam se dirigir para o outro mundo. A igreja transformou essa cerimônia no Dia de Todos os Santos e no Dia de Finados, respectivamente um e dois de novembro. O Día de los Muertos, no México, também é associado a essas datas católicas. Nele, as famílias, os vivos como os mortos, reúnem-se para celebrar.

Questões de estudo

1) Com o crescimento dos centros urbanos, os funerais nos Estados Unidos deixaram o contexto familiar e seguiram para o mundo dos negócios. Como em qualquer negócio, desenvolveu-se um vocabulário especial para substituir muitos termos conhecidos. Faça uma pesquisa em websites de casas funerárias e cemitérios, examine a terminologia utilizada. Quais palavras são usadas

hoje em dia no lugar de outras, mais antigas, tais como papa-defunto, corpo, morte? Que outros exemplos você pode encontrar?

2) Podemos distinguir os métodos para dar destino ao corpo em duas categorias principais, a saber: aquelas que o preservam em todo ou em parte, e as que resultam em seu completo desaparecimento. Existe alguma relação entre essas duas categorias e o modo como a religião entende a morte e a vida no além?

3) Discuta a prática da criogenia como método de lidar com um corpo após a morte. De que maneiras ela é similar à mumificação?

4) Descreva os costumes relativos ao festival do Halloween nos dias de hoje. Você percebe algum elemento religioso na festa? Quais elementos hoje seculares derivam de costumes originalmente religiosos?

5) Diversos filmes de Hollywood mostram fantasmas, vampiros e zumbis. Como estas imagens se parecem ou diferem daquelas entidades presentes nos sistemas religiosos?

Leituras sugeridas

BARBER, P. *Vampires, Burials and Death: Folklore and Reality*. New Haven: Yale University Press, 2010 [Trata do folclore europeu sobre vampiros e das explicações científicas de alguns dos fenômenos].

BARLEY, N. *Grave Matters: A Lively History of Death around the World*. Long Grove: Waveland Press, 2005 [Um olhar sobre como diferentes culturas definem e reagem à morte].

GOTTLIEB, A. *The Afterlife is Where We Come From: The Culture of Infancy in West Africa*. Chicago: University of Chicago Press, 2004 [Uma exploração sobre como a ideologia religiosa impacta o modo como os Beng criam seus filhos].

METCALF, P.; HUNTINGTON, R. *Celebrations of Death: The Anthropology of Mortuary Ritual*. Cambridge: Cambridge University Press, 1991 [Um estudo transcultural sobre os rituais que acompanham a morte].

MILLER, L. *Heaven: Our Enduring Fascination with the Afterlife*. Nova York: HarperCollins, 2010 [Observa as raízes históricas do conceito de céu, e como e por que ele tem mudado ao longo do tempo].

PRINGLE, H. *The Mummy Congress: Science, Obsession and the Everlasting Dead*. Nova York: Hyperion, 2002 [Um olhar sobre as múmias e as pessoas que as estudam].

Ficção

ANTHONY, P. *On a Pale Horse*. Nova York: Ballantine Books, 1983 [Livro 1 de uma série sobre encarnações e imortalidade. O personagem principal mata a encarnação da morte e é forçado a assumir o encargo].

LIVESEY, M. *Eva Moves the Furniture*. Nova York: Henry Holt, 2001 [Eva cresce junto a dois amigos que ninguém mais pode ver].

SEBOLD, A. *Lovely Bones*. Nova York: Little Brown, 2002 [O narrador é uma menina de 14 anos que foi assassinada e agora, do céu, observa sua família].

STEPHENS, J.R. (ed.). *Vampires, Wine and Rosesi*. Nova York: Metro Books, 2008 [Coleção de contos, fragmentos e poemas sobre vampiros de diversos autores, incluindo William Shakespeare, Arthur Conan Doyle, Lord Byron, Voltaire, Woody Allen e Bram Stoker].

Websites sugeridos

https://www.nps.gov/afbg/index.htm – Website oficial do Monumento Nacional Cemitério Africano.

http://www.ancientegypt.co.uk/mummies/home.html – Página do Museu Britânico que explora as práticas de mumificação.

https://guides.loc.gov/halloween/ – Página do American Folklife Center da Biblioteca do Congresso Americano sobre fontes para o Halloween e o Día de los Muertos.

australianmuseum.net.au/death-the-last-taboo – Página do Museu Australiano sobre a morte.

https://www.griefrecoverymethod.com/ – Página do The Grief Recovery Institute.

https://www.patrimoniocultural.gob.cl/noticias/conoce-la-cultura-chinchorro-y-sus-momias-nuevo-patrimonio-mundial-de-la-unesco – Página do Servicio Nacional del Patrimonio Cultural do Chile sobre as múmias dos Chinchorro, as mais antigas do mundo.

9

Deuses e espíritos

Fantasmas, ancestrais e vampiros são seres humanos transformados. Há, porém, diversos entes sobrenaturais que, em geral, não possuem essa origem, dentre os quais **deuses** e **espíritos**. Embora os reconheçamos como tipos específicos de entidades, essa distinção não deixa de ser, até certo ponto, arbitrária. Em linhas gerais, os deuses são entidades sobre-humanas individualizadas, com nome e personalidade próprios, e uma esfera de influência que abarca a vida de toda uma comunidade, ou pelo menos de um grande segmento desta. Já os espíritos são, usualmente, menos poderosos e mais localizados; não raro, são coletivos de seres sobrenaturais não individualizados aos quais não se confere nem nome nem identidades específicos.

Espíritos

Espíritos não individualizados incluem os Leprechauns irlandeses, os Jinn do Oriente Médio, e os Kami japoneses. Há, também, outros que são reconhecidos individualmente: um espírito guardião, um ancestral ou um auxiliar do xamã. Diferentemente dos deuses, são menos poderosos e mais focados em indivíduos particulares, famílias ou grupos especializados.

Enquanto os deuses podem viver em locações remotas, tais como o Monte Olimpo, lar das divindades gregas, os espíritos habitam entre os humanos, interagindo com eles e ocupando-se com suas ações. É comum que apresentem personalidades complexas: podem ser benéficos ou maléficos; oferecem proteção, sucesso e boa sorte, mas são igualmente responsabilizados por pequenos acidentes. É possível rogar por seu auxílio, pois eles estão intimamente conectados com as pessoas e se envolvem em seus negócios quotidianos. Oferendas, entretenimento e atenção promovem o desenvolvimento de uma relação benéfica entre os seres humanos e o mundo espiritual, enquanto que ignorar sua presença ou, pior ainda, fazer algo que os prejudique ou ofenda pode trazer consequências negativas, tais como a perda de uma colheita, enfermidade ou morte de uma criança.

Por viverem no mundo humano, é comum que os espíritos residam numa variedade de objetos físicos – sejam estes naturais ou manufaturados. Diz-se que locais excepcionalmente belos ou com características invulgares (como bosques sagrados ou cachoeiras) são por eles habitados e, portanto, podem ser considerados perigosos. É possível venerá-los, e as pessoas costumam viajar até os lugares onde habitam para levar-lhes pedidos. Objetos naturais incomuns (como uma planta ou pedra notável ou exótica) podem conter espíritos, o mesmo ocorrendo com estruturas humanamente feitas, como os **santuários** – eventualmente, tais construções são edificadas para atraí-los a tomá-las como residência, oferecendo em troca proteção e boa sorte ao construtor.

A visão do sobrenatural dos Dani

Os Dani vivem nas terras altas da Nova Guiné, na província de Irian Jaya (Indonésia). A descrição dos espíritos que veremos agora tem por base o estudo sobre os Dani do Vale Mulia.

Como eles raramente articulam seu próprio sistema de crenças, é extremamente complicado para um forasteiro aprender sobre práticas religiosas a partir de uma perspectiva interna, ou êmica. Como acontece com diversas religiões, para o estrangeiro a religião dani aparenta ser confusa e ilógica, e questões sobre rituais e crenças recebem como resposta o silêncio ou os conhecidos "é assim que são as coisas", "é assim que nossos pais faziam". Eventualmente, questionamentos conseguem trazer à tona algum mito específico.

Um antropólogo, usando uma perspectiva externa ou ética, pode tentar entender a estrutura e a lógica subjacentes às crenças e práticas dani, ainda que eles mesmos possam não entender ou aceitá-las. Por exemplo, Douglas James Hayward[132] observou que eles parecem organizar seu mundo em pares complementares. Sua paisagem física é dividida em terras cultivadas e baldias; seus animais, entre aqueles que vivem em associação com os humanos e os que não vivem. Sua sociedade se organiza em termos de um sistema no qual todos os indivíduos

---

132. HAYWARD, D.J. *Vernacular Christianity among the Mulia Dani*. Lanham, MD: University Press of America, 1997.

são situados em um dos dois grupos sociais que se casam entre si. Utilizando esse princípio dos pares complementares, Hayward dividiu o mundo sobrenatural dani em diversas categorias, segundo três critérios: são seres físicos ou espirituais? Benéficos ou maléficos? Próximos ou distantes?

Os seres que habitam o mundo Dani podem ser espirituais ou físicos ("verdadeiramente presentes"): estes são mortais, sujeitos às leis da natureza e incluem pessoas, animais e plantas; já aqueles são imortais e não obedecem às leis naturais. Essa classificação, contudo, não corresponde exatamente à nossa dicotomia físico/espiritual: acredita-se que o sol, por exemplo, é uma mulher de verdade (ou seja, um ser físico) ainda que com habilidades incomuns.

Tampouco a categorização de um ser como benéfico ou maléfico é tão simples quanto possa aparentar, e depende muito do contexto. Os fantasmas, por exemplo, são os espíritos dos falecidos recentemente que relutam em deixar a aldeia em que viveram e por lá permanecem. Se a comunidade não executar os rituais funerários apropriadamente, o fantasma pode ficar frustrado e causar problemas. Mas ainda que sua influência seja negativa sobre o quotidiano dani, eles também podem ser benéficos: são consultados em cerimônias divinatórias e avisam à comunidade se um ataque inimigo estiver se aproximando.

O cerne dos rituais dani está naqueles seres espirituais que vivem próximos e desempenham papéis significativos em sua vida diária, dentre os quais os espíritos benévolos, como os guardiães. Um outro importante grupo é composto daqueles espíritos associados à natureza, como os da floresta, da chuva e da cheia. Os controladores da chuva, chamados *weyas*, ao se tornar violentos, enviam tempestades elétricas, e as árvores atingidas pelos relâmpagos são testemunhos de sua presença e poder. Ainda assim, são classificados como benéficos por trazerem a chuva.

O grupo dos maléficos próximos inclui os espíritos da floresta e do pântano: na mata espreitam espíritos masculinos que seduzem as mulheres viajando sozinhas, mas há também suas contrapartes femininas, que seduzem os homens tomando a forma de suas esposas ou namoradas. O intercurso sexual com tais entidades acarreta a morte para os homens (a menos que um porco seja sacrificado), bem como o nascimento de uma criança com aparência perfeitamente humana, mas que só possui metade da alma.

Muitos espíritos maléficos próximos são associados a doenças e identificados com tipos específicos de animais. Por exemplo, o associado aos sapos provoca doenças caracterizadas por calafrios, mãos e pés úmidos; o das corujas causa inflamações de garganta; e o dos lagartos provoca inchaços nos membros e nas juntas.

Espíritos maléficos distantes vivem nos territórios de outros povos, e somente são perigosos quando alguém os traz para sua própria localidade. Ao retornar de uma viagem, o viajante fecha a trilha atrás de si colocando um "retentor espiritual", composto de tufos de grama em paus, que não pode ser nem ultrapassado nem contornado pelos espíritos, de modo que não conseguem segui-lo até sua casa.

Afora os inimigos, os únicos outros seres não espirituais maléficos são uma comunidade de pequenas pessoas que vivem no céu. Preguiçosos, ao invés de plantarem suas hortas, eles prefeririam roubar as dos vizinhos. Expulsos pelos Dani, escalaram até o céu e eventualmente aprenderam a plantar, mas gostam de urinar sobre seus antigos inimigos durante os dias de chuva, de modo que os homens não gostam de sair de casa quando está chovendo ou quando a névoa baixa.

Os espíritos guardiães e a busca pela visão entre os nativos americanos

Um importante elemento em diversas culturas nativas americanas é o contato direto com os seres e poderes sobrenaturais, de que é um bom exemplo a busca pela visão, na qual o indivíduo entra em um estado alterado de consciência e adquire um poder sobre-humano. Os espíritos encontrados durante essas visões são geralmente reconhecidos como guardiães, e um indivíduo poderá contactá-los durante um ritual de amadurecimento ou continuamente, ao longo de sua vida adulta, como um meio de obter proteção, orientação ou identidade. Segundo sua visão de mundo, é somente através da obtenção dessa conexão com o sobrenatural e a conquista desse poder sobre-humano que alguém pode ser bem-sucedido na vida.

Entre os Ojibwa dos Grandes Lagos, a busca pela visão ocorre durante a puberdade, muito embora a preparação comece ainda mais cedo, com as crianças realizando jejuns periódicos. São-lhes ensinadas instruções sobre como induzir uma visão e como reconhecer e rejeitar uma visão ruim. No devido tempo, leva-se o menino até a floresta, para uma plataforma construída sobre um pinheiro bem alto, onde ele é deixado sem comida, até que tenha tido a sua visão, interpretada como uma jornada até o mundo espiritual. Lá ele vê o rumo que sua vida deve tomar e os espíritos que serão seus guardiães; descobre a respeito de certos objetos que ele pode coletar e que servirão como símbolos físicos de seu relacionamento com aqueles guardiães. Após a busca bem-sucedida pela visão, o garoto assume o *status* de homem adulto.

Entre os Shoshone de Wind River, Wyoming, buscas pela visão acontecem não apenas na puberdade, mas ao longo de toda a vida. O poder sobrenatural pode ser obtido de espíritos guardiães durante visões e sonhos. Durante a busca, o suplicante (em geral um homem) vai até sopé das montanhas, um local com pinturas rupestres, e após se purificar num riacho ou lago, segue até a saliência rochosa abaixo das pinturas. Nu e usando um cobertor, ele espera pela visão, que é trazida através de uma combinação de jejum, exposição ao frio, privação de sono e tabaco fumado. O que é visto varia, mas no geral há obstáculos a serem superados antes que o espírito apareça, comumente na forma de um animal, para atribuir o poder. Ele transmite instruções específicas, do tipo como se deve usar um certo item, ou como evitar determinadas pessoas ou comportamentos. Um espírito veado, por exemplo, que confere o dom da velocidade na corrida, pode instruí-lo a usar um rabo de veado costurado em suas roupas, ou uma tira em volta do pescoço. Entre os Shoshoni, é possível que um único homem consiga diversos espíritos guardiães para ajudá-lo.

Jinn

O Corão afirma que Deus criou três tipos de seres conscientes: os humanos, a partir do barro; os anjos, da luz; e os **Jinn**, do fogo sem fumaça. Eles são normalmente invisíveis, mas são capazes de se fazer ver, e nesse caso normalmente assumem aspecto humano ou animal. Quando visíveis, podem alterar suas formas e aparência à vontade. Os Jinn nascem, vivem e morrem; casam, acasalam-se e têm famílias. Alguns detêm grandes poderes, outros não. Muitos são conhecidos e têm nomes, enquanto outros aparecem como parte de um coletivo de espíritos anônimos. Como as pessoas, eles têm diferentes personalidades (alguns são bons, e outros, maus). São capazes de mentir e enganar os outros, gostam de pregar peças, sequestrar pessoas, e não é raro que tentem os humanos para que mantenham relações sexuais com eles.

Às vezes alguém consegue forjar uma relação especial com um jinn, que se torna uma fonte de poderes especiais – se conseguir selar uma aliança com um deles, é possível que se torne um grande mago. O gênio da história de Aladim é um jinn, e muitos dos contos das *Mil e uma noites* contam com a presença desses seres, mas no geral é preferível manter-se longe deles, pois são contumazes causadores de problemas. As pessoas frequentemente recitam passagens do Corão ou evitam situações que possam atrair a atenção deles. Estão na origem de diversos tabus relativos ao sangue, nascimento e casamento, dado que tais situações os atraem sobremaneira. Sua simples existência provoca cuidado nas pessoas, mas, da mesma forma, confere explicação para doenças e má sorte.

Possessão espiritual no Sudão

A antropóloga Janice Boddy descreve a presença dos jinn em Hofriyat, uma pequena vila de fala árabe no norte do Sudão[133], cujo povo reconhece três tipos dessas entidades: os brancos (que possuem pouco efeito sobre os humanos); os negros, ou demônios, perigosos (a possessão por uma dessas criaturas quase sempre leva a doenças sérias ou à morte); e os vermelhos, chamados *zairan* (singular: *zar*). Mais comumente encontrados, sua cor simboliza a associação com o sangue e a fertilidade, e também são capazes de provocar enfermidades, as quais podem ser tratadas e raramente são fatais.

O mundo dos Zairan espelha o dos humanos: eles pertencem a diversas religiões, ocupações e grupos étnicos, exibindo um variado leque de comportamentos; alguns bons, outros maus. Noutras palavras, parecem-se muito com os seres humanos, misturando elementos positivos e negativos, mas tendendo, no geral, a ser amorais e caprichosos. Os Hofriyat reconhecem jinn que são identificados como representantes de diferentes grupos étnicos: europeus, africanos ocidentais, etíopes, árabes, e assim por diante, simbolizando grupos estrangeiros com os quais já tenham tido contato. Não há, contudo, nenhum que seja semelhante aos próprios Hofriyat.

A possessão espiritual acontece quando um zar entra no corpo de uma mulher, geralmente durante sua idade fértil – cerca de metade das mulheres adultas da comunidade passam por essa experiência. Suas vidas são muito restringidas: fisicamente, permanecem cercadas pelos muros altos do conjunto familiar, onde são segregadas dos homens, comendo e até mesmo dormindo em alojamentos separados. Seu valor e felicidade dependem de sua fertilidade e de capacidade de produzir filhos homens. Dar-lhes à luz e mantê-los vivos são tarefas exclusivamente femininas, e nos casos de insucessos sobre os homens não recai qualquer responsabilidade. Uma mulher sem filhos, que perca o feto, que só tenha gerado meninas, ou cujos bebês morrem cedo é situada numa posição muito baixa da sociedade, e é possível que seu marido peça o divórcio ou que ela precise aceitar que ele tome uma segunda esposa.

---

133. BODDY, J. Spirits and Selves in Northern Sudan: The Cultural Therapeutics of Possession and Trance. *American Ethnologist*, 15, p. 4-27, 1988.

Há, portanto, muita ansiedade no casamento, algo que frequentemente leva à depressão – e nesse caso, a mulher está possuída por um zar. Mas é igualmente possível que um zar esteja envolvido pelos insucessos experimentados em sua vida reprodutiva, pois uma vez que tenha entrado em seu corpo, continuará a possuí-la.

Embora essa possessão seja uma condição que a seguirá por toda a vida, não seria correto descrevê-la como uma doença. Durante as cerimônias, cada uma das mulheres, uma por uma, terá o zar dentro de si doutrinado, para em seguida entrar em transe. Através desse relacionamento, a mulher consegue reconquistar algum grau de bem-estar, embora precise prestar constante atenção aos desejos do espírito, frequentar regularmente cerimônias de possessão e atender a certas demandas da entidade: comer determinados alimentos, usar ouro, vestir roupas limpas, evitar zangar-se e manifestar outros comportamentos femininos ideais. Enquanto durar esse relacionamento, a mulher conservará a "cura"; já do ponto de vista do espírito, ele lhe dá acesso ao mundo humano: do momento em que tomou posse do corpo de uma mulher, o zar é entretido e pode se envolver numa série de atividades.

Enquanto não estiver possuída, a mulher pode cantar e tocar os tambores, e cerimônias dessa natureza, completamente femininas, oferecem um importante respiro para as mulheres, que, de outra forma, vivem isoladas. Mais do que rituais de cura, trata-se de eventos sociais agradáveis, num mundo em que atividades sociais são relativamente escassas.

Anjos e demônios cristãos

Anjos e demônios são seres espirituais que aparecem no judaísmo, no cristianismo e no Islã. Nessas religiões monoteístas, os anjos agem como mediadores entre Deus e os humanos e são, com alguma frequência, representados como agentes de revelações, encarregados da vontade divina ou testemunhas da atividade divina. Eles aparecem tanto nas escrituras judaicas quanto nas gregas, mas tendem a representar papéis limitados: no Novo Testamento cristão, são amiúde mencionados ("Apareceu-lhe um anjo do céu, que o confortava"[134]).

Muito da crença popular cristã sobre os anjos, contudo, provém não da Bíblia, mas sim dos escritos do Pseudo-Dionísio, o Aeropagita (séc. VI), em cuja obra *De coelesti hierarchia* (*Da hieraquia celeste*) estabeleceu a hierarquia angélica, que

---

134. Lc 22,43

inclui, em ordem decrescente, Serafins, Querubins, Tronos (ou Ofanins), Dominações, Virtudes, Potestades, Principados, Arcanjos e Anjos. A crença neles está largamente difundida na sociedade contemporânea: uma pesquisa aplicada nos Estados Unidos em 2011 apurou que 77% dos entrevistados acreditam que anjos e demônios são ativos no mundo[135]. Apesar desses números, existe pouco consenso sobre qual sua aparência real: descrições oscilam de luzes brilhantes ao aspecto bastante humano, ou ainda que sua presença possa ser sentida, mas não vista. Em geral, diz-se que aparecem para ajudar as pessoas que precisam, amiúde como agentes ou mensageiros de Deus.

Na outra ponta do espectro estão os **demônios**. Embora frequentemente mencionados na Bíblia Cristã, nenhuma passagem define com exatidão sua criação ou funções. Diversos textos eclesiásticos, contudo, foram publicados para clarear esse tópico, como os decretos do Quarto Concílio Lateranense (1215), da Igreja Católica, em que se diz que tanto o diabo quanto os demônios eram, originalmente, criaturas angélicas, criadas por Deus em bondade e inocência, mas que se tornaram perversos através dos seus próprios atos. Satanás e seus seguidores rebelaram-se contra Deus e, após uma batalha contra os anjos benévolos, foram expulsos do céu, e acredita-se que estejam intimamente associados ao mal humano, inclusive a tentação a Eva no Jardim do Éden e o domínio sobre o Inferno.

Uma atividade comum dos demônios, descrita no Novo Testamento, é a possessão demoníaca, algo considerado uma das causas mais importantes para comportamentos estranhos. Muito do ministério curativo de Jesus envolveu realizar exorcismos.

Entre os séculos XV e XVII, mais ou menos, a demonologia cristã atingiu o seu apogeu: as crenças sobre os demônios foram elaboradas e tiveram grande influência social. Produziram-se doutrinas complexas, detalhando hierarquias, invocações, métodos e modos de exorcismo. Essa foi a era da infame Caça às Bruxas (cf. capítulo 10), durante a qual havia um particular interesse nos íncubos e nos súcubos, respectivamente, demônios masculinos e femininos, que tinham relações sexuais com humanos enquanto estes dormiam. Dizia-se que o sexo com íncubos era responsável pelo nascimento de demônios, bruxas e crianças deformadas.

A crença na possessão demoníaca mantém-se comum entre cristãos conservadores, tanto católicos quanto protestantes. Para muitos destes, a crença na iner-

---

135. *AP-GfK Poll*, dez./2011 [Disponível em ap-gfkpoll.com].

rância bíblica passa por acreditar tanto nos demônios como no exorcismo, posto que ambos são frequentemente mencionados no Novo Testamento.

Deuses

De forma geral, deuses são mais poderosos que espíritos, possuindo imenso poder sobrenatural e controlando, ou influenciando, as mais importantes forças da natureza, como o vento, a chuva e a fertilidade. Tratam-se de indivíduos personalizados, com nomes, origens e atributos específicos. Alguns são associados a unidades sociais e políticas, tais como clãs ou aldeias. O número de deuses que podem ser encontrados em um sistema religioso varia de um único a muitos milhares.

Deuses são **antropomórficos**, ou seja, aparentam humanidade tanto em seus aspectos físicos quanto em suas personalidades. Eles nascem, casam-se e às vezes morrem; amam e desejam, são sábios ou estúpidos, adoráveis ou detestáveis, generosos e mesquinhos. Alguns têm simpatia pelos seres humanos, outros os odeiam. E como os seres humanos, podem ser influenciados por presentes, feitos na forma de oferendas ou sacrifícios, e por elogios e bajulação – às vezes podem até ser enganados.

O comportamento dos humanos na terra reflete as ordens e os mandamentos dos deuses, os quais estabelecem códigos de conduta e punem aqueles que não os observam. Podem prescrever que determinadas atividades rituais devam ser executadas, e invocar desgraças caso não sejam. Alguns deuses se preocupam bastante com o destino dos seres humanos, estabelecem um estreito relacionamento com eles e possuem grande influência em suas vidas.

Tipos de deuses

No âmbito de um dado sistema religioso, os deuses compõem um **panteão**, dentro do qual geralmente estabelecem uma hierarquia, com o **deus supremo** no topo.

Os deuses se relacionam entre si das mais variadas maneiras, não raro formando uma grande unidade familiar, como se vê no panteão grego. Sua comunidade frequentemente espelha a sociedade humana, de modo que, se esta for altamente hierarquizada e belicosa, assim também será a deles.

Deuses específicos são associados às forças da natureza, à fertilidade e ao ciclo vital humanos, às atividades econômicas e à guerra. Chamamos **deuses-atributo** a estas divindades especializadas, e seu relativo prestígio depende, em larga medida, da importância relativa das diversas atividades no bojo da sociedade humana: por exemplo, se uma sociedade for bastante belicosa, as divindades relacionadas à guerra podem ter proeminência nos rituais religiosos.

Os deuses de um panteão possuem esferas específicas de influência e controle. Em alguns casos, existe um relativamente pequeno grupo de divindades, cada uma das quais controlando porções significativas das atividades humanas; noutros, há inúmeros deuses altamente especializados. O panteão romano, por exemplo, ao invés de ter apenas uma única deidade responsável pela agricultura, possuía uma lista longa de entes responsáveis por atividades específicas dentro do ciclo agrícola.

Ainda que exista tremenda variedade de deuses que podem ser elencados, certos tipos aparentemente ocorrem seguidas vezes, à medida que vamos de uma sociedade para outra. Os **deuses criadores** são responsáveis pela criação do mundo físico e dos animais e plantas que nele vivem. Podem ser muito poderosos, e amiúde ocupam o lugar mais alto do panteão. Mas a criação não é necessariamente obra de um único deus, e é comum que diversos dos seus aspectos sejam divididos entre diversas divindades, ou, após a criação do mundo físico, que estas sejam responsáveis pela criação de diversos tipos de animais e vegetais, ou das espécies que ocupam áreas determinadas – incluindo aí a criação dos seres humanos.

Às vezes o deus criador origina o mundo e se retira das interações ativas com ele. Chamados **deuses ociosos**, são demasiadamente remotos e desinteressados das atividades humanas para intervir nos seus destinos, de tal maneira que rituais em sua honra, para influenciá-los e pedir-lhes favores, raramente são executados. Eventualmente, eles mantêm interesse nas atividades humanas por intermédio de divindades menores, intermediárias.

Uma forma comum de ente sobrenatural encontrada em diversas culturas das mais diversas áreas é o **trapaceiro**, que tem a ambiguidade como uma de suas características mais pronunciadas, tornando-o algo de difícil definição. Geralmente um deus masculino, o trapaceiro é capaz de transformar-se em uma série de criaturas (humano, animal, divindade), e as diversas partes do seu corpo podem destacar-se ou amputar-se. Em algumas de suas histórias, ele parece ter sido destruído, queimado, esmagado ou estripado – e ainda assim consegue se recompor. É comum que seja o criador responsável por trazer muitas tecnologias, costumes e atividades ao mundo, como o fogo, a cura e a magia. Embora possa ser poderoso, corajoso e criativo, é igualmente vingativo, egoísta, covarde e destrutivo. É possível que dois dos seus atributos mais citados sejam a luxúria e a gula, dado que seu apetite por sexo e comida seja nunca menos que voraz – sempre em busca de roubar alimentos e nunca sexualmente satisfeito. Entre os deuses trapaceiros mais conhecidos da América do Norte estão o Corvo, o Coiote e a Lebre.

A figura do trapaceiro desempenha diversos papéis nas sociedades humanas. Suas histórias tratam das fragilidades humanas pelo viés da sátira, pois ele representa a antítese do que é ser humano, situando a sociedade em meio a um ambiente que nem sempre é estável ou previsível. Nas palavras de Sam Gill,

> No trapaceiro está corporificada a luta humana contra o confinamento sentido por ser obrigado a situar-se, ainda que esta seja uma necessidade óbvia para prevenir o caos. Em muitas de suas aventuras, o trapaceiro permite às pessoas experimentar, indiretamente, as emoções e liberdades de uma existência utópica. Em sua loucura, revela o sentido mesmo dos limites que atribuem ordem à vida humana[136].

O trapaceiro também pode encontrar o seu lugar em situações de contato e conflito social: entre os !Kung San (área cultural Khoisan) ele é frequentemente visto como participante de uma sociedade que zomba de suas regras. Em muitas de suas histórias, encontra-se interagindo com a população não nativa e dominante, e nesses casos, essas narrativas se tornam histórias de protesto e resistência, nas quais as posições são invertidas e o trapaceiro engabela o dominador.

Deuses e sociedade

Foi Émile Durkheim o primeiro a propor a ideia de que o simbolismo religioso marca como sagradas importantes instituições da sociedade humana, necessárias à sobrevivência do grupo[137]. Sua abordagem funcionalista percebe a religião, e demais fenômenos religiosos, como respostas ao propósito essencial de manutenção da sociedade. Em sua análise dos deuses, aponta que os poderes que lhes são comumente atribuídos são similares àqueles da sociedade: criar tempos e espaços sagrados, designar regras morais e punir quem não as cumpre, existir para além de todos os indivíduos, exigir sacrifícios. Valores socialmente aprendidos, tais como obrigações, lealdade, respeito e hierarquia, são refletidos nas relações com os entes sobrenaturais.

A imagística usada com os deuses – sua natureza antropomórfica, por exemplo – advém de *status* e categorias sociais: são governantes, pais, mães, filhas e fi-

---

136. GILL, S.D. *Native American Religions: An Introduction*. Belmont: Wadsworth, 1982, p. 28-29.
137. DURKHEIM, É. *As formas elementares de vida religiosa*. São Paulo: Paulinas, 1989.

lhos, e nos relacionamos com eles via interações sociais aprendidas em sociedade. Quaisquer que sejam os temas existentes numa dada cultura, estarão refletidos na natureza e nos domínios divinos. Os valores e preocupações culturais projetam-se nos próprios deuses, e o comportamento humano a eles relacionado é uma expressão dos comportamentos sociais culturalmente reconhecidos.

Os deuses refletem comportamentos humanos

De modo similar, o antropólogo britânico Robin Horton sugere que os entes sobrenaturais funcionam como extensões do campo das relações sociais[138]. Novamente, o foco reside nos deuses como seres antropomórficos que espelham comportamentos humanos. Horton defende que o comportamento divino oferece um modelo para o humano, ideia que explorou ao estudar diversas religiões africanas. Embora em quase todas seja possível encontrar um deus maior, sua natureza varia do ócio ao controle ativo do universo – e para Horton, dois fatores explicavam muito dessa variedade.

O primeiro fator é: com que frequência o povo daquela sociedade encontra pessoas, e o mundo em geral, fora de sua comunidade local. Para Horton, as divindades menores são associadas à interpretação de eventos ocorridos nas proximidades, enquanto o deus maior é mais relevante para a interpretação daquela área imediata em relação ao mundo mais amplo, para além de suas vizinhanças. Com esse nível mais amplo de contato, questões com as quais as pessoas lidam serão entendidas, mais provavelmente, apenas como parte de ser humano, de modo que quanto maior o contato de uma sociedade com o mundo mais amplo, maior será a necessidade de um deus superior, possuidor de características universais e vinculado à humanidade como um todo, e não somente com um grupo local.

O segundo fator é: até que ponto o *status* disfrutado por um indivíduo numa sociedade é **atribuído** ou **adquirido**. O primeiro é aquele conferido com base em atributos sobre os quais não se tem controle, tais como o gênero ou a linhagem familiar. Como o *status* individual é determinado exclusivamente pela comunidade, propõe Horton, as ideias hão de centrar-se em divindades menores que são, elas mesmas, focadas em questões locais. Pelo contrário, se o *status* se baseia nas conquistas pessoais de um indivíduo, ele é, ao menos em parte, independente de sua comunidade, de modo que explicações para sucessos e fracassos pessoais

---

138. HORTON, R. *Patterns of Thought in Africa and the West: Essays on Magic, Religion and Science*. Cambridge: Cambridge University Press, 1994.

terão provavelmente como referência um deus superior, que governa sobre um reino mais extenso.

Horton sugere que esses fatores podem explicar a abertura da África ao Islã e ao cristianismo: ele relaciona a chegada dos missionários ao continente com a abertura das comunidades locais ao mundo e à ênfase crescente do *status* adquirido sobre o atribuído.

Quantidade e natureza dos entes sobrenaturais

A perspectiva funcionalista foi igualmente testada em um estudo desenvolvido por Guy Swanson em 1974[139], no qual observou cinquenta sociedades diferentes para verificar se as características sociais de um grupo antecipam suas crenças religiosas. Estudaremos aqui duas das antecipações que ele testou e que dizem respeito à quantidade e à natureza dos entes sobrenaturais.

Primeiramente, Swanson observou os sistemas religiosos nos quais havia uma divindade maior, ou suprema, mais importante do que todas as demais – fosse um deus único ou o que reinasse sobre um panteão. O elemento essencial era: que reinasse sobre uma hierarquia com pelo menos dois níveis inferiores de seres sobrenaturais. Com base no trabalho de Durkheim, Swanson ponderou que uma tal hierarquia teria maior probabilidade de ser encontrada em uma sociedade que também tivesse uma estrutura de tomada de decisão hierarquizada, que contivesse pelo menos três níveis diferentes – uma sociedade baseada no parentesco, por exemplo, poderia incluir famílias, linhagens e clãs[140]. Seu estudo confirmou essa hipótese: a crença em um ser supremo foi encontrada em 78% das sociedades com três níveis, e em 91% com quatro ou mais, mas apenas em 11% daquelas com somente um ou dois níveis.

Swanson também buscou sistemas politeístas nos quais existe um deus considerado supremo. Ainda que superiores aos espíritos, cada divindade governa sobre uma província particular, e nenhuma é superior a outra. Como se tratam de deuses-atributo, Swanson percebeu que a presença desse tipo de divindade estaria conectada ao grau de especialização de uma sociedade, e descobriu que o número de especialistas está positivamente correlacionado ao quantitativo desses deuses.

Sigmund Freud (capítulo 1) e os antropólogos psicossociais possuem uma perspectiva semelhante: Freud, por exemplo, considerava que a religião como um

---

139. SWANSON, G.E. *The Birth of the Gods: The Origin of Primitive Beliefs*. Ann Arbor: The University of Michigan Press, 1960.
140. Uma linhagem contém diversas famílias; um clã, diversas linhagens.

todo podia ser vista como uma expressão simbólica das relações entre as crianças e seus pais[141], algo que pode ser particularmente percebido na natureza dos deuses. Pensamos antropomorficamente sobre a natureza, de modo que existem deuses do trovão, das montanhas, dos rios e assim por diante, e projetamos neles qualidades humanas, em especial aquelas dos nossos pais – se estes forem punitivos, por exemplo, assim também serão os deuses, o mesmo ocorrendo se forem indulgentes.

Grandes deuses

Diversos antropólogos apontaram diferenças entre a vida em pequenas comunidades e grandes sociedades urbanas. Observando esses dois extremos daquilo que é, inquestionavelmente, um *continuum* de tamanho e complexidade sociais, todas as pessoas nas pequenas comunidades basicamente se conhecem entre si, não raro compartilham relações biológicas e têm ciência do que todos estão fazendo. É difícil esconder comportamentos antissociais, e normalmente lida-se informalmente com transgressões às normas, dentro da comunidade, espaço em que a posição social dos indivíduos é amiúde baseada em questões de confiança.

Por outro lado, grandes sociedades são, em essência, comunidades de estranhos anônimos, nas quais métodos informais de controle social não funcionam bem, dada a facilidade que se tem de esconder suas transgressões morais dos outros. Isso pode explicar o desenvolvimento das instituições políticas complexas, como a justiça e a polícia, nessas sociedades.

O psicólogo Ara Norenzayan observa que, em geral, os deuses não se preocupam com questões morais nas pequenas sociedades[142]: ainda que interajam com os seres humanos e exijam atenção na forma de rituais e sacrifícios, normalmente não se envolvem com a recompensa e a punição dos comportamentos humanos – um contraste evidente com as maiores e mais complexas sociedades, nas quais os deuses (ou o Deus das religiões abraâmicas, judaísmo, cristianismo e Islã) estão bastante preocupados em definir o comportamento moral e em castigar eventuais transgressões. A estes, Norenzayan chama os "Grandes deuses".

Aquilo que liga os estranhos nas grandes sociedades é a aceitação mútua de um código moral que representa um aspecto importante de seu sistema religioso. Deus é visto como onisciente, julgando, punindo e gratificando comportamentos individuais. Aqueles que aceitam o mesmo sistema de crenças, realizam os mes-

---

141. FREUD, S. *O futuro de uma ilusão*. Porto Alegre: L&PM.
142. NORENZAYAN, A. *Big Gods: How Religion Transformed Cooperation and Conflict*. Princeton: Princeton University Press, 2013.

mos rituais e seguem as mesmas regras morais, formam a base do comportamento cooperativo entre estranhos. Os indivíduos são julgados pela força de sua adesão à religião, e claro, quem não aceitar o mesmo sistema de crenças é tratado com suspeição, algo que frequentemente forma a base para o conflito entre diferentes segmentos de grandes sociedades.

Os deuses Iorubá

Os Iorubá vivem na região sudoeste da Nigéria e no Benin, África Ocidental, e por intermédio do tráfico de escravos e, mais recentemente, da imigração, espalharam-se pelas Américas. Eles possuem uma cultura antiga, e seus conceitos religiosos são encontrados em uma série de cidades-estado, cada uma delas associada a um centro urbano, das quais Ife tem especial importância, pois lá teriam sido performados os primeiros atos da criação – pelos deuses enviados por Olodumaré para criar a terra.

O cosmos iorubá divide-se em dois reinos: Orum, o céu, e Aiê, a terra, o mundo dos vivos. No primeiro reside Olodumaré, o criador, os deuses (conhecidos como orixás) e os ancestrais. O deus supremo e fonte de todo poder sobrenatural é Olorum, mas ele está distante do povo e não pode ser abordado através de rituais – um exemplo de deus ocioso. O contato com ele se dá somente através dos orixás.

Existe um grande número de orixás; alguns reconhecidos em todo o território iorubá, outros associados a regiões, aldeias ou mesmo grupos familiares específicos. Eles são antropomórficos, possuem emoções humanas e não são inerentemente bons ou maus, mas sim manifestam comportamentos complexos, podendo agir benéfica ou malevolamente, a depender da situação e do contexto. Eles se fazem conhecer através da possessão de um devoto, que se movimenta e fala de modo característico, associado ao deus. Esta pessoa também estará usando trajes especiais e portará certos objetos. A devoção a divindades em particular está associada a santuários e altares, que contêm objetos lá colocados para agradar os deuses e demonstrar a devoção a eles. Os orixás são exemplos de deuses-atributo. Cada um é abordado em um ritual por causa de um problema específico.

Os deuses dos Ifugao

Os Ifugao são um povo montanhês que vive na cordilheira a oeste de Luzón, nas Filipinas (área cultural do Sudeste Asiático), estudado por R.F. Barton no começo do século passado[143]. Sua cultura é bem conhecida por contar com um imenso panteão divino: Barton chegou a listar 1.240 divindades, embora acreditasse passar dos 1.500. Essas deidades eram agrupadas em quarenta classes (uma classificação bastante inconsistente, reconheça-se), mas ainda assim os Ifugao não possuem um deus criador. Como a maioria dos seres sobrenaturais, seus deuses são imortais; frequentemente invisíveis, são capazes de mudar de forma e de transportar-se instantaneamente através do espaço. Embora sejam agrupados de acordo com suas características e poderes, cada um deles possui seu próprio e devido lugar no panteão. E como ocorre entre os humanos, a melhor maneira de se dar bem com eles é suborná-los – uma prece sem sacrifícios é inútil, posto que estes são entendidos como pagamento.

Vejamos um exemplo: uma das classes é traduzida como "credores"[144], termo derivado da palavra para "pagamento" em uma troca econômica. Os Ifugao acreditam que, no passado, eles costumavam ter relações comerciais com essas divindades, recebendo delas boa parte de sua cultura. Mais ampla de todas as classes, inclui uma gama relativamente diversificada de deuses, dentre os quais as deidades da natureza, os heróis divinizados, os ancestrais e os deuses tecnológicos. Um importante componente dessa classe é Lidum, deus que ensinou aos Ifugao boa parte dos seus rituais.

Barton listou 168 credores, dentre os quais encontram-se divindades relacionadas à tecelagem, tais como "Separador dos caroços do algodão", "Separador das fibras defeituosas e encaroçadas", "Solhador"[145], "Fiandeiro", "Acaba com o fio do carretel", "Tingidor de preto", "Fazedor de novelos", "Primeiro ajudante do tecelão, que recebe o novelo e o passa para frente e para trás", "Segundo ajudante, que passa o novelo pelo bastão", "Escrutinador (que verifica se a montagem do tear foi bem feita)" e... bem, já é o bastante para se ter uma ideia geral.

Uma classe particularmente interessante de divindades é a dos "Convencedores", que curvam a vontade alheia em prol das pessoas que os invocaram, um processo chamado pelos Ifugao que falam inglês de *convincing* (convencimento). Empréstimos são, em geral, bem difíceis de serem honrados, de modo que os Ifugao desenvolveram uma série de comportamentos, que incluem achaques e blefes, para serem pagos. Se um devedor se recusa publicamente a quitar uma dívida (e

---

143. BARTON, R.F. The Religion of the Ifugao. *American Anthropological Association Memoirs*, n. 65, p. 1-244, 1946.
144. *Paybackables* no original [N.T.].
145. *Fluffer* no original [N.T.].

agora não pode mais pagá-la sem passar vergonha), o cobrador invocará o deus Amobok, que irá abalar sua certeza e fazê-lo pagar, em segredo, o que deve, evitando constrangimentos.

Existem muitas outras importantes classes divinas, que incluem os deuses da reprodução, os mensageiros, aqueles associados a doenças diversas e à morte, os adivinhos, os guerreiros, os guardiães da propriedade, e assim por diante.

Deusas

As deusas têm sido importantes figuras nos mais diversos sistemas religiosos. Alguns estudiosos acreditam que as primeiras religiões humanas se centravam na fertilidade, no ciclo lunar (em oposição ao solar) e à adoração das deusas, algo bastante especulativo e baseado em achados de pequenas figuras femininas com atributos (os seios, p. ex.) exagerados, as quais, considera-se, estariam vinculadas à fertilidade.

Acredita-se que a adoração das deusas esteve presente na Europa desde pelo menos alguns milhares de anos antes de nossa Era, quando então os indo-europeus vindo do leste invadiram o continente trazendo consigo a crença em deuses masculinos e a exploração da natureza. É possível que os cultos às deusas (tradicional) e aos deuses (recém-chegado) combinaram-se gradativamente e produziram as religiões politeístas dos gregos, romanos e celtas.

Com o desenvolvimento das religiões monoteístas, as quais discutiremos mais adiante, as deusas foram ainda mais suprimidas, posto que essas crenças concebiam sua divindade em termos abertamente masculinos. Ainda que os três credos monoteístas possuam sentimentos igualitários em suas origens e textos, foram igualmente interpretados em termos bastante misóginos.

Três importantes deusas são Ishtar, do antigo Oriente Médio; Ísis, do antigo Egito; e Káli, do hinduísmo. Discutiremos também a Virgem Maria no Catolicismo, muito embora sua classificação como deusa seja claramente discutível e inteiramente advinda de uma perspectiva ética. A adoração às deusas também tem experimentado uma ressurgência com o crescimento da religião Wicca, que veremos no capítulo 11.

Ishtar (antigo Oriente Médio)

Ishtar, uma das divindades supremas, foi adorada por milhares de anos na Mesopotâmia, onde era vista tanto como invencível na batalha quanto como fonte de fertilidade.

No meio ambiente natural da Mesopotâmia, ventos, chuvas, secas e enchentes eram comuns, contribuindo para uma visão de mundo na qual as inconsistências naturais eram entendidas como reflexo dos violentos embates entre os deuses – ambos, deuses e meio ambiente, eram imprevisíveis.

A única maneira de garantir comida adequada, vitória nas batalhas, saúde etc., era através da realização dos devidos rituais e sacrifícios para os deuses e deusas.

Dentre todos os deuses do panteão, Ishtar reina suprema com seu poder sobre o destino, tal como narrado na Epopeia de Gilgamesh, em que a deusa tentou seduzir o personagem-título, rei de Uruk, que a rejeitou. Como resposta, Ishtar pediu ao deus supremo, An, que enviasse um touro celeste para destruir Gilgamesh e sua cidade – se não fosse satisfeita, ameaçou, libertaria os mortos do submundo. Em sua condição de deusa da fertilidade, também prometeu que não haveria comida suficiente para o povo após a destruição do touro.

A sexualidade era um aspecto fundamental de Ishtar, como se percebe nos rituais do *Hieros gamos* (casamento sagrado), que ocorriam entre o rei e um **avatar** de Ishtar – provavelmente sua sumo-sacerdotisa. Diferentemente dos faraós egípcios, os quais eram, eles mesmo, vistos como divinos, os reis mesopotâmicos eram mortais que serviam de intermediários entre a comunidade e os deuses. Sua relação com Ishtar, entendida como fonte do seu poder e garantia do seu sucesso, era explicitamente sexual, que resultava não numa descendência, mas sim na fertilidade da terra e no sucesso militar.

Ísis (Egito Antigo)

As mulheres ocupavam uma posição relativamente favorável na antiga sociedade egípcia. O faraó era visto como filho do deus sol, Rá, e sua rainha era não apenas consorte do monarca divino mas também mãe do príncipe divino. Elas eram igualmente importantes no campo religioso, e o panteão continha uma série de deusas poderosas.

Para o egípcio médio, Ísis era, provavelmente, a mais importante de todas as divindades, a quem chamavam de "Grande Mãe" e "Rainha do Céu". Da mesma forma, era associada à família: irmã e esposa devotada de Osíris, sua representação mais comum era a de mãe, sentada, dando de mamar ao filho, Hórus.

Embora de início estivesse estreitamente vinculada à realeza, foi progressivamente sendo ligada à natureza, à medida que sua significância aumentava e se diversificava. Sua influência se espalhou para a Grécia e Roma, e por volta do século IV a.C. seu culto já havia se desenvolvido em uma **religião de mistérios** que envolvia ritos sagrados. Era preciso ser iniciado nessa religião para ter acesso à sabedoria e à salvação que a deusa oferecia. A influência de Ísis atingiu seu auge no III século d.C., quando representou uma séria competição à religião cristã.

Káli (hinduísmo)

A adoração a um aspecto feminino do divino tem uma longa história na Índia, que data possivelmente aos povos pré-védicos[146]. A deusa permanece importante hoje em dia, frequentemente associada à criatividade e à natureza, em especial às grandes árvores e aos rios.

A deusa foi adorada em muitas formas, incluindo Durga, associada à luz suprema e aos poderes benevolentes, e Káli, o divino em sua face terrível. Como indica o significado de seu nome, "a Negra" é representada com a pele escura, nua, de pé sobre um cadáver, toda ensanguentada, segurando uma espada e uma cabeça decepada. Ela usa uma cinta de mãos cortadas e uma guirlanda de crânios em volta do pescoço. Diz-se possuir uma sede insaciável por sangue, e em seus templos animais são decapitados em sua honra.

Em que pese tal aparência terrível, Káli não é má. Embora seja uma implacável destruidora de todos aqueles que praticam o mal, para os seus devotos é uma mãe devotada e terna. No hinduísmo, compreende-se o divino como reunião da criação e da destruição, de modo que o nascimento e a morte estão ligados entre si num ciclo interminável.

Káli simboliza a transformação. A espada que carrega é usada para cortar os impedimentos à realização da verdade. Sua guirlanda consiste de cinquenta cabeças cortadas, representando as cinquenta letras do alfabeto sânscrito. As mãos, instrumentos principais através dos quais é realizado o trabalho, simbolizam, portanto, a ação do carma. Káli abençoa seus devotos cortando-os para fora do ciclo cármico.

Ela é usualmente representada dançando furiosamente com o deus Shiva, às vezes conhecido como o Senhor da Dança e, tal como Káli, célebre por seu horror e destruição. Algumas histórias descrevem a dança de ambos como uma ameaça de destruição do mundo, graças ao seu terrífico poder. Com o passar do tempo, Káli tornou-se conhecida como a primeira consorte de Shiva, e na arte ela é comumente apresentada pisando ou dançando em volta do corpo ensanguentado dele,

---

146. Os Vedas são textos religiosos que estão na base de muito do hinduísmo moderno. Eles foram compilados por volta do I milênio a.C., embora já existissem em forma oral muito antes disso.

uma imagem que o coloca como o potencial passivo criação e ela como seu Shakti, o princípio criativo feminino.

Maria (Igreja Católica Romana)

O cristianismo é uma religião monoteísta, e, como tal não se pode dizer, numa perspectiva êmica, que possui uma deusa. Ao longo da sua história, contudo, Maria representou um importante papel, e a devoção a ela se desdobrou em formas diversas.

O ápice da devoção mariana ocorreu nos períodos Medieval e Barroco, nas tradições católica e ortodoxas. Embora jamais tenha sido descrita como uma deusa, era tida em tão alta estima que, sem dúvida alguma, viam-na como muito mais que uma mulher. Ela foi colocada acima dos santos, abaixo somente de Deus, e cumpria o importante papel de intermediária entre as pessoas e Deus e Jesus. Tal fato não se aplica ao Protestantismo, que tendeu a minimizar o seu papel – a devoção mariana foi, na verdade, uma das grandes questões durante a Reforma Protestante.

No livro do Apocalipse, há uma passagem interpretada como se referindo a Maria, na qual está descrita "uma Mulher vestida com o sol, tendo a lua debaixo dos pés, e sobre a cabeça uma coroa de doze estrelas"[147], e que pisa sobre uma serpente, algo entendido como um símbolo de Maria sobrepujando a maldição trazida aos homens pela primeira mulher, Eva. Na linguagem apocalíptica, ela é a "Rainha do Céu".

Sua importância é demonstrada de muitas formas. Primeiramente nas celebrações: não só a da Anunciação (quando o Arcanjo Gabriel a avisou estar grávida do Filho de Deus), mas também nas datas do seu nascimento e morte. Maria aparece em inúmeras obras de arte, e outras tantas igrejas são dedicadas ao seu nome. Santuários e locais de peregrinação a ela associados existiram não apenas na Cristandade medieval, mas também em tempos modernos, de que são exemplos Lourdes (França), Guadalupe (México) e Fátima (Portugal) – lugares esses nos quais teriam ocorrido aparições da Virgem.

As similaridades entre Maria e algumas deusas politeístas do Oriente Médio já foram observadas (Ísis, p. ex., também é referida como "Grande Mãe" e "Rainha do Céu" e é retratada sentada segurando seu filho). Maria encaixa-se bem no figurino de protetora e auxiliadora dessas divindades, e não poucos estudiosos consi-

---

147. Ap 12,1

deram que a devoção mariana é verdadeiramente derivada de cultos primitivos às deusas-mães. Apesar do fato de que tudo o que ela tem a oferecer é a intercessão junto a Deus, não raro devotos se dirigem a ela em busca de proteção. Mesmo não sendo uma deusa, Maria certamente desempenha um importante papel no entendimento cristão de Deus.

Monoteísmo: concepções de Deus no judaísmo, no cristianismo e no Islã

A maioria das religiões que já discutimos (e a maior parte das religiões que já existiram no mundo) é **politeísta**, ou seja, reconhece diversas divindades. Há, porém, no mundo atual grande número de pessoas que pertence a uma das três grandes religiões **monoteístas**, que cultuam um único deus: judaísmo, cristianismo e Islã. As três compartilham muito da mesma história, além do próprio conceito de um único deus. Veremos agora um pouco de sua trajetória e de como conceberam a natureza divina.

Judaísmo

A temática suprema do judaísmo é o monoteísmo: acredita-se que os judeus foram escolhidos por Deus para ter uma relação muito especial com Ele, em muito semelhante à de uma criança com seu pai. Muitos estudiosos, contudo, propõem que não se deva considerar os judeus primitivos (como os patriarcas Abraão, Isaque e Jacó) como efetivamente monoteístas.

Esses patriarcas parecem ter compartilhado muitas das crenças religiosas dos seus vizinhos pagãos em Canaã, e é possível que nem sequer compartilhassem entre si a mesma divindade: diversos teônimos são usados para "Deus" na Tanakh (a Bíblia Hebraica), e estudiosos defendem que essa variedade de nomes reflete uma diversidade de divindades. O deus de Abraão, por exemplo, pode ter sido *El*, o deus supremo dos cananeus. Usa-se igualmente o termo *Yahweh*[148], a quem os israelitas chamam "Deus de nossos antepassados", mas é possível que tenha sido uma outra divindade que não El.

Quando Moisés estabeleceu a **aliança** com Deus no Monte Sinai, os israelitas aceitaram adorar somente a Yahweh, muito embora não se diga ser Ele o único deus existente, um conceito que só veio a se desenvolver mais tarde. Mesmo os

---
148. Em português Iavé, Javé ou Jeová [N.T.].

Dez Mandamentos reconhecem a existência tácita de outras divindades quando diz "Não tenha outros deuses diante de mim"[149].

A adoração a um único deus, ignorando, portanto, todos os demais, foi um passo incomum num mundo politeísta, no qual era perigoso ignorar possíveis forças de poder sobrenatural, e não raro os israelitas relutaram em seguir tal caminho, apesar da aliança. Aparentemente, Yahweh era um deus da guerra (logo, bastante eficiente nesses assuntos), mas não era um especialista em outros campos, como a fertilidade, e quando os israelitas se estabeleceram em Canaã voltaram-se para o culto a Baal, deus da fertilidade dos cananeus. Foi difícil para o deus masculino Yahweh tomar o lugar das deusas como Ishtar ou Asherá, que permaneceram amplamente reverenciadas entre os israelitas, especialmente as mulheres.

A Tanakh conta que o povo tinha se tornado tão corrupto e idólatra que Deus permitiu ao rei da Assíria que realizasse uma invasão bem-sucedida ao país (701 a.C.). Mais tarde, Jerusalém foi capturada, seu templo, destruído, e a população levada para o exílio em Babilônia (609 a.C.), algo que representou um momento decisivo para a história dos judeus, que perceberam ser possível praticar a sua religião longe do templo. Dessa percepção adveio a concepção de um monoteísmo mais puro, no qual Yahweh é o único deus. Esse monoteísmo judaico era, de muitas formas, diverso das religiões politeístas que o circundavam: as outras deidades do Oriente Médio, como Baal e Marduk, não se envolviam com o quotidiano do povo; já o Deus de Israel detinha um importante poder sobre as vidas humanas e estava intimamente envolvido com o desenrolar da história dos judeus. As religiões pagãs eram, geralmente, tribais, limitadas a um povo específico e a um local específico. O Deus de Israel prometeu proteger Jacó e seu povo quando estes deixaram Canaã e foram em direção a uma terra desconhecida, uma conceituação bastante pragmática de deus.

O modo como Deus foi caracterizado na Tanakh transformou-se com o tempo. Na história de Abraão, Ele visitou, de maneira bem antropomórfica, o patriarca em sua tenda e compartilhou com ele uma refeição. Posteriormente, apareceu dramaticamente perante Moisés, como uma sarça ardente, e insistiu no distanciamento. Mais tarde, os profetas foram visitados por mensageiros angélicos ou escutaram uma voz interior divina. Por fim, na tradição rabínica, ele foi representado ainda mais transcendental e menos antropomórfico.

As primeiras histórias de Deus apresentaram-no como uma divindade tribal bastante sectária, amiúde cruel e violenta, que exigiu o sacrifício de Isac, filho de

---

149. Ex 20,3

Abraão, e lançou terríveis pragas sobre o Egito. Mais tarde foi transformado em um símbolo de compaixão e transcendência, e em todas as três religiões monoteístas discutidas nessa seção, Ele se tornou uma inspiração para justiça social.

Nos anos que se seguiram à destruição do Segundo Templo pelos romanos (70 d.C.), os rabinos descreveram Deus como uma experiência essencialmente subjetiva, e até hoje o judaísmo considera as ideias teológicas a Seu respeito como uma questão privada do indivíduo, posto que qualquer doutrina oficial imporia um limite ao essencial mistério divino. Eles também deram início à importante tradição de interpretação e comentários dos textos sagrados, de modo que existe bastante espaço na religião para opiniões individuais em assuntos sumamente importantes, como a natureza de Deus.

Cristandade

Do judaísmo surgiu uma nova religião, o cristianismo. No tempo de Jesus, os judeus aguardavam por um Messias, mas agora, já monoteístas fervorosos, esperavam que ele fosse humano, descendente do rei Davi, e não divino. A expressão "*o Filho de Deus*" já havia sido usada previamente em histórias judaicas, não em seu sentido literal, mas apenas como expressão de intimidade com o divino. Embora alguns poucos tenham aceitado Jesus como seu Messias, muitos outros só o fariam posteriormente.

A história da Cristandade é, em essência, a história de Jesus: o Evangelho de João o descreve como o eterno Filho de Deus e o Verbo (divino) feito carne. Ele mesmo nunca afirmou ser divino, e foi somente após a sua morte que seus seguidores chegaram a essa conclusão. Mas não foi algo ocorrido rapidamente: só no século IV foi estabelecida a doutrina de que Jesus havia sido Deus em forma humana (a Encarnação).

Para os cristãos, Jesus se tornou o mediador entre a humanidade e Deus, que Ele havia encarnado, na forma de Jesus, para liderar as pessoas de volta para si. A Salvação humana havia sido conquistada pelo sacrifício na Cruz, encontrada através da fé nele. Os cristãos acreditavam que, graças à sua fé, eles seriam expiados dos seus pecados, tornar-se-iam justos e seriam glorificados e santificados por Deus no porvir.

Para compreender o entendimento cristão de Deus é preciso entender o conceito de Trindade: o Filho é a encarnação do Pai, para quem retornou quando de sua morte física, embora permaneça inteiramente presente em e para aqueles que nele creem. Jesus prometeu aos seus seguidores enviar-lhes o Espírito Santo após a sua morte: o espírito divino, que guia e mantém os fiéis.

Esse conceito da Trindade causou diversos problemas para os ostensivamente monoteístas cristãos: sob pressão de um hostil mundo Romano para explicar como podiam adorar três entes divinos e, ainda assim, considerar-se monoteístas, acordou-se a interpretação de uma única substância divina manifesta em três pessoas, uma visão expressa no credo de Atanásio: "O Pai é eterno, o Filho é eterno, o Espírito Santo é eterno. E, contudo, não são três eternos, mas um só eterno"[150]. Na Cristandade Ocidental, porém, as três pessoas distintamente têm, no geral, recebido mais ênfase que a substância unificada.

Islã

A história do Islã começa com Muhammad, um membro da tribo Coraixita, que no século VII d.C. havia recentemente se instalado na cidade de Meca, após ter vivido como pastor nômade nas estepes árabes. Esse ato alterou dramaticamente seu estilo de vida, e novos valores começaram a se impor aos antigos. Em Meca ficava a Caaba, um antigo santuário em forma de cubo e que a maior parte dos árabes acreditava ter sido originalmente dedicada a *al-Lah* (Alá), o deus supremo do antigo panteão árabe.

Acreditava-se que Alá era o mesmo deus dos judeus e dos cristãos, e embora essas duas religiões fossem monoteístas, afirmava-se que haviam se desviado do verdadeiro monoteísmo de Abraão (*Ibrahim* em árabe), o qual o Islã procurava restaurar. Abraão vivera antes que a Torá (os cinco primeiros livros do Antigo Testamento) e os Evangelhos tivessem sido enviados por Deus, de modo que não poderia ser considerado nem judeu nem cristão. Na história contada pelos árabes, ele tinha um filho, Ismael, com sua concubina, Hagar; quando sua esposa, Sara, engravidou de Isaque, ela exigiu que Hagar e Ismael fossem embora. Deus consolou Abraão dizendo que ambos os filhos seriam pais de grandes nações. Acredita-se que Abraão e Ismael construíram, juntos, a Caaba.

Os muçulmanos acreditam que a religião original era o monoteísmo, que eventualmente se degenerava em politeísmo. Nesses momentos, Deus enviava profetas, dentre os quais Jesus e Moisés, para renovar a mensagem do deus único. Cada um deles trazia a profecia de um modo que fosse apropriado ao seu tempo

---

150. Disponível em http://www.montfort.org.br/bra/oracoes/credo/credoatanasio/

e lugar. O último deles foi Muhammad, que recebeu a mensagem para todos os povos de todos os tempos.

Muhammad foi visitado por um anjo, que o ordenou que recitasse; a Palavra de Deus foi-lhe sendo revelada aos pouquinhos, durante um período de vinte e três anos, sendo efetivamente compilada naquilo que conhecemos como Corão (ou Alcorão), cujo poder se baseia, ao menos em parte, na extraordinária beleza de sua linguagem. Os muçulmanos acreditam que ouvir o Corão ser recitado é vivenciar o divino.

Os primeiros versos do Corão estimulam as pessoas a buscarem por sinais da bondade e do poder de Deus no mundo, e a se conscientizarem do muito que devem a Ele. Para os muçulmanos, Deus é **onisciente** e criou tudo com um propósito. O mundo é governado por leis imutáveis que asseguram o funcionamento harmônico de todas as coisas. Os humanos podem encontrar a paz ao conhecer essas leis e levar sua vida conformemente, reproduzindo a benevolência divina em sua própria sociedade no intuito de estar em contato com a verdadeira natureza das coisas. Crer dessa maneira é entregar-se completamente a Deus, de modo que um ato essencial do Islã é curvar-se em oração (*salat*), um gesto de submissão. Na prática, essas ideias significam que os muçulmanos têm o dever de uma sociedade que seja justa e igualitária, na qual os pobres e vulneráveis sejam bem tratados.

O deus do Islã é mais impessoal que o do judaísmo: para os muçulmanos, Ele é de tal modo transcendente, que só pode ser discutido em termos de parábolas e vislumbrado nos sinais da natureza. Contrariamente ao cristianismo, não existem dogmas compulsórios sobre Deus; descartam-se as especulações teológicas como palpites autoindulgentes, pois a ninguém é dado conhecer, ou provar, a natureza divina.

Ateísmo

Da mesma forma que a afirmação "eu acredito em Deus" só faz sentido dentro de um contexto, assim é com o **ateísmo**. Cristãos e muçulmanos, por exemplo, eram considerados ateus pela maior parcela das sociedades onde viviam, posto que se recusavam a reconhecer o panteão divino então existente. No Corão um ateu é alguém que é ingrato com Deus e se recusa a honrá-lo. Historicamente, o ateísmo tem significado a não aceitação da definição corrente de divindade.

Na Europa, o termo ateu só começou a ser amplamente utilizado a partir do século XVI, tempo de grandes conflitos entre católicos e protestantes e da proliferação de inúmeras seitas cristãs. Circulavam rumores a respeito de um povo (os ateus) que negavam a existência de Deus – algo que deve ter sido bem semelhante aos boatos sobre bruxaria, que veremos no capítulo 11.

Em verdade, o ateísmo como hoje o concebemos, era altamente improvável (impossível, até) para as pessoas daquele tempo, pois no século XVI a religião e a igreja eram ubíquas, dominavam a vida e faziam parte de quase todas as atividades diárias. Nessas condições, é difícil imaginar que alguém lograsse desenvolver uma perspectiva de tal maneira exterior que questionasse a Deus e à religião, e mesmo que isso eventualmente tenha ocorrido, a ciência ou na filosofia de então contemporâneas não conferiam nenhum apoio a esse entendimento. O termo *ateu* era usado como insulto, para descrever alguém que não concordava com a sua visão da natureza divina, de modo que ninguém o usaria para descrever-se a si mesmo. Somente ao final do século XVIII alguns europeus viram ser possível negar a existência de Deus.

O desenvolvimento científico ocorrido entre os séculos XVII e XVIII foram fundamentais para o desenvolvimento do ateísmo. No começo do século XVII, importantes teólogos discutiam a existência de Deus em termos puramente racionais, e quando estes não se provaram à altura da nova ciência de então, a existência divina começou a ser questionada – em larga medida, foi a maneira pela qual as pessoas concebiam a natureza de Deus que O deixaram vulnerável a esse ataque. Deus era um fato da vida, e como tal poderia ser examinado através do mesmo instrumental teórico que investigava o mundo natural.

Outra questão foi a nova ênfase numa compreensão literal da Bíblia, na tradição católica como na protestante, que, novamente, deixava os textos sagrados vulneráveis ao escrutínio advindo das novas perspectivas científicas. A Teoria Heliocêntrica de Copérnico e Galileu foi condenada pela Igreja Católica não porque ameaçasse a crença em Deus, mas sim porque contradizia as escrituras. Muitos anos depois, seriam as descobertas de Lyell e Darwin a pôr em questão a narrativa bíblica da Criação.

Com o Iluminismo (século XVIII), vieram novas ideias de ciência e progresso: a ilustração era entendida como um objetivo a ser alcançado pelas próprias pessoas, à revelia da fé nas tradições eclesiásticas ou da revelação divina. Ainda assim, a maioria dos filósofos iluministas não rejeitava frontalmente a noção de Deus, mas apenas a daquela divindade cruel que ameaçava a todos com a danação eterna – até acreditavam Nele, mas não naquele encontrado na Bíblia. Não obstante, alguns estavam verdadeiramente começando a trilhar um caminho que os afastaria de Deus, e no final do século alguns filósofos orgulhosamente autodeclaravam-se ateus. Da mesma forma, havia a ideia de que a ciência, fundamento de todo o questionamento sobre Deus, eventualmente substituiria a religião.

A ciência não foi o único fator relevante para o crescimento do ateísmo: o desafio imposto por eventos terríveis como o Holocausto também desempenhou papel significativo. Outros acreditaram que o crescimento do ateísmo nada mais era que o resultado natural da vida em uma sociedade mais secular.

Da mesma forma que existem diversas crenças em Deus, há, também, diversos tipos de ateus. Alguns os distinguem entre fracos (a descrença numa divindade específica) e fortes (a negação da existência de qualquer deus). Uma outra abordagem é o **agnosticismo**, a noção de que a existência de Deus é insolúvel, improvável.

Conquanto os números daqueles sem qualquer crença em um deus tenham crescido dramaticamente na Europa ao longo dos anos, é interessante notar que o mesmo fenômeno não ocorreu em outros lugares, como os Estados Unidos ou a América Latina: muito embora a filiação a igrejas tradicionais e a frequência aos serviços religiosos tenham caído, a vasta maioria dos cidadãos norte-americanos ainda afirma acreditar em um Deus – qualquer que seja Ele.

Conclusão

O funcionamento mesmo da mente humana nos leva a ver o mundo como resultado das ações de diversos tipos de seres e a povoá-lo com atores que entendemos como responsáveis por eventos de nossas vidas, especialmente aqueles que nos causam dor e sofrimento. Alguns desses atores são humanos com poderes sobrenaturais – magos e bruxas, por exemplo; outros não são humanos, mas sim seres antropomórficos sobrenaturais, tais como os espíritos e os deuses. Suas ações esclarecem o funcionamento do nosso mundo, fornecem explicações para aquilo que nos acontece e os fundamentos para contrapor tais eventos negativos por via das atividades rituais.

A semelhança entre os deuses e as pessoas é notável: sua aparência, pensamentos e ações são parecidos com os nossos; eles têm sentimentos humanos e ostentam o melhor e o pior de nosso comportamento. A estrutura de uma sociedade humana é um modelo para sua equivalente divina, e ambas conseguem ser, a um só tempo, simples e complexas. Claro, os poderes exibidos pelos seres sobrenaturais ultrapassam em muito os humanos. Deuses são criadores e destruidores, e como tal compõem o sistema explicativo de como o mundo opera. Sua existência responde a diversas das questões fundamentais da vida: como o mundo teve início? Por que estamos aqui? Outras menos importantes, por sua vez, são respondidas pela existência dos seres espirituais: por que adoecemos? O que acontece nas sombras?

Resumo

Deuses e espíritos são seres sobrenaturais que, normalmente, não possuem origem humana. A distinção entre ambos tem algo de arbitrário: os espíritos são menos poderosos que os deuses, mais localizados e, em geral, são coletivos de criaturas sobrenaturais não individualizadas que não recebem nomes ou identidades específicas. Dentre eles temos os Leprechauns da Irlanda e os Jinn do Oriente Médio; anjos e demônios das religiões monoteístas, espíritos guardiães, ancestrais e ajudantes dos xamãs. Espíritos vivem no mundo humano, interagem com eles, podem oferecer proteção, sucesso ou sorte, mas também são responsabilizados por pequenos incidentes. Frequentemente residem tanto em objetos naturais como naqueles manufaturados, e os lugares de especial beleza ou de aspecto incomum também podem ser por eles habitados.

Os deuses são mais poderosos que os espíritos, controlam grandes forças da natureza, tais como o vento, a chuva e a fertilidade. São antropomórficos, têm nomes, origens e atributos específicos. Eles nascem, casam-se e, às vezes, morrem, amam e desejam; podem ser sábios ou estúpidos, adoráveis ou odiáveis, generosos ou mesquinhos. Alguns são simpáticos com os humanos; outros, hostis. Uma hierarquia de deuses forma um panteão, que em geral possui um deus supremo no topo. É possível reconhecer diversos tipos de deuses, dentre os quais os criadores, os ociosos, trapaceiros e os deuses-atributo.

Teóricos propuseram que a natureza dos deuses de uma sociedade reflete importantes elementos culturais, como sua estrutura social. Horton propôs que a importância de um deus supremo na África se relacionava ao aumento do contato com o mundo exterior e à importância do *status* atribuído sobre o adquirido. Swanson testou as ideias funcionalistas de Durkheim e descobriu que as hierarquias religiosas eram mais provavelmente encontradas em sociedades que dispunham de uma hierarquia decisória que contivesse, ao menos, três níveis diferentes. Ele também descobriu que a quantidade de deuses-atributo está relacionada ao tamanho da especialização. Antropólogos psicossociais defendem que os humanos projetam nos deuses qualidades aprendidas com figuras importantes, como os pais. Os psicólogos observam também que, enquanto nas sociedades pequenas os deuses não se preocupam com questões morais, nas grandes e complexas eles são bastante preocupados com definições de comportamentos morais e com a punição às transgressões do código moral divino – eles são chamados os "Grandes deuses".

Estudiosos acreditam que as mais primitivas religiões humanas se centravam na fertilidade, no ciclo lunar (em oposição ao solar) e na veneração à deusa – como Ishtar, no antigo Oriente Médio, Ísis, no Egito Antigo, e Káli, no hinduísmo. De uma perspectiva ética, o papel da Virgem Maria no Catolicismo apresenta características da deusa. Com o desenvolvimento das religiões monoteístas, ela foi suprimida, pois esses credos reconheciam sua divindade em termos expressamente masculinos.

Religiões politeístas reconhecem diversos deuses, enquanto as monoteístas, mais conhecidas, acreditam em um único deus onisciente e onipotente. No judaísmo, os judeus foram escolhidos para celebrar uma aliança especial com Deus. Do judaísmo veio o cristianismo, e sua história é, em essência, a história de Jesus – Deus encarnado para levar o povo de volta a si. No Islã, acredita-se que Alá seja a mesma divindade dos judeus e cristãos, cujas religiões eram vistas como desviadas do monoteísmo autêntico de Abraão, o qual o Islã vinha recuperar.

Historicamente, o ateísmo significou a não aceitação da concepção do divino encontrada numa dada sociedade em um determinado tempo. Só no final do século XVIII que o termo assumiu seu significado atual, de negação da existência de Deus.

Questões de estudo

1) O mundo está repleto de exemplos de seres sobrenaturais, muitos dos quais podemos categorizar como deuses e espíritos. Quais definições de "deuses" e "espíritos" foram apresentadas neste capítulo? É sempre simples distingui-los? E por quê? O que isso nos diz sobre os sistemas de classificação?

2) Como aprendemos no capítulo 1, a abordagem funcionalista do estudo das religiões atenta para o papel que as práticas religiosas desempenham no funcionamento de uma sociedade. Aplique essa abordagem à possessão pelo zar (norte do Sudão).

3) Deuses são seres sobrenaturais antropomórficos. Explique o que isso significa.

4) De que maneiras o conceito de monoteísmo aparece no judaísmo, no cristianismo e no Islã?

5) Os termos ateísmo e agnosticismo são frequentemente usados no Ocidente. Qual seu significado? Você acredita que é mais fácil para alguém declarar-se ateu na Europa do que nos Estados Unidos ou na América Latina?

Leituras sugeridas

CUNEO, M. *American Exorcism: Expelling Demons in the Land of Plenty*. Nova York: Doubleday, 2001 [Estudo sobre o exorcismo, em especial dos cristãos evangélicos dos Estados Unidos].

DAWKINS, R. *Deus, um delírio*. São Paulo: Companhia das Letras, 2007 [Dawkins apresenta seus argumentos em favor do ateísmo].

GOODMAN, F.D. *How about Demons? – Possession and Exorcism in the Modern World*. Bloomington: Indiana University Press, 1988 [Um estudo sobre a possessão em diferentes culturas, incluindo a discussão do papel dos estados alterados de consciência].

NORENZAYAN, A. *Big Gods: How Religion Transformed Cooperation and Conflict*. Princeton: Princeton University Press, 2013 [Análise da relação existente entre os "grandes deuses" e as sociedades grandes e complexas].

SHERMER, M. *How We Believe: The Search for God in the Age of Science*. 2. ed. Nova York: Holt, 2003 [Um exame das razões pelas quais as pessoas afirmam crer em Deus].

Ficção

BROWN. D. *O Código Da Vinci*. São Paulo: Arqueiro, 2004 [Uma história de conspiração e assassinato centrada na importância do divino feminino].

CLOUD, P.B. *Elderberry Flute Songs: Contemporary Coyote Tales*. Buffalo: White Pine Press, 2002 [Coletânea de contos contemporâneos envolvendo Coiote, o trapaceiro, escrita por um escritor, poeta e folclorista mohawk].

GAIMAN. N. *Deuses Americanos*. São Paulo: Conrad, 2014 [Velhos deuses confrontam novos deuses na luta pela dominação dos Estados Unidos].

KIDD, S.M. *A vida secreta das abelhas*. São Paulo: Paralela, 2014 [Na Carolina do Sul, da década de 1960, a vida de uma garota é influenciada por três irmãs apicultoras e uma Nossa Senhora Negra].

Websites sugeridos

http://godchecker.com – Banco de dados com todos os deuses conhecidos.

www.atheists.org – Site dos Ateus dos Estados Unidos.

https://ateusdobrasil.com.br/ – Site dos ateus do Brasil.

http://www.religioustolerance.org/god_devel.htm – Ideias diversas sobre Deus de consultores sobre tolerância religiosa da cidade de Ontário.

https://www.newadvent.org/cathen/06608a.htm – Verbete "Deus" da Enciclopédia Católica (em inglês).

https://www.marypages.com/ – Aparições da Virgem Maria (em português).

10

Bruxaria

Um dos tópicos mais interessantes da antropologia da religião é a **bruxaria**. Não se trata, contudo, de um conceito unificado, unívoco. Quando os antropólogos falam de bruxaria, referem-se, em geral, a indivíduos que possuem uma habilidade inata para fazer o mal. Bruxos e bruxas não dependem de rituais para alcançar seus objetivos malignos, mas simplesmente desejam que o mal ocorra. Nesse sentido, a bruxaria é claramente distinta da feitiçaria (claro, nada impede que uma bruxa use magia, mas um tal fato ultrapassa a fronteira estabelecida). Em algumas culturas, é possível que ocorra não intencional ou inconscientemente, de modo que alguém pode ser um bruxo sem que sequer o saiba.

Embora, em nossa cultura, tenhamos a tendência a pensar apenas em *bruxas* (no feminino), tradicionalmente pessoas de ambos os sexos foram alvo de tais acusações, reflexos das tensões sociais subjacentes às suas sociedades. Indivíduos que apresentam comportamentos antissociais, bem como pessoas em relacionamentos caracterizados pelo conflito, são alvos prováveis. Mas, além disso, em culturas nas quais as imputações de bruxaria recaem primordialmente sobre mulheres, tendem a apresentar tensões entre os sexos.

O conceito de indivíduos com tais propensões ao mal é encontrado em grande variedade de áreas, desde a Nova Guiné e do Sudeste Asiático, às Américas e à Europa, mas as discussões mais aprofundadas da literatura antropológica que descrevem a bruxaria em sociedades de pequena escala abordam sociedades africanas. Nestas, essa crença é bastante difundida e se refere às habilidades de uma pessoa de provocar o mal por intermédio de um poder pessoal que reside dentro de si.

Não obstante, o termo *bruxaria* é igualmente utilizado para se referir a outros fenômenos religiosos – muitos dos elementos encontrados na África foram igualmente descobertos, por exemplo, em comunidades camponesas europeias, da Idade Média aos tempos modernos. Como seus habitantes acreditavam que somente Deus era capaz de curar, indivíduos que praticavam as artes da cura e as parteiras eram, com frequência, estigmatizados e considerados bruxos. Quando a prática ganhou o interesse de várias igrejas cristãs, sua definição foi modificada de modo a refletir a associação com satanás, o que levou às famosas caças às bruxas tanto na Europa quanto nas colônias inglesas na América do Norte. É oportuno mencionar que também a Wicca emprega o termo bruxaria, ainda que numa acepção completamente diversa, a ser discutida no próximo capítulo.

O conceito de bruxaria em sociedades de pequena escala

A ideia da bruxaria como uma força maligna que traz desgraças a membros da comunidade é encontrada em diversas sociedades ao redor do mundo. Nelas, a bruxaria é sempre voltada para o mal, logo não existem bruxos bons. Diferentemente dos feiticeiros, que performam rituais mágicos para alcançar seus objetivos maléficos, eles simplesmente desejam a morte e a destruição.

O poder de um bruxo é claramente sobrenatural: alguns voam pelos ares ou assumem a aparência externa de algum animal. Outros apresentam características pessoais que são antíteses daquelas exibidas por pessoas consideradas bondosas e éticas: podem praticar o canibalismo e o incesto; são odientos, invejosos e gananciosos. A personificação, portanto, de tudo de ruim que existe em uma sociedade – e a crença na bruxaria torna-se uma maneira de objetificar traços comportamentais antissociais.

A bruxaria entre os Azande

Os Azande são um grande grupo cultural que vive no sul do Sudão e no nordeste da República Democrática do Congo (o antigo Zaire). Entre 1926 e 1939, o antropólogo britânico E.E. Evans-Pritchard realizou três expedições à terra dos Zande, base para sua etnografia *Bruxaria, oráculos e magia entre os Azande*[151]. Entre eles, a bruxaria é um tópico presente nas conversas diárias, e quando diante de um observador estrangeiro as pessoas se dispõem a discuti-lo minuciosamente – eis por que Evans-Pritchard teve tanto acesso às informações.

---

151. São Paulo: Companhia das Letras, 2004.

A crença zande na bruxaria

Como ocorre em muitas sociedades africanas, os Azande acreditam que a bruxaria, ou *mangu*, é algo existente no interior do corpo de um bruxo. Eles efetivamente o descrevem como algo físico – por exemplo, uma "inchação enegrecida e oval, dentro da qual costuma ser encontrada uma variedade de pequenos objetos"[152] que parecem estar associados aos intestinos ou, talvez, ao fígado. Mas como eles são capazes de descrever substâncias de bruxaria? Antes do estabelecimento do controle britânico sobre a região, realizavam-se autópsias nas pessoas que haviam sido acusadas de bruxaria enquanto vivas, para determinar se eram verdadeiramente bruxas ou não.

Mas como a bruxaria é algo hereditário esse procedimento provaria, ademais, se uma pessoa viva, parente do falecido, era ou não uma bruxa. Acredita-se que o mangu é passado de pai para filho ou de mãe para filha, de modo que, se ficasse provado que um homem o tivesse dentro de si, tal conclusão se estenderia aos seus pai, irmãos, filhos, e assim por diante. O interesse teórico dos Azande pela bruxaria, porém, é tão somente esporádico – o importante mesmo é descobrir se alguém num tal momento está agindo como um bruxo contra algum indivíduo. A pessoa pode até possuir o mangu, mas sem o usar (como veremos em breve, a identificação dos bruxos é mais comumente realizada através da divinação).

Embora a bruxaria esteja contida no interior do corpo físico, sua ação é psíquica – e esse aspecto é o cerne da bruxaria. Em geral, mas não sempre, o mangu abandona o corpo físico do bruxo à noite que o conduz em direção à vítima que dorme. À medida que se move, reluz como uma luz brilhante, que pode ser vista por qualquer pessoa na escuridão da noite – durante o dia, porém, somente os especialistas são capazes de vê-la.

Todos os azares sem causas claramente definidas são atribuídos à bruxaria, incluindo acidentes, doenças, mortes, e os natureza econômica, como a perda de uma colheita ou o fracasso de alguma operação tecnológica. Ainda que existam métodos para se lidar com a bruxaria, somente nos casos fatais é que se exige algum tipo de compensação do bruxo – a sua morte, seja através de magia ou executada pela autoridade legal, consequências extremas que só ocorrem quando pesam sobre o acusado muitas mortes.

Os bruxos nunca são pessoas desconhecidas. Essas acusações se baseiam em tensões sociais verdadeiramente existentes na sociedade zande, advindas de

---

152. Ibid., p. 34.

emoções e comportamentos negativos, como a ganância, a inveja, o ódio. Há, no âmbito dessa sociedade, certas relações sociais que são um campo de cultura para tais sentimentos, algo que se reflete no padrão das acusações. Por exemplo, praticam-se casamentos plurais, e as relações entre as coesposas é, no mais das vezes, cordial, mas acontece de a tensão crescer entre as mulheres, especialmente se o marido favorecer alguma em especial, ou se, por qualquer razão, surgir inveja.

O papel da divinação

Os oráculos zande foram descritos no capítulo 7, e os mais conhecidos são o *dakpa* (das térmitas, ou cupins), o *iwa* (de atrito) e o *benge* (do veneno).

Um caso de suspeita de bruxaria pode começar com a consulta ao dakpa, uma forma relativamente simples e barata de divinação e que pode ser executada por não especialistas. Caso esta etapa aponte a bruxaria como responsável, um especialista no uso do iwa, o oráculo da tábua de atrito, será consultado. Esses métodos não apenas fornecem informações e indicam o que há de ser feito (incluindo remédios herbais e a realização de rituais terapêuticos) como também se acredita que, se o bruxo souber que alguém está tentando encontrar a causa da doença, porá fim à ação para que não corra o risco de ser descoberto.

Ainda assim, se todos os passos falharem em encontrar a origem do mal, o benge será consultado, e se houver, de fato, a confirmação da bruxaria, o operador do oráculo deverá identificar o causador. O bruxo é sempre alguém que conhece a vítima, e a causa do ataque está sempre ligada à ganância, inveja, ódio ou qualquer outro tipo de comportamento antissocial. É preciso apresentar nomes ao oráculo, e a escolha se dá entre os membros da comunidade que apresentam os tais comportamentos – provavelmente um deles será apontado como causador. Como esses comportamentos tendem a ocorrer frequentemente em relações sociais estremecidas entre pessoas conhecidas, as acusações tendem a ser associadas a certos relacionamentos específicos.

Identificado pelo oráculo, o bruxo será confrontado por um intermediário neutro e invariavelmente afirmará inocência, mas, conforme a crença zande, é possível possuir o mangu (a substância da bruxaria) ativo sem que o acusado tenha consciência disso, algo que lhe uma saída: através de um ritual simples, em que o acusado põe água em sua boca para logo em seguida cuspi-la, de modo a "esfriar" a bruxaria, e nenhum estigma recairá sobre ele. No entanto, se a vítima permanecer doente, há duas opções: ou o acusado não foi sincero ao "esfriar" sua bruxaria, ou pode, de fato, ter parado, mas um outro bruxo deu-lhe continuidade.

Uma análise das crenças de bruxaria zande

Segundo Evans-Pritchard,

> [...] o conceito de bruxaria fornece a eles uma filosofia natural por meio da qual explicam para si mesmos as relações entre os homens e o infortúnio, e um meio rápido e estereotipado de reação aos eventos funestos. As crenças sobre bruxaria compreendem, além disso, um sistema de valores que regula a conduta humana[153].

Todos buscam explicações para as ocorrências da vida, em especial os infortúnios. É essa a arena para a qual as pessoas se voltam em busca de causas sobrenaturais, como espíritos, feitiçaria e bruxaria. Os Azande consideram todas as adversidades como produto de agência sobrenatural.

Evans-Pritchard descreve o caso de um celeiro desabado: essas estruturas são erguidas sobre estacas para evitar que os animais selvagens comam os grãos, e a sombra que projetam são um importante local de reunião, onde as pessoas podem se encontrar durante o pico do meio-dia. Após a colheita, o peso que comportam é significativo, e a terra dos Zande é o lar de diversas espécies de cupins. Embora os homens examinem com cuidado as estacas e substituam as danificadas em cada período de colheita, ainda assim é possível que os insetos enfraqueçam a madeira, trazendo tudo abaixo – se ocorrer durante uma das reuniões, é possível haver pessoas seriamente feridas.

A explicação imediata para o acidente é bem singela: a madeira das estacas apodrecidas pela ação dos cupins não sustentou o peso dos grãos estocados, havendo assim o desabamento. Os Azande, porém, explicam o curso desses eventos como um exemplo de bruxaria: a pergunta-chave não é "por que o celeiro desabou?", mas sim "por que aqueles indivíduos específicos estavam sob aquele celeiro específico quando ele caiu?" A resposta é: bruxaria. Para a maioria dos ocidentais, o fato desses dois eventos ocorrerem simultaneamente (certas pessoas sentadas sob a construção quando do seu desabamento) é uma simples coincidência ou má sorte. Os Azande, contudo, não aceitam essa ideia, e o fato de que certos indivíduos tenham sido feridos indica a ação de um bruxo.

Graças a esse entendimento da relação causa e efeito, a bruxaria se torna uma boa explicação para os infortúnios. Os rituais contra a bruxaria e a identificação do autor oferecem um plano de ação, ou o que Evans-Pritchard chamou de um

---

153. Ibid., p. 49.

"meio rápido e estereotipado de reação aos eventos funestos"[154]. A bruxaria, no entanto, não pode ser usada como desculpa para a incompetência ou um outro mau comportamento qualquer – se o evento ocorrer graças à inépcia de alguém, não se trata de bruxaria.

A bruxaria entre os Navajo

Enquanto os bruxos zande já nascem com o mangu dentro de si, noutras culturas o poder da bruxaria é algo que precisa ser adquirido. Novamente, traços comportamentais imorais ou antissociais são associados à prática, impulsionando o indivíduo a fazer todo o possível para conquistar um poder que trará satisfação a essa sua necessidade emocional. Como exemplo, examinaremos as crenças encontradas entre os Navajo do Sudoeste Norte-Americano (há que se notar que embora utilizemos o presente etnográfico, o último caso documentado de assassinato de bruxos nessa sociedade ocorreu há muitas décadas).

Diferentemente dos Azande, os Navajo relutam bastante em discutir a bruxaria; muitos negam sua existência, e isso talvez ocorra porque admitir conhecê-la pode levantar suspeitas. Nessa cultura, os bruxos são indivíduos que buscam ser iniciados nas artes da bruxaria, geralmente aprendidas com os pais, avós ou cônjuges, e parte desse processo inclui a morte de um parente, usualmente um irmão ou irmã.

Bruxos normalmente estão ativos à noite, assumem a forma de um animal veloz, como um lobo ou coiote. Eles visitam cemitérios e preparam um pó feito das carnes dos mortos, que poderá ser derramado sobre a vítima adormecida através do buraco da fumaça no teto de sua habitação tradicional, o hogan, ou soprado em sua face em meio ao povo. Os sintomas de envenenamento podem ser dramáticos, mas normalmente envolvem um lento definhar que os rituais terapêuticos são incapazes de curar.

Mais uma vez, relaciona-se a bruxaria àqueles sentimentos imorais ou antissociais, tais como a ganância, a vingança ou a inveja. Bruxos gananciosos podem enriquecer roubando sepulturas. Outro comportamento recorrente é fazer uma dupla com outro bruxo, em que um causa a doença e o outro tenta "curar" a vítima, para depois dividirem entre si o valor exigido. Acredita-se que os bruxos se encontram nas cavernas à noite e lá praticam incesto, canibalismo, mantêm relações sexuais com cadáveres e executam rituais para matar suas vítimas. Crenças

---

154. Ibid.

dessa natureza atuam para reforçar normas sociais – por exemplo, se pais e mães não forem tratados com a devida atenção, podem se transformar em bruxos.

Bruxaria: reflexo da cultura humana

O estudo dos Zande demonstrou que crenças e acusações de bruxaria refletem comportamentos interpessoais de indivíduos em situações de estresse, estremecimentos que ocorrem, com alguma frequência, em relações sociais específicas. Esse ponto é claramente ilustrado ao compararmos os sistemas de crença na bruxaria entre duas sociedades diversas, mas relacionadas: os Nupe e os Gwari da África Ocidental.

Vizinhos da área cultural da Costa da Guiné, os Nupe e os Gwari vivem em *habitats* similares e interagem social e economicamente entre si. Suas organizações sociais são bastante parecidas, seus idiomas estreitamente relacionados, e diversas práticas religiosas são análogas, ou mesmo idênticas.

Ambos aceitam a existência da bruxaria, e os detalhes gerais dessas crenças são parecidos, com exceção da questão do gênero: enquanto os Gwari acreditam em bruxos de ambos os sexos, entre os Nupe só as mulheres são bruxas, ainda que possam ser auxiliadas por homens nessas atividades. Os modos de conter e prevenir a prática divergem: os Gwari possuem rituais que erradicam toda bruxaria da comunidade, identificando os bruxos através da divinação (as vítimas são tanto homens quanto mulheres). Entre os Nupe, por sua vez, as bruxarias femininas são controladas por intermédio de atividades secretas dos homens.

Conforme nossa hipótese, que as acusações de bruxaria são sinais de dificuldades nos relacionamentos sociais, buscaremos examinar as diferenças entre as relações interpessoais nesses dois grupos. Entre os Nupe, o retrato geral é de um antagonismo entre os sexos, espelhado no fato de os bruxos sempre serem mulheres e de os homens possuírem habilidades para lhes controlar as atividades. Estudos mais avançados revelam notáveis diferenças nos vínculos matrimoniais entre as duas sociedades, pois entre os Gwari o casamento é normalmente livre de tensões, o que não acontece entre os Nupe, algo que possivelmente ocorre graças a diferenças entre os sistemas econômicos. As mulheres Nupe casadas podem se tornar mercadoras itinerantes, com potencial para o sucesso econômico; seus maridos são, em geral, seus devedores, e elas assumem certas tarefas econômicas que normalmente pertencem à esfera de atuação masculina, tais como pagar por festas e arrecadar o dote a ser pago no casamento dos filhos, uma situação que irrita e causa ressentimento nos homens, mas contra a qual eles nada podem fazer. Além disso, essas comerciantes podem deixar suas crianças ao cargo da família estendida ou até mesmo se recusar a engravidar para exercer livremente o seu ofício. Embora os homens considerem imorais essas atitudes, novamente, são impotentes para modificá-las e projetam sua frustração e hostilidade no mundo da bruxaria, no qual as bruxas (interessantemente visualizadas como mercadoras itinerantes) são mulheres que podem ser controladas pelos homens, de tal forma que são capazes de exercer seu poder sobre elas no campo da bruxaria, mas não no mundo real.

Bruxaria e a Aids

Na seção anterior, vimos como a crença na bruxaria funcionou como fonte de explicação para os infortúnios e meio de lidar ativamente com suas supostas origens. No caso das doenças, a ênfase da moderna teoria médica repousa na descoberta da causa – um mau funcionamento do corpo, talvez, ou a infecção provocada por um agente invasor. Isso feito, tomam-se as medidas apropriadas para a cura, tais como cirurgia, medicação e outras terapias. Em diversas sociedades, contudo, os agentes responsáveis pelas enfermidades e demais reveses podem ter origem sobrenatural: um fantasma, um espírito, ou mesmo um humano engajado em práticas de bruxaria. Neste último caso, o foco recai na identificação do agente provocador por meio, dentre outros, de divinação seguida por ações apropriadas, dentre as quais identificar e, se possível, executar o responsável.

Adam Ashforth estudou a bruxaria em Soweto, África do Sul, na década de 1990[155], onde a prática é vista como manipulação de um poder comumente encontrado nas mais diversas substâncias. Como as motivações mais frequentes para a bruxaria são, em geral, o ciúme e a inveja, o bruxo é, normalmente, alguém próximo à vítima, como um parente ou vizinho. Uma das formas de bruxaria incluem o *isidliso,* "veneno" numa tradução livre, ao qual se associa uma variedade de sintomas, inclusive alguns que afetam o estômago e o trato digestivo e os pulmões. Acredita-se que conduza, amiúde, a uma enfermidade debilitante que termina por matar a vítima. Há pessoas que o imaginam como uma pequena criatura semelhante a um caranguejo, sapo ou lagarto que se aloja na garganta da vítima, mas é também possível que tome a forma humana e a consuma de dentro

---

155. ASHFORTH. A. *Witchcraft, Violence, and Democracy in South Africa.* Chicago: The University of Chicago Press, 2005.

para fora. À medida que a doença progride, a vítima emagrece, tem hemoptises, perde o apetite e tosse continuamente. O isidliso é igualmente responsabilizado por diversas "moléstias sociais", como o divórcio e o desemprego.

O isidliso é enviado à sua vítima através de ervas e substâncias mágicas misturadas em comida ou bebida, ou ainda através dos sonhos. Diferentemente de um veneno químico, porém, a intenção é fundamental, de modo que só afetará a pessoa para quem foi dirigido.

Uma das enfermidades mais devastadoras que foram introduzidas nas comunidades tradicionais foi a Aids, cuja natureza se presta a interpretações de feitiçaria e bruxaria. Síndrome complexa e ainda não inteiramente compreendida, suas vítimas padecem por um longo período de tempo, às vezes aparentando alguma melhora para, logo em seguida, voltar a piorar. Sua disseminação parece aleatória, mas ataca muito especialmente os pobres. Nos anos de 1990, a tecnologia médica à mão era essencialmente inefetiva, e a Aids, não raro, espelhava as crenças tradicionais sobre doenças provocadas pela bruxaria. Em Soweto, como em outras comunidades africanas, sua presença acaba levando a acusações de bruxaria, em geral dentro das próprias famílias, ao que se segue a tragédia do homicídio do suposto bruxo.

Crenças euro-americanas em bruxaria

Ainda que as crenças euro-americanas sobre bruxaria apresentem similaridades com aquelas das sociedades de pequena escala, existem muitas e importantes diferenças. Ambas veem os bruxos como malfeitores, mas as ideias existentes na Europa foram influenciadas pelas noções cristãs sobre a natureza do mal. Como discutimos no capítulo 9, um dos desafios enfrentados pelo cristianismo (mas também pelo judaísmo e o Islã) é como explicar a existência do mal quando Deus é descrito como único, todo-poderoso e todo-bondade. Uma resposta a esse problema propõe a existência de um espírito mal e de grande poder. Chamado em hebraico *satã* (*ha-satan*, o adversário), esse termo foi traduzido para o grego como *diabolos* (διάβολος), que levou à palavra portuguesa diabo. Embora não seja uma figura destacada nas Escrituras Hebraicas, satã recebeu bastante atenção do judaísmo durante o Período Apocalíptico (200 a.C.-150 d.C.), quando então os judeus estiveram concentrados na ideia de um apocalipse iminente e na vinda do messias. Posteriormente, contudo, os rabinos assumiram o comando da religião, e satã voltou a merecer pouco destaque.

Um importante evento ocorrido durante esse Período Apocalíptico foi o surgimento do cristianismo: satã aparece com destaque no Novo Testamento, cuja mensagem afirma que Jesus Cristo nos salva do poder diabólico. Parte da nova definição do mal na bruxaria é que as bruxas são indivíduos que estabeleceram um pacto com o diabo.

A conexão com as religiões pagãs

Como já dissemos, em sociedades de pequena escala os conceitos de feitiçaria e bruxaria são relativamente distintos, algo que irá se transformar nas crenças europeias, nas quais ambas foram entrelaçadas – daí nossa percepção comum de bruxas que proferem encantamentos. Mudanças importantes ocorreram no conceito de feitiçaria: antes vista como manipulação, em larga medida mecânica, do sobrenatural, foi vinculada à invocação de espíritos. Embora sempre tivesse sido entendida como um comportamento antissocial, um ato hostil, a feitiçaria agora passa a ser vista como algo contrário a Deus, e seus espíritos, definidos como demônios, de modo que qualquer um que a pratique (ou mesmo qualquer forma de magia) é entendido como invocador dos servos de satanás.

Já se argumentou que tal mudança fez parte de uma perseguição mais ampla, contra as práticas religiosas ditas pagãs: os cristãos defendiam que Jesus era o filho de Deus, e boa parte de sua argumentação se baseava nos milagres que havia operado. Os céticos de então contrapunham a essa crença o argumento de que Jesus nada mais era que um feiticeiro, um mago, de modo que para os cristãos a única magia legítima passou a ser aquela operada por Jesus, e todas as outras seriam artes satânicas. A magia e a feitiçaria tornaram-se não apenas crimes contra a sociedade, mas sim **heresias** – crimes contra Deus.

A teologia cristã daquela época argumentava que as magias e as religiões ditas pagãs eram todas obras satânicas, parte de um plano para seduzir o povo para longe da verdade do cristianismo.

Os antigos deuses e deusas foram, pois, redefinidos pelos cristãos como servos de satanás – ainda que, ao nível da religiosidade popular, muitas das crenças e divindades antigas tenham sido absorvidas pelo cristianismo.

A estrutura da resposta católica à heresia passou por fantásticas mudanças desde a Idade Média: a partir do século XII, a legislação dedicada ao tema tornou-se mais severa, e um fator essencial para tal estado de coisas foi a redescoberta do Direito Romano, sob o qual as pessoas são vistas como parte de uma corporação – ou seja, o Estado – e, portanto, devem obedecer a seus princípios. No Império

Romano Tardio, diversos códigos já haviam declarado que os crimes contra Deus eram puníveis com a pena capital – a morte na fogueira, por exemplo, tornou-se o castigo-padrão para os hereges reincidentes, e sua frequência aumentou significativamente. Na qualidade de hereges, a mesma pena incorria contra os bruxos. Do século XV em diante, porém, eles passaram a sofrer castigos ainda mais duros, e enquanto a maioria dos hereges ia para fogueira somente em casos de reincidência, para os bruxos era essa a penalidade inicial.

Antes do século XIII, a única maneira que havia para que um herege fosse levado a julgamento era se alguém levantasse contra ele uma acusação. Não demorou, contudo, para que os bispos dessem início a **inquisições**, inquéritos formais, e ao invés de aguardarem acusações, as autoridades passaram a buscar ativamente pelos hereges, muito especialmente as bruxas. Até 1300, já havia inquisidores designados para a maior parte da Europa Continental.

De início, a maior parte das sentenças parecem ter indicado penitências tais como usar uma cruz cerzida à vestimenta ou então empenhar-se numa peregrinação – o objetivo então era, primordialmente, identificar os culpados e fazê-los confessar e se arrepender, para que retornassem ao rebanho. Somente uns poucos casos terminavam em execuções, geralmente reservadas para hereges reincidentes ou obstinados (que se recusavam a arrepender-se). Com o passar do tempo, porém, as punições, especialmente para os bruxos, tornaram-se mais e mais duras.

As inquisições foram um meio poderoso para reforçar sanções contra hereges e bruxos. De início, os bispos eram encorajados a se engajar nos esforços, mas entre 1227 e 1235 foi estabelecida a Inquisição Papal, cujo poder foi progressivamente corroborado e expandido. Em 1252, por exemplo, Inocêncio IV emitiu a bula *Ad Extirpanda*, que autorizava o encarceramento, tortura e execução de hereges e o confisco de suas posses. Tudo isso ocorria tendo por base evidências as mais insignificantes: eram tais os procedimentos da Inquisição que a culpa facilmente se estabelecia, enquanto que a inocência era quase impossível de ser defendida. Saliente-se ainda que, muito embora a Inquisição fosse uma instituição católica, também os protestantes se envolveram no julgamento e na execução de bruxas durante esse período.

A caça às bruxas na Europa

Na transição entre a Idade Média e a Moderna, acreditava-se que os bruxos eram homens ou mulheres que haviam repudiado formalmente o cristianismo e feito um pacto com o diabo. Eles viajavam à noite e realizavam encontros noturnos secretos. Como vimos na bruxaria em sociedades de pequena escala, eles geralmente representam tudo de ruim e antissocial numa dada sociedade; no caso europeu, acreditava-se que participavam de orgias, cometiam infanticídio sacrificial e canibalismo, e profanavam objetos cristãos sagrados, como crucifixos e a **Eucaristia**.

O período da febre da Caça às Bruxas teve início em finais da Idade Média (por volta de 1450) e durou por cerca de duzentos anos. Muitos estudiosos marcam seu começo no momento em que a Inquisição começou a procurar ativamente as bruxas. Muito embora as pessoas geralmente vinculem tais atos à "Idade das Trevas", tratou-se, em verdade, de um produto do Renascimento e da Reforma Protestante. Foi um tempo no qual muitas pessoas eram acusadas, culpabilizadas e executadas: embora números exatos sejam difíceis de se conseguir, estima-se desde poucos milhares até alguns milhões.

Uma invenção surgida na década de 1450 teve importante papel na disseminação dessas ideias: a imprensa de tipos móveis. Um dos livros mais importantes impressos nessa época foi o *Malleus Maleficarium*, o *Martelo das Feiticeiras*, publicado pela Igreja Católica em 1486, e que detalhava as crenças católicas sobre o tema: bruxos eram pessoas que haviam renunciado à fé católica e se entregavam, de corpo e alma, ao serviço do mal; ofereciam crianças não batizadas ao diabo e participavam de orgias nas quais faziam sexo com satanás em pessoa. Outra crença comum dizia serem capazes de mudar de forma, voar pelos ares, e produzir unguentos mágicos. O *Martelo* também afirmava que as mulheres eram mais propensas a serem bruxas, algo a que retornaremos mais adiante, e descia às minúcias do que deveria ser feito com elas: prisão, condenação e execução. É importante observar que mesmo aqueles que se colocavam contra a caça às bruxas não desacreditavam da existência delas – fazê-lo equivaleria a declarar-se ateu.

Os acusados de bruxaria eram interrogados até confessarem, e as questões que lhes eram feitas já presumiam a culpa. Dentre as mais corriqueiras, havia "onde e quando se encontrou com o demônio?" – observe-se que não era uma questão de *se* tal fato ter ocorrido ou não. A tortura era um meio comum para conseguir confissões: em 1628, um homem chamado Johannes Junius foi executado como bruxo. O dado invulgar desse processo foi ele ter conseguido enviar, via contrabando, uma carta para a filha antes de ser executado:

> Muitas centenas de milhares de boas-noites, Verônica, filha amada. Inocente, vim à prisão. Inocente, fui torturado. Inocente hei de morrer. Pois qualquer um que venha à prisão das bruxas há que [...] ser torturado até que invente algo de sua cabeça [...] Da primeira vez em que fui

torturado, estavam presentes Dr. Braun, Dr. Kötzendörffer mais outros dois doutores desconhecidos. Perguntou-me Dr. Braun: "patrício, como viestes dar aqui?" Respondi: "pela falsidade, pela desventura". "Escuta-me", redarguiu", "és um bruxo. Hás de confessá-lo voluntariamente? Se não, traremos a ti testemunhas e o verdugo". Disse eu: "não sou bruxo. Tenho comigo a consciência limpa sobre tais assuntos. Mesmo se houvesse mil testemunhas, não estaria preocupado" [Foram trazidas as testemunhas]. Veio também – Deus Todo Poderoso, tende Misericórdia – o verdugo e pôs em mim os *anjinhos*[156], prendendo juntas ambas as mãos, até que o sangue jorrasse pelas unhas para todo lado, de modo que durante quatro semanas não pude usar minhas mãos, como podes perceber pela caligrafia. [...] Então me despiram, prenderam às costas as minhas mãos e me penduraram [na *garrucha*] [...]. Pensei então que céus e terra houvessem chegado ao fim; oito vezes me ergueram e me deixaram cair, para que sofresse terrível agonia [...] Assim fiz minha confissão [...] mas foi tudo mentira[157].

No decorrer do século XVI, a caça às bruxas apenas se intensificou. Conflitos religiosos, movimentos populares e guerras durante o período das Reformas exacerbaram as tensões sociais e se refletiram nas acusações de bruxaria. Foi somente entre finais dos seiscentos e começo dos setecentos que o movimento recedeu.

A caça às bruxas na Inglaterra e nos Estados Unidos

A febre da caça às bruxas na Inglaterra foi, a princípio, um tanto diversa da ocorrida no continente, pois lá não havia Inquisição ou Direito Romano, e sua tradição herética era, quando muito, débil – fatores esses que haviam concorrido para o fenômeno em outras partes. *O martelo das feiticeiras* não foi traduzido para o inglês senão recentemente. A bruxaria na Inglaterra permaneceu estreitamente ligada à ideia de feitiçaria, com ênfase no poder dos bruxos em rogar pragas e maldições. Por volta de 1500, não se acreditava que os bruxos voavam, participavam de orgias ou celebravam pactos demoníacos, mas sim que prejudicavam rebanhos, causavam doenças e feriam bebês e crianças. Os primeiros estatutos ingleses contra a bruxaria só foram aprovados no começo do século XVI, e mesmo então os processos que corriam nesse campo eram civis, não religiosos, razão pela qual

---

156. Anéis de ferro com parafusos [N.T.].
157. BURR, G.L. (ed.). *The Witch Persecution in Translations and Reprints from the Original Sources of European History*, Filadélfia, v. 3, n. 4, p. 26-27, 1898-1912.

tanto lá quanto (posteriormente) nos Estados Unidos, a pena de morte aplicada era o enforcamento, não a fogueira, uma punição reservada para os hereges.

As ideias da Europa Continental, porém, acabaram chegando à Inglaterra via Escócia, cujo Rei Jaime I era um ardoroso defensor da caça às bruxas. O ápice do fenômeno ocorreu na década de 1640, quando a Guerra Civil Inglesa provocava grandes ansiedades e insegurança. Nas colônias americanas demorou ainda mais: o primeiro enforcamento de um bruxo na Nova Inglaterra não aconteceria até 1647.

O mais famoso de todos os julgamentos de bruxos na América colonial inglesa deu-se em Salem (Massachusetts) em 1692, um fato bem documentado e estudado. Sua causa imediata parece ter sido duas meninas (com 9 e 11 anos) que brincavam com técnicas de divinação para descobrir quem seriam seus futuros maridos. No decorrer do processo, assustaram-se e começaram a exibir sintomas nervosos: estavam agitadas e assumiam posturas esquisitas. O pai de uma delas, Samuel Parris, ministro puritano local, chamou um médico para examiná-las, mas este, sem conseguir notar nada de errado nelas, foi o primeiro a sugerir que estavam sob os encantos de uma bruxa.

O comportamento das meninas piorou, e logo em seguida outras moças e jovens começaram a sofrer os mesmos achaques e convulsões. Quando questionadas, apontaram três bruxas: Sarah Goode, Sarah Osborne e Tituba, uma escrava das Índias Ocidentais. Os ataques aumentaram em intensidade, e as meninas guinchavam, uivavam, reportavam visões e apresentavam estranhas marcas de mordidas. Os julgamentos em si foram negócios dramáticos, nos quais elas exibiam os tais sintomas. Ao todo, dezenove pessoas foram executadas e mais de cem, presas.

A maior parte dos comentários sobre os Processos de Salem se atém àquilo que, da perspectiva de um estranho, ocorria por lá: análises iniciais consideraram-nas desequilibradas, e ao processo como um todo uma traquinagem perversa. É possível que elas tenham gostado da atenção recebida, ou que estivessem tomadas pelo poder da autossugestão. Pesquisas mais recentes sugerem um possível componente biológico, o ergotismo, espécie de envenenamento que ocorre graças ao consumo de um fungo específico, encontrado nos grãos do centeio, que pode causar, entre outras coisas, alucinações.

Os eventos ocorridos em Salem, como muitos outros relacionados à bruxaria, resultaram do vaivém de atividades quotidianas que caracteriza a vida em comunidade. As acusações foram o ponto de chegada de uma série de relações sociais estremecidas, bem como de situações advindas da política, da economia e das práticas religiosas daquela sociedade.

Salem não era um ponto isolado, mas sim uma comunidade agropastoril nas fímbrias do mundo conhecido de então. Num passado não tão distante, antes da febre da caça às bruxas, já houvera conflitos com a população indígena local, havendo, pois, a necessidade da autodefesa. Na época dos julgamentos, Salem crescia rapidamente, abria novas terras à agricultura, e à medida que a população aumentava, o mesmo se dava com a disputa pelas terras – muitos dos seus distritos vizinhos, inclusive, requeriam ao governo colonial o *status* de vilas independentes.

Como ocorre em diversas sociedades ao redor do mundo, aqueles acusados de bruxaria eram pessoas vivendo às margens da sociedade, mulheres despossuídas, marginalizadas, sem pais, maridos, irmãos ou filhos que pudessem defender seus interesses. Outras eram parteiras e/ou curandeiras: "quando tais medicamentos não funcionavam, e falhava a resolução de disputas abertas, os clientes que haviam pago pela cura ou pelas poções podiam concluir que o fornecedor era uma farsa, de modo que o erro médico pré-moderno se tornou bruxaria"[158].

Funções das crenças de bruxaria euro-americanas

Muitas das funções que discutimos nas sociedades de pequena escala são igualmente válidas aqui. Bruxos são a quintessência de tudo de ruim e imoral, e aquelas pessoas que ostentam comportamentos antissociais, ou que se destacam de alguma maneira, serão o alvo mais provável das acusações de bruxaria. No caso europeu, elas ajudaram a definir os limites da Cristandade e a coesão das comunidades cristãs, pois ao supostamente virar as costas ao cristianismo e celebrar pactos com o demônio tornaram-se hereges – pecadores contra Deus.

Outrossim, bruxos atendem nossa necessidade inconsciente de culpar alguém pelas desgraças vividas em nosso dia a dia. Do ponto de vista psicológico, é mais satisfatório ter um indivíduo identificável que possa ser culpabilizado e/ou punido do que simplesmente dar de ombros e aceitar a má-sorte ou o infortúnio. Os padrões das acusações de bruxaria refletem, em geral, conflitos e divisões profundas existentes em uma dada cultura: os estudos têm mostrado tal situação em Salem, por exemplo, onde aguçadas cisões a respeito da governança eclesiástica, mais conflitos familiares e vicinais, marcaram presença nos julgamentos.

---

158. HOFFER, P.C. *The Devil's Disciples: Makers of the Salem Witchcraft Trials*. Baltimore: Johns Hopkins University Press, 1996, p. 75.

As bruxas

Embora tanto homens quanto mulheres pudessem ser julgados e executados por bruxaria, muito mais mulheres eram mortas que homens. Existem razões diversas para tal fato: em primeiro lugar, o próprio *Malleus Maleficarum* afirmava serem elas as mais propensas à prática por serem mais fracas, estúpidas, supersticiosas e sexuais:

> Que há de ser a mulher senão uma adversária da amizade, um castigo inevitável, um mal necessário, uma tentação natural, uma calamidade desejável, um perigo doméstico, um deleite nocivo, um mal da natureza; pintado de lindas cores, o vocábulo mulher é usado para indicar a lascívia [...] da carne. Conforme é dito: "Encontrei uma mulher mais amarga que a morte e uma boa mulher subordinada à concupiscência carnal." [...] [há] maior número de mulheres supersticiosas do que de homens [...] [elas têm] maior credulidade; e, já que o principal objetivo do diabo é corromper a fé, prefere então atacá-las [...] as mulheres são, por natureza, mais impressionáveis e mais propensas a receberem a influência do espírito descorporificado [...] possuidoras de língua traiçoeira, não se abstêm de contar às suas amigas tudo o que aprendem através das artes do mal; e, por serem fracas, encontram modo fácil e secreto de se justificarem através da bruxaria. [...] mulher é mais carnal do que o homem, o que se evidencia pelas suas muitas abominações carnais [...] é animal imperfeito, sempre decepciona e mente [...] por natureza, mais propensa a hesitar na sua fé e, consequentemente, mais propensa a abjurá-la – fenômeno que conforma a raiz da bruxaria[159].

Dentre as crenças relativas às bruxas, encontramos o intercurso sexual com o diabo: durante o interrogatório de uma bruxa, foi-lhe pedido que nomeasse os demônios que haviam sido seus amantes e que descrevesse o falo de satanás. O fato de o diabo ser quase universalmente percebido como masculino pode ter sido um fator que caracterizou as mulheres como bruxas.

A Europa do século XVI era incrivelmente misógina: alguns historiadores sugeriram que tal fato se deveu às transformações demográficas: mais homens que mulheres haviam morrido na Peste Negra e nas guerras, causando assim um desequilíbrio demográfico no qual mais mulheres viviam sozinhas. Numa sociedade patriarcal, em que elas eram definidas vis a vis suas relações com os homens, a condição de uma mulher só não poderia ser fácil, e essa fraqueza social as tornou

---

159. INSITORIS, H. *O martelo das feiticeiras*. Rio de Janeiro: Record/Rosa dos Tempos, 2004, p. 113-116.

mais expostas às acusações. Um outro movimento social que pode ter contribuído foi o aumento do êxodo rural, acompanhado por não poucas inseguranças.

Entre as mulheres, as parteiras parecem ter sido um alvo preferencial. A mortalidade materno-infantil era altíssima, e essas mortes, mais as deformidades e enfermidades, eram frequentemente atribuídas a essas mulheres. Alguns pesquisadores observaram também a conexão entre a perseguição às parteiras/bruxas e o crescimento da profissão dos médicos (homens).

Caça às bruxas modernas

No auge do Macarthismo, o teatrólogo Arthur Miller escreveu a peça *As bruxas de Salem* (*The Crucible*), que utilizava os julgamentos coloniais como alegoria para a perseguição política. A expressão "caça às bruxas" é usada frequentemente para descrever acontecimentos contemporâneos, mas o quão similares são esses fatos relativamente aos eventos históricos e transculturais que discutimos até agora neste capítulo?

O Macarthismo ocorreu nos Estados Unidos, na década de 1950, começando com a Ordem Executiva 9835[160] (às vezes chamada Ordem de Lealdade) do Presidente Harry Truman e expandindo-se através das investigações do Comitê de Atividades Antiamericanas da Câmara dos Deputados, que resultou em listas negras, aprisionamentos e o temor irresistível de que "radicais" e comunistas eram parte de uma ampla conspiração que visava destruir a democracia norte-americana.

Em que medida esses eventos de que falamos eram semelhantes à caça às bruxas ocorrida na Idade Moderna? Ambos tiveram início com sentimentos potentes alimentando o "medo" de uma imensa conspiração secreta, potencialmente apocalíptica e com fins puramente subversivos. Em todas as situações, o foco central recaiu na identificação dos adversários da sociedade, degenerando numa escalada de investigações à medida que aqueles que haviam sido identificados apontavam outros. Foram igualmente significativos a busca pela pureza e pela unidade, como também o zelo para com a lealdade (ao cristianismo durante a febre da caça às bruxas, pela democracia norte-americana durante o Macarthismo).

---

160. Disponível em https://www.trumanlibrary.gov/library/executive-orders/9835/executive-order-9835

A diferença mais explícita é a ausência do elemento religioso e sobrenatural do Macarthismo; não obstante, não há dúvida de que ambos os movimentos exibiram níveis extraordinários de exagero e mistificação. As ideias sobre comunistas e subversivos na década de 1950 extrapolaram em muito a realidade, resvalando no mais puro devaneio. Para uma caça às bruxas contemporânea que conte com elementos religiosos mais salientes, há que nos voltarmos para as denúncias de pedofilia que começaram, nos Estados Unidos, nos anos de 1980 e que ainda não terminaram.

Durante as décadas de 1960 e 1970, a família moderna havia passado por sérias mudanças, que incluíam a mudança nos papéis de gênero, o crescimento nos números do divórcio, a "descoberta" da violência contra as crianças (anos de 1960) e a aprovação da Lei de Prevenção e Tratamento do Abuso Infantil (*Child Abuse Prevention and Treatment Act*[161]), em 1974. A essa mistura cultural, juntaram-se o crescimento das seitas religiosas e o medo crescente do satanismo e do **ocultismo** (cf. capítulo 11), que muitos na sociedade norte-americana acreditavam ser cultos voltados ao abuso sexual de menores. O sentimento geral era de receio pelas famílias e pelas crianças: as primeiras se dissolviam, as segundas estavam sendo colocadas em risco, uma mistura de emoções (medo, culpa, injúria) que preparou o cenário para nosso próximo exemplo de caça às bruxas contemporânea.

Na Califórnia, no começo dos anos de 1980, autoridades norte-americanas pensaram ter descoberto "círculos sexuais" satânicos, nos quais crianças eram sexualmente abusadas e celebravam-se atos variados de adoração demoníaca. De todos os casos, talvez o mais famoso tenha sido o da McMartin Preschool, mas dezenas, ou talvez centenas, de outros foram investigados. Além de jamais terem sido encontradas quaisquer evidências que confirmassem as tais alegações, os métodos empregados pelos investigadores têm sido amplamente questionados. E mesmo a mídia, que de início apoiava a acusação, eventualmente findou por chamá-la de uma "caça às bruxas".

Conclusão

O medo causado pela existência de entes sobrenaturalmente perversos aparenta ser universal. Mas quem são os potenciais malfeitores, aqueles a quem mais

---

161. Disponível em https://www.acf.hhs.gov/sites/default/files/documents/cb/capta.pdf

deveríamos temer? São os que fogem do comum, com os quais temos diferenças: se meu vizinho inveja o meu sucesso, não será possível que ele me queira mal, ou que venha a me prejudicar? E ele, por óbvio, pode estar pensando exatamente o mesmo a meu respeito! Os bruxos são o inimigo interno, os membros da comunidade que repudiam, subvertem e traem. Como ocorre em diversos fenômenos religiosos, nesse caso específico refletem as tensões e os medos verdadeiramente existentes – a maneira mais comum de ser tornar um bruxo é, em verdade, ser acusado de sê-lo.

No campo das crenças e comportamentos religiosos, a bruxaria é uma temática fascinante. Estudá-la é tanto mais complicado quanto são diversas as formas pelas quais o termo tem sido usado em comunidades de pequena escala, europeias e neopagãs modernas, a ser discutidas no próximo capítulo. Nosso continuado interesse nos temas da magia e da bruxaria pode ser percebido nas representações midiáticas populares, programas como *A Feiticeira*, *Jovens bruxas*, *Sabrina*, *A aprendiz de feiticeira*, *Buffy, a caça-vampiros*, além, claro, da extremamente popular série de livros e filmes de Harry Potter. Tais fantasias, contudo, divergem significativamente do verdadeiro fenômeno. Primeiramente porque mostram a magia e a bruxaria como iguais, quando não são uma única coisa. Além disso, apresentam as bruxas sob uma luz claramente positiva, algo válido exclusivamente para a definição wiccana (capítulo 11). Em sociedades de pequena escala, sua prática é, por definição, um comportamento antissocial, e mesmo os seguidores da Wicca argumentam que muitas das representações dos poderes das bruxas ultrapassam em muito aquilo em que eles verdadeiramente acreditam.

A ascensão das religiões neopagãs e sua redefinição da bruxaria são apenas um exemplo de como as religiões crescem, somem e se transformam no decorrer do tempo, um tópico que exploraremos mais detalhadamente no próximo capítulo.

Resumo

A ideia da bruxaria como uma força maligna que traz desgraças para membros da comunidade pode ser encontrada em um grande número de sociedades no mundo inteiro. Diferentemente dos feiticeiros, que realizam rituais mágicos para lograr seus objetivos perversos, os bruxos simplesmente desejam a morte e a destruição e estas acontecem, pois a fonte do seu mal é um poder sobrenatural que reside no interior dos seus corpos. Eles geralmente apresentam traços de caráter que são a antítese daqueles próprios de uma pessoa boa, moral. O conceito da bruxaria em sociedades de pequena escala baseia-se primordialmente no trabalho de E.E. Evans-Pritchard entre os Azande do Sudão, segundo o qual a crença na bruxaria serve a três funções: fornecer explicações para o inexplicável; oferecer um conjunto de comportamentos culturais para lidar com os infortúnios; definir a moralidade.

As noções de bruxaria na Europa foram influenciadas pelas ideias cristãs a respeito da natureza do mal. O cristianismo aceita a existência de um espírito mau, a quem chama de satã ou diabo. Na Europa, as crenças na bruxaria e na feitiçaria foram fundidas, sendo esta última associada à invocação de espíritos, algo definido como hostilidade contra Deus. Quem quer que realizasse alguma forma de magia era visto como invocando os servos de satanás. A magia e a bruxaria tornaram-se não apenas crimes contra a sociedade, mas também, e sobretudo, contra Deus. O período da febre da caça às bruxas teve início em fins da Idade Média (c. 1450) e durou cerca de duzentos anos. As crenças euro-norte-americanas definem os bruxos como tudo o que há de errado e imoral no mundo. Eles também satisfazem nossas necessidades inconscientes de encontrar culpados para as desgraças que vivemos em nossas vidas diárias. Em geral, os padrões das acusações de bruxaria são o reflexo de conflitos e divisões profundamente enraizados nas sociedades.

Questões de estudo

1) A discussão sobre a bruxaria é dificultada pelos diversos sentidos do termo. A quais diferentes fenômenos esse termo pode ser empregado?

2) Como o conceito de bruxaria na religião zande auxilia os Azande a lidar com os estresses quotidianos?

3) Quais as grandes diferenças existentes entre os conceitos de bruxaria dos Azande e dos Navajo?

4) O gênero dos bruxos difere de sociedade para sociedade. Entre os Azande, existem bruxos masculinos e femininos, mas durante a caça às bruxas na Europa e na América Colonial a maior parte era mulheres. Qual a razão disso? O que isso nos diz sobre a função das crenças de bruxaria nas sociedades humanas?

5) Em tempos recentes, a magia e a feitiçaria se tornaram temas populares na cultura ocidental. De que maneira essas representações midiáticas diferem das descrições antropológicas?

6) O termo caça às bruxas é frequentemente empregado em sociedades contemporâneas, como no pânico anticomunista ocorrido após a Segunda Guerra Mundial. Como tais usos se assemelham ao uso do termo bruxo discutido nesse capítulo?

Leituras sugeridas

ASHFORTH, A. *Madumo: A Man Bewitched*. Chicago: The University of Chicago Press, 2005 [Com base em seu trabalho em Soweto, África do Sul, Ashforth descreve a luta de seu amigo, Madumo, acusado de usar bruxaria para matar a própria mãe].

DEMOS, J. *The Enemy Within: A Short History of Witch-Hunting*. Nova York: Penguin Books, 2008 [Um olhar sobre a caça às bruxas na Europa, nas colônias inglesas na América e nos Estados Unidos atuais].

DUNDES, A. (ed.). *The Evil Eye: A Casebook*. Madison: University of Wisconsin Press, 1992 [Descrição do olho mau em diversas culturas].

HOFFER, P.C. *The Devil's Disciples: Makers of the Salem Witchcraft Trials*. Baltimore, MD: Johns Hopkins University Press, 1998 [Uma análise detalhada dos julgamentos de bruxaria de Salem].

RUBLACK, U. *The Astronomer and the Witch: Johannes Kepler's Fight for His Mother*. Oxford: Oxford University Press, 2015 [Narrativa detalhada das acusações de bruxaria, e do subsequente julgamento (em 1620) de Katharina Kepler, mãe do famoso astrônomo Johannes Kepler, que desempenhou um papel fundamental durante todo o processo].

RUSSELL, J. *História da bruxaria: feiticeiras, hereges e pagãs*. São Paulo: Goya, 2019 [Um olhar sobre a bruxaria nas sociedades tribais, na história da Europa e nos tempos atuais].

Ficção

ANAYA, R. *Bless Me Ultima*. Nova York: Grand Central Publishing, 2012 [Em uma história repleta de simbolismo, o crescimento de um menino no Novo México dos anos de 1940].

BOWEN, E.S. *Return to Laughter*. Nova York: Anchor, 1964 [Um romance antropológico que segue as aventuras de uma antropóloga que trabalha na África Ocidental, escrito sob o pseudônimo de Laura Bohannan, e baseado em sua pesquisa entre os Tiv, da Nigéria].

Websites sugeridos

http://law2.umkc.edu/faculty/projects/ftrials/salem/salem.htm – Os Julgamentos de Salem, em 1692.

https://sourcebooks.fordham.edu/source/witches1.asp – Livro de referência medieval: documentos sobre bruxaria no século XV.

https://www2.unifap.br/marcospaulo/files/2013/05/malleus-maleficarum-portugues.pdf – O *malleus maleficarum* (*O martelo das feiticeiras*) em português.

https://www.churchofsatan.com/ – Website oficial da igreja de satã.

11

A busca por um novo sentido

Sociedades de pequena escala têm sido mais e mais atraídas para um mundo maior e, em muitos sentidos, mais complexo; ao fazê-lo, são expostas as diversas influências que resultam em transformações positivas e negativas. Temos muito o que aprender com essas sociedades, incluindo os efeitos do contato cultural, como as culturas se modificam ao longo do tempo e como surgem novas religiões. Elas são um ponto de partida donde podemos observar as mudanças religiosas e culturais que ocorrem nas culturas de larga-escala nas quais vivemos. Nosso estudo comparativo dos diversos sistemas religiosos e nossa compreensão dos princípios básicos da antropologia nos permitem analisar aspectos de nossa própria cultura sob uma perspectiva inteiramente nova – é isso que tentaremos fazer nesse capítulo.

Discutiremos aqui diversos tópicos. Começaremos com o estudo do processo de trocas culturais, em especial no contexto de influências externas resultantes de exploração econômica, política e social. Veremos como tais períodos de mudança podem levar à destruição de uma cultura, ou a ajustes que a permitam sobreviver. Em muitas situações de contato, a cultura dominada reage com a formação de novos movimentos religiosos, os quais frequentemente combinam elementos culturais tanto dos dominadores quanto dos dominados. Esses movimentos de revitalização sempre são afetados por ideologias culturais já existentes e levantam diversas questões, inclusive sobre como a nova religião será recebida pela sociedade como um todo.

Adaptação e mudança

Ao longo deste livro, temos visto exemplos de como as religiões reforçam a cultura e a visão de mundo das sociedades. Suas instituições fornecem, igualmente, mecanismos para lidar com aqueles estresses inevitáveis ao viver. As práticas religiosas tendem a ser, em geral, bastante conservadoras, um perfil derivado de sua natureza sagrada e do fato de que, normalmente, considera-se antigo o complexo de crenças de uma dada sociedade – era a prática dos antepassados há muito tempo.

Ainda assim, mudanças acontecem. Na verdade, elas precisam acontecer para que a sociedade sobreviva, pois o mundo não existe num estado inalterável. Há transformações no clima, no acesso ao alimento e à água, na presença de povos hostis nas fronteiras. Se a sociedade deseja resistir, fazer frente às alterações trazidas por esse mundo cambiante, há que se adaptar e mudar.

Não devemos, porém, pensar na sociedade como um maquinário perfeitamente sintonizado que processa estresses e transformações coordenadamente. As mudanças que opera às vezes ocorrem devagar ou rápido demais para que possam ser efetivas, simplesmente não ocorrem, ou então são mal adaptadas. A longo prazo, contudo, para que uma dada sociedade sobreviva, ela precisa exibir algum grau de adaptabilidade ao mundo tal como este se apresenta.

Mecanismos de mudança cultural

De modo geral, sociedades que são tecnologicamente simples tendem a ser relativamente isoladas de influências externas e a mudar lentamente ao longo do tempo. As mudanças internas ocorrem por meio dos processos de **descoberta** e **invenção**: o primeiro refere-se à nova consciência de algo que existe no meio ambiente; o segundo acontece quando alguém, usando a tecnologia de que dispõe, elabora uma solução para um determinado problema.

As sociedades não existem em isolamento. As pessoas têm ciência da existência de outras comunidades para além das suas fronteiras e a mera existência de outras culturas dotadas de tecnologias, organizações sociais e práticas religiosas diversas expõe a sociedade a novas ideias e técnicas. Quando dois grupos, que compartilham a mesma área cultural, são confrontados por problemas similares, soluções desenvolvidas em um deles, via descoberta e invenção, podem ser adotadas pelo outro, um movimento perceptível de traços culturais de uma sociedade para a outra que é conhecido como **difusionismo**. Aspectos tecnológicos são mais propensos à difusão do que os sociais e os religiosos. Às vezes, é somente a ideia que viaja para outra cultura, e o estímulo que ela provoca na sociedade receptora promove a invenção de um novo aspecto, um processo chamado de **estímulo à difusão**.

Quando um aspecto se difunde de uma cultura para outra, geralmente sofre algum grau de transformação para que se torne consistente com o restante da cultura receptora. É possível que o uso de uma substância alucinógena seja introduzido numa dada sociedade a partir de um grupo vizinho, mas a maneira como essa droga será utilizada num ritual pode ser diferente. As diferenças ocorrerão em quais rituais ela será usada, em quem a usará e no significado que terá. Um aspecto introduzido precisa ser alterado para caber no sistema cultural e refletir naquela visão de mundo.

Aculturação

Ocorre, porém, de a influência de uma cultura sobre outra ser mais intensa, e ao invés do contato esporádico via comércio ou quaisquer outras atividades conjuntas, uma sociedade pode assumir o controle político e/ou econômico sobre outra. Se as duas forem relativamente iguais política e economicamente, os empréstimos serão mútuos e, com o tempo, elas se tornarão cada vez mais semelhantes. Mas, quando uma sociedade é capaz de dominar a outra, a dominante sofre bem menos mudanças que a dominada: a primeira é aquela que, graças à sua tecnologia mais desenvolvida e à sua riqueza, é capaz de tomar o controle sobre a segunda, que, nesse caso, vivencia as mudanças à medida que os aspectos são aceitos, em geral numa velocidade que é rápida demais para ser apropriadamente integrada em sua cultura.

Chamamos este processo de **aculturação**, e à sociedade que o experimenta como aculturada. Desse modo, um antropólogo que entra em uma aldeia e vê latinhas de refrigerante, facas, panelas de metal e um rádio sabe estar diante de uma sociedade aculturada. E quando a sociedade dominada muda tanto que já não possui mais sua própria identidade, dizemos que se tornou **assimilada**.

A habilidade de um grupo em estabelecer seu controle sobre outro deve-se, em geral, a fatores tecnológicos e socioeconômicos. No entanto, uma vez que esse controle tenha sido estabelecido, é possível que outros elementos, oriundos de partes diversas da cultura, viajem de uma sociedade para outra. A religião pode desempenhar um papel especialmente importante, já que uma cultura dominada poderá buscar explicações religiosas para aquilo que está acontecendo, como também o grupo dominante pode lançar mão de justificativas religiosas para as suas ações.

Algumas sociedades são bastante receptivas a novas ideias religiosas e capazes de agregá-las à sua própria religião. Qual o problema de incorporar o que parece ser uma poderosa divindade estrangeira ao panteão existente? Mal não faz! Com alguma frequência o deus é integrado a diversos panteões, e elementos específicos do seu ritual podem ser incorporados aos ritos já tradicionais.

Para aqueles que vivem em sociedades ocidentais, essa incorporação de elementos religiosos por outras crenças pode parecer estranha, pois o cristianismo, o judaísmo e o Islã são exclusivistas e seus membros são proibidos de praticar rituais de outros credos. Mas, como vimos no capítulo 9, mesmo elas adotaram certas crenças oriundas de culturas próximas durante o seu desenvolvimento.

Em diversas sociedades, realizam-se rituais de diferentes sistemas religiosos mais por necessidade do que por qualquer outra razão. No Japão, por exemplo, é possível ir até um templo xintoísta pedir bênçãos para a família, casar-se em um ritual cristão e ser enterrado conforme as práticas budistas. Nas sociedades de pequena escala a capacidade de assimilar novas práticas religiosas com certo grau de facilidade é bem comum, ainda que os missionários cristãos exijam exclusividade – um dos aspectos mais desgastantes de sua presença é, precisamente, a pressão que exercem sobre as pessoas para que abandonem suas antigas crenças.

Sincretismo

O processo de aculturação nem sempre envolve a troca completa de um aspecto por outro, ou a sua total e integral aceitação. Com alguma frequência existe um trabalho de reinterpretação, através de um processo chamado de **sincretismo**, ou seja, a fusão de aspectos de duas culturas que gera algo novo e, ao mesmo tempo, permite a retenção do antigo, subordinando-o em uma nova forma.

Neste livro já vimos diversos exemplos de sincretismo, tais como as origens do Halloween e o Dia de Finados. Além destes, podemos citar a mistura entre o Xintô e o budismo no Japão e do cristianismo e as religiões nativas na África. Nesta seção, observaremos dois sistemas religiosos formados através do processo sincrético.

O Vodu haitiano

O Vodu é uma religião encontrada no Haiti e na **diáspora** haitiana sendo extremamente rica em simbolismo. Em seus ritos, a arte e a dança desempenham papéis fundamentais. Originado em diversas religiões nativas da África Ocidental, especialmente as dos povos Fon, Congo e Iorubá, o termo *vodu* provém do idioma fon do Daomé (atual Benin) e significa "espírito" ou "deidade". Os estrangeiros utilizam-no amplamente para designar a religião, muito embora os próprios praticantes afirmem que, simplesmente, "servem aos espíritos".

A história do Vodu

A nação do Haiti ocupa o terço mais ocidental da ilha caribenha de Hispaniola, onde Cristóvão Colombo aportou em 1492, e em 1697 tornou-se uma colônia francesa (o restante da ilha é hoje a República Dominicana, de fala espanhola).

A colônia francesa do Haiti tornou-se, com o tempo, a mais rica do Caribe, em larga medida graças à cultura da cana-de-açúcar em latifúndios e às atividades relacionadas, como a produção de melaço e rum. Trata-se de um cultivo que exige mão de obra intensiva, de modo que grande número de pessoas escravizadas foi trazido da África Ocidental.

Não tardou para que os escravizados fossem mais numerosos que os colonos franceses, que viviam em temor constante das rebeliões servis. Em finais do século XVII, o governo metropolitano decretou que todos os escravizados deveriam ser batizados e instruídos na religião católica, muito embora, para além do batismo, pouca ou nenhuma instrução lhes tenha sido ministrada, pois poucos senhores permitiam aos padres que entrassem em suas propriedades. Com o passar do tempo, conheciam, ainda que vagamente, os preceitos básicos do Catolicismo e continuavam a praticar suas crenças africanas.

Em 1790, a tão temida revolta servil aconteceu e, após uma prolongada luta, o Haiti, a primeira república negra do Novo Mundo, declarou sua independência em 1804. O estabelecimento de uma nação formada por ex-escravos não foi bem recebido pelos vizinhos, e o reconhecimento diplomático demorou algum tempo, de modo que o país foi isolado do mundo. O Vaticano cortou relações e recolheu seus padres em 1804, que só retornariam em 1860, e foi durante esse período que o Vodu se desenvolveu. Mesmo hoje, embora o Haiti seja nominalmente católico e tenha diversas igrejas protestantes estabelecidas, o Vodu permanece forte, e a maioria dos católicos também o pratica.

Crenças vodu

De muitas formas, o Vodu é uma religião da África Ocidental: reverencia as mesmas divindades e os rituais são muito parecidos. As divindades do seu panteão se chamam *loás*, semelhante aos *orixás* iorubanos (cf. capítulo 9). Constroem-se altares que contêm objetos imbuídos de espíritos, e oferendas e sacrifícios são realizados para agradar aos deuses. O canto e a dança são elementos fundamentais aos seus rituais.

Os loás podem ser divididos em vários panteões, cujos mais importantes são os *nanchon* (nações) Rada e Petwo. O primeiro consiste de divindades que seriam bem familiares a um iorubá, deuses africanos considerados muito antigos. Já os Petwo são agressivos e assertivos, oriundos da experiência da escravidão – muitos deles apareceram durante o período de isolamento no século XIX. Outro importante grupo de loás são aqueles relacionados à morte.

Cada uma das divindades possui uma identidade particular, domínios sobre os quais exerce seu poder e símbolos específicos, que incluem não apenas objetos físicos e motivos artísticos, mas também formas específicas de expressão, música e movimentos rítmicos. Sabe-se que cada loá gosta de um certo tipo de alimento, e que este deve ser usado nas oferendas. Em geral, os Rada loá preferem coisas "legais", como doces e refrigerantes, enquanto os Petwo loá apreciam mais as coisas "quentes", como rum e comidas temperadas.

Um exemplo de sincretismo é a associação entre os loás e santos católicos e manifestações da Virgem Maria. O simbolismo nas **cromolitografias** (pôsteres coloridos) usadas pelos primeiros padres que tentavam levar o cristianismo aos escravizados foi entendido como representativo das divindades. A mais antiga, e talvez mais venerada, de todas é Dambalá, a deidade-serpente da nação Rada. Seu domínio são as chuvas, a fecundidade e a sabedoria, e é representado como São Patrício, que era retratado nas cromolitografias com as cobras aos seus pés. Na arte vodu, é frequentemente visto com sua esposa, Aidá Uédo, a serpente arco-íris.

A Santeria

Outros movimentos religiosos, similares em forma e função ao Vodu, desenvolveram-se no Caribe, no Brasil e em outras partes do Novo Mundo, para onde foram levados africanos escravizados para trabalhar nos grandes latifúndios. Surgida em Cuba, Santeria é uma fusão de religiões da África Ocidental, especialmente a iorubana, e o catolicismo espanhol.

A escravidão durou mais tempo em Cuba do que no Haiti. A independência da última colônia espanhola no Novo Mundo só veio em 1898, e por essa época havia grande número de libertos, comunidades de ex-escravos em áreas montanhosas remotas, sociedades de apoio mútuo e clubes sociais nas cidades. A Santeria desenvolveu-se nesses espaços, e hoje em dia espalhou-se por outras países americanos, incluindo os Estados Unidos, nos lugares onde vivem grandes populações de origem hispânica, como Los Angeles, onde é mais frequentemente percebida no contexto das *Botánicas*, lojas que vendem amuletos, ervas e outros materiais utilizados pelos seguidores da religião.

As divindades da Santeria, conhecidas pelo nome iorubano de orixá (capítulo 9), têm sincretismo semelhante aos loás do Vodu: cada um, conhecido pelo seu nome africano, é associado a um santo em particular, de modo que Ogum é São Pedro; Obatalá, Santa Mercedes; e Xangô, Santa Bárbara.

Embora *Santeria* seja o termo pelo qual essa religião é mais conhecida hoje em dia, era originalmente pejorativo, empregado pelos espanhóis para pontuar o que percebiam como a quantidade incomum de atenção prestada aos santos católicos em detrimento de Jesus Cristo. Seu nome correto é *La Regla de Ocha*, ou a Regra do Orixá, muito embora Santeria também seja de uso corrente. A religião é conhecida pelo seu segredo, e relativamente pouca informação sobre crenças, rituais e símbolos é tornada pública.

Uma razão para esse costume é a prática de sacrifícios animais nos cultos, que levou a conflitos entre os praticantes da Santeria e as autoridades dos Estados Unidos. Seriam tais sacrifícios protegidos pela Primeira Emenda à Constituição[162] ou estes deveriam ser banidos conforme os estatutos que proíbem a crueldade contra os animais? A questão ainda não foi resolvida, mas boa parte da polícia norte-americana tem sido mais compreensiva e permissiva, e as cortes judiciais têm, em geral, mantido o direito ao abate ritual de animais.

Movimentos de revitalização

Sociedades que estão próximas umas às outras vivenciam o difusionismo, o fluxo de traços culturais que são adaptados para se adequarem ao meio onde são recebidos, algo especialmente verdadeiro se ambas forem razoavelmente equânimes em termos tecnológicos e econômicos. Tal situação, contudo, normalmente vem à tona quando uma cultura é capaz de estabelecer dominação político-econômica sobre a outra e consegue impor-se a ela. Essa imposição pode ter a forma de uma conquista direta (quando existe controle econômico, político e militar) ou indireta, como quando uma iniciativa missionária ou econômica (uma fábrica de sapatos, p. ex.) chega à comunidade. Um religioso ou o gerente de uma fábrica podem até não possuir o poder político de um estado expansionista, mas ainda assim representam uma sociedade tecnologicamente mais avançada e coisas que as pessoas vêm a desejar e precisar.

---

162. "**A Primeira Emenda** prevê que o Congresso não passe nenhuma lei sobre o estabelecimento de uma religião ou proibindo seu livre exercício" [Disponível em https://www.whitehouse.gov/about-the-white-house/our-government/the-constitution/] [N.T.].

A sucessão dos acontecimentos pode variar de situação para situação, mas de modo geral a introdução massiva de itens oriundos de uma sociedade dominante pode exercer um efeito dramático na sociedade receptora, resultando inclusive na destruição desta última. As pessoas podem sobreviver, mas acabam por se tornar um mero reflexo dos dominadores, habitantes das fímbrias daquela cultura. Acima de tudo, essa desmoralização se manifesta nos mais diversos comportamentos impróprios.

É possível que uma sociedade seja completamente assimilada por outra, desaparecendo como entidade, mas também pode superar-se e se tornar uma subcultura viável no âmbito da cultura dominante. Mais frequentemente, contudo, ocorrem reações que se manifestam em mobilizações religiosas ou seculares conhecidas como **movimentos de revitalização**.

Movimentos de revitalização se formam como tentativas deliberadas de provocar mudanças que tornem uma sociedade mais suportável e satisfatória para os oprimidos. Podem ser seculares, mas é bastante comum apresentar-se como movimentos religiosos completos, com mitologias, rituais e simbolismos, e podem resultar na formação de novas religiões. Tratam-se de mobilizações propositais, em geral iniciadas por um indivíduo ou um pequeno grupo que promete um futuro melhor, no qual os problemas que assolam ou ameaçam a comunidade serão solucionados.

Esses movimentos surgem a partir de situações desgastantes, quando não traumáticas, que incluem marginalização política e econômica (a perda de efetiva participação política), carência, miséria, desnutrição e níveis elevados de surtos epidêmicos crônicos. Mas há, igualmente, estresses menos tangíveis no interior da estrutura social, que vêm à baila quando uma cultura é discriminada pelos dominadores ou quando existe a percepção de que seus valores estão sendo ameaçados.

As origens dos movimentos de revitalização

Anthony Wallace descreve diversos estágios no desenvolvimento de um movimento de revitalização[163]. Durante os primeiros, de contato ou outros estressores, as mudanças ocorrem, mas num ritmo aceitável, conforme padrões relativamente conhecidos. Com o tempo, os níveis de estresse tornam-se intoleráveis para algumas pessoas, quando então percebe-se o aumento das doenças, alcoolismo, uso de drogas e crime. Muito embora tais comportamentos sejam disfuncionais, para muitos indivíduos eles servem como adequações temporárias às mudanças.

---

163. WALLACE. A.F.C. *Culture and Personality*. Nova York: Random House, 1970.

O aumento da exposição à sociedade dominante e do influxo de novos elementos, muitos dos quais não são facilmente integráveis à cultura existente, amplia o estresse sobre os indivíduos. Pode haver restrição nos meios de subsistência e a emergência de padrões econômicos novos, não condizentes com os ideais da cultura. Por exemplo, o trabalho individual assalariado em substituição às atividades econômicas de base familiar, com o efeito de esgarçar os laços de parentesco e aumentar o isolamento dos indivíduos. Na medida em que as relações sociais tradicionais se desintegram, o alcoolismo, o uso de drogas e o crime podem se tornar endêmicos. Às vezes a cultura dominante tenta propositalmente aniquilar os padrões religiosos nativos (ridicularizando e destruindo objetos e lugares sagrados), substituindo-os pelos seus próprios. Nem todos os movimentos, contudo, são de natureza religiosa: eles podem ser políticos, de que são exemplos muitos dos elementos do reavivamento celta na Irlanda ou os movimentos comunistas de diversos países.

Nesse ponto, a sociedade pode simplesmente desintegrar-se, deixar de existir como entidade separada, e seus membros serão assimilados ao grupo social dominante (geralmente marginalizados). Uma outra possibilidade, contudo, é a revitalização, que tem início quando um indivíduo ou pequeno grupo constroem uma imagem nova, utópica, de sociedade e empreendem ações no sentido de torná-la real, ao mesmo tempo em que apontam o grupo social dominante como o mal. O fundador pode ser um líder carismático ou um profeta, e a história que estabelece a legitimidade do movimento é normalmente considerada como sobrenatural.

As pessoas que se juntam ao movimento veem a si mesmas como eleitas, membros de um *status* social especial, e tentam atrair mais gente ao grupo. Ainda que no início a filosofia e as regras sejam um tanto maleáveis, com o tempo podem enrijecer-se, definir-se, e o grupo pode se afastar da sociedade como um todo, não raro com grande hostilidade. Nesse momento, se o movimento for bem-sucedido, torna-se firmemente estabelecido, relativamente estável, e pode ingressar na corrente dominante da cultura, tendo efetivamente conseguido provocar uma mudança. Mas tampouco é impossível que permaneça isolado, e nesse caso ou persiste ou desaparece, geralmente de modo dramático e terrível.

Tipos de movimentos de revitalização

É possível distinguir alguns tipos de movimentos de revitalização. Os **nativistas** desenvolvem-se em sociedades nas quais o abismo cultural que separa as culturas dominante e subordinada é muito amplo. Eles salientam a eliminação da cultura dominante e o retorno ao passado, mas retendo os elementos desejáveis aos quais foram expostos, agora sob o seu controle.

Os **revivalistas** tentam reviver o que é geralmente percebido como uma idade áurea pretérita, em que modos antigos vêm simbolizar características nobres e a legitimidade da cultura reprimida. O reavivamento celta na Irlanda, por exemplo, salientava a retomada dos antigos costumes celtas e fornecia símbolos revolucionários contra a ocupação britânica. Quando a República Irlandesa se tornou independente, muitos itens passadiços tornaram-se ícones de uma nova identidade nacional, como a língua, o artesanato e os topônimos. Além disso, a esses elementos seculares alguns grupos neopagãos tentaram também revivescer práticas religiosas celtas – muitos dos movimentos dessa natureza que discutiremos mais adiante nesse capítulo podem ser considerados revivalismos.

Os **milenaristas** baseiam-se numa visão da mudança advinda de uma transformação apocalíptica. Os **messiânicos** acreditam que um salvador divino em forma humana trará a solução para os problemas existentes na sociedade. Por óbvio, todos esses quatro tipos de movimentos nem sempre são claramente diferenciáveis, e muitos elementos de um deles aparecem nos demais. Nas próximas seções, veremos alguns exemplos.

Cultos ao Cargo (Cargo Cults)

Um exemplo bem conhecido de movimento nativista são os Cultos ao *Cargo* (*Cargo Cults*). O termo provém da palavra *cargo*, que no inglês **pidgin**[164], falado pelos habitantes da Nova Guiné e da Melanésia, significa "mercadorias". Esses movimentos nasceram ao longo da costa em finais do século XIX, mas atingiram o seu ápice durante a Segunda Guerra Mundial, quando os militares norte-americanos trouxeram consigo grandes quantidade de bens manufaturáveis.

Quando os primeiros estrangeiros (exploradores, missionários, administradores coloniais) adentraram essas regiões, trouxeram consigo uma abundância de bens manufaturados altamente desejáveis que excitaram as imaginações dos

---

164. "Pidgin é um tipo de língua reduzida, resultante do extenso contato entre dois ou mais povos aloglotas. O falante de pidgin é o aprendiz adulto que possui uma gramática estabelecida e é confrontado com outra bastante diferente da sua. É meio precário de intercompreensão, numa situação de multilinguismo em cenário de contato intenso e/ou extenso" (RODRIGUES, U.R.S. *Elementos para a compreensão de Línguas Crioulas e Pidgins: conceitos e hipóteses* [Disponível em https://revistas.ufrj.br/index.php/abeafrica/article/download/25872/17310+&cd=19&hl=pt-BR&ct=clnk&gl=br]) [N.T.].

nativos. Os recém-chegados eram percebidos como portadores daqueles artigos, logo muito poderosos. No contexto da cultura nativa, o poder provém do conhecimento do sobrenatural, de modo que muito do interesse na religião cristã que traziam era desejo de descobrir os rituais secretos que os missionários usavam para trazer o cargo desde o além-mar, da Terra dos Mortos.

Logo tornou-se claro aos povos locais que a chave para controlar o cargo não seria descoberta através do cristianismo e seus rituais, porque os missionários se recusavam a compartilhar com eles os tais segredos mágicos. Podemos ainda mencionar outros fatores negativos, como o desinteresse dos europeus em partilhar muitos dos seus bens com os nativos, o modo condescendente com que os tratavam, sua aparência e comportamento estranhos.

Essa desilusão levou à emergência de várias histórias que explicavam os sentimentos vivenciados pelos nativos. As grandes incógnitas eram a origem e o controle do cargo e também o poder dos estrangeiros: os europeus não realizavam nenhum trabalho óbvio e se envolviam em diversas atividades estranhas. Logo, os bens manufaturados deviam ser feitos na Terra dos Mortos dos ancestrais melanésios. Através de rituais, os europeus interceptavam e aviões e roubavam o cargo que deveria vir para o povo local.

A solução para o problema era descobrir e aprender a magia dos europeus, quando então seria possível expulsá-los da terra e permitir aos ancestrais aterrissar os aviões e entregar o cargo diretamente aos seus descendentes. Esse fato também daria início um período de paraíso terrenal e, em alguns casos, os próprios ancestrais retornariam. Para atingir tal objetivo, os melanésios observaram cuidadosamente o comportamento dos europeus, no intuito de encontrar alguma pista que os levasse até a magia poderosa deles.

Diversos *Cargo Cults* surgiram ao longo dos anos, em geral como resposta a um profeta que tivera sonhos ou, de uma outra forma qualquer, descobrira o segredo para controlar o cargo. Atividades quotidianas dos europeus, ainda que terrivelmente malcompreendidas, eram usadas como base para a elaboração dos rituais: entendidas como mágicas, sua utilização variava de lugar para lugar e incluía fazer marcas em papel, alçar bandeiras em mastros, marchar com paus sobre os ombros, vestir-se com roupas de estilo europeu e sentar em volta de uma mesa adornada com um vaso de flores. Um grupo abriu uma clareira comprida, imitando uma pista de aterrissagem, que contava, inclusive, com uma torre de comando.

Por mais tristes que sejam, esses comportamentos empalidecem ante um outro aspecto dos *Cargo Cults*: em alguns movimentos, o profeta anunciava que os ancestrais e os fabricantes das manufaturas não apareceriam até que o povo destruísse seus objetos sagrados tradicionais, ou os expusessem a pessoas que não deveriam vê-los, como mulheres ou meninos não iniciados. Noutros, o sucesso não viria enquanto houvesse comida suficiente para todos, de modo que se destruíram as plantações e as varas de porcos – e os resultados foram trágicos.

Dos primeiros Cargo Cults, um dos mais bem conhecidos foi a Loucura de Vailala, ocorrida entre 1919 e 1923 e centrada em transes divinos. Os velhos rituais foram abandonados, e outros novos, repletos de elementos cristãos e castrenses, apareceram – as mensagens dos mortos, por exemplo, podiam ser recebidas em mastros de bandeira. Entre 1932 e 1933 outro desses cultos surgiu entre os Buka: eles acreditavam que navios a vapor trariam cargo e construíram um imenso armazém para guardá-lo. Os navios, contudo, não aportariam enquanto o povo tivesse o que comer, então o povo destruiu todas as suas plantações.

No Culto Nu (1944-1948), seus membros andavam despidos e fornicavam em público. Além disso, dentre outros elementos estava a destruição das vilas e dos objetos manufaturados. O povo deixou de trabalhar para os europeus e começou a esperar pelos norte-americanos, algo que marcaria o início do período no qual os seguidores do profeta receberiam cargo.

A Dança dos Fantasmas de 1890

No século XIX, as políticas do governo norte-americano para com os indígenas visavam à assimilação forçada, objetivo alcançado pela destruição de fontes tradicionais de recursos, pela restrição das comunidades a pequenos trechos de terra e reservas, e pela educação forçada das crianças em internatos, onde eram proibidas de falar sua linguagem e praticar sua cultura. Muitas comunidades foram forçosamente deslocadas para terras distantes e insuficientemente férteis para sustentá-las, e os resultados foram pobreza, fome, crime, alcoolismo e a desestruturação das famílias e demais padrões sociais tradicionais. Não surpreende que uma das maneiras pelas quais as pessoas reagiram a tal situação tenha sido através do desenvolvimento de movimentos nativistas.

No começo de 1889, um homem Paiute chamado Wovoka (1858?-1932), um iletrado que vivia em Nevada, jamais havia mantido um diário ou escrito cartas e que após dezembro de 1890 deixou de conceder entrevistas, teve uma visão. Vejamos agora um resumo do que aconteceu.

Wovoka recebeu uma "grande revelação" no dia do Ano-novo de 1889: entrou em um estado alterado de consciência por algum tempo e despertou durante um eclipse solar (algo interpretado por muitos como morte e renascimento). Ele então disse ao povo que tinha ido ao Céu e visitado seus ancestrais, que estes estavam rejuvenescidos e saudáveis. Também falou com Deus, e Ele lhe dissera que os índios não deveriam mais mentir, roubar, brigar ou beber álcool. Foi-lhe ensinada uma dança tradicional que durava três, ou cinco dias, e se o povo seguisse corretamente suas regras e realizassem a dança, iria para o céu e lá rejuvenesceria.

Ainda que esse aspecto da visão aparente ser uma adaptação positiva às mudanças que ocorriam, havia muitas coisas mais. Wovoka falou de um apocalipse, durante o qual um novo solo cobriria o mundo e enterraria os brancos, ao que se seguiria o retorno da terra e dos animais, incluindo os bisões, à sua condição original. Os indígenas herdariam essa terra, e os mortos retornariam – donde o nome *Dança dos Fantasmas* (*Nanissáanah*, na língua Caddo).

A religião da Dança dos Fantasmas incluía muitos exemplos de sincretismo. Incorporou muitas tradições indígenas, como meditação, orações e limpeza ritual, mas também possuía diversos elementos cristãos – a própria visão ocorrera no Céu cristão. Quando jovem, Wovoka havia vivido certo tempo no rancho da família Wilson, presbiterianos devotos que certamente expuseram o jovem Jack Wilson (seu nome cristão) à sua religião.

No outono de 1890, a notícia da visão de Wovoka já havia se espalhado na direção leste e chegado às reservas onde viviam os Lakota, ao norte das Grandes Planícies. Eles enviaram uma delegação até Nevada e juntaram-se às centenas de indígenas das mais variadas tribos que haviam viajado para ver o profeta. Wovoka encontrou-se com as delegações, falou-lhes de sua visão e ensinou a sua dança.

A delegação Lakota retornou para sua reserva e relatou ao povo o que tinha visto e ouvido, e após receberem as notícias, as pessoas organizaram-se em grandes números para dançar a Nanissáanah. Essas reuniões alarmaram os agentes do governo, que convocaram a milícia armada para desmantelá-las. Os Lakota fugiram para o campo, onde foram reunidos e devolvidos às reservas.

Como parte dessas operações, a milícia descobriu e cercou um grande grupo acampado junto a um riacho chamado Wounded Knee, na Dakota do Sul. Em 29 de dezembro de 1890, em meio a grande tensão, o xamã Yellow Bird ordenou ao povo que resistisse aos soldados, lembrando aos guerreiros que a religião da Dança dos Fantasmas pregava que as balas inimigas não penetrariam as "camisas fantasmas" que usavam. Um jovem guerreiro pegou seu rifle que estava debaixo de um cobertor e atirou nos soldados, os quais, imediatamente, abriram fogo contra o grupo, usando balas e canhões. Em poucos minutos, mais de duzentos homens, mulheres e crianças estavam mortos. Ainda hoje, passados mais de 120 anos, esse evento marca as relações entre as populações indígenas e o governo norte-americano.

A Igreja de Jesus Cristo dos Santos dos Últimos Dias (mormonismo)

Muitos movimentos religiosos novos emergiram nos Estados Unidos durante o começo do século XIX, um tempo de grande estresse e crise num país que se encaminhava para uma Guerra Civil. A Revolução Industrial chegou trazendo grandes transformações nos estilos de vida tradicionais, inclusive deslocamentos populacionais do campo para as cidades e o consequente enfraquecimento das noções de comunidade. A proliferação de inúmeras **seitas** cristãs, ou de novos ramos de religiões conhecidas, levou à **fadiga decisória**, na medida em que a igreja única e dominante era substituída por numerosas opções. Desse esgotamento vieram diversos movimentos de revitalização, incluindo Shakers, Adventistas do Sétimo Dia e a Igreja de Jesus Cristo dos Santos dos Últimos Dias (SUD), atualmente o grupo religioso com mais rápido crescimento na história dos Estados Unidos e que afirma possuir mais de quinze milhões de membros ao redor do mundo.

A igreja foi fundada por Joseph Smith (1805-1844), que havia crescido em Nova York, numa família de "buscadores" – algo que podemos chamar de "cristãos não denominacionais". O grande número de seitas cristãs o angustiava, e ele desejava descobrir qual era o verdadeiro cristianismo. Ele teve sua primeira visão aos 14 anos, em que Deus e Jesus Cristo lhe diziam que as várias denominações estavam em erro e que ele não deveria se juntar a nenhuma delas.

Três anos depois, foi visitado três vezes pelo anjo Moroni, que o preparou, como profeta, para restaurar a verdadeira igreja de Cristo e lhe revelou a localização de placas de ouro que continham uma história bíblica adicional. Para traduzi-las, Smith utilizou duas pedras especiais, enterradas no mesmo local, surgindo assim aquilo que ficou conhecido como *O livro de mórmon: Outro Testamento de Jesus Cristo*, uma obra que não substituiu a Bíblia, mas sim complementou-a. Seu título menciona Mórmon, um antigo profeta que compilou o texto sagrado e que acabou dando nome aos seguidores da igreja.

No início, a Igreja de Jesus Cristo dos Santos dos Últimos Dias foi pesadamente perseguida, e em 1844 Smith foi preso por ter destruído a prensa de uma editora que o antagonizava, em Illinois, e quando estava na cadeia, uma multidão invadiu a cela e o matou e ao irmão. Sua morte provocou uma crise no grupo, mas Deus enviou a revelação de que o próximo líder seria Brigham Young, e foi ele quem o liderou até o local da futura Salt Lake City, no Utah. Lá, a igreja teve problemas tanto com a população indígena (que já vivia na área) quanto com o governo norte-americano, que recusava o reconhecimento de Utah como estado porque os mórmons praticavam a poligamia. Este reconhecimento chegou em 1890, quando Deus revelou à igreja que desaprovava casamentos plurais.

Existem convergências entre as crenças da SUD e da Cristandade evangélica, incluindo a veracidade literal da Bíblia, a **expiação**, a **ressurreição** e o **dízimo**. Mas há também diferenças significativas. Por exemplo, enquanto a maioria dos cristãos conservadores acredita que a fé somente leva à salvação, os mórmons creem nas boas ações. No capítulo 9, vimos os problemas que envolvem o conceito de Trindade para o monoteísmo cristão, e também nesse ponto há divergências. A divindade é entendida como trinitária: Deus Pai, Jesus e o Espírito Santo, três deidades distintas, de carne e osso. Smith descreveu Deus como autocriado, finito e possuindo um corpo material. O Espírito Santo é um personagem espiritual.

Outra diferença óbvia são os textos bíblicos adicionais do Livro de Mórmon, que relatam a história de um grupo de israelitas que deixou o Oriente Médio por volta de 600 a.C., antes do Cativeiro da Babilônia, e chegou à América do Norte. Nele estavam Leí, o patriarca, e seus dois filhos, Néfi e Lamã, de quem descendem duas tribos, Nefitas e Lamanitas, que viveram num estado de perene inimizade, até que os primeiros foram exterminados pelos segundos (por volta de 385 a.C.). O livro também registra que após a ressurreição, Jesus veio para a América do Norte, onde realizou milagres, proferiu sermões e escolheu doze discípulos, todos da tribo dos Nefitas.

Os mórmons acreditam que essas crenças são as mesmas da Igreja Primitiva e que eles estão restaurando a congregação apostólica, tal como era no primeiro século de nossa era.

Neopaganismo e renovação

O termo **neopaganismo**, um exemplo de movimento revivalista, refere-se a religiões pré-cristãs que têm sido revividas e praticadas em tempos atuais, das quais uma das mais bem conhecidas é a Wicca.

O movimento wiccano

O começo da Wicca está ligado à publicação de uma série de livros importantes: primeiro, *O culto das bruxas na Europa Ocidental*[165], escrito pela antropóloga Margaret Murray em 1921. Nele, a autora investigou a febre da caça às bruxas (que os wiccanos conhecem como "Tempo das Fogueiras"), focando na relação que acreditava existir entre os julgamentos e a perseguição aos praticantes de religiões pré-cristãs. Para ela, existia uma linha intacta entre os cultos antigos baseados na Deusa e as mulheres que eram acusadas de bruxaria, uma afirmação controversa. Para a maioria dos wiccanos hoje, porém, sua religião é uma reconstrução, não uma continuidade, dessas antigas práticas. Importante destacar que o momento de publicação do livro coincidiu com o Movimento Sufragista dos Estados Unidos, que se dedicava a conquistar o direito ao voto feminino, contexto em que a ideia de uma religião pré-cristã que valorizava e venerava as mulheres era atraente, e o retorno a esses rituais casava bem com as ideias do empoderamento feminino.

O movimento wiccano ganhou força na década de 1950, em grande parte graças ao trabalho de Gerald Gardner (1884-1964), autor de *A Bruxaria hoje*[166] (1954) e *O significado da Bruxaria*[167] (1959). Antropólogo amador, que havia estudado os Dayaks do Bornéu, ele deu continuidade à ideia de Murray, de que a bruxaria havia sido uma religião pré-cristã da Grã-Bretanha, e posteriormente afirmou que havia descoberto e se juntado a um conciliábulo de bruxas, que acreditava reunir os últimos remanescentes daquela velha fé.

Crenças e rituais wiccanos

Há imensa diversidade entre as crenças e práticas wiccanas. Discutiremos aqui algumas das características mais comuns: trata-se de uma religião politeísta, ainda que as divindades citadas variem bastante. Há ênfase na igualdade de gênero (deuses e deusas), bem como na natureza como manifestação da divindade.

É uma religião eminentemente baseada na natureza e que possui um calendário ritualístico. Um grupo de cerimônias, associado à deusa, é realizado nas noites de lua cheia e há também oito Sabás, ou festivais solares, ligados ao deus. Eles acontecem sazonalmente, evocam eventos como o plantio e a colheita, e também incluem o Samhain (Festival do Ano-novo discutido no capítulo 8, a morte do

---

165. São Paulo: Madras, 2003.
166. São Paulo: Madras, 2003.
167. São Paulo: Madras, 2004.

deus), Imbolc (primeiro de fevereiro, associado à purificação e fertilidade), Ostara (Solstício de Primavera), Beltane (30 de abril, quando o jovem se torna homem), Midsummer (quando se considera que os poderes da natureza estão em seu auge), Lughnasadh (início da colheita) e Mabon (a segunda colheita, o declínio do deus).

Os rituais em si são variados, mas geralmente têm início com o desenho de um círculo para criar um espaço sagrado, após o que se recitam invocações aos quatro pontos cardeais. Durante ou logo em seguida, os deuses e deusas são chamados a observar a cerimônia, e a partir de então há grande variedade nas liturgias, a depender do objetivo a que se destina. Dentre os elementos comuns estão músicas, cânticos, manipulação de símbolos e uma refeição ritual.

Símbolos wiccanos característicos incluem imagens ou velas (representando o deus e a deusa); o **atame**, punhal cerimonial, e a varinha, comumente usados para riscar o círculo; caldeirões e cálices representando a deusa; uma vassoura, que pode ser usada para varrer e purificar um espaço; e, também, o pentáculo (capítulo 3).

Também o uso da magia é caracteristicamente wiccano, tanto as populares quanto as ritualísticas, mas ao contrário das percepções errôneas difundidas, na Wicca todas as mágicas devem se voltar para o bem, nunca para o mal, algo que pode ser entendido na Lei do Retorno. Ideia semelhante ao carma, segundo essa lei, o bem que se fizer retornará a quem o fez, assim como o mal. Existem variações: a Lei Tríplice e a Décupla, segundo as quais o retorno se dará vezes três ou vezes dez, respectivamente. Os wiccanos possuem também uma regra moral conhecida como *rede*, a qual, em essência, define que é possível fazer tudo o que se quer, contanto que ninguém seja ferido.

A popularidade crescente da Wicca e a perseguição

Embora o número exato dos seus praticantes seja difícil de obter, a Wicca cresceu rapidamente, em especial na América do Norte e na Europa, mas também na América Latina. Recentemente, a religião recebeu reconhecimento oficial: nas Forças Armadas norte-americanas, por exemplo, o manual do capelão contém uma seção voltada à Wicca, e detentos wiccanos já conquistaram nos tribunais o direito à prática de sua religião.

A Wicca possui muitos elementos atraentes, em especial para as jovens: a ênfase no aspecto feminino, a Deusa, e a inexistência de crenças sexistas ou discriminatórias. A preocupação com a natureza e o meio ambiente assenta igualmente bem com as sensibilidades modernas. Enquanto a moralidade em diversas religiões tradicionais pode ser extremamente restritiva, a Wicca possui uma única regra (a rede). Sua prática é flexível, permitindo o envolvimento pessoal: é possível praticá-la sozinho ou em grupo, e há liberdade para adoção dos próprios símbolos ou rituais, sempre que parecerem adequados.

Nos últimos anos, a Wicca tem aparecido em diversas mídias populares. Ainda assim, e apesar no número crescente de praticantes, permanece amplamente mal-entendida. Seus seguidores são normalmente perseguidos e sofrem crimes de ódio. Parte desse equívoco advém do uso que fazem da palavra *bruxa* e de símbolos como o pentáculo, que para muitas pessoas guarda conotações muito negativas, ligadas à adoração ao demônio. Para os wiccanos, o diabo é uma noção cristã, com a qual não tem nenhuma ligação.

O termo bruxa é utilizado porque, para os wiccanos, possui sentidos e significados diversos, mas igualmente significativos: ele teria sido injustamente aplicado aos pagãos, aos curandeiros e a todos os demais que praticavam as antiquíssimas tradições mágicas populares. Logo, para os wiccanos usá-lo significa retomá-lo e reafirmar sua herança.

Religiões de alta demanda

Novos movimentos religiosos geralmente brotam de outras religiões, mais antigas e estabelecidas, de modo que guardam com estas muitas características comuns. Se o novo agrupamento permanece na cultura dominante, divergindo apenas em alguns pontos da religião estabelecida, é chamada de **denominação**, de que são exemplos os Batistas e Luteranos (no cristianismo) e os Sunitas e Xiitas (no Islã). As **seitas**, por sua vez, apresentam diferenças mais profundas, e ainda que continuem conectadas à crença dominante, são geralmente vinculadas a um líder fundador e a novas revelações. No campo do cristianismo, temos como exemplo a Igreja de Jesus Cristo dos Santos dos Últimos Dias, discutida anteriormente. Já a palavra **culto** apresenta desafios substanciais, por possuir sentidos distintos, utilizados das maneiras diversas pelas pessoas.

A questão dos "cultos"

Historicamente, culto define uma forma ou sistema específico de adoração religiosa, incluindo devoções específicas a uma pessoa ou coisa em particular – é dessa forma, por exemplo, que a Igreja Católica se refere ao culto a Nossa Senhora.

Não obstante, poucas pessoas empregam o termo nessa acepção, e embora haja definições neutras (nas quais o termo descreve um grupo pequeno, recentemente criado e espiritualmente inovador), a maioria está associada a uma imagética bem mais negativa.

Mas mesmo aqueles que usam o termo culto em seu sentido negativo não estão de acordo em relação à definição. Grupos cristãos evangélicos, por exemplo, como o *Counter-Cult Movement*[168], rotulam como tal qualquer grupo religioso que aceite algumas, mas não todas, as doutrinas cristãs observadas pelos evangélicos, de modo que a Igreja de Jesus Cristo dos Santos dos Últimos Dias, as Testemunhas de Jeová e a Igreja da Unificação são, todas, tidas como cultos. Já um grupo como os wiccanos, por exemplo, não recebe tal atenção por não derivar de uma religião cristã. Tudo isso retrata a exclusão que aguarda um novo grupo que se separa: quem decide quem pode dizer-se cristão? Certos grupos fundamentalistas vão ainda mais longe e tacham de "cultos" quaisquer religiões diferentes das deles – seja o judaísmo, o budismo ou mesmo uma religião dos Óvnis.

No outro extremo está o Movimento Anticulto, majoritariamente composto por profissionais da saúde mental e que mira naquilo que consideram cultos apocalípticos e que exercem controles mentais perigosos e autoritários (as "lavagens cerebrais"). Sua maior preocupação reside nas táticas enganosas de recrutamento e nas técnicas psicológicas que empregam para controlar os seguidores. Também a mídia desempenha um importante papel em relação à maneira como os grupos são percebidos: quando emprega o termo culto, está se referindo, de modo geral, a pequenos ajuntamentos religiosos com um líder carismático que pratica a lavagem cerebral em seus seguidores, no intuito de controlá-los completamente. Um grupo assim é considerado mau e acredita que o fim do mundo é algo iminente.

Graças a confusões desse tipo e às frequentes conotações negativas que o termo recebe, muitos pesquisadores evitam empregá-lo, preferindo, em seu lugar, **novo movimento religioso** (NRM, sigla em inglês). Esse debate, contudo, nos leva a um outro campo de discordância sobre o modo como são entendidos alguns dos novos movimentos religiosos mais extremistas. Alguns consideram haver uma linha que vai desde as religiões mais tradicionais até as denominações e seitas, e mesmo que as religiões de alta demanda situem-se em seu extremo final, a rigor não diferem em nada de outros grupos religiosos, e assim devem ser percebidos. Outros, por sua vez, julgam-nos de tal maneira distantes da cultura

---

168. Movimento Contracultos [N.T.].

padrão que se tornaram perigosos, pois os controles normais deixaram de ser operacionais. Óbvio que existe um problema com esta última afirmação: quem pode tomar essa decisão? O julgamento das crenças e práticas de grupos religiosos é algo que evitamos nesse livro. Ao invés disso, nosso foco recai na perspectiva de que os grupos religiosos de alta demanda formam apenas uma das pontas finais do *continuum* de expressões religiosas, ainda que reconheçamos os desafios e dilemas que eles apresentam para a sociedade como um todo.

Características das religiões de alta demanda

Todos os grupos religiosos exigem dos seus seguidores que acreditem em um certo número de coisas e se comportem de determinadas formas. Todos demandam algum grau de conformidade, mas o nível de exigência e o grau de controle que tentam exercer, contudo, variam significativamente. Vamos examinar agora aqueles grupos situados no extremo final desse espectro.

Exemplo de uma situação de demanda amplificada que poucos chamariam de "culto" é um monastério católico romano. Os monges precisam obedecer a uma regra estrita de sono, trabalho e oração; sua dieta é limitada, e não raro fazem votos de celibato ou até mesmo de silêncio, e devem aceitar sem questionar as decisões dos seus superiores. Todos esses aspectos são normalmente associados a grupos de alta demanda.

Nesses grupos, crenças e comportamentos dos membros são estritamente controlados, e dentre os métodos utilizados temos longas horas de trabalho com pouco ou nenhum tempo livre, horários de sono reduzidos, controle rigoroso do acesso a informações do mundo exterior e a criação de uma visão desse exterior como um espaço inseguro e ameaçador. Também a humilhação pública e o isolamento podem ser empregados para o controle das condutas. É comum que se leve uma vida comunal e é possível que novos nomes e identidades sejam atribuídos aos membros, significando um rompimento com seu passado, e a afiliação e devoção à nova comunidade.

Alguns pesquisadores afirmam que a repetição infinita de orações, dentre outras técnicas, são na verdade técnicas de auto-hipnose: alguém pode ser ensinado, por exemplo, a repetir uma determinada frase mais e mais vezes, sempre que for confrontado com críticas vindas do grupo. Os estudiosos também apresentam particular preocupação com as práticas enganosas de recrutamento pontualmente utilizadas, algumas das quais podem ser encontradas em grupos não considerados de alta demanda, e umas poucas são empregadas por organizações que não são normalmente questionadas, como os campos de recrutamento do exército dos Estados Unidos.

Controle mental?

Uma das grandes questões relativas aos grupos de alta demanda é descobrir se praticam ou não lavagem cerebral. Uma proposição do Movimento Anticulto afirma que as pressões que exercem vão muito além das normalmente sofridas em sociedade, constituindo-se, portanto, numa forma muito particular de influência que pode vir a ser totalizante. Muitos cientistas sociais, contudo, questionam tal asserção: em que a "lavagem cerebral" é diferente das outras formas regulares de influência social e socialização? Por que não dizemos que pessoas convertidas às religiões tradicionais estão sofrendo lavagem cerebral? Será que não passamos, todos nós, por processos semelhantes, executados pelos nossos pais, para que aceitássemos as crenças da nossa cultura e da nossa religião? A propaganda, o treinamento militar e o ensino escolar não seriam modalidades de lavagem cerebral?

Em um interessante estudo, Jeffrey Pfeifer observa como rotulamos desigualmente essas diferentes áreas de influência social. No estudo, as pessoas foram apresentadas a um parágrafo fictício, que descrevia como um estudante chamado Bill havia deixado a faculdade para ingressar em: um seminário católico, no exército norte-americano, ou na Igreja da Unificação do reverendo Moon. Diversas técnicas de alta demanda eram mencionadas:

> Dentro das instalações, não é permitido que Bill tenha muito contato com sua família e amigos, e ele percebeu que raramente está sozinho. Ele também notou que parece ser impossível conversar com as outras quatro pessoas que ingressaram no programa e que está continuamente cercado por [padres, soldados, *moonies*[169]] que o fazem sentir-se culpado sempre que questiona qualquer uma de suas ações ou crenças[170].

Quando se pediu que descrevessem a experiência de Bill, os que pensavam que havia ingressado num seminário católico chamaram-na de "ressocialização"; aqueles que julgavam que havia entrado no exército, usaram o termo "conversão". Apenas os sujeitos que supunham que Bill havia entrado para a Igreja da Unificação usaram o termo "lavagem cerebral".

---

169. Membros da Igreja da Unificação, fundada pelo Reverendo Moon [N.T.].
170. LEWIS, J.R. Overview. In: LEWIS, J.R. (ed.). *Odd Gods: New Religions and the Cult Controversy*. Amherst: Prometheus Books, 2001, p. 41.

Diversos estudos fracassaram em dar fundamento à ideia de lavagem cerebral. Muitos centraram-se na questão do recrutamento, com o pressuposto de que se algum desses grupos tivesse, de alguma forma, interferido no livre arbítrio e controlado a mente de alguém, então todos, ou quase, que participaram dos encontros de recrutamento deveriam, em verdade, se converter. Mas não era esse o caso.

A socióloga Eileen Barker pesquisou a Igreja da Unificação e descobriu que apenas uma pequena parcela dos que frequentaram os seminários de recrutamento havia se juntado à igreja. Outro estudo, conduzido pelo psiquiatra Saul Levine, trabalhou com mais de 800 pessoas que haviam ingressado em movimentos religiosos controversos e descobriu que mais de 80% desistiram nos primeiros dois anos. Estatísticas como essas não são as esperadas de grupos que exercem o controle mental sobre os seus membros.

Grupos religiosos genuinamente perigosos

Isso não quer dizer que nenhum grupo religioso deva ser considerado perigoso, seja para seus próprios membros ou para a sociedade como um todo. A questão é *como* identificá-los. Não obstante certos elementos óbvios (como tortura e homicídio), os critérios não são exatamente inequívocos, e alguns desses grupos nem sequer podem ser considerados de alta demanda.

Há, contudo, um punhado de características que tem sido sugerido como alerta inicial de perigo, um dos quais a autoridade pleiteada pelo líder do grupo, e o que é feito dela. Por exemplo, quando o líder estabelece um conjunto de regras éticas aplicável a todos, menos a si mesmo. Ou ainda quando manda até mesmo em detalhes pessoais importantes na vida dos seus seguidores, como com quem devem se casar.

Outra característica é quando o grupo vê a si mesmo como acima da lei, ou livre das regras que regem o contrato social com o estado laico. Ainda que algumas pessoas coloquem as ideologias apocalípticas nessa lista, elas em si não apresentam, necessariamente, um perigo; já quando o grupo acredita que será os soldados do exército divino durante o fim do mundo e começa a estocar munição e armas para o confronto final, a coisa muda de figura.

Exemplos de religiões de alta demanda

As últimas décadas testemunharam o desenvolvimento de diversos novos movimentos religiosos, muitos dos quais podem ser considerados como "de alta demanda". Vários permanecem fora do radar da cultura, mas alguns conquistaram nossa atenção de formas dramáticas, quando não trágicas, tais como o ramo davidiano (*Branch Davidians*) e o *Heaven's Gate*, ambos dos Estados Unidos.

O ramo davidiano (Estudantes dos Sete Selos)

As origens dos Estudantes dos Sete Selos são encontradas em um grupo que se separou dos Adventistas do Sétimo Dia na década de 1940. Sob a liderança de Victor Houteff, a nova seita compartilhava muitos dos aspectos de sua denominação original, como a crença no retorno iminente de Jesus Cristo. Houteff ensinava, contudo, que tal retorno só aconteceria quando ao menos um pequeno número de cristãos estivesse suficientemente purificado, purificação essa que seria conduzida por ele mesmo, autodeclarado mensageiro enviado por Deus. A chave para tudo isso era uma informação secreta contida em um rolo de pergaminho descrito no livro bíblico do Apocalipse, que supostamente contém uma descrição dos eventos que ocorrerão quando Jesus voltar e o mundo, como o conhecemos, acabar-se. O rolo seria protegido por sete selos, também conhecido pelo apelido de *Branch Davidians* ou ramo davidiano.

Após a morte de Houteff, o controle passou para a esposa dele, que profetizou o fim do mundo para abril de 1959. A profecia não se realizou, e apesar de algumas pessoas terem deixado a religião, ela continuou a existir, sob diversas novas lideranças. Em 1981, um homem chamado Vernon Howell juntou-se ao grupo na condição de faz-tudo, mas acabou por se casar com a filha de um importante membro, e após uma luta pelo poder assumiu a liderança em 1987. Posteriormente, mudou o nome para David Koresh (uma homenagem ao rei bíblico Davi e a Ciro, xá da Pérsia).

No começo dos anos de 1990, o grupo já alcançava mais de cem membros, e sob Koresh passou a acreditar que a morte de Cristo havia propiciado a salvação apenas para aqueles que haviam morrido antes dele – ou seja, até 32 d.C. Todos os falecidos a partir de então só seriam salvos pelas ações do profeta atual. Tradicionalmente, os cristãos acreditam que o Cordeiro de Deus é Jesus Cristo, mas para o ramo davidiano ele era, em verdade, David Koresh, e quando do rompimento dos selos apocalípticos, haveria uma grande batalha, na qual os seguidores desempenhariam um papel fundamental – logo, precisavam de armas –, após o que eles, sozinhos, ascenderiam aos Céus e estariam junto a Deus.

As práticas do grupo incluíam muitas das características típicas das religiões de alta demanda: as pessoas viviam comunalmente e levavam uma vida altamente regulada e disciplinada. O controle do líder se estendia até áreas como o sexo e o matrimônio. Casais eram separados, casamentos dissolvidos, e Koresh persuadia as mulheres do grupo a se tornarem suas "esposas espirituais", o que incluía relações sexuais. Todos os outros deveriam permanecer celibatários, e aos membros não era permitido ir ao cinema ou participar de competições esportivas. O comprimento das vestes femininas e seus cortes de cabelo eram regulados. Koresh tinha poder de veto sobre todas as decisões. Mas a prática que ganhou a atenção do governo norte-americano foi a formação de um grande arsenal.

Em 1993, em Waco (Texas), o Escritório de Álcool, Tabaco e Armas de Fogo (ATF, na sigla em inglês) decidiu prender Koresh por causa de violações relativas a armamentos, mas quando os agentes tentaram executar a decisão ocorreu um incêndio no qual seis membros da seita e quatro policiais morreram. Seguiu-se um cerco de cinquenta e um dias, até que finalmente os agentes federais lançaram bombas de gás e usaram tanques para conseguir entrar no edifício. Incêndios diversos consumiam o complexo, e lá dentro Koresh mais setenta e cinco dos seus seguidores, incluindo vinte e uma crianças, estavam mortos.

Muito já se escreveu a respeito dos eventos de Waco, mas ainda há muito por saber. Um fator indiscutível, contudo, é que os agentes federais não levaram a sério as crenças religiosas dos davidianos, nem as consideraram quando da elaboração de sua estratégia. Aparentemente, Koresh acreditou que a invasão era o início da grande batalha do Armagedon, que deveria começar com um ataque ao seu grupo. Esse caso aponta para os problemas associados à liberdade religiosa, especialmente quando diante de um grupo armado e à espera de um combate milenarista. Como equilibrar a liberdade de crença com a necessidade de ordem e segurança?

O movimento do ramo davidiano sobreviveu à morte de Koresh e existe até hoje. Uma pequena capela foi construída no local do cerco, e um grupo de algumas dezenas de pessoas permanece orando todo domingo. Baseados no Livro de Daniel, seus crentes profetizaram que Koresh voltaria em 1993 e 1999, e mesmo que as visões não tenham se cumprido, o grupo continua a esperá-lo para guiá-lo à Terra prometida. Em 2004, um administrador do local, Clive Doyle, afirmou em uma entrevista:

> Nossa esperança é que Deus intervenha antes que morramos todos... Mas é preciso encarar os fatos: eventualmente, todos ficamos velhos e morremos. Nos preocupamos em terminarmos como os Shakers ou outros grupos, sem novos membros ou crianças.

Se tudo foi um engano, e estamos convencidos de que estamos certos, então como poderemos separar o bem do mal? O certo do errado? Se eu fui enganado por Deus, como poderei voltar a acreditar em alguma coisa?[171]

A Igreja da Unificação (os *moonies*)

Os membros da Associação da Família para a Paz Mundial e Unificação são conhecidos nos países de língua inglesa pelo termo pejorativo de *moonies* em referência ao fundador da religião, o Reverendo Sun Myung Moon. Aos 15 anos, Jesus veio a ele em uma visão e lhe atribuiu a responsabilidade de terminar o trabalho que havia começado, de modo que em 1954, em Seul, foi fundada a Igreja da Unificação, com o propósito unir as denominações cristãs do mundo inteiro e reunir todas as religiões. Moon acreditou que isso era necessário como preparação para a segunda vinda de Cristo. A partir dos anos de 1950, missionários foram enviados ao Japão e aos Estados Unidos, mas neste país o desenvolvimento da religião não seria significativo até a chegada do próprio reverendo, nos anos de 1970.

As crenças mais importantes da igreja estão contidas no texto *Princípio Divino*, publicado em 1973, que relata as novas verdades do novo Princípio, revelado pelo Reverendo Moon. Ele afirma explicitamente que o tempo da segunda vinda de Cristo é o presente, e foca na família como o propósito da criação.

A Igreja da Unificação é mais conhecida pela prática dos grandes casamentos coletivos, presididos pelo reverendo e senhora, alguns dos quais chegaram a contar com milhares de pessoas – alguns casais foram formados pelo próprio Reverendo, que havia apresentado os nubentes há apenas um mês, quiçá menos.

A Igreja da Unificação ensina que antes de casar-se com Adão no Jardim do Éden, Eva tivera um caso com o arcanjo lúcifer, causador da queda espiritual da humanidade. Posteriormente, ela teve relações sexuais pré-maritais com Adão, provocando assim a queda física do gênero humano. Juntos, esses dois atos ilícitos fizeram com que Adão e Eva formassem uma família imperfeita, pecado esse que levou satanás a dominar o mundo. Segundo o plano divino, Jesus redimiria a humanidade e desfaria o mal causado pelo primeiro casal casando-se com uma mulher, mas acabou sendo morto antes disso. Em sua ressurreição espiritual subsequente, Jesus tornaria possível a salvação para todos aqueles que nele acreditavam – infelizmente, a salvação física é impossível porque ele não pôde completar sua tarefa.

---

171. Ibid., p. 32–33.

A salvação completa, física e espiritual, só ocorrerá após a chegada do "terceiro Adão" (sendo Jesus o segundo) e seu subsequente casamento perfeito. Esse terceiro Adão é entendido como a segunda vinda de Cristo e o homem perfeito que se casará com a mulher perfeita – e embora a Igreja da Unificação jamais o tenha declarado oficialmente, muitos dos seus membros acreditam que o Reverendo Moon e sua esposa, Hak Ja Han, são esses Verdadeiros Pais.

Religiões dos Óvnis

Alguns dos novos movimentos religiosos importaram elementos das modernas tecnologias, como viagens espaciais e clonagem, como base para uma filosofia que, embora não totalmente encarada como religiosa pelos não membros, claramente serve a tal propósito. Muitos especialistas consideram os Óvnis como pertencendo ao campo do paranormal, ou do sobrenatural, cabendo, portanto, na definição de religião (capítulo 1). Esses grupos descrevem os seres extraterrestres, ou "ufonautas", da mesma forma com que são descritos os entes sobrenaturais nas religiões mais tradicionais: seres espirituais que vieram à Terra para, de alguma forma, ajudar a humanidade. São sábios e dotados de poderes muito superiores àqueles do homem comum.

Outro tema religioso recorrente é a ideia do apocalipse iminente: o mundo é visto como à beira da destruição, e os "ufonautas" irão, de alguma forma, resgatar a raça humana, prevenindo uma guerra nuclear ou removendo seletivamente pessoas do planeta no intuito de preservar a espécie. Não raro, são vinculados à criação original dos homens ou do planeta.

Como vimos na seção anterior, muitos dos novos movimentos religiosos dos Estados Unidos baseiam-se, até certo ponto, na religião cristã, e até mesmo muitas das religiões dos Óvnis apresentam sincretismos e contêm significativos elementos judaico-cristãos.

Heaven's Gate

O movimento *Heaven's Gate* (Portal do Paraíso) foi o último dos três organizados por Marshall Applewhite, também conhecido por "Do", e Bonnie Trusdale Nettles, ou "Ti", que interpretaram passagens dos Evangelhos cristãos e do Livro do Apocalipse como referindo-se a visitas de Óvnis. Eles entendiam a Terra como estando sob o controle de forças malignas, e a si mesmos como pertencentes à elite que seria salva do mal terreno e conduzida ao próximo nível.

Seus membros viviam comunalmente em uma casa em San Diego, Califórnia; vestiam roupas unissex e eram todos celibatários. Oito deles, dentre os quais o próprio Applewhite, foram voluntariamente castrados, algo visto como preparação para a próxima vida, na qual não haveria atividade sexual ou identidade de gênero. Exigia-se dos membros que se apartassem das famílias e dos amigos e se desapegassem inteiramente das possessões materiais e dos sentimentos humanos. Suas vidas estavam voltadas ao cumprimento de um regime disciplinar conhecido como *processo de superação* (*overcoming process*), através do qual conseguiriam superar as fraquezas humanas e preparar-se para a transição física para o próximo reino.

O grupo via os humanos de modo dualista: a alma era uma entidade superior, abrigada apenas temporariamente no corpo físico. Muitas das metáforas que empregavam remetiam à jardinagem: a alma era como uma planta em um jarro, que poderia deixá-lo para trás e ser replantada em outro recipiente. Os membros da Heaven's Gate acreditavam que os extraterrestres haviam plantado as sementes dos atuais seres humanos milhões de anos atrás e retornavam agora para fazer a colheita desse trabalho, levando indivíduos espiritualmente elevados para juntar-se às fileiras das tripulações das espaçonaves. Para eles, ao cometerem suicídio, juntos e no tempo certo, abandonariam seus vasos (os corpos) e seriam replantados em outro, um nível acima da existência humana.

Consideraram o tempo certo como março de 1997, perto da Páscoa, e que uma espaçonave se escondia na cauda do cometa Hale-Bopp. Vinte e uma mulheres e dezoito homens, divididos em três grupos, cometeram suicídio voluntário ao longo de três dias sucessivos.

Raelianismo

O Movimento Raeliano foi fundado em 1973 por um piloto de corridas e jornalista francês de nome Claude Vorilhon, mas conhecido pelos seus seguidores como Raël. Durante uma caminhada nas montanhas, na França, ele afirmou haver se encontrado com alienígenas que lhe entregaram uma mensagem para os humanos, revelando sua verdadeira identidade: uma equipe de cientistas extraterrestres havia criado os humanos em laboratórios e implantado na Terra. Esses seres chamavam-se Elohim, um termo da Bíblia Hebraica, lá erroneamente traduzido por "Deus", mas que segundo Raël significaria "Aqueles que desceram do céu".

Durante os cinco dias que se seguiram, Vorilhon continuou a se encontrar com os alienígenas, que lhe forneciam novas interpretações de partes da Bíblia – por exemplo, que os Elohim haviam escolhido a Terra para conduzir experiências genéticas, e que construíram laboratórios com esse fim no lugar conhecido como "Terra Santa". Primeiro criaram as plantas, depois os animais, e finalmente os seres humanos "à sua própria imagem", os quais foram inicialmente abrigados nos laboratórios, a que o texto bíblico se refere como Jardim do Éden, mas como demonstraram ser excessivamente agressivos, acabaram sendo soltos.

Também foi dito a Vorilhon que quarenta profetas, descendentes dos Elohim com mulheres humanas, haviam sido enviados no passado, dentre os quais Buda, Moisés, Jesus, Muhammad e Joseph Smith, e que Raël seria o último deles, enviado para avisar à humanidade que desde o final da Segunda Guerra Mundial havíamos entrado na Era do Apocalipse. Ao invés de se destruírem com as armas nucleares, os humanos podiam optar por mudar suas consciências, permitindo-lhes herdar o conhecimento científico dos Elohim. Dominando essa tecnologia, quatro por cento dos humanos estariam aptos a clonar-se, após o que poderiam viajar pelo espaço e criar vida em outros planetas.

Raël considerava a clonagem como única esperança de imortalidade. São realizadas quatro cerimônias anuais para que os Elohim possam voar sobre as cabeças dos raelianos e gravar seus códigos de DNA. A maior parte dos membros é vagamente associada ao grupo e reconhece os Elohim como seus pais. Aqueles mais comprometidos juntam-se à Estrutura, que trabalha para fazer avançar os dois principais objetivos do movimento: difundir a mensagem de Raël e construir uma embaixada espacial intergaláctica em Jerusalém, que receberia os Elohim quando chegassem no ano de 2015.

Os raelianos têm recebido bastante atenção dos jornalistas graças à sua organização, a Clonaid, e por terem pretensamente realizado com sucesso a clonagem de seres humanos, muito embora não se disponham a oferecer quaisquer provas científicas do fato, que a maioria dos observadores externos considera como altamente improvável.

Conclusão

Religiões existem para responder questões, para mostrar-nos caminhos corretos e culturalmente definidos, para nos fazer sentir seguros no mundo em que vivemos. Qualquer uma e todas elas estão fortemente conectadas à cultura e às circunstâncias nas quais se encontram, mas o que acontece quando essas condições se transformam? Se uma religião deixar de cumprir essas funções, cuja urgência permanece, uma outra, nova e mais bem adaptada, faz-se necessária, e daí provêm os movimentos de revitalização que, provavelmente, serão populares em momentos de rápidas transformações sociais, quando as formas tradicionais de lidar e pensar com as coisas já não funcionam mais. Eles apresentam um caminho inequívoco, novo (ou o retorno a um mais antigo) que, afirmam, levará o povo para longe do desespero, para um futuro melhor, no qual as questões serão solucionadas e novos sentidos para a vida descobertos. Ao fim e ao cabo, não será essa a razão de ser da religião como um todo?

Resumo

Mudanças culturais ocorrem através de processos de descoberta, invenção e difusão. A aculturação se refere a situações nas quais uma cultura é significantemente transformada quando exposta à influência de uma outra, política e tecnologicamente dominante. Às vezes, ocorre uma reinterpretação desses elementos, um processo conhecido como sincretismo, no qual aspectos de duas culturas se fundem para formar algo novo, retendo, ao mesmo tempo, traços antigos sob uma nova forma, de que são exemplos o Vodu do Haiti e a Santeria de Cuba.

Movimentos de revitalização se formam como uma tentativa deliberada de transformação da sociedade. São frequentemente iniciados por um indivíduo ou um pequeno grupo que prometem tempos melhores. É possível reconhecer diversos tipos desses movimentos. Os nativistas desenvolvem-se em sociedades tribais, centrando-se na destruição da cultura dominante e no retorno ao passado, mantendo a posse de elementos desejáveis da cultura dominante, agora submetidos ao controle da subordinada, de que são exemplos os *cargo cults* da Nova Guiné e a Dança Fantasma, nos Estados Unidos. Os revivalistas tentam reviver aquilo que percebem como um passado glorioso, e costumes antigos vêm simbolizar as características e a legitimidade da cultura reprimida. A Wicca e outros movimentos neopagãos, por exemplo, são tentativas de reviver tradições religiosas pré-cristãs. Os milenaristas se baseiam em uma visão de mudança trazida por uma transformação apocalíptica, e os messiânicos acreditam que um salvador divino trará as soluções para os problemas atuais da sociedade.

A um movimento religioso que tenha brotado de uma religião mais estabelecida, mas que ainda permaneça na cultura dominante, chamamos denominação. Já as seitas permanecem conectadas à crença dominante, mas são geralmente vinculadas a um líder fundador e a novas revelações. O termos *culto* é usado de muitas maneiras, mas geralmente num conceito negativo, de modo que muitos pesquisadores evitam utilizá-lo e preferem *novos movimentos religiosos*.

Todos os grupos religiosos exigem algum grau de conformidade dos seus membros, ainda que o nível dessa demanda e o grau de controle sobre os membros possam variar. No extremo final do espectro situam-se os grupos de alta demanda, nos quais as crenças e comportamentos são estritamente controlados. Eventualmente, as atividades de grupos dessa natureza se tornam um perigo para os seus membros e a sociedade.

Questões de estudo

1) As culturas estão em constante mudança, adaptam-se às transformações externas através de descobertas, invenções e difusão. Defina cada um desses termos e apresente exemplos de sua própria cultura.

2) Ainda que as intenções dos missionários possam ser boas, os efeitos de suas atividades são amiúde danosos a sociedades de pequena escala. Qual a razão disso? Se você fosse um missionário com formação em antropologia, qual seria a abordagem de sua missão?

3) O Vodu e a Santeria são praticados por imigrantes haitianos e cubanos em boa parte dos maiores centros urbanos dos Estados Unidos, mas os seus membros preferem realizar seus rituais em segredo, longe das vistas dos seus vizinhos. Que tipo de práticas religiosas você imagina que seria mais ofensivo para um cidadão comum?

4) Ainda que tendamos a pensar nos movimentos de revitalização como ocorrendo, primordialmente, em sociedades de pequena escala, é possível pensar no cristianismo e no Islã como movimentos de revitalização?

5) Por que as religiões de alta demanda se desenvolvem? Por que as pessoas ingressam nelas?

6) Alguns antropólogos afirmam que teria sido melhor se as instâncias governamentais do Estados Unidos tivessem lidado com o ramo davidiano em Waco, no Texas, como um grupo religioso, levando em consideração as suas crenças. Como tal coisa poderia ser alcançada? Você acredita que a tragédia poderia ter sido evitada? Justifique sua resposta.

Leituras sugeridas

BROWN, K.M. *Mama Lola: A Vodou Priestess in Brooklyn*. Berkeley: University of California Press, 2001 [Uma etnografia centrada na pessoa de uma imigrante que pratica o Vodu na cidade de Nova York].

BROWN, M.F. *The Channeling Zone: American Spirituality in an Anxious Age*. Cambridge: Harvard University Press, 1997 [Um estudo antropológico sobre a canalização nos Estados Unidos, com foco em questões de identidade e dos seus reflexos na cultura norte-americana].

CUNNINGHAM, S. *The Truth about Witchcraft*. St. Paul: Llewellyn, 2002 [Descrição das crenças, simbolismos e rituais básicos da Wicca].

HITTMAN, M. *Wovoka and the Ghost Dance*. Lincoln: University of Nebraska Press, 1997 [Descrição detalhada da religião da Dança dos Fantasma, com muitos documentos originais].

MAR, A. *Witches of America*. Nova York: Sarah Crichton, 2015 [Um estudo das religiões neopagãs nos Estados Unidos].

ORION, L. *Never Again the Burning Times: Paganism Revived*. Prospect Heights: Waveland, 1995 [Uma etnografia dos Wiccanos].

Ficção

HEINLEIN, R. *Um estranho numa terra estranha*. São Paulo: Aleph, 2017 [Valentine Michael Smith, criado por marcianos, volta à Terra e funda sua própria igreja].

VONNEGUT. *Cama de gato*. São Paulo: Aleph, 2018 [Um conto apocalíptico que inclui uma pequena nação caribenha onde se pratica uma religião chamada bokonismo].

Websites sugeridos

https://www.unification.net/ – Página da Igreja da Unificação.

http://web.archive.org/web/20060428083040/religiousmovements.lib.virginia.edu/ – Página dos movimentos religiosos da Universidade da Virgínia.

www.religioustolerance.org/newage.htm – Discussões sobre a espiritualidade *New Age*.

https://www.heavensgate.com/ – Página da Heaven's Gate.

https://www.washingtonpost.com/wp-srv/national/longterm/cult/cultmain.htm – The Cult Question: Spiritual Quest or Mind Control. Reportagem do jornal *Washington Post*.

12

Religião, conflito e paz

Em nosso estudo da religião, vimos que ela possui um grande número de funções, dentre as quais o fato de que pode servir para unir as pessoas de um grupo social, gente sem qualquer relação mútua ou laços de parentesco. Da mesma forma, expressa e enfatiza regras morais para o comportamento humano, essenciais para que agrupamentos populosos possam viver em harmonia.

Mas essas funções são, também, sementes de conflitos. Em que pese o fato das religiões serem úteis à união das pessoas, são igualmente efetivas em separá-las, segregando quem não pertence a uma determinada comunidade religiosa ou aqueles cujo comportamento é amiúde vilificado e percebido como exótico, incorreto. Se a religião é capaz de propagar a pacificação e as boas atitudes, também é, com alguma frequência, causa e facilitadora do conflito, da violência. É este o tema deste capítulo.

Religião e conflito

O conflito é parte da vida e sempre existirá porque pessoas diferentes possuem visões de mundo, crenças culturais, interesses individuais e objetivos diferentes. Já discutimos os conflitos surgidos pelos usos diversos de um mesmo símbolo, o caso da suástica, ou as diferentes interpretações de um mesmo mito. Em si, o conflito não é bom nem ruim – o problema é como se lida com ele.

Andrew Heywood ponderou que a política, em especial a democrática, é, em essência, uma forma de resolução de conflitos[172]. O governo é parte de um sistema complexo, pensado para manejar conflitos sobre questões como a distribuição dos

---

172. HEYWOOD, A. *Key Concepts in Politics and International Relations*. 2. ed. Palgrave: Macmillan, 2015.

recursos, e quando deixa de funcionar, indivíduos podem voltar-se para a violência no intuito de solucionar as questões ou expressar suas frustrações. Isso significa que os conflitos deliberados através da política são sempre não violentos, enquanto aqueles encaminhados via outros meios são invariavelmente violentos? Depende de como definirmos "violência".

Quando pensamos em violência, é comum vir à mente pessoas ameaçando outras, direta e fisicamente. Johan Galtung, um sociólogo norueguês, define o termo de forma bem ampla, como qualquer coisa que impeça pessoas e grupos de atingirem todo seu potencial[173]. Ele distingue entre violências **direta** e **indireta**, às quais descreve como estrutural e cultural. A **violência estrutural** é a resultante de determinadas condições sociais, tais como a diminuição na expectativa de vida nas classes socioeconômicas mais baixas. A maneira pela qual uma sociedade justifica esse tipo de violência, naturaliza-a, é chamada **violência cultural**.

Você pode considerar que ao incluir a violência indireta, essa definição se torna excessivamente ampla – sob esse prisma, poderíamos vê-la em todo lugar, muito embora a maioria de nós, ao pensar em violência, lembra-se de algo físico, direto. Não obstante, é interessante compreender que a violência pode ocorrer sem um ator específico. Ter em conta as violências estrutural e cultural nos ajuda a entender a violência direta de certos grupos: terroristas islâmicos que atacam europeus inocentes, por exemplo, podem ser entendidos como reagindo à violência estrutural que, histórica e correntemente, levou à guerra e à instabilidade no Oriente Médio.

O papel da religião no conflito e na violência

Qual o papel da religião no conflito e na violência? Alguns teóricos argumentam que esses dois fatores são inerentes à religião (a visão substantiva), enquanto outros defendem que os conflitos religiosos são, em verdade, motivados por outras razões (a visão funcional). Aqueles que consideram a religião como tendo uma tendência inerente à provocação de conflitos e violência apontam para certas características específicas, ou sinais de alerta, dentre as quais suas tendências absolutizantes, divisivas e irracionalistas. Mas há quem observe que esses aspectos não são exclusivos da religião e podem ser encontrados associados a outros ideários; o nacionalismo, por exemplo.

---

173. GALTUNG, J. Violence, Peace, and Peace Research. *Journal of Peace Research*, 6, p. 167-191, 1969.

Religiões são absolutizantes na medida em que afirmam ser a verdade última e traçam limites rígidos entre o bem e o mal, abrindo espaço para a ausência do diálogo e a incompreensão de outros pontos de vista, sem possibilidade de acordos. Quando as disputas sociais são entendidas em termos religiosos, sua importância é superestimada – como se fora uma batalha cósmica entre o bem e o mal.

A religião propõe distinções estritas, não apenas entre o bem e o mal, mas também entre "nós" e "eles". Seus símbolos, rituais e visões de mundo criam um robusto senso de comunidade e identidade, bem como provêm os crentes de um senso de privilégio sagrado – serem os escolhidos os eleva acima de todos os outros. Essa espécie de compreensão da realidade é divisiva e tende a causar atritos com os demais.

Os crentes percebem as regras e diretivas da religião como além do ordinário, de modo que a lógica e o julgamento normais não são aplicáveis e suas crenças encontram-se fora da compreensão científica e racional – algo que podemos chamar de *irracionalista*. É comum que a religião demande obediência cega ao sobrenatural: os crentes são ensinados que seus desejos pessoais vêm depois das tradições, e por causa disso podem ser persuadidos a se engajar em batalhas religiosas, mesmo quando contrárias ao seu próprio bem. Como o sobrenatural é mais importante que o mundo natural, é possível justificar quaisquer meios e lutar contra todas as possibilidades para alcançar objetivos religiosos – e mesmo se não estiverem vencendo no mundo físico, pode nem ser tão importante assim, dado que, em último caso, serão recompensados na outra vida.

Fundamentalismo

Muitos dos aspectos utilizados para vincular a religião ao conflito (conforme a visão substantiva) estão igualmente próximos do **fundamentalismo**, um termo criado no século XIX, para se referir aos oponentes do Protestantismo liberal que buscavam retornar aos "fundamentos" do cristianismo como meio de guiar todos a quem consideravam desviados. Dentre esses fundamentos estavam a crença na infalibilidade das Escrituras e um milenarismo resultante da leitura do Livro do Apocalipse.

O fundamentalismo foi sendo generalizado para outras tradições religiosas com um forte conteúdo escritural, em especial o judaísmo e o Islã. O primeiro, em particular, tem focado historicamente em debates, comentários e interpretações das escrituras, divergências essas que levaram ao surgimento de diversas denominações judaicas. Já no Islã, o Corão é tido como a Palavra de Deus, não como algo que pode ser tratado como um texto literário ou histórico. Assim sendo, eventuais controvérsias não são tomadas como desafios às fundações ou à santidade do livro – o fundamental sempre permanece, não existindo, portanto, a necessidade de reencontrá-lo. Por causa disso, muitos grupos judaicos e islâmicos questionam a utilização do termo fundamentalismo referindo-se a tradições não cristãs – alguns escritores islâmicos preferem usar "absolutismo" ou "extremismo".

Com o tempo, porém, o uso do termo fundamentalismo cambiou da ênfase nas escrituras religiosas para a associação a movimentos religiosos e sociais que compartilham certas características e visões de mundo. É esta perspectiva ética que usaremos aqui.

Características dos grupos fundamentalistas

De certa forma, é muito mais fácil definir os grupos fundamentalistas pelo que combatem do que pelo que defendem: eles temem e protestam contra a modernização (*stricto sensu*) e a secularização (*lato sensu*) da sociedade. Hoje em dia, a mudança é mais valorizada que a continuidade. A ênfase no comércio e na produção substituiu valores mais tradicionais. A lealdade e a identificação com o estado tomaram o lugar da identificação e da lealdade para com a comunidade religiosa. Todas essas tendências causam ultraje aos fundamentalistas.

Sua visão de mundo está centrada em encontrar certezas e simplicidade num mundo que, de resto, é incerto e complexo. Tendem a compreendê-lo em termos binários, ou isto ou aquilo, rejeitando a ideia do relativismo, uma mentalidade absolutizante que os impede de engajar-se no diálogo, na negociação, na busca pelo consenso. Ou como descreveu Richard Antoun:

> [...] uma orientação para o mundo moderno, tanto cognitiva quanto emocional, focada no protesto, na mudança e em certos temas candentes: a busca pela pureza e pela autenticidade; totalismo e ativismo; a necessidade da certeza (escrituralismo); o advento de um passado mítico no presente[174].

O **totalismo** é uma reação à crescente separação da religião de outros domínios da vida, pois os fundamentalistas acreditam que ela é de tal modo relevante

---

174. ANTOUN, R.T. *Understanding Fundamentalism: Christian, Islamic and Jewish Movements.* Walnut Creek: AltaMira, 2001, p. 2.

que deveria estar presente em todos os segmentos da sociedade. Os textos religiosos desempenham um importante papel nessas crenças, e o **escrituralismo** refere-se à prática de justificar neles as crenças e ações. Via de regra, considera-se que esses textos são inequívocos, representantes da certeza e da estabilidade num mundo que se transforma cada vez mais rapidamente. Outro aspecto de sua importância é a ideia de que são relevantes para a vida atual, o que Antoun chamou de **tradicionalismo**.

Dentre os temas importantes para os grupos fundamentalistas são o milenarismo e o enfoque na luta entre o bem e o mal. Outro aspecto relevante é o ativismo, ou como Antoun colocou, "o fundamentalismo *é* inerentemente antagônico e minoritário. É o protesto daqueles que *não* estão no poder"[175]. É importante observar que esse "poder" a que se refere o autor é político e cultural, não necessariamente econômico.

Ainda que os temas dos fundamentalistas coincidam transculturalmente, claro que movimentos individuais surgiram como respostas a circunstâncias históricas e culturais bem diversas entre si. O crescimento do fundamentalismo cristão nos Estados Unidos foi uma reação à ideologia protestante secular, muito importante nas origens do país. A crença no progresso laico e ideias como o destino manifesto serviram para alçar o nacionalismo ao nível de religião. O fundamentalismo islâmico, por sua vez, é, em larga medida, uma reação ao colonialismo ocidental e a repulsa ampla ao grau de infiltração econômica e cultural do ocidente nos países islâmicos. Já o fundamentalismo judaico tem suas raízes na resistência ao poderoso antissemitismo de finais do século XIX na Europa.

O fundamentalismo mórmon

Joseph Smith, profeta da Igreja de Jesus Cristo dos Santos dos Últimos Dias (SUD) recebeu a revelação sobre matrimônios no começo da década de 1830 e só a tornou pública alguns anos depois. Está registrada como a Seção 132 do livro *Doutrina e Convênios* (D&C), e introduziu o princípio do casamento plural, baseado nos costumes dos patriarcas bíblicos, como Abraão e Jacó, que tiveram mais de uma esposa. Entre os mórmons, a poligamia tornou-se uma obrigação – chamada por alguns de sacrifício –, e tanto Joseph Smith quanto seus sucessores receberam a autoridade divina para celebrá-los.

---

175. Ibid., 13; grifo do autor.

A poligamia era ativa e secretamente praticada pelos membros da igreja até 1852, quando Brigham Young a tornou pública, provocando grande preocupação entre os não mórmons: o governo federal dos Estados Unidos aprovou uma série de leis criminalizando-a. Polígamos foram diligentemente levados aos tribunais, e a questão contribuiu para denegar a Utah a condição de estado. Em 1890, os mórmons pararam de celebrar casamentos plurais, e a explicação oferecida é que Deus aceitara o sacrifício e removera o mandamento. Embora algumas uniões poligâmicas ainda fossem autorizadas após essa data, em 1904 foram definitivamente banidas – os membros que ainda as praticassem passaram a ser excomungados.

Nem todos aceitaram o fim dos matrimônios plurais e continuaram considerando a poligamia como uma obrigação religiosa baseada na revelação de Joseph Smith mesmo após 1904. Como não podiam mais celebrá-la na igreja, encontraram outros meios de legitimá-las: nos anos de 1920, grupos fundamentalistas mórmons passaram a aceitar a afirmação feita por Lorin C. Woolley, que pregava ser o chefe legítimo da igreja, com autoridade recebida de Joseph Smith e legitimidade divina para celebrar casamentos poligâmicos.

Muito embora a prática da poligamia tenha sido a característica mais divulgada dos grupos fundamentalistas mórmons, outros preceitos, articulados e praticados em maior ou menor grau em meados do século XIX, são igualmente presentes e se enquadrariam nos padrões dos grupos de alta demanda que já discutimos. Três deles são polêmicos e foram repudiados pela SUD.

O primeiro é conhecido como a Lei da Consagração e diz respeito a indivíduos que entregam suas propriedades à igreja que, em retorno, designa uma certa porção dessa propriedade de volta ao doador, para seu uso pessoal. Na SUD, esta regra foi substituída pelo dízimo, no qual uma percentagem da renda individual é destinada à igreja. Não obstante, em muitos grupos fundamentalistas esse princípio é utilizado para concentrar o controle de todas as propriedades, inclusive moradias e fazendas, nas mãos do líder, que permite às pessoas utilizarem-nas conforme achar melhor.

O segundo é a interdição ao ingresso de afro-americanos ao sacerdócio. Embora tenha sido oficialmente rejeitado pela igreja em 1978, ainda é mantido pelos grupos fundamentalistas.

Por fim, há a prática da expiação pelo sangue, que muitos historiadores acreditam ter existido na igreja primitiva, e significava a punição com morte para indivíduos que cometiam diversos pecados, dentre os quais adultério, relações sexuais entre brancos e negros e abandono da igreja. Uma série de assassinatos nos anos de 1970 e 1980 foram atribuídos a grupos fundamentalistas que mantêm esse preceito.

Hoje em dia, o movimento fundamentalista mórmon dividiu-se em uma série de pequenas comunidades, autocontidas e altamente reservadas que vivem na zona rural no oeste dos Estados Unidos, no México e no Canadá. Cada uma delas é controlada por um líder que exige completa obediência. Continua-se praticando a poligamia, e muitas de suas lideranças foram acusadas da prática de casamentos infantis (exige-se que meninas de até 12 ou 13 anos casem-se com os líderes das comunidades).

Religião e conflito: estudos de casos

A desilusão com modelos geopolíticos seculares foi a chave para que a religião ganhasse proeminência nos conflitos entre as últimas décadas do século XX e as primeiras do atual. Tomemos como exemplo o final da Guerra Fria, conflito ideológico entre os Estados Unidos, capitalista e democrático, e a União Soviética, comunista e autoritária, que dominou a cena política global por mais de quarenta anos e recebeu essa denominação porque jamais chegou a haver um confronto violento direto entre os dois países. Os conflitos ocorreram indiretamente, conflagrações localizadas entre seus aliados nos quatro cantos do mundo, como as guerras da Coreia e do Vietnã, a Crise dos Mísseis em Cuba e a Invasão Soviética do Afeganistão.

Especialistas afirmam que o impacto desse antagonismo global fez com que outras fontes de conflito ideológico e identitário (as religiões, p. ex.) estivessem subordinadas ao duelo mais amplo entre a democracia capitalista e o autoritarismo comunista, mas uma vez que esse cenário desapareceu, elas reemergiram.

No Oriente Médio, a desilusão com os governos laicos começou antes mesmo desse desaparecimento. O secularismo era fortemente vinculado ao autoritarismo, o caso do xá no Irã e de Hosni Mubarak no Egito. Sob esses regimes, a pobreza extrema, a privação de direitos e o acesso limitado aos recursos eram comuns. Para muitos, isso representava não apenas o fracasso do nacionalismo secular, mas também do estado como provedor e protetor dos seus cidadãos, um importante princípio islâmico. Outro fator para a crescente proeminência da religião nos conflitos foi sua capacidade de reduzir ambiguidades, incertezas e inseguranças – num mundo cada vez mais complexo e que se transformava rapidamente, era de se esperar que esse fator irrompesse, e mais ainda em situações de conflito.

A Revolução Iraniana

O fundamentalismo islâmico é um movimento lastreado em estressores sociais, religiosos e econômicos existentes em boa parte das nações muçulmanas. Desde o final do Império Otomano, na década de 1920, a história testemunhou a marginalização política desses países e o cenário crucial da dominação política e econômica num contexto colonial. Em diversas partes do Oriente Médio, as fronteiras desenhadas pelos poderes colonialistas europeus no começo do século passado apenas raramente coincidiram com os contornos das comunidades preexistentes, de modo que diversidades étnicas e regionais, bem como lealdades a diversas tribos ou seitas religiosas, dificultaram a integração dos povos em nações.

Mesmo após a conquista da independência, o colonialismo ocidental permanecia como um problema, pois a maioria dos países islâmicos era governada por elites ocidentalizadas, inundada por bens de consumo massificados vindos do Ocidente, e a cultura ocidental chegava através dos meios de comunicação de massa. Muito embora uma grande riqueza surgisse durante a década de 1970, resultante dos aumentos nos preços do barril de petróleo articulados pela Opep[176], ela foi exclusivamente canalizada para as elites, servindo tão somente para acentuar a pobreza relativa da maior parte da população. Para muitos muçulmanos, essa dominação econômica e cultural vinda do exterior era um sinal da ira divina e uma chamada para o retorno ao Corão e à obediência estrita dos seus princípios. O fundamentalismo islâmico ilustra muitos dos temas já descritos por Antoun, inclusive o escripturalismo e o tradicionalismo.

Talvez o exemplo mais bem acabado do aspecto do ativismo político no fundamentalismo islâmico seja a Revolução Iraniana de 1979, uma revolução religiosa comandada por líderes religiosos e que empregava termos religiosos contra um nacionalismo secular. Um exemplo dessa aplicação foi o uso do mito do Imã Hussein: o enfoque central do xiismo iraniano recai menos sobre o Profeta (como ocorre entre os sunitas) e mais sobre os seus descendentes. Segundo essa tradição, quase todos os doze imãs[177], descendentes diretos de Muhammad, foram violentamente assassinados nas mãos de governos seculares – por óbvio, tais poderes não merecem confiança. Histórias como essas formam o pano de fundo para uma vi-

---

176. Organização dos Países Exportadores de Petróleo, fundada em 1960 [N.T.].
177. Em termos gerais, *imã* (guia espiritual) é uma posição de liderança entre os muçulmanos. Para os sunitas, eles conduzem os serviços religiosos nas mesquitas e oferecem orientação religiosa. Entre os xiitas, são os líderes legítimos da *Umma* (comunidade islâmica) após a morte do profeta Muhammad [N.T.].

são de mundo de alienação da sociedade, e muito particularmente dos governos, vistos como injustos e ilegítimos.

Tem particular importância a história do terceiro imã, Hussein, neto do Profeta: antes da revolução, era sobre ele que recaía o enfoque da devoção, na sua condição de intercessor entre os seres humanos e Deus. No decorrer do movimento político, porém, uma nova ênfase, e uma nova interpretação, impôs-se: no século VII, Hussein estava em peregrinação à Meca quando soube que seus seguidores no Iraque estavam cercados por um exército e precisavam do seu apoio. Ele deixou a peregrinação, um dos Cinco Pilares do Islã, e foi para o Iraque, onde ele, sua família e todos os seguidores foram martirizados. O destaque passou, portanto, para este Hussein revolucionário, para quem a luta contra a opressão era até mais importante que a realização das obrigações devocionais islâmicas.

Na época da revolução, o Irã era oficialmente uma monarquia constitucional governada pelo Xá Muhammad Reza Pahlavi, mas na prática era uma ditadura severa, com leis de censura e encarceramento de ativistas políticos. Ao mesmo tempo, algumas condições haviam melhorado, e alguns direitos, estabelecidos: a Revolução Branca dos anos de 1960 dera início a uma série de reformas sociais, econômicas e políticas que conferiram mais liberdade às mulheres e fortaleceram a educação secular sobre a religiosa. Esses ensaios de modernização foram empreendidos com ajuda dos Estados Unidos, que encaravam o Irã como um elemento estabilizador da região. O xá era combatido por diversos grupos: alguns rejeitavam sua liderança autocrática e a corrupção de sua riquíssima família imperial; já as lideranças religiosas consideravam-no excessivamente secular e atrelado ao Ocidente, em especial aos norte-americanos.

A revolução contra o xá usou a figura de Hussein. Manifestantes gritavam "todo lugar é Karbala, e todo dia é Ashura" (o lugar e a data em que o imã fora assassinado). Jimmy Carter, presidente norte-americano, era identificado com Yazid, comandante dos exércitos em Karbala, e o xá com Shimr, o general enviado para matar Hussein. Os Estados Unidos eram o "grande satã".

Em 10 de dezembro de 1978, no dia da Ashura, dois milhões de manifestantes marcharam por horas carregando bandeiras verdes, vermelhas e negras, simbolizando o Islã, o martírio e o Xiismo. Ao final, foi aprovada uma resolução e o aiatolá Khomeini, que vivia no exílio, foi convidado a voltar e se tornar o novo líder do Irã. Ele chegou em fevereiro de 1979 e formou a República Islâmica, na qual a lei religiosa foi restabelecida, a educação religiosa foi reinstituída, e muitas novas normas sociais foram criadas, como o uso obrigatório do véu pelas mulheres, a proibição dos jogos de azar e das bebidas alcoólicas, e a censura a conteúdos sexuais em todos os meios de comunicação.

Sob o regime dos aiatolás, o Irã tem sido criticado pelas muitas violações aos direitos humanos, que incluem o encarceramento e o assassinato de críticos do regime. Muito embora as mulheres tenham conquistado importantes direitos sob o xá, tudo se perdeu. Organizaram-se patrulhas para questionar mulheres que cometiam violações como usar batom ou mostrar os cabelos.

A Primavera Árabe

O fracasso dos estados em proteger seus cidadãos foi um catalisador para diversas formas de resistência aberta, muitas das quais tinham bases religiosas. Os levantes frequentemente chamados de "Primavera Árabe" são alguns dos mais recentes desses eventos. Começando na Tunísia, em 2011, espalhou-se para o Egito, Iêmen, Barein, Líbia e Síria. O próprio termo Primavera Árabe foi criado pela mídia ocidental como resposta ao sucesso da revolta tunisina e em referência à queda do comunismo na Europa Oriental em 1989, quando a maior parte dos países do antigo Bloco Oriental adotou sistemas políticos democráticos e economias de mercado num prazo relativamente curto. Contudo, a expectativa de que algo semelhante ocorresse no Oriente Médio, diante do colapso dos regimes autoritários em face dos levantes populares, era enganosa. Diferentemente do que ocorreu na Europa, nos países árabes não havia consenso sobre o que deveria suceder ao sistema existente.

Dois princípios conflitantes estavam em jogo: por um lado, o desejo por maior implantação do fundamentalismo islâmico, e do outro a noção de que o secularismo precisava ser defendido. Disso resultou a ascensão do *Daesh* (Estado Islâmico) no Iraque e na Síria, onde ao invés de surgir reformas políticas e justiça social, houve mais guerra e violência.

O caso da Hobby Lobby nos Estados Unidos

Em 2010, a Lei de Proteção e Cuidado Acessível ao Paciente[178] (mais conhecida como *Obamacare*) foi aprovada nos Estados Unidos, uma legislação que exigia que as empresas providenciassem cobertura de saúde para seus empregados. A

---

178. Patient Protection Affordable Care Act.

base do conflito religioso, contudo, residia numa determinação específica: o seguro incluiria todos os métodos contraceptivos aprovados pela Food and Drug Administration (FDA), a agência governamental norte-americana responsável pela proteção e promoção da saúde pública. Ainda que algumas regulamentações criadas pelo Departamento de Saúde e Serviços Humanos abrissem exceções para empregadores religiosos, alguns destes não as consideraram suficientes.

Em setembro de 2012, a rede de varejo Hobby Lobby impetrou uma ação com base na Religious Freedom Restoration Act (RFRA), uma lei aprovada pelo congresso norte-americano em 1993 que exigia cautela sempre que "uma legislação dificultasse substancialmente o exercício religioso". Numa emenda feita no ano de 2000, definiu-se o "exercício da religião" como algo "obrigatório ou não, ou central, a um dado sistema de crenças religiosas". A rede Hobby Lobby foi fundada e é dirigida pela família Green, cristãos devotos que dirigem suas empresas conforme os preceitos bíblicos – todas as lojas fecham durante os domingos, por exemplo. A família objetou quatro dos vinte contraceptivos cobertos pela lei, incluindo a pílula do dia seguinte, por divergirem da sua crença de que a vida tem início na concepção.

Muito embora o mandato impetrado fosse inicialmente negado, houve apelação, e após recurso apresentado pelo governo norte-americano, em 2014, o processo seguiu para a Suprema Corte, na qual os juízes decidiram em favor da Hobby Lobby. Essa sentença foi considerada um marco, pois pela primeira vez a corte reconhecia o direito de uma organização a crenças religiosas, e desse modo, no tocante ao Religious Freedom Restoration Act, corporações com fins lucrativos podiam ser consideradas como pessoas, reconhecimento esse que foi posteriormente estendido às empresas sem fins lucrativos.

O caso fala de uma questão crucial, existente no cerne das democracias liberais dos países ocidentais: até que ponto os governos têm o direito de ferir liberdades religiosas em assuntos relativos à saúde e ao bem-estar de outros grupos da população? O direito à liberdade religiosa é exclusivo dos indivíduos ou pode também ser aplicável às corporações?

Religião, terrorismo e paz

Conflitos de base religiosa podem levar à violência considerada terrorismo. Da mesma forma, contudo, a religião pode exercer um papel fundamental na construção da paz. Discutiremos a partir de agora exemplos de ambos os casos.

Conflito religioso e terrorismo

Embora não haja nada de novo em relação à violência religiosa, as últimas décadas do século passado testemunharam o crescimento da violência religiosa e do terrorismo no mundo inteiro, e em alguns desses casos houve vinculação a novos movimentos fundamentalistas. Exemplos podem ser encontrados desde as grandes fés mundiais até pequenos grupos religiosos. Cristãos estão associados dos ataques às clínicas de aborto nos Estados Unidos ao atentado a Oklahoma, em 1995, sem falar nos conflitos na Irlanda do Norte. O Oriente Médio presenciou demasiada violência, perpetrada tanto por judeus quanto por muçulmanos, incluindo o assassinato do primeiro-ministro israelense Yitzhak Rabin (1995), o ataque de Baruch Goldenstein à Tumba dos Patriarcas em Hebrom (1994), e os muitos homens-bomba do Hamas. O Sikkismo está ligado ao assassinato de Indira Gandhi (1984), primeira-ministra indiana, e uma seita de budistas japoneses ao ataque com gás sarin ao metrô de Tóquio (1995). O ataque às Torres Gêmeas e ao Pentágono, em 11 de setembro de 2001, é um dos muitos exemplos de violências motivadas pela religiosidade.

Muito dessa violência tem sido descrita como **terrorismo**, termo que pode ser definido como "atos públicos de destruição, cometidos sem um objetivo militar claro e que disseminam um sentimento de terror"[179]. Ocorrências dessa natureza são geralmente cometidas com um exagerado, e deliberado, nível de violência, justificado pela referência às crenças religiosas, incluindo a ideia de que o atentado é parte de uma guerra cósmica em andamento, uma luta entre o bem e o mal. Nessa perspectiva, aqueles que as cometem são vistos como mártires da causa, enquanto que os atacados são definidos como demônios e agentes de satã.

É igualmente comum definir o terrorismo como a tática de grupos menores e mais fracos contra inimigos politicamente mais estáveis, cujas ações visam intimidar ou colocar pressão política sobre as organizações dominantes. Tipicamente, os perpetradores são agentes não estatais, muito embora certamente exista violência patrocinada por estados, e atos que podem ser considerados terrorismo estatal, mas estes diferem em escala, motivação e meios através dos quais são realizadas as ações que geram pânico.

Segundo Mark Juergensmeyer, atos terroristas são altamente simbólicos e, como tal, podem ser analisados de modo semelhante aos rituais religiosos[180]. Por

---

179. JUERGENSMEYER, M. *Terror in the Mind of God: The Global Rise of Religious Violence*. Berkeley: University of California Press, 2000, p. 5.
180. Ibid.

exemplo, o local e o momento dos atentados são, em geral, ricos em significados, e a violência tem o sentido de mandar uma mensagem, ainda que esse recado enviado nem sempre seja aquele que o grande público compreende.

Em muitas teorias sobre o terrorismo, o enfoque recai na pouca educação ou na pobreza, encontráveis em nações débeis, mas a pesquisa tem demonstrado que tanto indivíduos pobres quanto ricos podem se envolver nesses ataques e que o suporte ao terrorismo efetivamente cresceu entre os palestinos situados no topo da pirâmide econômica. Da mesma forma, pessoas com índices educacionais mais altos não raro apresentam maior apoio aos terroristas – importante destacar que o recrutamento de algumas dessas organizações, inclusive, mira em estudantes universitários.

Outras teorias focam no papel da dinâmica social em pequenos grupos, em que líderes carismáticos atraem indivíduos socialmente alienados para uma falsa rede de parentesco que age como grupo familiar coeso. Muitos desses recrutados pelas organizações terroristas são imigrantes que vivem em comunidades diaspóricas, marginalizados pelas sociedades onde vivem. Os grupos conferem-lhes uma noção de sentido e pertencimento, de modo que, nessas novas "famílias", não apenas as ligações emocionais se ampliam como os laços formados entre os homens jovens ocorrem de maneira semelhante ao que vimos quando discutíamos os ritos de passagem (capítulo 4)[181].

Religião e paz

Da mesma forma que temos de definir *conflito*, há também que se definir *paz*. A maior parte das pessoas pensa em paz como a ausência do conflito, algo que John Galtung chamou de **paz negativa**[182]. Sua definição está diretamente relacionada a como ele definiu violência, incluindo mais do que a agressão direta, física, cuja ausência caracterizaria uma paz negativa. Somente a ausência de violência estrutural, contudo, resultaria naquilo que o autor chamou de **paz positiva**, quando não apenas a hostilidade aberta está ausente, mas também quando são garantidos a segurança e o bem-estar da população.

Discutimos como a religião está ligada ao conflito e à violência, mas ela também desempenha um papel na paz e nos processos de paz, que ocorrem

---

181. KUZNAR, L.A. Rationality Wars and the War on Terror: Explaining Terrorism and Social Unrest. *American Anthropologist*, 109, p. 318-329, 2007.
182. GALTUNG, J. Violence, Peace, and Peace Research. Op. cit.

após conflagrações violentas. Existem muitas formas pelas quais líderes e instituições religiosas podem contribuir para a paz, incluindo a ação como mediadores, a oferta de locais de reunião e o trabalho através de suas extensas redes de comunicação. Como vimos no capítulo 6, é comum que sacerdotes exerçam poderes seculares, desempenhem papéis relevantes em suas sociedades e promovam o envolvimento cívico, um senso de responsabilidade compartilhada e participação nas atividades de uma cultura de pacificação. Eles também podem lançar mão da mitologia das visões de mundo de suas tradições para estruturar argumentos éticos e morais sólidos.

A *Comissão para a Verdade e Reconciliação da África do Sul*[183] é um exemplo que demonstra o papel da religião no processo de paz subsequente ao Apartheid[184], um sistema baseado no frequentemente brutal tratamento da maioria negra da população pela minoria de *Afrikaans*[185] brancos. O cristianismo teve um papel importante nesse processo, pois a Igreja Reformada Holandesa, denominação cristã reformada presente no país, sugeria que os brancos eram os escolhidos de Deus, enquanto os negros eram uma espécie subserviente – em sua visão de mundo, portanto, o Apartheid e a igreja estavam associados. É bastante perceptível como ideias religiosas acabam se entrelaçando com posturas seculares, como o racismo.

Mas a religião também foi um agente importante nos esforços de pacificação que se seguiram à transição para a democracia, no começo dos anos de 1990. O cristianismo esteve de tal presente na Comissão para a Verdade e Reconciliação que críticas foram levantadas, questionando sobre se se tratava de uma instituição estatal ou clerical. O processo coordenado pela Comissão foi pensado como uma redenção religiosa e sugeria que o cristianismo era necessário para atingir a reconciliação, um caso que demonstra o quão difícil pode ser a distinção entre o sagrado e o secular, a igreja e o estado. Ainda que a África do Sul pós-Apartheid seja um estado secular, seu povo, os negros como os brancos, consideram-na um país cristão.

A Comissão para a Verdade e Reconciliação operou entre 1995 e 2002, com mandato para investigar as violações aos direitos humanos ocorridas durante o Apartheid, tanto por parte do estado quanto pelo movimento de libertação. O

---

183. South African Truth and Reconciliation Commission.
184. SHORE, M. *Religion and Conflict Resolution: Christianity and South Africa's Truth and Reconciliation Commission*. Burlington: Ashgate, 2009.
185. Os Africânderes são um grupo étnico sul-africano, descendente de colonos majoritariamente holandeses que vieram para a região do Cabo nos séculos XVII e XVIII [N.T.]

foco central foi criar um espaço seguro para que as vítimas relatassem suas histórias e os opressores confessassem, se arrependessem e fossem anistiados. Os comissários provinham de três grupos – legal, saúde e saúde mental e religioso – e eram comandados pelo arcebispo anglicano Desmond Tutu (1931-2021). Muitos dos eventos da comissão ocorreram em igrejas e contavam com rituais cristãos: entoavam-se hinos e liam-se passagens bíblicas durante os depoimentos. Ainda que a comissão tenha, de fato, auxiliado a curar as feridas, não chegou a abordar parte substancial das injustiças econômicas e sociais, e a África do Sul permanece sendo um país muito desigual.

Conclusão

Como vimos no decorrer deste livro, a religião está conectada e interage com todas as outras áreas da cultura. Ela é um importante aspecto da identidade, uma grande formadora de visões de mundo, e como tal é inevitável que se envolva nos mais diversos conflitos. Para verdadeiramente entendê-los e buscar soluções, precisamos compreender o contexto no qual ocorrem, que pode incluir muitos dos tópicos aqui discutidos. As visões de mundo e as crenças das pessoas a respeito do sobrenatural podem tanto ser fatores causais dos conflitos quanto ser usados para expressar outros conflitos. Dessa forma, os esforços na construção da paz precisam abordá-los e aproveitar os aspectos funcionais da religião para solucioná-los.

Resumo

Para além da violência direta, física, John Galtung propõe existir também a violência indireta, tanto estrutural (baseada em estruturas e instituições sociais) quanto cultural (quando a cultura é usada para justificar a violência estrutural). A perspectiva substantiva argumenta que o conflito é inerente à religião, pois ela é absolutizante, divisiva, irracionalista. Já a perspectiva funcionalista afirma que os conflitos religiosos têm a ver com outras coisas.

O fundamentalismo é um movimento religioso caracterizado pelo retorno a princípios fundamentais, que normalmente incluem resistência à modernização e ênfase na certeza advinda de uma interpretação literal das escrituras. Dentre as temáticas dos grupos fundamentalistas estão a busca pela pureza e pela autenticidade, totalismo, ativismo, a necessidade da certeza (escrituralismo), modernização seletiva e o enfoque do passado místico no presente.

A desilusão com a geopolítica secular e a necessidade de reduzir ambiguidades e incertezas contribuíram em muito para a proeminência da religião nos conflitos nas últimas décadas. Exemplos dessas atuações incluem a Revolução Iraniana, a Primavera Árabe e o processo jurídico da Hobby Lobby.

Atentados terroristas são aqueles cometidos por entidades menores e mais fracas contra não combatentes no intuito de instigar o pânico, pressionando assim as organizações mais dominantes. Seus ataques normalmente possuem natureza simbólica. Indivíduos podem unir-se a esses grupos em busca de um sentido de estabilidade, família e pertencimento.

As instituições religiosas e suas lideranças desempenham um importante papel nos processos de pacificação, como foi o caso da Comissão para a Verdade e Reconciliação da África do Sul. Líderes religiosos podem agir como moderadores, organizar locais de reunião ou usar de sua extensa rede de comunicações e dos seus poderes seculares. Da mesma forma, podem lançar mão da mitologia e das visões de mundo de suas tradições para estruturar argumentos éticos e morais sólidos.

Questões de estudo

1) Qual a sua opinião sobre a relação entre as religiões e os conflitos? Justifique sua resposta.

2) Pense numa situação de conflito em sua própria sociedade. É possível identificar exemplos de violência direta e indireta a ela associados?

3) Dê o exemplo de mito, símbolo ou ritual que enfatiza ou encoraja conflito ou violência, e de outro que realce a estabilidade e a paz.

4) Imagine se não houvesse a separação entre estado e igreja e que um grupo religioso fundamentalista assumisse o poder. Quais mudanças você acredita que ocorreriam na sociedade?

5) Qual a sua opinião sobre as questões centrais levantadas pelo caso da Hobby Lobby? Até que ponto o governo tem o direito de infringir o direito à liberdade religiosa em prol da saúde e do bem-estar de outros grupos? O direito à liberdade religiosa é exclusivo dos indivíduos ou é aplicável também às corporações?

6) Em sua opinião, como seria a paz positiva na sociedade? Quais os critérios que deveriam ser alcançados?

Leituras sugeridas

AMMERMAN, N.T. *The Bible Believers: Fundamentalists in the Modern World*. Nova Brunswick: Rutgers University Press, 1987 [Uma etnografia dos fundamentalistas modernos].

ANTOUN, R.T. *Understanding Fundamentalism: Christian, Islamic and Jewish Movements*. Walnut Creek: AltaMira Press, 2001 [Atina para as características comuns aos movimentos fundamentalistas].

ARMSTRONG, K. *Em nome de Deus*. São Paulo: Companhia das Letras, 2001 [Discussão sobre o fundamentalismo, centrada no fundamentalismo protestante nos Estados Unidos, no fundamentalismo judaico em Israel e no fundamentalismo islâmico no Egito e no Irã].

HARDING, S.F. *The Book of Jerry Falwell: Fundamentalist Language and Politics*. Princeton: Princeton University Press, 2000 [Um olhar sobre o fundamentalismo cristão, visto através da vida de Jerry Falwell].

JURGENSMEYER, M. *Terror in the Mind of God: The Global Rise of Religious Violence*. Berkeley: University of California Press, 2000 [Um olhar comparativo sobre a violência e o terrorismo religiosos].

SCHEPER-HUGHES, N. *Death without Weeping: The Violence of Everyday Life in Brazil*. Berkeley: University of California Press, 1993 [A autora analisa as vidas de mulheres e crianças brasileiras vivendo na pobreza, um exemplo de violência estrutural].

Websites sugeridos

https://www.usip.org/ – O Instituto Norte-Americano para a Paz (United States Institute of Peace).

https://www.cfr.org/sunni-shia-divide/#!/p33176 – Texto sobre a divisão entre Sunitas e Xiitas produzido pelo Council on Foreign Relations, um *think tank* com sede em Nova York.

https://csrc.asu.edu/ – Centro para o Estudo de Religião e Conflito da Universidade do Estado do Arizona.

https://berkleycenter.georgetown.edu/ – Centro Berkley para Religião, Paz e Questões Internacionais (Estudos de caso sobre religião e conflito).

Glossário

Abertura – Qualidade dos símbolos; habilidade para a criação de novos símbolos.

Abordagem evolucionista – Abordagem que enfoca questões de quando e como a religião teve início e como tem se desenvolvido ao longo do tempo.

Abordagem funcionalista – Abordagem baseada na função, ou papel, que a religião desempenha numa sociedade.

Abordagem interpretativa – A ideia de que sistemas culturais são compreendidos através do estudo dos significados. A religião é um conjunto de símbolos que oferece um mapa para as ideias, valores e modo de vida de uma cultura.

Abordagem marxista – Noção de que a religião é um construto daqueles no poder, pensada para desviar a atenção do povo das misérias da vida. Uma maneira de fazer as pessoas aceitarem a cultura capitalista.

Abordagem psicossocial – Abordagem do estudo da religião que se ocupa das relações existentes entre a cultura e a psicologia, a sociedade e o indivíduo.

Acróstico – Palavra derivada da primeira letra de uma série de outras palavras.

Aculturação – Processo pelo qual uma cultura recebe elementos de uma sociedade dominante.

Adivinho – Especialista religioso perito em divinação.

Aerofones – Instrumentos musicais em que o ar é soprado através de, ou em algum tipo de, passagem, como um tubo. Incluem os apitos e as flautas.

Agnosticismo – Ideia de que a existência de Deus é impossível de ser conhecida, logo não se pode nem provar nem negar a existência do sobrenatural.

Aleuromancia – Atividade divinatória pelo uso da farinha, como nos biscoitos da sorte.

Aliança – Acordo formal e vinculativo.

Alma – Componente não corpóreo e espiritual de um indivíduo.

Ancestrais – Membros falecidos de uma família que possuem existência continuada e potencial para impactar as vidas de seus descendentes vivos.

Animatismo – A crença em um poder sobrenatural impessoal.

Animismo – Crença em seres espirituais.

Anjos – No judaísmo, no cristianismo e no Islã, seres espirituais que agem como mediadores entre Deus e os seres humanos.

Antropofagia – Consumo de corpos humanos.

Antropologia – O estudo da humanidade.

Antropologia cultural – O estudo de sociedades humanas contemporâneas e suas culturas.

Antropologia física – Estudo da biologia humana e da evolução.

Antropologia linguística – O estudo antropológico da linguagem.

Antropomórficos – Entidades não humanas que possuem características humanas.

Apantomancia – Atividade divinatória através do encontro casual com animais.

Apocalipse – Devastação última, ou o fim do mundo.

Arbitrário – Característica dos símbolos, que não possuem relação com a coisa que simbolizam.

Áreas culturais – Área geográfica na qual as sociedades compartilham diversos elementos culturais.

Arqueologia – Estudo dos povos pré-históricos a partir da análise de seus vestígios físicos e culturais.

Arquétipos – Um personagem importante do inconsciente coletivo.

Aruspicismo – Divinação feita por meio do exame das entranhas de animais sacrificados.

Assimilação – Condição pela qual uma cultura dominada se transformou de tal maneira por causa de influências externas que perde sua própria e distinta identidade.

Astrologia – A crença em que os astros e os planetas, bem como o sol e a lua, influenciam o destino das pessoas e que a leitura dos céus pode ser usada como técnica divinatória.

Atame – Punhal ritualístico usado nas cerimônias wiccanas.

Ateísmo – Descrença ou negação da existência de Deus.

Avatar – Encarnação ou corporificação humana de uma divindade.

Axis Mundi – Eixo central que liga três diferentes níveis do mundo, sendo o central ocupado pelos humanos e outros dois, acima e abaixo, pelos seres sobrenaturais.

Branding (**marcação**) – Marcas corporais produzidas por queimaduras.

Bruxaria – A habilidade para provocar o mal por intermédio de um poder pessoal que reside dentro do próprio corpo.

Caçadores-coletores (bandos) – Pequenas comunidades cuja subsistência se baseia em caça, pesca e coleta de vegetais selvagens.

Canalização – Quando um indivíduo se torna meio de comunicação de um agente sobrenatural.

Cargo cults – Movimentos religiosos ocorridos em sociedades de pequena escala da Melanésia como resposta ao contato cultural, e cujo enfoque reside da obtenção de bens comerciáveis.

Carma (*karma*) – Os efeitos do comportamento de um indivíduo no decorrer das diversas fases de sua existência. Entendido como o determinante do destino.

Cicatrização – Formação de uma cicatriz no local de um corte ou de uma ferida.

Circuncisão – Procedimento cirúrgico no qual o prepúcio é removido do pênis.

Classes etárias – Grupos sociais que contêm membros de um único sexo e de uma mesma faixa etária.

Clitoridectomia – Procedimento cirúrgico caracterizado pela remoção do clítoris, bem como de parte dos pequenos lábios.

Cognição – Os processos do cérebro humano, dentre os quais percepção, atenção, aprendizado, memorização, formação conceitual e resolução de problemas.

Communitas – Estado caracterizado por um senso de igualdade, comunidade e camaradagem.

Consciência coletiva – Grupo de crenças compartilhado pelos membros de um grupo social que opera na limitação do egoísmo individual e promove a cooperação social.

Contos folclóricos (ou populares) – Histórias que são parte da tradição de uma comunidade, sem ser consideradas verdadeiras.

Cordofones – Instrumentos com cordas tesas que podem ser dedilhadas, tocadas ou arranhadas, como os violinos e as harpas.

Cromolitografias – Tipo de cartões impressos coloridos.

Cruz – Mastro ereto com uma peça transversal entre o meio e o topo. Usado pelos romanos como forma de execução, tornou-se um símbolo do cristianismo.

Culto – Em seu sentido histórico, uma forma ou sistema particular de devoção religiosa. Mais comumente usado para descrever grupos pequenos, recentes e espiritualmente inovadores que frequentemente possuem líderes carismáticos. Algumas conotações incluem a malignidade desse líder que possui controle total sobre os seus seguidores e crença de que o fim do mundo está próximo.

Cultura – Crenças e comportamentos humanos aprendidos, transmitidos de uma geração para outra e compartilhados por um grupo.

Curandeiros – Especialista religioso na cura através de plantas e outros materiais.

Definição analítica – Definição cujo enfoque reside na maneira como a religião se manifesta ou é expressa em uma cultura.

Definição essencialista – Definição que busca a natureza essencial da religião.

Definição funcionalista – Definição baseada na função, ou papel, que a religião desempenha numa sociedade.

Definição operacional – Definição na qual estabelecemos nossos termos, para que sejam mensuráveis e observáveis, de modo a poderem ser estudados.

Demônios – Seres espirituais, geralmente ruins.

Denominação – Grupo religioso que difere em alguns pontos da religião dominante.

Descoberta – Nova percepção de algo já existente no meio ambiente.

Deslocamento – Habilidade para usar símbolos para se referir a coisas e atividades que estão distantes do usuário.

Deuses – Seres sobrenaturais individuais, com nome e personalidade distintos e controle ou influência sobre um grande aspecto da natureza (como a chuva, ou a fertilidade) e que perpassa a vida de uma comunidade inteira (ou, pelo menos, de uma boa parte desta).

Deuses criadores – Divindades responsáveis pela criação do mundo físico e das plantas e animais que nele vivem.

Deuses ociosos – Divindades excessivamente remotas ou desinteressadas nas atividades humanas para efetivamente tomar parte nos assuntos e no destino dos seres humanos.

Deuses-atributo – Divindade que preside sobre um domínio definido.

Deus supremo – Divindade encontrada no topo de um panteão.

Diáspora – Movimento de uma população para fora do seu lugar de origem.

Difusionismo – Movimento aparente de elementos culturais de uma sociedade para outra.

Divinação – Técnicas sobrenaturais para obtenção de informações sobre coisas desconhecidas, incluindo eventos que terão lugar no futuro.

Divinação deliberada – Divinação que alguém se dispõe a fazer.

Divinação fortuita – Divinação que ocorre sem qualquer esforço consciente.

Divinação inspiracional – Divinação que envolve experiências espirituais, tais como o contato direto com um ser sobrenatural durante um estado alterado de consciência.

Divinação não inspiracional – Formas de divinação realizadas sem o envolvimento direto de seres sobrenaturais.

Dízimo – Dar ou receber o dízimo, um décimo da renda ou da produção agrícola de um indivíduo, em geral como apoio a instituições religiosas.

Doutrina das Assinaturas – Crença segundo a qual estruturas físicas encontradas na natureza, tais como a forma de uma planta, são indicativas (ou assinaturas) de seu uso potencial para a cura.

Endocanibalismo – Ingestão de indivíduos do próprio grupo.

Enterramento secundário – Algum tempo após o enterramento inicial, os ossos são removidos e reenterrados.

Escapulomancia – Forma de divinação em que uma escápula (omoplata) seca é colocada no fogo e os padrões de queimaduras e rachaduras são interpretados.

Escarificação – Técnica em que um trecho da pele é levantado e cortado, e algum material é esfregado para encorajar a produção de escaras (cicatrizes).

Escrituralismo – Prática de justificar crenças e ações remetendo ao texto religioso.

Espíritos – Seres sobrenaturais menos poderosos do que os deuses e geralmente mais localizados. Normalmente compõem um grupo de seres sobrenaturais indistintos, aos quais não se conferem nomes ou identidades específicas.

Estado unitário – Um estado alterado de consciência em que um indivíduo experimenta a sensação de se tornar um só com o sobrenatural.

Estados alterados de consciência – Qualquer estado mental que difere do normal.

Estigmas – Feridas corporais ou dores consideradas pelos cristãos como sinais visíveis da participação nos sofrimentos de Cristo.

Estímulo à difusão – Ocorre quando uma ideia se move de uma cultura para outra e a invenção de novos aspectos.

Estrutura proprioceptiva – A parte do cérebro que nos permite distinguir-nos do mundo que nos cerca e nos orientarmos espacialmente.

Etnobotânica – Estudo antropológico do uso terapêutico de matérias vegetais.

Etnocentrismo – Uso da própria cultura como base para interpretação e julgamento de outras culturas.

Etnografia – Estudo descritivo de sociedades humanas.

Etnógrafo – Quem produz etnografias.

Eucaristia – Sacramento cristão que celebra a última ceia de Jesus Cristo através da consagração das espécies eucarísticas (o pão e o vinho).

Expiação – Para os cristãos, a ideia de que a morte de Jesus Cristo representou um sacrifício que reconciliou a humanidade com Deus.

Fadiga decisória – Situação na qual os indivíduos de uma cultura veem-se diante de um excesso de opções, como quando uma única e dominante igreja é substituída por numerosas denominações e seitas.

Fantasmas – Almas dos indivíduos que, após a morte, permanecem próximas à comunidade.

Feitiçaria – Compelir o sobrenatural a se comportar de determinada maneira, em geral com fins malignos.

Feiticeiro – Mago especializado em magias perversas e antissociais.

Feitiço – Palavras pronunciadas em um ritual mágico.

Fenômeno entóptico – Efeitos visuais cuja origem está nas transformações físicas dentro do próprio olho.

Frenologia – Divinação através do estudo da forma e da estrutura da cabeça.

Fundamentalismo – Movimento religioso caracterizado pelo retorno a princípios fundamentais, os quais usualmente incluem a resistência à modernização e a ênfase na certeza através da interpretação literal das escrituras.

Glossolalia – Discurso ininteligível que parodia a linguagem normal, conhecido como "falar em línguas". Na prática religiosa, acredita-se geralmente ser a voz do sobrenatural que se manifesta através de alguém.

Grafologia – Divinação através da análise da caligrafia.

Grupo etário – Série de consecutivos estágios definidos pela idade.

Hedonismo – Busca do, ou devoção ao, prazer como uma questão de princípios.

Herbolário – Especialista no uso terapêutico de materiais vegetais.

Heresias – Crimes contra Deus.

Holismo – O estudo das sociedades humanas como a soma sistemática das partes, como todos integrados.

Horticultura – Cultivo de plantas domesticadas sem a adição de fertilizantes, arado, irrigação e demais tecnologias agrícolas.

Idiofones – Instrumentos musicais que são tocados, chacoalhados ou esfregados, como os ganzás e os sinos.

Inconsciente coletivo – Elementos inatos do inconsciente que se manifestam em sonhos e mitos.

Incorporação – Ato final de um rito de passagem, quando o indivíduo é reintroduzido à comunidade já em seu *status* novo.

Íncubo – Demônio masculino que tem relações sexuais com mulheres durante o sono delas, de que resulta o nascimento de demônios, bruxas e crianças deformadas.

Infibulação – Mutilação genital feminina que inclui a excisão do clítoris, dos pequenos lábios e de boa parte dos grandes lábios.

Infibulação faraônica – Procedimento cirúrgico em mulheres, no qual há a remoção completa do clítoris e dos grandes e pequenos lábios. Em seguida, os dois lados da ferida são cosidos juntos, deixando apenas um pequeno orifício.

Inquisição – Unidade da Igreja Católica Romana dedicada ao julgamento dos casos de heresia.

Invenção – Desenvolvimento de uma solução para um problema a partir da tecnologia disponível.

Jejum – Ato de abster-se de comidas e bebidas por um determinado período de tempo.

Jinn – No Islã, um ser espiritual criado a partir do fogo.

Kiva – Câmara cerimonial, frequentemente subterrânea, encontrada entre comunidades nativo-americanas do Sudoeste dos Estados Unidos.

Lei da Similaridade – Coisas que se parecem são as mesmas.

Lei da Simpatia – Magia que depende da associação aparente, ou acordo, entre coisas.

Lei do Contágio – Coisas que já tiveram, ou estiveram em, contato físico permanecem em contato mesmo após o encerramento da conexão física.

Lendas – Histórias tradicionais sobre eventos passados considerados verdadeiros – não raro contêm elementos da realidade (um personagem, evento ou local conhecido).

Lendas urbanas – Histórias contemporâneas sobre pessoas e eventos que jamais ocorreram, mas que são apresentadas como verdadeiras.

Liminalidade – O *status* de marginalidade ambígua que caracteriza a fase de transição de um rito de passagem.

Magia – Manipulação do poder sobrenatural através de rituais como meio para atingir objetivos.

Magia contagiosa – Magia baseada na Lei do Contágio, que utiliza coisas que com determinado indivíduo.

Magia da imagem – Forma de magia homeopática na qual uma imagem representa pessoa ou um animal vivos, que podem ser feridos ou mortos por coisas feitas à imagem.

Magia homeopática (imitativa) – Magia baseada na Lei de Similaridade.

Mana – Força sobrenatural impessoal.

Mapa social – História que estabelece a devida organização e as regras de comportamento de uma sociedade.

Médium – Praticante que se comunica intencionalmente com o sobrenatural em busca de informações.

Membranofones – Instrumentos musicais que possuem uma membrana, ou pele, esticada, como os tambores.

Menarca – A primeira menstruação de uma garota.

Mitos – Histórias sagradas que fornecem bases para as crenças e práticas religiosas.

Mitos do herói – Tema comum a diversas mitologias do mundo inteiro, centrado na jornada do herói (ou monomito).

Modernidade – Movimento filosófico baseado nas ideias de racionalidade, objetividade, razão e ciência como meios para alcançar conhecimento, verdade e progresso.

Monomito – Tema comum a muitos mitos que narram as aventuras de um herói da cultura.

Monoteísmo – Crença em um único deus.

Movimentos de revitalização – Movimento que se forma como uma tentativa deliberada de provocar mudanças na sociedade.

Movimentos messiânicos – Espécie de movimentos de revitalização baseados no advento de um salvador divino em forma humana que trará a solução para os problemas existentes na sociedade.

Movimentos milenaristas – Espécie de movimentos de revitalização que aspiram às mudanças advindas de uma transformação apocalíptica.

Movimentos nativistas – Espécie de movimentos de revitalização desenvolvidos em sociedades tradicionais ameaçadas pelas atividades de outras sociedades tecnologicamente mais avançadas.

Movimentos revivalistas – Tipo específico de movimentos de revitalização que tenta reviver aquilo que é frequentemente percebido como uma era de ouro do passado.

Mumificação – Técnica de preservação de corpos mortos que envolve secagem e uso de conservantes.

Nacionalismo – Sentido de identificação e lealdade com uma nação acima de todas as demais.

Necromancia – Divinação feita a partir do contato com ancestrais ou pessoas mortas.

Neopaganismo – Reavivamento de práticas religiosas pré-cristãs.

Neoxamanismo – Moderna prática espiritual que incorpora alguns conceitos e práticas do xamanismo tradicional, mas é normalmente utilizada como método para a melhoria das vidas dos indivíduos.

Novos movimentos religiosos – Movimentos historicamente recentes, que não raro envolvem novos líderes, novas escrituras ou novas interpretações de tradições religiosas mais antigas.

Observação participante – Método de pesquisa pelo qual o antropólogo vive em uma comunidade e participa das vidas das pessoas estudadas, ao mesmo tempo que perfaz observações objetivas.

Ocultismo – Relativo ao paranormal e ao sobrenatural.

Oferendas – Ofertas econômicas pensadas para influenciar o sobrenatural.

Oniromancia – Divinação pela interpretação dos sonhos.

Onisciente – Estado de saber de tudo.

Oráculo – Instrumento específico usado para divinação.

Ordálios – Julgamento feito via divinação, realizado no corpo do acusado para determinar sua inocência ou culpa.

Ornitomancia – Divinação baseada na leitura da direção e da forma do voo dos pássaros.

Pan-indígenas – Atividades inspiradas em muitas e diversas tradições nativo-americanas.

Panteão – Conjunto dos deuses e deusas de um dado sistema politeísta.

Pastores nômades – Sociedades que subsistem primordialmente do manejo de rebanhos de animais domesticados.

Paz negativa – Ausência da guerra.

Paz positiva – Ausência da violência estrutural.

Peiotismo – Uso ritual do peiote (ou mezcal), um cacto alucinógeno.

Pentáculo – Estrela de cinco pontas.

Pentagrama – Figura com cinco lados.

Peregrinações – Jornadas até lugares sagrados, ou uma sequência de espaços sagrados nos quais realizam-se rituais.

Perspectiva êmica – Estudo de uma sociedade por meio da perspectiva das pessoas que estão sendo estudadas.

Perspectiva ética – Estudo de uma sociedade por meio conceitos desenvolvidos fora daquela sociedade.

Pidgin (linguagem) – Idioma simplificado, formado a partir da fusão de outras duas línguas.

Politeísmo – Crença em diversos deuses.

Posição (rango) – Localização relativa de um *status* na sociedade.

Pós-modernidade – Ênfase na subjetividade sobre a objetividade e uma tendência à reflexividade, ou autoconsciência. Todo conhecimento é entendido como sendo um construto humano, que os estudiosos devem buscar desconstruir.

Possessão (espiritual) – Estado alterado de consciência interpretado como uma entidade que se apossa do corpo de alguém. Pode ser deliberadamente induzido por uma *performance* ritualística ou a consequência de uma enfermidade causada pela possessão de um espírito.

Práticas apotropaicas – Práticas culturais desenvolvidas para proteger a comunidade de influências maléficas.

Presente etnográfico – Falar ou escrever sobre culturas usando o tempo presente ainda que aquilo que está sendo descrito já não mais exista.

Presságio – Acontecimento fortuito, ou condição que fornece informações.

Pressentimentos – Sensação de que algo está para acontecer.

Princípio da Similaridade – Princípio pelo qual coisas parecidas são iguais.

Princípio do Contágio – Princípio pelo qual coisas que já tiveram contato entre si permanecem conectadas mesmo após o término da conexão.

Profecia – Divinação oriunda da comunicação de um profeta.

Profeta – Alguém que comunica as palavras e as vontades dos deuses à sua comunidade, atuando como um intermediário entre o povo e as divindades.

Psicoduto – Tubo ou cano que conecta uma tumba a um templo, através do qual o espírito de um falecido pode se dirigir ao templo.

Purgatório – Local para as almas dos que morreram com pequenas faltas das quais não se arrependeram ou pela qual não foi inteiramente paga durante o tempo de vida.

Quiromancia – Divinação executada através da leitura das linhas das mãos.

Rabdomancia – Método divinatório pelo qual águas e outros recursos subterrâneos são localizados através de uma forquilha.

Reencarnação – A crença numa alma eterna, imortal, que nasce diversas vezes em diferentes corpos.

Relativismo cultural – Tentativa de analisar e compreender culturas que não a própria, julgando-as em seus próprios termos.

Religião – O campo da cultura que se refere ao sagrado e ao sobrenatural.

Religião de mistérios – Religiões cujas crenças, práticas e verdadeiras naturezas são conhecidos apenas por aqueles que foram iniciados.

Religiões de alta demanda – Grupos religiosos nos quais exige-se dos membros a mais estrita obediência às regras de pensamento e comportamento.

Relíquias – Objetos de devoção religiosa, em especial pedaços do corpo ou itens pessoais de alguém importante na tradição religiosa, como um ancestral ou um santo.

Ressurreição – Pessoas mortas trazidas de volta à vida.

Ritos de intensificação dos caçadores-coletores – Rituais cujo propósito é influenciar a natureza durante a busca por alimentos.

Ritos de passagem – Rituais que ocorrem quando um indivíduo muda de *status*, legitimando assim sua nova posição e estabelecendo-o na memória coletiva da comunidade.

Ritos sociais de intensificação – Delineiam códigos de comportamentos apropriados e articulam a visão de mundo da comunidade.

Rituais antiterapêuticos – Rituais realizados para provocar doenças, acidentes ou mortes.

Rituais de crise – Rituais que surgem espontaneamente, geralmente em momentos de crise.

Rituais de revitalização – Rituais associados aos movimentos de revitalização.

Rituais ideológicos – Rituais que delineiam códigos de comportamentos apropriados, promovem a solidariedade comunitária, articulam a visão de mundo da comunidade e lhe prestam assistência na gestão das crises.

Rituais ocasionais – Rituais celebrados quando do surgimento de uma necessidade específica.

Rituais periódicos (calendáricos) – Rituais realizados de maneira regular, componentes de um calendário ritualístico.

Rituais prescritivos – Ritos cuja execução é exigida por deidades ou autoridades religiosas.

Rituais protetivos – Ritos executados logo antes ou durante uma atividade arriscada para resguardar os participantes, ou para proteger a comunidade de desastres.

Rituais situacionais – Ritos que ocorrem quando necessários, frequentemente em tempos de crise.

Rituais tecnológicos – Ritos que tentam influenciar ou controlar a natureza, em especial naquelas situações que afetam as atividades e o bem-estar dos seres humanos.

Rituais terapêuticos – Ritos cuja função central é a cura.

Ritual – Sequência de comportamentos padronizados e recorrentes.

Ritual de maldição – Ritual antiterapêutico que envolve a recitação de uma maldição para provocar doenças, acidentes e mortes.

Ritual divinatório – Rituais executados com fins divinatórios.

Ritual religioso – Ritos que envolvem a manipulação de símbolos sagrados.

Sacerdotes – Especialistas religiosos em tempo integral vinculados a instituições religiosas formais.

Sacrifícios – Oferendas de sangue destinadas a influenciar o sobrenatural.

Sagrado – Atitude pela qual um sujeito ou objeto é apartado do mundo normal, quotidiano e ganha o direito de receber reverência e respeito.

Santuários – Objetos ou edificações que contêm objetos sagrados ou que estão associados a uma pessoa ou divindade venerada.

Seitas – Ramos novos de uma religião dominante. Usualmente envolvem revelações, escrituras e lideranças novas.

Separação – Primeira fase de um rito de passagem, no qual o indivíduo é removido do seu *status* anterior.

Símbolos – Compreensões compartilhadas a respeito do sentido de certas palavras, atributos ou objetos. Algo que vale por uma outra coisa.

Sincretismo – Fusão de elementos de duas ou mais culturas que gera algo novo, mas que ainda admite a retenção do antigo ao submetê-lo a uma nova forma.

Sistema nervoso simpático – Sistema de excitação do cérebro.

Sobrenatural – Entidades e ações que transcendem o mundo natural, suas causas e efeitos.

Sociedades de pequena escala – Comunidades relativamente pequenas que praticam a coleta, o pastoreio, ou horticultura tecnologicamente simples.

Status – Posição social definida em termos de comportamento apropriado, direitos e obrigações e sua relação com as demais posições sociais.

Status **adquirido** – *Status* de um indivíduo alcançado graças a um fato que não o pertencimento automático garantido pelo gênero, idade, relação familiar etc.

Status **atribuído** – *Status* automático de um indivíduo, advindo graças ao seu gênero, idade, relação familiar etc.

Suástica – Símbolo formado por duas linhas que se cruzam em ângulos retos, cujos finais dobram-se em ângulos retos em sentido horário ou anti-horário.

Subincisão – Forma de mutilação genital na qual a seção inferior do pênis é cortada e o orifício da uretra, aberto.

Súcubos – Demônios femininos que têm relações sexuais com humanos durante o sono, resultando da danação das almas dos homens.

Superstições – Comportamentos simples baseados no pensamento mágico e que se consideram serem capazes de alcançar resultados igualmente simples.

Tabu – Objetos e pessoas que são sobrenaturalmente proibidas. Pode igualmente se referir a certos comportamentos que provocariam consequências negativas por meios sobrenaturais.

Tasseografia – Divinação por intermédio da leitura das folhas de chá.

Técnicas divinatórias deliberadas – Há agência do indivíduo (jogando cartas de tarô ou examinando o fígado de um animal sacrificado).

Técnicas divinatórias fortuitas – Acontecem sem qualquer esforço consciente por parte do indivíduo (a visão de um pássaro voando).

Tensegridade – Técnica de movimentos corporais que busca ampliar a consciência sobre os campos de energia dos corpos, desenvolvida por Carlos Castañeda.

Teoria da mente – A ideia de que as pessoas sabem, ou pensam saber, o que ocorre nas mentes dos outros.

Teriantropos – Criaturas que são parte humanas, parte animais.

Terrorismo – Atos públicos de destruição cometidos por indivíduos em posição (politicamente) mais fraca contra alvos civis e visando à disseminação do pânico.

Totalismo – A crença de que a religião é relevante para, e deve ser parte de, todos os segmentos de uma sociedade.

Totem – Símbolo ou emblema que vale por uma unidade social.

Totemismo – Sistema religioso que atribui diferentes espécies de plantas e animais a grupos sociais específicos e postula uma relação entre ambos (grupos e espécies) formada durante o tempo da criação.

Tradicionalismo – Conceito de que os textos religiosos permanecem relevantes para o mundo contemporâneo.

Transição – Segunda fase dos ritos de passagem, durante o qual o indivíduo se encontra num estado liminal e passa de um *status* social para outro.

Transmigração – Situação em que uma alma passa de um corpo para outro – humano, animal ou mesmo um objeto inanimado.

Trapaceiro – Divindade que concedeu aos seres humanos coisas ou habilidades importantes, seja por acidente ou através de trapaçarias.

Universais humanos – Características que teoricamente podem ser encontradas em todas as sociedades humanas.

Vampiros – Pessoas que morreram antes do tempo e que provocam a morte de amigos ou parentes até que seus cadáveres sejam "mortos".

Violência cultural – Aspectos da cultura utilizados para justificar violência estrutural ou direta, fazendo-a parecer natural.

Violência direta – Utilização de coerção física, ou a ameaça de fazê-lo.

Violência estrutural – Forma de violência na qual as necessidades básicas de certos indivíduos não são atendidas graças à ação de alguma estrutura ou instituição social.

Violência indireta – Violência não baseada nas ações de um único ator. Inclui tanto a violência cultural quanto a institucional.

Visão de mundo – A maneira pela qual a sociedade percebe e interpreta sua realidade.

Xamanismo essencial – Conceito de Michael Harner sobre métodos essenciais e quase universais do xamanismo, sem um contexto cultural específico.

Xamãs – Especialistas religiosos de meio período que recebe seu poder diretamente do mundo espiritual e alcança o *status* e a habilidade de realizar coisas por meio da comunicação pessoal com o mundo sobrenatural.

Zumbis – Cadáver que foi retirado da tumba e reanimado.

Livros utilizados nesta tradução

Bíblia Sagrada – Edição Barsa para a família católica. Rio de Janeiro: Barsa, 1967.

Bíblia Sagrada – Edição Pastoral. São Paulo: Paulinas, 1990.

CAMPBELL, J. *O herói de mil faces.* São Paulo: Cultrix, 1997.

DURKHEIM, É. *As formas elementares de vida religiosa.* São Paulo: Paulinas, 1989.

EVANS-PRITCHARD, E.E. *Bruxaria, oráculos e magia entre os Azande.* São Paulo: Companhia das Letras, 2004.

FREUD, S. *O futuro de uma ilusão.* Porto Alegre: L&PM Editores.

GAUTAMA, S. *A doutrina de Buda.* São Paulo: Martins Fontes, 2003.

GEERTZ, C. *A interpretação das culturas.* Rio de Janeiro: LTC, 2008.

I Ching: o livro das mutações. Trad. de Alayde Mutzenbecher e Gustavo Alberto Corrêa Pinto. São Paulo: Pensamento, 2006.

INSITORIS, H. *O martelo das feiticeiras.* Rio de Janeiro: Record/Rosa dos Tempos, 2004.

MARX, K. *Crítica da filosofia do direito de Hegel.* São Paulo: Boitempo, 2010.

MOLTMANN, J. *O caminho de Jesus Cristo.* Petrópolis, Vozes, 1996.

PopolVuh – O esplendor da palavra antiga dos Maias-Quiché de Quauhtlemallan: aurora sangrenta, história e mito. São Paulo: Ubu, 2019.

SANDER, D. *Os Navajos e o processo simbólico de cura.* Trad. de Maria Sílvia Mourão Netto. São Paulo: Summus, 1997.

SOARES, W.P. *Religião e retórica em de Natura Deorum de Cícero* (Tese de doutorado). João Pessoa: UFPB/CCHLA, 2014.

Tradução do sentido do Nobre Alcorão para a língua portuguesa, por Dr. Helmi Nasr. Medina: Complexo do Rei Fahd para imprimir o Alcorão Nobre, 2005.

Índice remissivo

Abordagem
  evolutiva 38, 46
  funcional 41-42
  interpretativa 43
  marxista 40-41
  psicossocial 43-44
Aborígines australianos 89-90, 93, 112, 176, 199-200
Aculturação 298-299
Adivinho 167
A erva do diabo 159
Agnosticismo 48, 269
Aids 281-282
Aleuromancia 188
Almas 204-208
  exemplos etnográficos 207-208
Análise
  estrutural do mito 64-66
  evolutiva dos mitos 61-62
  funcional do mito 62-64
  psicológica do mito 65
Ancestrais 212-217
Animatismo 39
Animismo 36, 39, 46, 204
Anjos 247, 249-250
Antoun, R. 330-331
Antropologia 19-21
  cultural 21
  física 20
  linguística 21

Antropomórfico 45, 251
Apaches 118-119
Apantomancia 187
Applewhite, M. 321-322
Áreas culturais 23
A roda da vida 212
Arqueologia 20
Arquétipos 66
Aruspicismo 187
A serpente e o arco-íris: zumbis, vodu, magia negra 225
Ashforth, A. 281
Assimilação 298
Astecas 30-31, 70, 110, 238
Astrologia 187, 190-191
Ateísmo 267-270
Axis mundi 155
Azandes
  divinação 192-194
  feitiçaria 275-279
  magia 179-181

Baaly, K. 156
Balzar, M.M. 156
Barber, P. 222
Barker, E. 317
Barley, N. 206
Barton, R.F. 257-258

Bell, M. 223
Benedict, R. 63
Beng 177, 213-214
Bíblia 60
   do Rei James 59-60
Boas, F. 62-63
Boddy, J. 248
Boyer, P. 47
Branca de Neve 54-55
Brasil 28, 301
Bruxaria 274-275, 280-284, 289-292, 313
   azandes 275-278
   caça às bruxas 290-291
   e a Aids 281-282
   febre da caça às bruxas 284-289, 311
   Navajo 279
   Salem 287-290
Budismo 72, 211
Buka 307
Bunyoros 219-220
Busca pela visão 246-247
Bushongo 67

Caça às bruxas 290-291
Cahuilla 105
Calendário(s) 86-88
   gregoriano 88
   hebraico 88
   juliano 88
Campbell, J. 71
Canibalismo 25-26, 30-31, 54, 232
Canto gutural 93
Cargo cults 305-307
Carma 211, 261
Casamentos (Estados Unidos) 115
Castañeda, C. 159-160

Catolicismo Romano 124, 206, 250, 262, 284-285, 300, 314-316
Celtas 237
Cerimônias dos primeiros frutos (das primícias) 105
Chagnon, N. 143
Cheyennes 139-140
Chineses 68, 83, 97
Church, J. 77-78
Cicatrização 121
Circuncisão 114, 121-124
Classes etárias 118
Cleromancia 194
Clitoridectomia 122
Comissão para a Verdade e Reconciliação da África do Sul 340
Communitas 118
Congos 92, 299
Consciente coletivo 41
Contos populares 55
Corão 58, 87, 267
Coreanos 157-158
Cores
   sentidos das 82-85
Cremação 232
Cristianismo 59, 66, 70-71, 123, 134, 135, 249-250, 262-263, 265, 282-284
   calendário 87-88
   fundamentalismo 329-330
   símbolos 80-82, 96-98
Cruz 80-81, 96
Culto 313-314
Cultura 31-33
Curandeiros 166
   pentecostais 158-159

Dança 94-96
　do Sol 139-140
　fantasma 307-309
Daniel, E.V. 136
Dani 218, 228, 244-246
Davis, W. 225
De Boer, J. 195-196
Definição
　analítica da religião 34
　essencialista da religião 35-36
　funcional da religião 35
　operacional da religião 34, 37
Demônios 249-250
Denominação 313
Deus
　supremo 251
　trapaceiro 252-253
Deusas 259-262
Deuses 243, 251, 253-257
　atributo 251
　criadores 252
　ifugaos 257-258
　iorubás 257
　ociosos 252, 257
Día de los Muertos 238
Difusão 297, 302
Diné Bahane' 69-70
Divinação 185-190
　astrologia 190-193
　azande 192-194
　deliberada 186
　fortuita 186
　inspiracional 186, 188-190
　não inspiracional 186
Diwali 103
Dor 134-137
Doutrina das Assinaturas 177
Douyon, L. 225

Doyle, C. 319
Drawsko 224
Dundes, A. 58
Durkheim, É. 41, 174-175, 253

Eastwell, H.D. 199
Edgerton, R. 30-31
Egípcios 233, 260
Eliade, M. 159
Enterramentos 229-233
　secundários 231-233
Enxaquecas 137
Escapulomancia 187
Escrituralismo 331
Espinoza, B. 48
Espíritos 243-244
　anjos e demônios 249-250
　busca pela visão 246-247
　dani 244-246
　guardiães 246-247
　jinns 247-250
Espiritualismo 188-189
Estado unitário 138, 141, 147
Estados alterados de consciência 133, 146-147, 188, 195, 308
　base biológica dos 137-138
　dor 134-138
　e os jejuns 133-134
　exemplos etnográficos 138-142, 247
　indução por drogas 142-146
Estigmas 135
Estímulo à difusão 297
Etnobotânica 111
Etnocentrismo 28
Etnografia 22
Evans-Pritchard, E.E. 181, 192, 275, 278
Exemplos etnográficos 317-322
Exorcismo 251

Fadiman, A. 209
Fantasmas 218-220, 245
Febre da caça às bruxas 284-289, 311
Feitiçaria 26, 183, 192, 283
Firth, R. 57
Fons 299
Fore 24-27, 112, 183, 192
Frazer, J. 39, 61-62, 174, 176
Frenologia 188
Freud, S. 43, 66-67, 255
Fundamentalismo 329-330
　islâmico 334-336
　mórmon 331-334
Funerais nos Estados Unidos 234-237

Galtung, J. 328
Gardner, G. 311
Geertz, C. 35, 43
Gênesis 58-60, 62, 64
Gill, S. 253
Glossolalia 142
Gmelch, G. 197
Grafologia 188
Grandes deuses 256-257
Gururumba 65
Gwari 280-281

Haiti 224-225, 299-300
Hajj 118, 124
Halloween 237-238
Han, H.J. 321
Hand, W.D. 176-177
Harner, M. 159-161
Harvey, Y.K. 157
Hayward, D.J. 244-245

Heaven's Gate (Portal do Paraíso) 321-322
Heider, K. 228-229
Herboristas 166
Heywood, A. 327
Hinduísmo 211, 261
Hmongs 209-210
Hobby Lobby 336-337
Hofriyat 248-249
Holismo 20-21, 24
Honko, L. 56
Horton, R. 254-255
Houteff, V. 318
Howell, V. 318
Huichóis 125, 129, 142

Ianomâmi 28, 112, 116, 142-143, 208-209, 232
Ifugao 257-259
Igreja da Santidade 141-142
Igreja da Unificação 317, 320-321
Igreja de Jesus Cristo dos Santos dos Últimos Dias 309-310, 331-332
Igreja Nativa Americana 142, 144-145
Ilhéus das Trobriand 56, 64, 107, 175, 178-180
Inconsciente coletivo 66
Íncubos 250
Infibulação 122
　faraônica 122
Inquisição 284-286
Interdições dietéticas 127-128, 177
Inuits 106, 233
Iorubás 68, 84-86, 107, 257-258, 299, 300-301, 302
Irniq, P. 106
Ishtar 259-260

Ísis 260-261

Islã 58, 103, 122-123, 127, 134, 266-267
 calendário 87-89
 fundamentalismo 329-331, 333-337
 hajj 118, 124

Japão 216-218, 220

Jejum/jejuar 133-134

Jinns 247-249

Jivaros 160, 206

Jogos 81-82
 e brinquedos 81-82

Johnson, A. 66

Johnson, D. 168

Judaísmo 108-109, 134, 263-266, 282
 calendário 87-88
 circuncisão 114, 121-122
 leis dietéticas 127-128
 luto e morte 88-89, 236-237

Juergensmeyer, M. 338

Jung, C. 65-67

Kaddish 109

Káli 261

kami 164-165

Kashrut 127

kiva 95-96, 163

Koresh, D. 318-319

Kpelle 190

!Kung San 93, 139, 151, 253

kuru 25-27, 112, 183-184, 192

Kwakwaka'wakw 94

Lake, H. 167

Lakota 106, 308

Leach, E. 64

Lei
 da Similaridade 176
 da Simpatia 176
 do Contágio 176

Lendas 55
 urbanas 55

Levine, S. 317

Lévi-Strauss, C. 64

Lhuillier, A.R. 81

Liminalidade 117, 120

Loás 300-302

Lourdes 124

Lutero, M. 59

Maconha 145-146

magia 172, 198-200
 azande 178-183
 contagiosa 176, 177-179
 da imagem 176-177
 homeopática 176-177
 imitativa 176
 pensamento mágico 196-199
 trobriand 178-181
 wiccana 184-186

Maias 81-83, 96, 135
 calendário 86-87

Malinowski, B. 42, 62-63, 175, 180

Malleus Maleficarum 285, 289

Mana 39

Mapa social 59

Marett, R.R. 39

Maria (cristianismo) 124, 262-263

Marx, K. 40-41

Meditação 45

Médiuns 188

Metáfora do nascimento 67-68

Miller, A. 290

Mito 52, 56-58
  análise do 61-66
  apocalíptico 69-72
  Bíblia 58-60
  da emergência 69
  herói 71-74
  origem 67-70
Mitos
  apocalípticos 69-72, 86-87
  das origens 67-70
  do herói 71-74
Molimo 93
Monomito 71-72
Monoteísmo 263-267
Monumento Nacional Cemitério Africano 230-231
Moon, S.M. 320-321
Moonies (seguidores do Reverendo Moon) 320-321
Mórmons 309-310
  fundamentalismo 331-333
Movimento Raeliano 322-324
Movimentos
  de revitalização 145, 303-306
  messiânicos 305
  milenaristas 305
  nativistas 113, 144, 304-305
  - Cargo Cults 305-308
  - Dança Fantasma 307-308
  - Navajo 53, 57, 69-70, 78, 79, 84, 111-112, 123
  - feitiçaria 278-280
  revivalistas 157, 305, 310
Mumificação 232-233
Murngin 227, 231
Murray, M. 311
Música 91-94
mutilação genital 121-124

Nacionalismo 328, 331
Nandi 187
Narrativas 56, 67
Necromancia 187
Neopaganismo 184, 310
Neoxamanismo 159-161
Nettles, B.T. 321
Ngundeng 168
Norenzayan, A. 256
Nossa Senhora de Guadalupe 124
Novos movimentos religiosos 314
Nuer 168, 228
Nupe 280

Obrigações religiosas 125-126
Observação participante 21
O caminho do xamã 160
O culto das bruxas na Europa Ocidental 311
Oferendas 109-110
O herói de mil faces 71
Ojibwa 89, 246
Okinawa 164-166
O livro de mórmon 309
O Mito de Édipo 66, 195
Oniromancia 189
Oposição binária 65
Oráculo
  da tábua de atrito 192-193, 277
  das térmitas 192-193, 277
  de Delfos 194-196
  do veneno 193-194, 277
O ramo de ouro 61, 176
Ordálios 189-190
Ordem Mevlevi 95
Orixás 85-86, 257, 300, 302-303

Ornitomancia 187
O tempo do sonho 89-90

Padres das Igrejas Ortodoxas 165
Pahlavi, M.R. 335
Paiute 307
Palenque 81-82
Panteão 251-252
Paracelso 177
Paz
  negativa 339
  positiva 339
Peiote 125, 142-145
Pentáculo 79
Pentagrama 79-80, 81
Peregrinação 123-125, 136
  hajj 124
Perspectiva
  êmica 27
  ética 27
Pfeifer, J. 316
Pigmeus Mbuti 92-93
Pintura com areia 112
Pitonisa (pítia) 195
Plath, D. 217
Polinésia 127
Politeísmo 263, 266
Popul Vuh 96
Pós-modernismo 29-31
Possessão 188-189
  demoníaca 249-251
  espiritual 146, 188, 248-250, 257
Práticas apotropaicas 223-224
Presságios 187
Pressentimentos 186
Price-Williams, D. 66

Primavera Árabe 336
Profecias 188
Profetas 167-169
Psicoduto 83
Purgatório 210

Quiromancia 188

Rabdomancia 188
Radcliffe-Brown, A. 41-42
Ramadã 87
Ramo davidiano (Estudantes dos Sete Selos) 318
Rastafáris 145-146
Reencarnação 211, 213-214
Reforma 59, 262
Relativismo cultural 28, 29-31
Religião
  da Longhouse (Casa Comunal) 167
  definição 34-38
  domínio 37-38
Religiões
  de alta demanda 315-318
  dos Óvnis 321-322
  - Heaven's Gate (Portal do Paraíso) 321
  - Raelianos 322-323
Revolução Iraniana (1979) 334, 342
Ritos
  de intensificação 176
  - dos caçadores-coletores 105-106
  de passagem 113-114
  - amadurecimento 116-117
  - estruturas dos 115
  - liminalidade 117-118
  sociais de intensificação 108-109
Rituais 101-104
  antiterapêuticos 112
  calendáricos 103

classificação dos 104
de amadurecimento 116-117
de crise 102-103
de cura 110-111, 139, 147
de maldição 112
de passagem 113-118
de revitalização 113
de terapia e cura 110-111
divinatórios 26, 108
funerários 25, 108, 227-228, 235-237
ideológicos 108
morte 227-230, 233-237
ocasionais 103-104
prescritivos 102
protetivos 107
situacionais 102
sociais de intensificação 108-110
tecnológicos 105-108
terapêuticos 111, 147
xamânicos 154-155
Rumi, M. 95

Sacerdotes e sacerdotisas 161-163
de Okinawa 164-166
ortodoxos 166
Zuni 163
Sacks, O. 137
Sacrifícios 109
humanos 29-30, 107, 110
Sagrado 36
Salem 287-291
Santeria 301-303
Satã 282-285
Satanismo 80, 291-292
Sauvástica 79
Seita 309-310, 313
Sêneca 167
Sered, S. 164-165
Sessões mediúnicas 188

Shoshoni 247
Siberianos 155-156
Símbolos 32-34, 77-78
dança 94-96
e a arte religiosa 79-83
espaço 89-91
música 91-94
religiosos 77-82
tempo 85-88
Sincretismo 92, 144
Smart, N. 34, 146
Smith, J. 309-310, 331-332
Smith, W.C. 38
Sobrenatural 35-38
Sociedades de pequena escala 15, 19-22, 36, 151, 157, 173, 181, 198, 274-275, 283-284, 292-293, 296-299
Soweto 281-282
Spiro, M. 36, 42
Status 113
Suástica 79
Subincisão 122
Súcubos 250
Sufis 95
Superstição 196
Swanson, G. 255
Swazi 108, 109

Tabaco 143-144
Tabus 126-127
e o mana 127
Polinésia 127
Tana Toraja 214-215, 228
Taoismo 97
Tasseografia 188
Tatuagens 120

Tempo
  simbolismo do 85-88
Tensegridade 159-160
Teoria da mente 45
Terrorismo 338
Tewa 95-96
Textos orais 56-57
Tikopia 57
Totalismo 330-331
Totemismo 89-91, 176
Tradicionalismo 331
Transformações culturais 297
Transmigração 207
Tungus 152
Turnbull, C. 92
Tuva 93
Tylor, E.B. 32, 36, 39, 174, 198, 204

Universais humanos 22

Vampiros 221-222
  Nova Inglaterra 223
  Polônia 223-225
Vikings 107, 207
Violência
  cultural 328
  direta 328
  estrutural 328
  indireta 328
Visão de mundo 52-54, 59

Vodu 95, 96, 299-301
Von Bingen, H. 137
Vorilhon, C. 322-323

Wallace, A. 104, 129, 303
Weber, M. 43
Weiner, A. 175
Whirling Log (Tora giratória) 79
Wicca 80, 178, 292, 310-314
Wilbert, J. 143
Wilson, J. 308
Wittgenstein, L. 51
Woolley, L.C. 332
Wovoka 307-308

Xamanismo essencial 160-161
Xamãs 152-155, 210
  coreanos 157-158
  curandeiros pentecostais 158-159
  neoxamanismo 159-161
  siberianos 155

Yakut 156-157
Yamada, T. 156
Yin-yang 97
Young, B. 310, 332
Yupik 208

Zumbis 224-227
Zuni 63, 163

Conecte-se conosco:

f facebook.com/editoravozes

⊙ @editoravozes

🐦 @editora_vozes

▶ youtube.com/editoravozes

🟢 +55 24 2233-9033

www.vozes.com.br

Conheça nossas lojas:
www.livrariavozes.com.br

Belo Horizonte – Brasília – Campinas – Cuiabá – Curitiba
Fortaleza – Juiz de Fora – Petrópolis – Recife – São Paulo

EDITORA VOZES LTDA.
Rua Frei Luís, 100 – Centro – Cep 25689-900 – Petrópolis, RJ
Tel.: (24) 2233-9000 – E-mail: vendas@vozes.com.br